TARIF CHRONOLOGIQUE

DES DOUANES

DE L'EMPIRE FRANÇOIS.

Extrait de la loi du 19 juillet 1793.

« ART. IV. Tout contrefacteur sera tenu de payer, au véritable propriétaire, une somme équivalente au prix de trois mille exemplaires. »

La présente Édition étant placée sous la sauve-garde des lois, je déclare qu'ayant rempli toutes les formalités requises pour constater la propriété littéraire de ce Tarif, j'en poursuivrai tout contrefacteur devant les tribunaux criminels; j'y traduirai même les débitans d'exemplaires non signés de moi.

Dujardin Sailly

N. B. En s'adressant directement au Bureau du *Journal Bibliographique*, on y trouvera toujours ces Tarifs au courant de la dernière disposition.

Cet Ouvrage se vend aussi

Maison LECHARLIER
- à Bruxelles, montagne de la Cour.
- à Gand, sur le Kauter.
- à Namur, marché de l'Ange.
- à Nivelles, sur la Place.

TARIF CHRONOLOGIQUE
DES DOUANES
DE L'EMPIRE FRANÇOIS,

Avec des Commentaires, des Observations, et la Description des Marchandises tarifées; des Instructions sur l'acquittement des Droits et sur les Entrepôts; un Tableau analytique des Contraventions aux lois de Douanes, désignant les peines et amendes qu'elles déterminent; le Tarif des Droits de Navigation, etc.

OUVRAGE DESTINÉ A ÊTRE TOUJOURS AU COURANT;

Publié par DUJARDIN-SAILLY.

PRIX, 15 FRANCS.

A PARIS,

Au Bureau du JOURNAL BIBLIOGRAPHIQUE, rue de Corneille, n° 3, arcade de l'Odéon.

SEPTEMBRE 1806.

OBSERVATIONS PRÉLIMINAIRES.

Avant la révolution, les droits imposés sur le commerce n'étoient pas seulement perçus aux frontières de France, mais encore à l'entrée et à la sortie de certaines provinces de l'intérieur. Ces droits, dits *de traite*, différoient pour chacune d'elles, et l'ancienneté des tarifs, comme la masse des modifications qu'ils avoient éprouvées, rendoient la quotité des droits presqu'inconnue sur un grand nombre d'objets.

Une loi du 5 septembre 1790 supprima tous les droits provinciaux, et ordonna leur remplacement par un tarif unique et uniforme pour en être les droits perçus aux entrées et sorties des frontières seulement. Ici le système change ; ce n'est plus une imposition sur le commerce intérieur, c'est une taxe sur les relations extérieures.

Ces nouveaux droits, qu'on nomma dès-lors *droits de douanes*, furent fixés par une loi du 15 mars 1791.

Depuis cette époque, les droits de douanes ont éprouvé beaucoup de changemens, les uns ordonnés par des lois de circonstances et abolis ensuite, les autres commandés pour la prospérité du commerce.

Il a donc fallu renouveler le tarif de 1791 pour qu'on pût connoître la succession des nouvelles dispositions, et c'est ce qui a produit le tarif de 1793 et ceux des années 5, 7, 9, 11 et 12.

Ces tarifs ont conservé les nomenclatures primitives, et, à l'exception des changemens dans la quotité de certains droits et de l'intercalation de quelques marchandises nouvellement tarifées, ils sont tous des copies de celui de 1791.

Cette réimpression successive de tarifs eût dû amener la correction de quelques erreurs qui s'étoient glissées dans la rédaction du premier, surtout celle des diverses tarifications appliquées à une même marchandise sous des noms différens. Bien loin que ces corrections aient été faites, il s'est au contraire glissé de nouvelles fautes dans les tarifs subséquens, et une grande partie des noms même des marchandises n'ont l'orthographe d'aucune langue.

Quelques-unes de ces premières erreurs ont été relevées par des circulaires administratives; mais d'autres se sont en quelque sorte perpétuées. De fausses applications se sont également introduites sur quelques marchandises, et tous ces tarifs laissent ignorer les différentes explications données par l'administration; non-seulement aucun des régimes locaux n'y est rapporté, mais encore nombre d'articles sur lesquels il y a des dispositions légales y sont omis.

Ainsi, en suivant ces tarifs, le négociant qui combineroit une spéculation, le préposé des douanes qui percevroit sans recherches dans son livre d'ordres, courroient risques, le premier de la voir arrêter par quelque formalité, le second de faire très-souvent une fausse opération.

Déjà il existe une masse de modifications au tarif de 1791 ; un grand nombre de lois a été rendu ; les unes ont dû détruire les dispositions des autres : on en est donc à-peu-près au dédale des droits de traite pour la connoissance des droits de douanes et de leurs formalités au courant, surtout à la sortie.

Comme je l'ai déjà dit, ces tarifs publiés par Bailleul, même son dernier de juin 1806, n'éclairent ni le commerce ni les préposés ; ils sont au contraire, pour ces derniers, un sujet d'étude et de rectifications.

Ces motifs, que je ne fais qu'indiquer, m'ont porté à proposer à MM. les Employés des douanes la souscription d'un tarif chronologique et commenté; car je m'étois convaincu qu'on ne pouvoit être certain du régime à suivre, qu'en ayant tous les changemens de tarifications sous les yeux. Mon prospectus promettoit une légère description des marchandises et un commentaire sur les articles du tarif qui en seroient susceptibles.

Ces descriptions sont bien plus étendues et les commentaires beaucoup plus nombreux qu'on ne devoit s'y attendre d'après ce prospectus. J'ai été porté à tenir au-delà de mes promesses par l'accueil que MM. les préposés des douanes ont fait aux deux éditions d'un tarif de sortie que j'avois publié comme *épreuve* de celui-ci, afin d'obtenir des renseignemens positifs sur des articles devenus douteux.

Cet accueil, la confiance qu'ils ont eue en mes promesses, les lettres obligeantes que la majorité de MM. les Directeurs et Receveurs principaux des douanes ont bien voulu m'adresser, les remarques, les observations de la plupart de mes souscripteurs, les instructions surtout qui m'ont été envoyées par six Employés très-instruits, ont particulièrement contribué à l'amélioration de mon travail.

Si j'avois eu à former un nouveau tarif, j'eusse certainement fait un meilleur ouvrage, assisté surtout des instructions qui m'ont été adressées; mais j'avois à travailler sur une masse de lois, de décisions, de circulaires, et je devois m'y conformer; ces lois, principalement celles des années antérieures à l'an 8, ont été ou mal corrigées à l'impression, ou mal rédigées; de là des erreurs et même des contradictions. Les erreurs, je les ai relevées; les contradictions, je n'ai pu que les indiquer.

En un mot, le Tarif que je publie devoit être conforme aux lois, bonnes ou mauvaises, qui ont été rendues; et il l'est bien littéralement, car je ne me suis permis que des notes lorsque les tarifications étoient trop contradictoires.

Bien certainement la prospérité du commerce, les lumières actuelles des négocians, et surtout les connoissances universelles du Chef de l'État demanderoient un tarif plus concordant.

Déjà les changemens faits depuis un an et demi à celui existant, favorisent l'agriculture. Le système des *primes* est incontestablement le moyen le plus victorieux de faire fleurir les manufactures; celles accordées dernièrement à l'exportation de certaines fabrications atteindroient ce but, si les droits d'entrée de leurs matières premières étoient en rapport complet avec ces primes.

La grande science du gouvernement commercial est de tourner l'importation et l'exportation au profit de l'industrie nationale; un tarif doit être la loi protectrice de l'agriculture, des fabriques et du commerce regnicoles. Or, pour que cet avantage puisse continuer à exister, il faut que le régime des douanes soit aussi variable que l'agriculture, les fabriques ou le commerce subissent de révolutions.

Ainsi un tarif est plutôt une affaire de raison que de fisc. Le fisc ne doit porter à l'Entrée que sur les objets de consommation non propres à être manufacturés, et plus particulièrement lorsqu'ils sont importés par le commerce étranger; pour l'intérêt même du trésor public, toutes fabrications étrangères qui pourroient être en concurrence avec celles nationales devroient être sévèrement prohibées.

Un tel tarif gêneroit momentanément quelques habitudes; mais les manufactures françoises prospéreroient; elles rivaliseroient avec celles d'un voisin qui sait profiter de nos inventions et les perfectionner; peut-être même nos fabrications surpasseroient-elles les siennes.

Et si le luxe trouvoit seulement aussi beau, aussi bon, et à pareil prix en ce pays, pourquoi rechercheroit-il des marchandises étrangères?.... De là annullation de la fraude des fabrications, la plus pernicieuse pour un état; prospérité du commerce françois, et préférence pour ses manufactures.

Ce n'est pourtant que le système douanier de l'Angleterre qui a porté son commerce à un si haut degré de prospérité.

Le sort du commerce dépend uniquement des tarifs ; mais il n'y a pas de loi qui exige autant de combinaisons, autant de connoissances politiques, et autant de détails ; cette loi doit toujours être en rapport avec la situation des pays voisins : la plus légère erreur peut coûter des millions à l'état.

Il seroit trop long de développer ces idées qui, pour les bien faire comprendre, devroient être appuyées d'un projet de tarif raisonné ; mais comme elles sont étrangères à cet ouvrage, je reviens à ce dernier, pour parler plus particulièrement de la manière dont je l'ai établi.

Pour plus de clarté, j'ai fait imprimer ce tarif en tableaux, et j'y ai coté chaque objet sous la dénomination qui lui est propre ; mais comme une même marchandise a quelquefois plusieurs noms différens, j'ai établi au bas de chaque page une colonne intitulée RENVOIS : là sont rapportés alphabétiquement ces noms différens, avec indication de la dénomination sous laquelle j'ai tarifé la marchandise. On sent que cette méthode de renvois évitera, lors des changemens, un travail qui seroit devenu très-minutieux et fort difficile, s'il eût fallu retarifer chaque synonyme d'une même marchandise..... On m'avoit demandé d'incorporer les renvois dans l'ordre alphabétique du haut des pages ; mais cette manière eût plus que triplé la grosseur du volume sans présenter plus d'avantages.

Mon intention avoit d'abord été de faire précéder mon tarif d'une instruction sur l'acquittement des droits ; mais j'ai pensé qu'il seroit plus commode de trouver ces instructions aux articles qui les concernent, que de recourir à chaque instant à un traité particulier : je les ai donc placées en notes au bas des pages du tarif.

Le Tableau analytique des Contraventions donne en outre les instructions générales sur les formalités d'acquittement. On n'eût fait que se répéter dans une instruction particulière qui, dans tous les cas, n'eût pu présenter plus de précision, puisque dans un cadre très-resserré ce tableau contient et les contraventions et leurs peines, et qu'on y trouve tout ce dont on a particulièrement besoin, tant pour procéder légalement à une saisie que pour constater les fraudes par un procès-verbal.

Ce tableau n'est pas de moi, il est l'ouvrage d'un receveur très-instruit qui ne me permet pas de le nommer : seulement j'ai mis ce travail au courant des dernières lois.

Le Tarif de Navigation a été fait par un sous-inspecteur des douanes dont les talens sont réels : j'estime qu'on trouvera que c'est ce qui a été publié de meilleur sur cette partie.

Dans le Tarif des Droits, j'ai cité la date des dispositions qui en ordonnent la quotité. Plusieurs abréviations ont été employées pour indiquer les espèces d'ordres qui ordonnent les régimes à suivre. En voici l'explication :

DI *signifie* Décret impérial.
AC ...... Arrêté des Consuls.
AD ...... Arrêté du Directoire.
DM ...... Décision du Ministre.
LM ...... Lettre du Ministre.

OM *signifie* Ordre du Ministre.
CM ...... Circulaire du Ministre.
CA ...... Circulaire de l'Administration.
CD ...... Circulaire du Directeur-général.
LD ...... Lettre du Directeur-général.

Lorsqu'il n'y a aucun de ces signes, c'est que la date citée est celle d'une loi.

Quoique le régime à suivre soit naturellement celui indiqué par la dernière loi, et qu'il se trouve en conséquence placé le seul ou le dernier de chaque article, j'ai, pour plus de régularité, indiqué le régime au courant, en mettant des *points* (.....) entre les chiffres ; or, les *moins* (—) signifient que les dispositions y rapportées n'ont plus lieu, du moins en vertu de la loi citée. Ces *moins* finissent quelquefois la chronologie d'un article, ou parce que cette marchandise a été assimilée à une autre, ou parce que son régime est devenu douteux : une note indique alors ce qui en est.

J'ai tâché de rendre ce tarif le plus clair et le plus régulier possible ; je ne me suis permis aucune assimilation, et c'est toujours la loi à la main que j'ai tarifé chaque marchandise. On peut également s'en rapporter aux citations : elles ont été établies avec la plus scrupuleuse exactitude.

Il ne me reste plus qu'à indiquer la manière de tenir ces tarifs au courant.

J'ai laissé exister entre chaque article des blancs assez grands pour qu'on pût y écrire cinq lignes. On conçoit dès-lors que cinq changemens peuvent y être annotés à la suite les uns des autres ; seulement on aura le soin, pour éviter la confusion, de placer dans la colonne des chiffres un moins (—) au régime supprimé.

Comme il est dans mes principes de tenir à mes engagemens, quelqu'onéreux qu'ils puissent être, j'enverrai à mes souscripteurs, et même à tous ceux qui prendront ce tarif d'ici au 30 décembre 1806, des feuilles *de remplacement* pour toutes celles qui auroient été remplies par cinq changemens.... Ces feuilles de remplacement seront expédiées pendant une année toute entière, à dater du 15 août, ainsi que je l'ai promis dans mes prospectus.

En outre, si la paix amenoit des changemens qui fussent assez considérables pour remplir les intervalles existans entre chaque article, MM. les souscripteurs recevront des feuillets à nouveaux blancs, pour remplacer ceux qui seroient surchargés d'écritures.

Quelle que soit l'époque où l'on prenne des tarifs chez moi, ils seront toujours au courant ; et pour qu'on soit bien convaincu de cette vérité, je préviens que je n'en fais imprimer que fur et à mesure des demandes ; les planches n'étant jamais brisées, il suffit de placer les changemens occasionnés par les nouvelles lois pour que mon tarif soit conforme à la dernière disposition.

Afin d'éviter de nouveaux frais de circulaire, je préviens les personnes qui auront ce tarif, qu'à dater du 15 août 1807, époque à laquelle finira l'engagement que j'ai pris d'envoyer des feuillets de remplacement à mes souscripteurs, j'ouvrirai une nouvelle souscription au prix de 5 francs par an, au moyen de laquelle la tenue au courant de ce tarif continuera à avoir lieu les années suivantes, par l'envoi des feuillets dans lesquels les dispositions qui surviendroient seront reprises, tant celles générales que particulières et locales, et où il sera toujours ménagé assez d'espace entre les articles pour qu'on puisse y écrire quatre à cinq lignes. Ces feuillets se colleront à la place des pages qu'ils supprimeront. On aura soin de l'indiquer lors des envois.

Quel que soit le nombre des feuillets qu'il faille réimprimer pour maintenir ce tarif au courant des changemens qu'ordonneroient les nouvelles lois, décrets, décisions, ordres administratifs, etc., il n'en coûtera que ce prix de 5 francs par an pour les personnes qui souscriront, et toujours ces feuillets leur seront adressés francs de port.

TARIF DES DOUANES

A L'IMPORTATION.

Il sera perçu, à titre de subvention extraordinaire de guerre, *dix centimes par franc*, en sus des droits de Douane et de Navigation. (*Loi du 6 prairial an 7.*) Ce droit, imposé d'abord pour une année, a été prorogé depuis, et est encore en vigueur.

Les Marchandises et Denrées *Omises* au Tarif des droits d'entrée, acquitteront ces droits sur la valeur qui en sera déclarée, savoir :

1°. Pour *les Objets qui auront reçu quelque main-d'œuvre que ce soit*, à raison de dix pour cent de cette valeur. (*Loi du 22 août 1791.*)

2°. Pour *les Drogueries*, de vingt pour cent. (*Décret Impérial du 17 pluviôse an 13*, et *loi du 20 avril 1806.*) Ce droit n'étoit fixé qu'à cinq pour cent par la loi du 22 août 1791.

3°. Pour *tout autre Objet Omis*, de trois pour cent. (*Loi du 22 août 1791.*)

Les Marchandises non dénommées à l'article *Denrées coloniales*, et qui seront justifiées provenir du cru des Colonies françoises, paieront *Moitié des droits* imposés sur les mêmes objets venant de l'étranger. (*8 floréal 11.*)

Les Productions étrangères qui jouissent d'une franchise absolue à l'entrée, paieront (à l'exception des Bestiaux, Grains, Habillemens des voyageurs, et Objets d'histoire naturelle destinés pour le Muséum) un droit de 51 *centimes par quintal*, ou de 15 *centimes par valeur de* 100 *francs*, au choix du redevable. (*Loi du 24 nivôse an 5.*) Ce droit, nommé *de Balance du Commerce*, a été établi pour assurer les tableaux d'importation et d'exportation, et subvenir aux frais de leur confection.

Tous objets de fabrique étrangère dont l'entrée est permise, ne sont admis dans l'intérieur de l'Empire qu'autant qu'ils sont accompagnés de certificats d'origine, conformément à la loi du 1er mars 1793. (*Loi du 10 brum. 5.*)

Les objets de fabrique de l'Inde ne peuvent être importés qu'autant qu'ils sont accompagnés de certificats délivrés par les Compagnies Hollandaises ou Danoises, visés par les Consuls de France, constatant que ces objets proviennent du commerce de ces Compagnies. (*Même loi.*)

MARCHANDISES.		QUOTITÉ des DROITS.	DATES DES LOIS.
		fr. c.	
Absinthe. [Plante à tige cannelée et branchue, feuilles découpées, d'un vert blanchâtre, odeur aromatique très-forte, saveur très-amère.]....................	Quintal.....	0..51	15 mars 1791.
Acacia. [Suc épaissi, dur et cassant, dont il y a de deux sortes. Le vrai, d'un brun un peu rougeâtre, vient du Levant en boules de 5 à 6 onces, enveloppées dans des vessies. Le *commun*, fait avec le fruit non mûr des prunes sauvages, est noir, et vient d'Allemagne aussi dans des vessies.]..........	Quintal.....	12..24	15 mars 1791.

RENVOIS.	PROHIBITIONS LOCALES.
Abelmosc. *Voyez* Ambrette. Ablette (Écailles d'). *Voyez* à Écailles. Absinthe (Extrait d'). *Comme* Liqueur (*Loi du 5 therm. an 12.*)	On ne peut admettre, par les bureaux de terre non placés sur les grandes routes, Plus de 5 kilogrammes pesant de Drogueries et Épiceries; Plus de 25 kilogrammes de Toiles de lin et de chanvre, blanches ou écrues, de Basins *de fil*, Bougrans et Treillis; Des Soies et Filoselles, telle modique qu'en soit la quantité; Des Siamoises, des Batistes et des Linons. Les RESTRICTIONS d'Entrée pour certaines fabrications sont indiquées aux articles qui les concernent.

Entrée. 1.

Désignation	Unité	Droits	Date
ACAJA. [Prunes des Indes, de couleur jaune, succulentes, d'un goût très-agréable et de bonne odeur. C'est un fruit médicinal.].	Quintal	2.. 4	15 mars 1791.
ACAJOU (*Noix d'*). [Fruit de la forme d'un rein, de couleur d'olive, à écorce dure et ligneuse, renfermant une amande blanche et douce. L'enveloppe contient une liqueur huileuse, brune et caustique.]	Quintal	3.. 6	15 mars 1791.
ACIDE *sulfurique*. [Il est blanc; liquide, transparent et très-caustique. On le retiroit autrefois de diverses espèces de vitriols ou sulfates de fer, de cuivre et de zinc; mais aujourd'hui on le fait par la combustion vive et rapide du soufre dans des chambres de plomb.] (1)	Quintal Idem. Idem. Idem.	40—80 20—40 2— 4 20..40	15 mars 1791. 1 août 1792. 12 pluviôse 3. 3 frimaire 5.
ACIER *non ouvré*. [C'est un fer combiné avec le charbon par le moyen de la cémentation et ensuite trempé. Il est plus blanc et d'un grain plus fin que le fer.]	Quintal Idem. Idem. Idem.	3— 6 0—61 3— 6 9.. 0	15 mars 1791. 12 pluviôse 3. 3 frimaire 5. DI. 17 pluv. 13 et loi du 30 avr. 1806.
ACIER *fondu*. [Il est produit par la fonte de l'acier de cémentation: il se reconnoît en ce qu'il est si bien martelé qu'on le croiroit laminé. C'est le plus parfait.]	Quintal Idem. Idem. Idem.	3— 6 0—61 3— 6 9.. 0	15 mars 1791. 12 pluviôse 3. 3 frimaire 5. DI. 17 pluv. 13 et loi du 30 avr. 1806.
ACIER *en feuilles* ou *en planches*	Par 100 fr.	10.. 0	1 août 1792.
ACIER (*Limaille d'*) et *d'aiguilles*. [Elle est d'usage en médecine. On la reconnoît en la mettant sur la lumière d'une chandelle: si elle ne brûle qu'à moitié et souffle la chandelle, c'est de la limaille de fer, ou elle en est mélangée. Le plus d'éclat et de blancheur la distingue aussi de celle de fer.]	Quintal	3.. 6	15 mars 1791.
ACORUS *vrai* ou *faux*. (Droguerie.) [Le vrai, nommé aussi *calamus aromaticus*, vient de Tartarie, de Lithuanie et de Java. C'est une racine grosse comme le doigt, noueuse, rougeâtre en dehors et blanche en dedans, odorante et âcre au goût. Le faux est une espèce de glayeul à fleurs jaunes.]	Quintal	3.. 6	15 mars 1791.

RENVOIS.

ACAJOU (Bois d'). *Voyez* à Bois.
ACAJOU (Gomme d'). *Voyez* à Gomme.
ACIDE vitriolique. *Voyez* Acide sulfurique.
ACIER (Fil d'). *Voyez* à Fer.
ACIER (Paille d'). *Voyez* à Fer.
ACIER ouvré. *Voyez* Mercerie, Quincaillerie et Ouvrages en Acier, suivant la différente qualité de ces ouvrages.

(1) Il diffère de l'eau forte en ce que cette dernière a une odeur désagréable, est plus légère, et présente toujours un coup-d'œil citrin. (*CA.* 18 nivôse 10.)
L'aigre, ou esprit de vitriol, appelé aussi *huile de vitriol* ou *acide vitriolique*, paye le même droit. (1 août 1792.)
La faculté d'entrer leur est continuée, mais avec certificat d'origine, pourvu qu'ils ne viennent pas d'Angleterre. (*A.* 27 messid. 8.)
Les bouteilles qui ont servi à leur exportation peuvent rentrer en payant le droit de balance. (*Décis.* du 17 flor. 6.)

Æs-Ustum. (Droguerie.) [C'est du cuivre brûlé avec du soufre et du sel marin réduit en petits morceaux carrés, plats et cassans, de couleur noirâtre en dehors, rouge et brillante en dedans.]............................	Quintal....	3..6	15 mars 1791.
Aëtite. [Pierre ferrugineuse d'usage en médecine, nommée aussi *pierre d'aigle*. Il y en a de quatre sortes, rondes ou ovales; elles renferment une espèce de noyau pierreux.].........	Quintal....	2..4	15 mars 1791.
Agaric *en trochisques*. (Droguerie.) [C'est ordinairement de l'agaric de mélèze réduit en poudre très-déliée, incorporé avec quelque liqueur, et refait alors en petits pains de diverses figures et grosseurs.]..................................	Quintal....	15..30	15 mars 1791.
Agaric (*tout autre*). [Excroissance qui naît, comme un champignon, sur divers arbres. Il y en a de trois sortes : celui de chêne, qui est jaunâtre, sert en chirurgie; celui de mélèze, qui est blanc et friable, sert en médecine; le faux agaric est rougeâtre et très-pesant : il sert pour teindre en noir.]......	Quintal....	8..16	15 mars 1791.
Agnus-Castus (*Graine d'*). [Elle est ronde, grise, grosse comme le poivre, ayant un goût âcre et aromatique, d'usage en médecine. Elle provient d'un arbrisseau à fleurs pourpres.]......	Quintal....	4..8	15 mars 1791.
Agrès et Apparaux *de navires*. [Voiles, Poulies, etc.; ce qui comprend tout ce qui est nécessaire pour mettre un vaisseau en état de naviguer.].......................... (1)	Par 100 fr.. Idem...... Idem......	10— 0 1— 0 10.. 0	15 mars 1791. 12 pluviôse 3. 9 floréal 7.
Ail. [Racine potagère à douze à quinze gousses charnues, oblongues pointues, d'une odeur très-forte, d'usage en médecine et pour la cuisine.].............................	Quintal....	0..31	15 mars 1791.
Aimant. [Substance ferrugineuse connue par la propriété qu'elle a d'attirer le fer et d'avoir des poles qui se dirigent vers les poles de la terre. La pierre d'aimant est compacte, très-dure, fort pesante, d'une couleur grise tirant sur le noir, à-peu-près comme celle du fer forgé.].........................	Quintal....	2..4	15 mars 1791.

RENVOIS.

Adragante. *Voyez* aux Gommes.
Agneaux. *Voyez* Bestiaux.
Agraffes de fer. *Voyez* Fer.
Aigle (Pierre d'). *Voyez* Aëtite.
Aigre. *Voyez* Acide sulfurique.
Aiguilles. *Voyez* Mercerie commune.
Aiguillettes. *Voyez* Passementerie.

(1) Les agrès et apparaux de navires de prise sont exempts de droits (19 *mai* 1793); c'est-à-dire soumis seulement au droit de balance; mais ceux qui sont chargés dans la cale ne jouissent pas de cette faveur.

Entrée. 3.

ALBATRE. [Pierre calcinable, un peu moins dure que le marbre. Sa transparence est d'autant plus grande, qu'elle approche du blanc de cire. Il y en a de roussâtre, de rougeâtre, d'un blanc sale, d'un beau blanc, et de couleur citron.]............ } *Exempt*...... ......15 mars 1791. *Droit de bal.*....... 24 nivôse 5.

ALKECANGE (*Baies* et *Feuilles d'*). [Plante à tiges rondes, menues et rougeâtres. Les feuilles ressemblent à celles de la morelle, et les baies aux cerises. D'un goût d'abord acide, ensuite très-amer.].. } *Quintal*..... 2..4 15 mars 1791.

ALLIAIRE (*Graines d'*). [Semences oblongues, menues et noires, d'une plante à plusieurs tiges; d'une odeur d'ail et d'usage en médecine.].. } *Quintal*..... 1.,2 15 mars 1791.

ALLUMETTES. [Petits brins de bois soufrés par les deux bouts, servant à allumer les chandelles.]............................ } *Quintal*..... 1..22 15 mars 1791.

ALOÈ. [Droguerie en suc épaissi d'une plante portant le même nom. Il y en a de noirâtre et citrin en dedans, d'autre de couleur de foie, et un troisième fort noir, compacte et pesant.]... (1) } *Quintal*..... 8—16 15 mars 1791. *Idem*...... 100..0 DI. 17 pluv. 13 et loi du 30 avr. 1806.

ALOÈS, ASPALLATUM et XILOBALSAMUM (*Bois d'*). [A l'usage des parfumeurs et de la médecine. L'Aloès est un arbre ressemblant à un olivier; son bois est léger, résineux, de couleur tannée, jaspé, luisant en dehors et jaunâtre en dedans. Le bois d'Aspalat est pesant, de couleur purpurine, obscure et marbrée. Le Xilobalsamum, ou Bois de Baume, est blanchâtre et moelleux. Il est apporté du Caire en morceaux très-menus.].. } *Quintal*..... 40..80 15 mars 1791.

ALPAGATES. [Ce sont des souliers de corde.]................... *Les 12 paires.* 1..50 15 mars 1791.

ALPISTE. [Semences d'une plante de ce nom, à épis, et dont les feuilles ressemblent à celles du bled. Ses graines sont oblongues et luisantes comme le millet, ayant la figure et la grosseur de celles de lin.]..................................... } *Quintal*..... 1..2 15 mars 1791.

RENVOIS.

(1) L'Aloë provenant du commerce français au-delà du Cap de Bonne-Espérance, ne doit que moitié des droits du tarif. (15 mars 1791.)

AIRAIN. *Voyez* Bronze.
AIRAIN ouvré. *Voyez* à Ouvrages.
ALANA. *Voyez* Craie.
ALÈNES. *Voyez* Quincaillerie fine.
ALKERMÈS. *Voyez* Kermès.
ALISARI. *Voyez* Garance.
ALPAGAS. *Voyez* Draperie.

ENTRÉE. 4.

Alun *brûlé* ou *calciné*. [C'est de l'alun qu'on a chauffé fortement dans un creuset. Il se fond d'abord dans une eau de cristallisation, se boursoufle, perd sa demi-transparence et acquiert de la causticité. On s'en sert en chirurgie.]	Quintal....	30..60	15 mars 1791.
Alun (*tout autre*). [Espèces de sels fossiles et minéraux, cristallisés par la fabrication. Ceux de Rome et du Levant sont rougeâtres; les autres sont blancs. Ils sont d'usage en médecine, et sur-tout pour la teinture. On s'en sert aussi pour clarifier les liqueurs, pour raffiner le sucre, pour dessaler le poisson, etc.]	Quintal.... Idem...... Idem......	0—51 0—25 0..51	15 mars 1791. 12 pluviôse 3. 3 frimaire 5.
Amadou. [C'est l'agaric de chêne préparé, et dont on a séparé la substance calleuse et ligneuse. Il est mou et de deux couleurs : noir si on l'a préparé avec la poudre à canon, jaune s'il a été trempé dans une solution de nitrate de potasse.]	Quintal....	6..12	15 mars 1791.
Amandes *en coques*. [Fruit d'un arbre à fleurs dont l'enveloppe ligneuse et oblongue approche de celle de la noix. L'amande est blanche et huileuse, à coques tendres ou dures.]	Quintal.... Idem......	2— 4 10.. 0	15 mars 1791. DI. 17 pluv. 13 et loi du 30 avr. 1806.
Amandes *cassées*. [Ce sont les amandes dégagées de leurs coques, et sur lesquelles on ne laisse que les pellicules.].......... (1)	Quintal.... Idem......	4— 8 10.. 0	15 mars 1791. DI. 17 pluv. 13 et loi du 30 avr. 1806.
Ambre *gris* et *liquide*. [Matière opaque, grasse, de couleur cendrée, parsemée de taches blanches, odoriférante, d'usage antispasmodique, servant aux parfums.]............. (2)	Kilogr. net..	30..60	15 mars 1791.
Ambre *jaune*. [Matière dure, transparente et cassante. On en trouve dans les mines de la Prusse et sur les bords de la mer Baltique. Il y en a de citrin, de blanc et de brunâtre. On s'en sert pour faire des colliers, des bracelets, etc. Il est aussi d'usage en médecine.].	Quintal....	18..36	15 mars 1791.

RENVOIS.

Alquifoux. *Voyez* Plomb minéral.
Amandes en pâte. *Voyez* Pâte d'amande.
Ambre (Huile d'). *Voyez* à Huile.
Ambre jaune travaillé. *Voyez* à Mercerie commune.

(1) Le droit de 10 fr. imposé sur les amandes en coques est évidemment applicable aux amandes cassées, puisqu'à poids égal elles ont une valeur plus considérable. (*CD*. 21 ventôse 13.)
(2) L'ambre gris provenant du commerce français au-delà du Cap de Bonne-Espérance, ne paye que moitié des droits du tarif général. (15 *mars* 1791.)

AMBRETTE ou ABELMOSC. [Semence de la grosseur de celle du millet, ayant la figure d'un rein, de couleur brune, d'une odeur de musc et d'un goût un peu amer. Elle arrive sèche de la Martinique et de l'Egypte. Elle sert aux apothicaires, aux parfumeurs et aux distillateurs.]	*Quintal*.....	5..10	15 mars 1791.
AMIANTE. [Matière fossile de deux formes bien différentes: l'une est en pierre brunâtre, dure, mais s'étendant sous le marteau; l'autre est disposée en filets très-fins, souples et soyeux, ordinairement d'une couleur blanche et nacrée.]	*Quintal*.....	0..51	15 mars 1791.
AMIDON. [Pâte sèche, friable et très-blanche, fabriquée avec de la farine et découpée en petits morceaux. On s'en sert pour faire de la colle, de l'empois, de la poudre à poudrer, etc.]	*Quintal*.....	10..20	15 mars 1791.
AMMI. [Semence menue, presque ronde, ressemblant à des grains de sable, grise-brune, de goût et d'odeur aromatiques. Le meilleur vient de Candie ou d'Alexandrie. Il sert en médecine.]	*Quintal*.....	4..8	15 mars 1791.
AMOME. [Gousses rondes disposées en grappe comme le raisin, de couleur blanchâtre, contenant des grains purpurins presque carrés. Leur goût est âcre et mordicant et leur odeur aromatique.] (1)	*Quintal*.....	15..30	15 mars 1791.
AMURCA. [C'est le marc de l'huile d'olive qui se dépose dans les vaisseaux où on a mis, pour l'épurer, celle nouvellement exprimée.]	*Exempt*..... *Droit de bal.*	..—	15 mars 1791. 24 nivôse 5.
ANACARDES. [Espèce de fèves de la grosseur d'une châtaigne, ayant la figure du cœur d'un oiseau. Elles sont de couleur noire et contiennent deux amandes blanches qui ont le goût de pistaches. Elles croissent à un arbre des Indes et servent en médecine.]	*Quintal*.....	6..12	15 mars 1791.
ANATRON. [Matière saline qui se forme journellement à la surface des terreins sablonneux, sur-tout en Egypte. Il est tantôt sous une forme pulvérulente et tantôt en masses solides et compactes comme la pierre. Sa couleur est d'un blanc grisâtre, et il est communément mêlé de parties terreuses et de sel marin. On s'en servoit pour faire du savon et du verre et pour préparer les cuirs: on lui a substitué le *Natron* factice, qu'on réduit en consistance de sel.]	*Exempt*..... *Droit de bal.*	..—	15 mars 1791. 24 nivôse 5.

RENVOIS.

AMMOMUM. *Voyez* Amome.
AMMONIAQUE (Gomme). *Voyez* aux Gommes.
AMMONIAC (Sel). *Voyez* aux Sels.
ANCHOIS. *Voyez* l'article Poissons.
ANCRES de fer. *Voyez* à Fer.

(1) Parmi les véritables *amomes* on distingue le *gingembre*, le *zédoaire*, le *cardamome*, la *graine de paradis*, qui sont tarifés particulièrement. On donne aussi le nom d'*amome* à la *graine de sison* et à celle d'une espèce de *myrte*. Les jardiniers appellent encore de ce nom la *morelle faux-piment*.

Anes ou Anesses..	Pièce........	0..25	15 mars 1791.

Angélique (*Graines, Racines* et *Côtes d'*). [Plante à plusieurs tiges, creuses et odorantes. La racine est brune à l'extérieur et blanche à l'intérieur. La graine est oblongue, cannelée et ailée.] } Quintal..... 8..16 | 15 mars 1791.

Anis vert (*Graines* ou *Semences d'*). [Plante à fleurs disposées en parasol. Les semences sont cannelées et grisâtres, de goût et d'odeur très-suaves.]................ } Quintal..... 6—12 | 15 mars 1791.
Idem...... 18..0 | DI. 17 pluv. 13 et loi du 30 avr. 1806.

Anis étoilé, ou Badiane. [Fruit d'un arbre de la Chine, de Tartarie et des îles Philippines, qui a la figure et la grosseur d'une coloquinte, dans laquelle sont des semences en forme d'étoile qui ont le goût et l'odeur de notre anis.]........ (1) } Quintal..... 10—20 | 15 mars 1791.
Idem...... 75..0 | DI. 17 pluv. 13 et loi du 30 avr. 1806.

Antale. [Coquillage de mer fait en tuyau courbé en croissant, de couleur blanche, quelquefois nuancée de vert, de rose ou d'aurore. Il renferme un vermiceau et contient un peu de sel volatil et fixe.]................ } Quintal..... 3..6 | 15 mars 1791.

Antimoine cru, ou Sulfure d'antimoine. [Substance minérale pesante, luisante et cristalline, ou disposée en longues aiguilles, de couleur fort noire. On le débarrasse de sa gangue en le faisant fondre dans des creusets percés à leur partie inférieure, d'où il coule dans des pots.]................ } Quintal..... 3..6 | 15 mars 1791.

Antimoine préparé. [Les principales préparations de l'antimoine sont : 1°. le verre d'antimoine, 2°. le foie d'antimoine, 3°. l'antimoine diaphorétique, 4°. l'huile d'antimoine, 5°. la teinture d'antimoine, 6°. le régule d'antimoine.]...... (2) } Quintal..... 8..16 | 15 mars 1791.

Antore. [Plante d'usage en médecine, dont les feuilles sont découpées en lanières. Ses fleurs, en manière d'épi, se forment en fruits qui renferment des semences anguleuses, ridées et noirâtres. Sa racine est composée de deux navets ressemblant à l'olive.]................ } Quintal..... 2..4 | 15 mars 1791.

RENVOIS.

Angélique (fausse). *Voyez* Appius.
Animé. *Voyez* Gomme animée.
Anis (Essence d'). *Voyez* aux Essences.
Anis (Huile d'). *Voyez* aux Huiles.
Antolphe de Girofle. *Voyez* Girofle.

(1) Celui provenant du commerce français au-delà du Cap de Bonne-Espérance, ne paye que la moitié des droits imposés par le tarif. (15 *mars* 1791.)
(2) Le tarif de messidor an 12 a coté le régule d'antimoine en poudre à dix pour cent de la valeur, comme *omis*. Nous n'avons pas fait article de cette taxe dans notre Tarif, parce qu'elle nous a paru être mal appliquée. La loi du 15 mars 1791 ayant tarifé toutes les préparations d'antimoine à 8 liv. 16 s. du quintal, sous la dénomination générique d'*antimoine préparé*, il nous a semblé que son régule en poudre ne pouvoit être compris dans les articles omis, puisqu'il est effectivement une préparation de l'antimoine.

Entrée. 7.

Apocin (Graine d'). [Plante grasse dont les fleurs, en forme de cloches, se forment en un fruit gros comme le poing. Ce fruit contient une espèce de ouate dans laquelle se trouvent des semences rougeâtres et d'un goût amer.]	Quintal.....	0..51	15 mars 1791.
Appios. [Plante à petites feuilles courtes; fleurs jaunes en godet, fruit relevé de trois coins; racine en forme de poire, empreinte de lait, noire en dehors, blanche en dedans.]....	Quintal.....	5..10	15 mars 1791.
Arbres en plants. [On nomme ainsi ceux qui ont leurs racines et qui sont propres à être transplantés.]	Exempts..... Droit de bal.	—	15 mars 1791. 24 nivôse 5.
Ardoises ordinaires. [Espèce de pierre de couleur bleue ou grise, divisée en lames minces, plates et unies, employées pour la couverture des maisons.]	Le 1000 en N. Idem......	3— 0 7..50	15 mars 1791. DI. 17 pluv. 13 et loi du 30 avr. 1806.
Ardoises en table. [Ce sont celles choisies du cœur de la pierre, et qu'on apprête pour écrire.]	Le 100 en N. Idem......	2—50 30.. 0	15 mars 1791. DI. 17 pluv. 13 et loi du 30 avr. 1806.
Arec. [Fruit ovale d'une espèce de palmier des Indes, qui, ôté d'une écorce qui l'enveloppe comme la noix, ressemble à une muscade cassée. Il entre dans la composition du cachou.]......	Quintal.....	5..10	15 mars 1791.
Argent faux ou cuivre argenté, et Argent faux en lames, en feuilles, trait et battu. L'argent faux est un lingot de cuivre rouge couvert en plusieurs fois de différentes feuilles d'argent que l'on applique sur le cuivre par l'action du feu. Ceux en lames, etc. sont décrits à Argent fin.] .... (1)	Quintal.....	102.. 0	15 mars 1791.
Argent faux filé sur fil ou filé faux..................... (2)	Quintal.....	163..20	15 mars 1791.

RENVOIS.

Apparaux de Navires. Voyez Agrès.
Approvisionnemens. V. la note à Munitions.
Arabique (Gomme). Voyez aux Gommes.
Arcanson. Voyez Colophane et Brai sec.
Arco. Voyez Potin gris.

(1) Les paillons, paillettes et cannetilles de cuivre argenté sont susceptibles de ce droit.

Dans les bureaux on y comprenoit aussi les chandeliers, réchauds, et autres ouvrages argentés de ce genre; mais la loi du 10 brumaire an 5, en prohibant toute sorte de plaqués et tous ouvrages en cuivre, étain ou autres métaux, polis ou non polis, purs ou mélangés, doit nécessairement les avoir compris dans cette prohibition.

(2) Le droit est le même soit que le filé soit sur fil ou qu'il n'y ait que le métal.

ARGENT *faux* filé sur soie............................ (1)	*Prohibé*.....	....	15 mars 1791.
ARGENT *fin* en *trait*, en *lames*, en *feuilles* et *filé*. [L'argent *en trait* ou fil d'argent est celui qu'on a tiré au travers les trous d'une filière et qui n'a que la grosseur d'un cheveu. Celui *en lames* est de l'argent trait aplati entre deux rouleaux d'acier pour le disposer à être filé sur la soie, ou pour servir aux broderies. L'argent *filé* est le même que celui en lames, dont on recouvre un fil en soie avec lequel il est ensuite tordu par le rouet pour en faire ce que l'on nomme un fil d'argent. Celui *en feuilles* ou battu est celui que les batteurs d'or réduisent en feuilles très-minces et très-déliées pour l'usage des doreurs.].... (2)	Kilogr. net..	24..48	15 mars 1791.
ARGENT en masse et en lingots, en espèces monnoyées et *Argenterie* cassée.................................	*Exempt*..... *Droit de bal.*	....	15 mars 1791. 24 nivôse 5.
ARGENTERIE *de toute espèce*, sauf celle ci-après. [On appelle *argenterie* la vaisselle et autres ouvrages d'orfévrerie faits avec ce métal.]............................... (3)	Kilogr. net..	24..48	15 mars 1791.
ARGENTERIE *vieille*, quelle que soit son origine.............. (3)	*Exempte*.... *Droit de bal.*	....	1 août 1792. 24 nivôse 5.
ARGENTERIE *neuve* au poinçon de France, revenant de l'étranger....	*Exempte*.... *Droit de bal.*	....	1 août 1792. 24 nivôse 5.
ARGENTINE (*Graine d'*). [Petite plante à feuilles dentées garnies de petits poils argentins. Son fruit, presque rond, est composé de plusieurs semences enveloppées par le calice de la fleur.]	Quintal.....	1..2	15 mars 1791.
ARGILE ou *terre glaise*. [C'est une terre grasse adhérente à la langue, qui, humectée, se pétrit facilement. Elle est grise-blanche ou roussâtre, et sert à faire la poterie.]................	*Exempte*.... *Droit de bal.*	....	15 mars 1791. 24 nivôse 5.

RENVOIS.

ARGENT VIF. *Voyez* Mercure.

(1) L'erreur dans laquelle peut jeter cette marchandise est la cause de sa prohibition. Pour distinguer le faux du vrai, il suffit d'en faire rougir une lame au feu; cette opération fait reprendre au cuivre sa couleur rouge.

(2) Les paillettes, paillons et cannetilles doivent être compris dans cet article.

(3) Toute espèce d'ouvrages d'or et d'argent doit en outre un *droit de garantie* de 20 francs par hectogramme d'or, et d'un franc par hectogramme d'argent. Ils doivent être expédiés sous plomb et par acquit-à-caution au bureau de garantie le plus voisin. (*Loi du 19 brumaire 6.*) Les ouvrages d'or et d'argent *vieux* seront assujétis à ce droit, à moins qu'on ne consente à les briser au premier bureau d'entrée, pour être simplement considérés comme matière. (*DM.* 12 *prairial* 7.) Dans ces deux cas ils doivent le droit de balance. Sont exceptés des dispositions ci-dessus les objets d'or et d'argent appartenant aux Ambassadeurs et Envoyés des Puissances étrangères, les bijoux d'or à l'usage personnel des voyageurs, et les ouvrages en argent servant également à leur personne, pourvu que leur poids n'excède pas en totalité cinq hectogrammes. (*Loi du 19 brumaire 6.*)

Il ne doit pas être fait de différence entre l'argenterie marquée au poinçon des

Aristoloches. [Plantes à fleurs rondes ou oblongues à-peu-près comme celles de lierre, d'usage en médecine, et dont il y a quatre espèces. On se sert aussi de leurs racines, principalement de la *ronde*, qui est solide, charnue, cassante, brune en dehors, jaunâtre en dedans, et fort amère.]	*Quintal*....	3.. 6	15 mars 1791.
Armes *blanches*. [Ce qui s'entend des Epées, des Sabres, des Couteaux de chasse, des Baïonnettes, etc.].............. (1)	*Quintal*.... *Exemptes*... Idem...... *Droit de bal*. *Quintal*.... Idem......	81—60 —.. — .. —.. 81—60 200.. 0	15 mars 1791. 22 août 1792. 19 mai 1793. 24 nivôse 5. A.C. 6 messid. 10. A.C. 20 vend. 11 et loi du 8 flor. 11.
Armes à *feu*. [Ce sont les Fusils, Pistolets et autres armes dont l'effet est produit par l'emploi de la poudre à tirer.].... (1)	*Quintal*.... *Exemptes*... Idem...... *Droit de bal*. *Quintal*....	73—44 —.. —.. —.. 73..44	15 mars 1791. 22 août 1792. 19 mai 1793. 24 nivôse 5. A.C. 6 messid. 10 et loi du 8 flor. 11.
Arsenic, ou Oxide *blanc d'arsenic*. [Substance minérale, pesante, luisante, blanche, opaque. On en distingue de trois espèces, dont l'une, l'*orpiment*, est tarifée particulièrement. Il ne s'agit ici que de l'arsenic *blanc*, lequel est très-luisant, et du *rouge* qui est ou naturel ou artificiel. Ce sont des poisons très-violens. On s'en sert en teinture, pour la verrerie, etc.]............	*Quintal*.... Idem......	1— 2 7..50	15 mars 1791. DI. 17 pluv. 13 et loi du 30 avr. 1806.
Arsenic (*Régule d'*). [C'est l'oxide d'arsenic réduit à l'état métallique. Exposé à l'air, il se couvre bientôt d'une efflorescence noirâtre, mais il est intérieurement gris, brillant et grenu comme l'acier : il est très-cassant et ne donne pas le moindre signe de ductilité.]	*Quintal*....	8..16	15 mars 1791.
Asarum. [Petite plante nommée en français *cabaret*, *nard sauvage* ou *oreillette*. Sa racine, dont on se sert en médecine, est de la grosseur d'une plume à écrire, de couleur grise, d'odeur forte et agréable.]	*Quintal*....	1.. 2	15 mars 1791.
Asphalte, ou *Bitume de Judée*. [Substance solide, fragile, d'un brun noirâtre, ressemblant à de la poix noire, d'une odeur résineuse très-forte quand on la chauffe. Il se trouve nageant sur la superficie du lac Asphaltide.]..................	*Quintal*....	10..20	15 mars 1791.

RENVOIS.

Arméniennes (Pierres). *Voyez* à l'art. Pierres.
Arquebuserie. *Voyez* Armes.
Asclépias. *Voyez* Contrayerva blanc.
Aspalatum. *Voyez* Aloès.
Asphalte (Huile d'). *Voyez* l'art. Huiles.
Aspic (Huile d'). *Voyez* l'art. Huiles.
Aspini. *Voyez* Epines anglières.

pays faisant partie intégrante de l'Empire français et celle qui porte le coin de France. (*DM*. 17 vent. 12, rendue en faveur de la Belgique.)
L'argenterie pour laquelle les propriétaires obtiennent une exemption de droits du ministre, ne concerne que celui de douane et non celui de garantie, qui dans tous les cas doit être assuré. (*Décis*. du 6 messid. 11.)

(1) La loi du 22 août 1792 spécifioit les armes dont elle autorisoit l'entrée en exemption de droits sous la dénomination d'*armes de guerre*, telles que canons, mortiers, obusiers, couleuvrines, fusils de rempart, de munition, de chasse, mousquetons, pistolets, damas, sabres, et généralement toutes sortes d'armes à feu ou armes blanches, soit montées, soit en pièces détachées, telles que canons ou platines de fusils, de mousquetons et pistolets, les montures et lames de damas, sabres, briquets et épées.
Les armes blanches et à feu, pour être admises, doivent être accompagnées d'un certificat d'origine.

Désignation	Unité	Droits	Date
Assa-Fœtida. [Gomme-résine, molle et obéissante comme la cire, en partie jaune et rousse, garnie de larmes, souvent blanche intérieurement et quelquefois rose, d'une odeur très-désagréable. Elle découle d'un arbrisseau des Indes.]........(1)	Quintal..... Idem......	6—12 25..0	15 mars 1791; DI. 17 pluv. 13 et loi du 30 avr. 1806.
Aulne (*Écorce d'*). [Arbre de grosseur médiocre, dont l'écorce raboteuse, fragile, noirâtre en dehors et jaunâtre en dedans, sert pour teindre les cuirs et les chapeaux en noir.]......	Exempte..... *Droit de bal.*	—	15 mars 1791. 24 nivôse 5.
Aulnée, ou *Enula campana* (Racine d'). [Plante à feuilles longues d'une coudée, dont la racine, d'usage en médecine, est longue, grosse et charnue, brune en dehors, blanche en dedans, d'odeur aromatique quand elle est sèche.].........	Quintal.....	0..51	15 mars 1791.
Autour. [Écorce assez semblable à la cannelle, mais plus pâle en dessus; en dedans elle a la couleur de la noix muscade avec des points brillans. Elle vient du Levant, est sans odeur, d'un goût insipide, et entre dans la composition du carmin.]	Quintal.....	20..40	15 mars 1791.
Autruche (*Poil, Ploc ou Duvet d'*). [Le duvet de cet oiseau est de deux sortes: le fin dont on fabrique des chapeaux communs, et le gros dont on fait les lisières des draps noirs les plus fins.].....................	Exempt..... *Droit de bal.*	—	15 mars 1791. 24 nivôse 5.
Avelanède. [Cosse du gland de chêne. On s'en sert pour passer les cuirs.]......................	Exempt..... *Droit de bal.*	—	15 mars 1791. 24 nivôse 5.
Avelines, ou *Noisettes*. [Fruits à amande et à écorce ligneuse qui viennent sur un arbrisseau.]....................	Quintal.....	3..6	15 mars 1791.
Aventurines. [Pierres qui, sur un fond coloré et demi-transparent, offrent une multitude de petits points qui semblent dorés ou argentés. Il y en a de naturelles et d'artificielles: ces dernières sont un mélange de paillettes de cuivre et de verre en fusion.]...	Par 100 fr..	5..0	..........(2)

RENVOIS.

Autruche (Plumes d'). *Voyez* l'art. Plumes.
Avignon (Graine d'). *Voyez* aux Graines.
Avoine (Farine d'). *Voyez* Farine d'avoine.
Avoine. *Voyez* à Graines.

(1) Celui provenant du commerce français au-delà du Cap de Bonne-Espérance, ne doit que moitié des droits imposés par le tarif. (15 mars 1791.).
(2) Je n'ai pu me procurer la disposition qui a ordonné la perception de 5 pour 100 sur les Aventurines: elles sont portées ainsi dans les différens tarifs qui ont été publiés depuis l'an 5. Celui imprimé par Bailleul en juin 1806, s'exprime ainsi:
Aventurines, comme omis au tarif........ 5 pour 100 de la valeur.
Cette expression doit nécessairement induire en erreur; car les Aventurines, taxées *comme omises* à 5 pour 100, ne pourroient l'être à ce taux que comme *drogueries non dénommées*, et dans ce cas elles devroient actuellement 20 pour 100, la loi du 30 avril 1806 ayant changé les droits des drogueries omises imposées à 5 pour 100 par celle du 22 août 1791. (*Ainsi décidé pour la chicorée moulue. Voir la note de cet article.*) Bailleul a donc fait erreur, quant aux droits, si les Aventurines sont traitées comme drogueries omises, et il auroit encore fait erreur, *quant à l'expression*, si les Aventurines sont considérées comme pierres précieuses ou de composition, puisqu'alors le droit de 5 pour 100 ne leur seroit point applicable comme *omises*, mais par assimilation à *ouvrages à pierres de composition, marcassites et autres*. De toute manière le tarif Bailleul est donc fautif; c'est pour ne pas tomber dans le

AVIRONS *de bateaux.* [Longues pièces de bois, plates par un bout et rondes de l'autre. Elles servent à faire aller les bateaux sur les rivières.]	*Le* 100 *en* N.	1..0	15 mars 1791.
AZUR *de roche fin,* ou *Lapis lazuli.* [Pierre très-dure, opaque, d'un bleu vif, parsemé de paillettes ou de mica jaune, ou d'or; elle est quelquefois d'un bleu foncé.]	*Quintal net..*	122..40	15 mars 1791.
AZUR *en pierre* ou *en poudre.* [C'est une vitrification de métaux, de sable et de sonde d'Alicante fondus et mêlés ensemble. On en fait de plusieurs couleurs. Les émailleurs, les orfévres, les potiers de terre, etc., en font usage.] (1)	*Quintal....*	20..0	DI. 17 pluv. 13 et loi du 30 avr. 1806.
AZUR, ou *Émail ouvré.* [Ce qui s'entend des ouvrages en émail non enrichis.]	*Quintal....*	91..80	15 mars 1791.
BALAIS *de bouleau* et autres communs. [Masse de branches très-menues liées ensemble.]	*Par* 100 *fr..*	5..0	15 mars 1791.
Ceux *de millet............ Comme* Balais de Bouleau.			1 août 1792.
BALAUSTES *fines* et *communes.* [Ce sont les fleurs de grenadier sauvage. Elles sont d'un rouge purpurin et ont la forme d'une cloche pleine, dont les feuilles du calice sont très-échancrées. D'usage en médecine et quelquefois en teinture.] (2)	*Quintal....*	5..10	15 mars 1791.
BALEINE *en fanons.* [Sorte de cornes noires qui se trouvent au lieu de dents dans la bouche du cétacée de ce nom.]	*Quintal....* Idem...... Idem......	30—60 3— 6 30..60	15 mars 1791. 12 pluviôse 3. 3 frimaire 5.

RENVOIS.

AZARUM. *Voyez* Asarum.
BADIANE. *Voyez* Anis étoilé.
BADILLE. *Voyez* Vanille.
BAIES de laurier. *Voyez* Laurier.
BAIES des autres plantes. *Voyez* à leurs noms propres.
BAILLARGE. *Voyez* Grains.

même inconvénient que je fais cette note, qui a pour objet principal d'indiquer que la perception à faire sur les Aventurines est devenue douteuse.

(1) La loi du 15 mars 1791 tarifoit par quintal décimal l'*azur en pierre* ou *smalt* à 51 cent., l'*azur en poudre* ou *émail* à 6 fr. 12 cent., et l'*émail brut* à 12 fr. 24 cent. Ces trois dénominations ne désignant que la même marchandise, et le décret impérial du 17 pluviôse 13 l'imposant à un même taux sous le nom générique d'*azur en poudre* ou *en pierre* (CD. 23 pluviôse 13.), nous avons seulement cité ce droit, parce qu'étant la rectification de trois erreurs, il nous a semblé que ce seroit les perpétuer que de maintenir dans nos colonnes les différentes taxes de 1791.

(2) Elles sont fines lorsqu'elles sont revêtues de leurs pétales, et communes quand elles en sont dépouillées.

ENTRÉE. 12.

BALEINE *coupée* et *apprêtée*. [C'est celle fendue en baguettes et façonnée pour être employée à la fabrication des parapluies, manches de couteaux, etc.]................	Quintal.....	61..20	15 mars 1791.
BALEINE (*Blanc de*). [C'est la cervelle du cachalot épurée par plusieurs fontes, et qu'on réduit en écailles huileuses. D'usage en médecine et dans la parfumerie.]............	Quintal..... Idem...... Idem......	30—60 3— 6 30..60	15 mars 1791. 12 pluviôse 3. 3 frimaire 5.
BALEINE (*Bougies de blanc de*); ou de *Sperma ceti*. [Elles sont d'un poli supérieur à celui des plus belles bougies de cire, transparentes et ne tachent point les étoffes quand elles ne sont pas falsifiées.]..................	Quintal.....	61..20	15 mars 1791.
BALLES *de paume*. [Petites pelottes rondes, faites ordinairement de rognures d'étoffes, recouvertes de drap ou de peau.].......	Quintal.....	12..24	15 mars 1791.
BAMBOUS. [Sorte de roseaux des pays maritimes des Indes orientales, de différentes grosseurs. Ils sont creux et moëlleux en dedans, et divisés par des nœuds très-durs.]............... (1)	Par 100 fr...	12.. 0	15 mars 1791.
BANDOULIÈRES et BAUDRIERS. [Bandes de cuirs, le plus souvent en buffle, servant à l'équipement des troupes.].............	Quintal..... Prohibés...	40—80	15 mars 1791. 10 brumaire 5.
BANGUE. [Plante des Indes assez semblable au chanvre. Les Indiens en mangent les semences pour s'exciter à l'acte vénérien. Cette semence est moins blanche et plus menue que celle du chanvre.].................................... (2)	Quintal.....	6..12	15 mars 1791.
BARBOTINE, ou *Semen-contra*. Semence menue, oblongue, verdâtre; d'une odeur désagréable, d'un goût amer et aromatique. C'est un vermifuge qui vient de Perse.]................	Quintal..... Idem......	10—20 30.. 0	15 mars 1791. DI. 17 pluv. 13 et loi du 30 avr. 1806.

RENVOIS.

BALEINE (Huile de). *Voyez* l'art. Huiles.
BANDES de roues. *Voyez* Fers en verges.
BARBANÇONS. *Voyez* Poterie de terre.
BARBUES. *Voyez* Poterie de terre.

(1) Les Bambous provenant du commerce français au-delà du Cap de Bonne-Espérance, ne payent que 40 fr. 80 cent. du quintal décimal. (15 *mars* 1791.).
(2) D'après des renseignemens puisés dans les écrits des anciens visiteurs, il paroîtroit que c'est la semence de la bangue et non la plante elle-même qui est l'objet du tarif.

ENTRÉE. 13.

BARDANE (*Racine de*). [Plante à tiges anguleuses, lanugineuses et rougeâtres ; sa racine est longue, grosse, noire en dehors, blanche en dedans, d'un goût douceâtre.]	Quintal.....	0..51	15 mars 1792.
BASIN *piqué*. [C'est une étoffe de coton, croisée.]	Quintal..... Prohibé.....	306— 0	15 mars 1791. 10 brumaire 5.
Celui *uni*................... (1) *Sera traité comme* le Basin piqué.			1 août 1792.
BATEAUX, CANOTS et autres BATIMENS DE MER *hors d'état de servir*. (2)	*Exempts*..... Droit de bal.	—	15 mars 1791. 3 frimaire 5.
Les mêmes, *en état de servir*......................... (2) Y compris leurs agrès et apparaux...................	*Prohibés*..... Par 100 *fr*...	— 2..50	15 mars 1791. 19 mai 1793.
Les mêmes, de Savoie et du Rhin, *neufs*..............	Par 100 *fr*...	10.. 0	15 mars 1791.
BATISTE. [Tissu de fil de lin très-fin et très-serré.]	Kilogramme.	12..24	15 mars 1791.
BATS. [Selles grossières dont on se sert particulièrement pour harnacher les ânes.]	Pièce......	0..50	15 mars 1791.

RENVOIS.

BAS. *Voyez* Bonneterie.
BATEAUX (Avirons de). *Voyez* Avirons.
BATIMENS de mer (Agrès et Apparaux de). *Voyez* Agrès et Apparaux de navires.
BATTEFEUX. *Voyez* Mercerie.

(1) En disant que le Basin uni sera traité comme Basin piqué, c'est annoncer assez qu'il est compris dans la prohibition par la loi du 10 brumaire an 5.
(2) Les navires de prise ne doivent que le droit de balance. (*Même loi et 24 nivôse 5.*) Cette admission des navires étrangers n'autorise pas celle de la francisation.
Ceux échoués ou vendus pour rester en France comme étant hors d'état de naviguer, doivent être considérés comme matières premières, et exempts du droit de deux et demi pour cent. (*LA. 25 brumaire 6.*)

BATTIN non ouvré. [Espèce de jonc qui croît sur les bords de la mer, et qu'on nomme aussi Sparte. On en fabrique des cordes, des tapis, des nattes, etc.] .... (1)	Exempt..... Droit de bal.	...—..	15 mars 1791. 24 nivôse 5.
BAUME du Canada. [Résine plus ou moins liquide, très-limpide; presque sans couleur ni odeur, mais d'un goût de térébenthine le plus agréable.]	Kilogr. net..	1..2	15 mars 1791.
BAUME de Copahu. [Liqueurs d'un arbre de l'Amérique, dont celle qui sort d'abord des incisions est huileuse, d'un blanc jaunâtre et d'odeur aromatique; l'autre a la consistance du miel et une odeur pénétrante.]	Kilogr. net.. Idem......	0—51 1..50	15 mars 1791. DI. 17 pluv. 13 et loi du 30 avr. 1806.
BAUME du Pérou, noir, liquide, sec. [Il y en a de trois espèces: le blanc, qui est liquide; le rouge, qui est sec; le noir ou brun, qui est liquide. Tous trois sont odorans, et découlent d'un arbre du Pérou, du Mexique et du Brésil.]	Kilogr. net.. Idem......	2—55 6..0	15 mars 1791. DI. 17 pluv. 13 et loi du 30 avr. 1806.
BAUME de la Mecque. [Il est liquide, blanc jaunâtre, et d'une odeur approchant celle de l'huile de citron. Il découle du xilobalsamum.]	Kilogr. net..	2..55	15 mars 1791.
BAUME du Tolu. [Il est résineux, glutineux, de couleur d'or ou d'un blond roussâtre, d'odeur du benjoin et d'un goût agréable. On en apporte de deux espèces, l'une renfermée dans de petites callebasses bouchées avec un épi de maïs dont on a retiré le grain, et l'autre en masses, dans des caisses ou tonneaux.]..	Kilogr. net..	2..55	15 mars 1791.
BEDELIUM. [Gomme odorante, jaunâtre ou roussâtre, qui découle d'un arbre épineux des Indes. On l'apporte en morceaux transparens de différentes figures. Il s'amollit dans la bouche et s'attache aux dents]	Quintal.....	12..24	15 mars 1791.
BEN (Noix de). [Fruit oblong, arrondi ou triangulaire, couvert d'une coque grise, contenant une amande blanchâtre et assez grosse, dont on retire par expression une huile inodore qui ne rancit point en vieillissant.] .... (2)	Quintal.....	12..24	15 mars 1791.

RENVOIS.

BATTIN ouvré. Voyez Nattes de jonc et Ouvrages en jonc, suivant la qualité.
BAUDRIERS. Voyez Bandoulières.
BAUME de Riga. Voyez la note à Drogueries omises.
BELEMNITES. Voyez Flin.

(1) L'exemption qui lui est accordée est fondée sur ce qu'il est matière première; aussi, lorsqu'il a reçu une main-d'œuvre quelconque, il devient susceptible des droits suivant l'usage auquel il est employé. (Voyez NATTES ou OUVRAGES en Jonc.)
(2) Voyez la note 1 de la page suivante.

ENTRÉE. 15.

Ben (*Semences de*). Cette semence n'est autre chose que la noix de Ben débarrassée de sa coque, en un mot l'amande elle-même, que les Indiens vendent comme les fèves au marché.]........ (1)	Quintal....	4..8	15 mars 1791.
Benjoin *de toute sorte*. [Gommes résineuses fort odorantes qui sortent d'un bel arbre des Indes par incision. On l'apporte en larmes claires, tranparentes et rougeâtres, ou en masses de couleur grise, jaunâtre ou rougeâtre, ayant des larmes blanches à l'intérieur.]............................... (2)	Quintal..... Idem......	20—40 60.. 0	15 mars 1791. DI. 17 pluv. 13 et loi du 30 avr. 1806.
Bestiaux *de toute sorte, comme* Agneaux, Béliers, Bœufs, Boucs, Brebis, Chevreaux, Chèvres, Cochons, Génisses, Moutons, Taureaux, Vaches et Veaux.]............................	Exempts..... Idem......		15 mars 1791. 24 nivôse 5.
Betel (*Feuilles de*). Plante des Indes orientales qui s'attache comme le lierre. Ses feuilles ressemblent à celles du citronnier et ont un goût d'amertume.]..................................	Quintal.....	20..40	15 mars 1791.
Beurre *frais*. [Substance grasse et onctueuse, de couleur jaune clair; d'usage en cuisine.].................................	Exempt...... Droit de bal.		15 mars 1791. 24 nivôse 5.
Celui *salé* et *fondu* (ainsi apprêté pour pouvoir le conserver)..	Quintal..... Exempt...... Droit de bal.	5—10	15 mars 1791. 19 mai 1793. 24 nivôse 5.
Beurre *de Saturne*. [Médicament onctueux, de couleur jaunâtre et d'odeur de vinaigre.]................................	Quintal.....	5..10	15 mars 1791.
Bezoard. [Pierres qui se trouvent dans le corps de certains animaux des Indes, et qui diffèrent par la forme, le volume et la couleur : il y en a d'olives ou grises, de cendrées ou blanchâtres, de blanches verdâtres et de noirâtres. Ce sont des sudorifiques.]...................................	Quintal net.	122..40	15 mars 1791.

RENVOIS.

Bergamotte (Écorce de). *Voyez* aux Écorces.
Bergamotte (Esprit ou Essence de). *Voyez* Esprit de bergamotte.
Beurre de cacao. *Voyez* Huile de cacao.
Beurre de nitre. *Voyez* Nitre.
Beurre de pierre. *Voyez* Kamine mâle.
Beurre de salpêtre. *Voyez* Nitre.

(1) Le droit de 12 fr. 24 c. paroîtroit donc n'être applicable qu'aux amandes de ben revêtues de leurs coques; cependant ces coques ne sont d'aucun usage et ne présentent point de qualité au ben. Il existe bien une autre espèce de ben; mais il présente les mêmes difficultés que celui-ci, nommé par Linné *guilandina moringa*. Ne seroit-ce pas encore ici une erreur des rédacteurs de la loi du 15 mars 1791, taxifant la même marchandise à deux prix, sous deux dénominations?

(2) Celui provenant du commerce français au-delà du Cap de Bonne-Espérance, ne paye que moitié des droits du Tarif général. (15 *mars* 1791.)

Entrée. 16.

Bière. [Liqueur brassée avec du sucrion et de la fleur de houblon, dont les habitans du nord de l'Europe font leur boisson ordinaire.]	268 litres.... Idem...... Idem...... Idem......	10— 0 1— 0 10— 0 15.. 0	15 mars 1791. 12 pluviôse 3. 3 frimaire 5. DI. 17 pluv. 13 et loi du 30 avr. 1806.
Bière (Levain de). [Écume qui provient de la bière en fermentation, et qui sert de levure aux boulangers, etc.]. (1) Comme omis.	Par 100 fr..	3.. 0	22 août 1791.
Bijouterie de toute sorte. [Ce qui comprend les divers ouvrages en or et argent ou garnis de ces matières, tels que Bagues, Boîtes, Boucles d'oreilles, Boutons, Brasselets, Breloques, Cachets, Chaînes de montres, Colliers, dez à coudre, Étuis, Flacons, Garnitures de toilettes, et enfin toute espèce de Bijoux.].. (2)	Par 100 fr...	12.. 0	15 mars 1791.
Bimbeloterie. [On comprend sous ce nom tout ce qui sert à l'amusement des enfans, les Joujoux coulés en plomb ou faits en bois, les Poupées, Chapelles, etc.]............ (3)	Par 100 fr... Comme Mercerie commune. Quintal.....	12.. 0 ....— 80.. 0	15 mars 1791. 1 août 1792. DI. 17 pluv. 13 et loi du 30 avr. 1806.
Biscuit de mer. [C'est du pain qui a reçu deux cuissons.].........	Exempt..... Droit de bal.	....	15 mars 1791. 24 nivôse 5.
Bistorte. [Plante ainsi nommée parce que sa racine, noirâtre, oblongue et noueuse, est repliée sur elle-même comme un serpent. Elle sert en médecine.]......................	Quintal.....	1..53	15 mars 1791.
Bistre. [Couleur brune et un peu jaunâtre dont les dessinateurs se servent pour faire les lavis. Il se met dans le commerce en petits pains d'un brun foncé.]............................	Quintal.....	1..53	15 mars 1791.
Bitumes, autres que ceux dénommés au présent Tarif. [Les bitumes sont, comme les huiles et les graisses, composés d'hydrogène, de carbone et d'azote, mais dans un état particulier et modifiés par l'oxigène: ils sont ou fluides, ou dans un état de mollesse, ou secs et friables. On en rencontre dans le sein de la terre et quelquefois nageant à la surface des eaux.]......	Quintal.....	2.. 4	15 mars 1791.

RENVOIS.

Bigarrades. *Voyez* Fruits.
Bismuth. *Voyez* Étain de glace.
Bisnague. *Voyez* Visnage.
Bitume de Judée. *Voyez* Asphalte.

(1) C'est par décision du 8 germinal an 10 que ce droit a été appliqué au levain de bière.
(2) *Voyez* la note à Argent, pour le droit de garantie.
La bijouterie cassée ne doit que le droit de balance, comme matière première.
(3) La bimbeloterie doit être accompagnée d'un certificat d'origine.

BLANC à l'usage des femmes. [Matière blanche, pesante et pulvérante. Il y en a aussi de liquide.]	Quintal....	48..96	15 mars 1791.
BLANC de plomb, en écailles. [Ce sont des morceaux de plomb dissous par la vapeur du vinaigre et convertis en une matière blanche et cassante. Les peintres s'en servent, et on en fait la céruse.]	Quintal....	12..24	15 mars 1791.
BLEU de Prusse. [Couleur qui sert en peinture et qui est faite avec une lessive de sel alcali calcinée avec une substance animale, une dissolution de vitriol vert et d'alun.]	Quintal....	61..20	15 mars 1791.
BOIS d'acajou. [Arbre qui naît dans l'Amérique, le Brésil et les Indes. Il est fort dur et d'une couleur rougeâtre plus ou moins foncée, veiné ou moucheté. On l'apporte en madriers de 3 à 4 mètres de long sur 60 à 150 centimètres de large. On en fait les plus beaux meubles.]	Quintal.... Idem..... Idem.....	15— 0 15— 0 25.. 0	AC. 3 therm. 10. 8 floréal 11. DI. 17 pluv. 13 et loi du 30 avr. 1806.
Le même, venant des Colonies françaises............	Quintal.... Idem..... Idem.....	10— 0 10— 0 20.. 0	AC. 3 therm. 10. 8 floréal 11. DI. 17 pluv. 13 et loi du 30 avr. 1806.
BOIS à bâtir et à brûler...............................	Exempt.... Droit de bal.	——	15 mars 1791. 24 nivôse 5.
BOIS de Buis. [Il y en a de deux espèces, le nain qu'on emploie pour bordures dans les jardins, et la grande sorte dont il est ici question, qui a un bois dur, compacte, pesant, jaune et sans moëlle. Il est employé par les tourneurs, graveurs et en médecine.]	Quintal....	2.. 4	15 mars 1791.
BOIS de construction navale ou civile...............	Exempt.... Droit de bal.	——	15 mars 1791. 24 nivôse 5.

RENVOIS.

BLANC de baleine. *Voyez* Baleine.
BLÉ. *Voyez* Grains.
BŒUFS. *Voyez* Bestiaux.
Bois d'aloès. *Voyez* Aloès.
Bois d'aspalat. *Voyez* l'art. Aloès.
Bois de baume. *Voyez* l'art. Aloès.
Bois de chêne. (Écorces de). *Voyez* à l'article Écorces.
Bois de crabe. *Voyez* à Girofle.

Bois d'éclisses. [Bois fendu en planches très-minces, pour tamis, seaux, cribles, etc.]......................	Par 100 fr..	5.. 0	15 mars 1791.
Bois feuillard. [Ce sont des lattes à faire cercles, cerceaux, etc.] (1)	Le 1000 en N.	0..25	15 mars 1791.
Bois de marqueterie et de tabletterie. [Ce sont le bois benoist fin, fond jaunâtre à veines rouges; bois de citron, jaunâtre; bois de corail, rougeâtre; bois de la Chine, violet; bois d'ébène, qui est noir; bois de fer, rougeâtre; bois de lettres, jaune ou fond rouge moucheté de jaune; bois de palixandre, d'un violet marbré; bois de rose, qui est d'un rose veiné; bois satiné ou bois de férolte, fond rouge veiné de jaune; bois tapiré, mêlé de rouge et de jonquille; bois vert, ainsi nommé de sa couleur, etc.]...................... (2)	Exempts.... Droit de bal. Quintal..... Idem.......	—— —— 15.. 0 15.. 0	15 mars 1791. 24 nivôse 5. A.C. 3 therm. 10. 8 floréal 11.
Les mêmes, venant des Colonies françaises..........	Quintal.....	10.. 0	A.C. 3 therm. 10 et loi du 8 flor. 11.
Bois merrain. [Ce sont des planches de chêne apprêtées pour douves de tonneaux.]......................	Exempt.... Droit de bal.	—— ——	15 mars 1791. 24 nivôse 5.
Bois néfrétique, pour la médecine et les parfumeurs. [C'est un bois d'un jaune rougeâtre, qui est apporté de la Nouvelle-Espagne en gros morceaux sans nœuds.]......................	Quintal net.	51.. 0	15 mars 1791.
Bois ouvrés, de toute sorte. [Ce qui s'entend de tous les ouvrages en bois non tarifés particulièrement.]...................... (3)	Par 100 fr..	15.. 0	15 mars 1791.
Bois en planches et madriers...................... (4)	Exempt.... Droit de bal.	—— ——	1 août 1792. 24 nivôse 5.

RENVOIS.

Bois de gaïac. *Voyez* Gaïac.
Bois de girofle. *Voyez* à Girofle.
Bois de miroirs non enrichis. *Voyez* à Mercerie commune.

(1) Les échalotes doivent 25 centimes du mille en nombre, comme bois feuillard. (*Décis. du DG.*, du 26 germinal 10.)
(2) Par décision du 16 pluviôse an 11, le bois de Cayenne ou *bois satiné de Férolle*, est traité comme *bois de marqueterie*. Même classification pour le *bois de palixandre*, par LM. du 22 messidor an 13.
(3) Cet article est aussi repris à Ouvrages en bois.
(4) Les bois madriers, fascines, venant de Hollande pour les réparations des digues des polders des départemens de l'Escaut et des Deux-Nèthes, doivent le droit de balance. (*Décis. du DG.*, relatée dans la circulaire du directeur d'Anvers, du 6 brumaire an 13.)

Bois de Rhodès, à l'usage des parfumeurs. [Il est tiré d'un arbre fort haut qui croît au Levant, à la Martinique, etc. Son bois est de couleur jaunâtre, d'odeur de rose : il est couvert d'une écorce blanchâtre ; son cœur est jaspé de blanc, de noir et de jaune.]..	Quintal.....	10..20	15 mars 1791.
Bois de santal citrin. [Il est apporté de l'Inde en bûches mondées de leur écorce. Ce bois est compacte, pesant, de couleur citrine, d'une odeur douce et fort agréable. Il sert en médecine, aux parfumeurs et même aux tourneurs et tabletiers.]...... (1)	Quintal.....	20..40	15 mars 1791.
Bois sciés, venant de l'étranger par les départemens de la Lys, de l'Escaut et des Deux-Nèthes........................ (2)	Par 100 fr..	10.. 0	19 thermidor 4.
Bois à tan. [C'est principalement l'écorce de chêne qui est épaisse, raboteuse, crevassée et rude.]...................... (3)	Exempt..... Droit de bal.	...—...	15 mars 1791. 24 nivôse 5.
Bois de teinture. [Ce sont ceux dont on peut retirer quelque couleur, tels que ceux du Brésil ou Fernambouc, de Campêche ou d'Inde, le fustet, le fustok, le bois de sang, le bois jaune, etc.] Quand il est en BUCHES OU ÉCLISSES....................	Exempt..... Droit de bal.	...—...	15 mars 1791. 24 nivôse 5.
Bois de teinture, moulus. [Ce sont les mêmes réduits en très-petites parties.]..	Quintal..... Idem......	6—12 10.. 0	15 mars 1791. 9 floréal 7.
Boîtes de bois blanc...	Quintal.....	15..30	15 mars 1791.
Boîtes et Tabatières de carton et de papier....................	Quintal.....	183..60	15 mars 1791.

RENVOIS.

Bois tamaris. *Voyez* Tamaris.
Bois. Pour les autres espèces, *voyez* à leurs noms propres.

(1) Il y a deux autres espèces de Santal, l'un blanc et l'autre rouge. Ils servent également en médecine et en teinture.
Sur la question de savoir à quel droit devoit être imposé le *bois de santal rouge*, il a été répondu qu'il doit être rangé dans la classe de ceux de Brésil et de Campêche, et qu'il n'est passible que du droit de balance. (*L. 7 mai 1806.*)
(2) La Belgique a beaucoup de bois et un grand nombre de moulins à scier ; le droit prohibitif de 10 pour 100 a été déterminé par la crainte de voir ces moulins sans activité.
(3) *Voyez* aussi Écorces de chêne.

Boîtes et Tabatières de cuir.............................	Quintal.....	183—60	15 mars 1791.
	Prohibées...	....	10 brumaire 5.

Bol d'Arménie. [Terre argileuse, très-pesante, grasse, friable, d'un goût astringent, de couleur de safran ou rougeâtre, et d'usage en médecine. Ce bol s'attache à la langue, teint les mains, et se divise facilement dans l'eau. On l'emploie aussi pour dorer.]	Quintal.....	4.. 8	15 mars 1791.

Bonneterie de laine ou étame............................	Quintal.....	204— 0	
de coton................................	Idem......	285—60	
de fil..................................	Idem......	183—60	
de laine, fil et coton, poil et autres matières mêlées...	Idem......	183—60	
de poil de lièvre, de lapin et de chèvre............	Idem......	183—60	15 mars 1791.
de filoselle ou fleurets............................	Kilogramme.	9—18	
de soie..	Idem......	12—24	
de soie mêlée d'autres matières.....................	Idem......	9—18	
de castor..	Idem......	3—57	
de vigogne...	Idem......	3— 6	
Bonneterie de toute espèce..........................	Prohibée...	.....	1 mars 1793.
Celle en laine.................	Moitié des droits du Tarif de 1791.	....	12 pluviôse 3.
Bonneterie de toute espèce, de coton ou en laine, unie ou mélangée.. (1)	Prohibée...		10 brumaire 5.

Borax brut ou gras. [Sel minéral qui se trouve principalement en Perse. Il est graisseux et rougeâtre, ou grisâtre en sa superficie... (2)	Quintal.....	6—12	15 mars 1791.
	Idem......	25.. 0	DI. 17 pluv. 13 et loi du 30 avr. 1806.

Borax purifié et raffiné. [Il est en cristaux blancs, nets et à demi-transparens. D'usage en médecine.]......................	Quintal.....	25—50	15 mars 1791.
	Idem......	90.. 0	DI. 17 pluv. 13 et loi du 30 avr. 1806.

Boules de mail. [Elles sont ordinairement de buis, et servent à jouer à ce jeu.]..	Quintal.....	8..16	15 mars 1791.

RENVOIS.

Boîtes ferrées. *Voyez* Mercerie commune.
Boîtes de sapin peintes. *Voyez* Mercerie commune.
Bottes. *Voyez* Cordonnerie.
Bouchons de liège. *Voyez* Liège ouvré.
Boucles de cuivre. *Classées à* Mercerie fine *par la loi du 1 août 1792.*
Boucles de fer. *Voyez* Mercerie commune.
Boucs. *Voyez* Bestiaux.
Bougettes. *Voyez* Mercerie commune.
Bougies de Blanc de baleine. *Voyez* Baleine.
Bougran. *Voyez* Toile gommée.

(1) Cette disposition annulle l'exception faite par la loi du 12 pluviôse an 3; ce qui fait que toutes les espèces de Bonneterie sont prohibées.
On ne doit pas comprendre dans la Bonneterie le Tricot en pièces, servant à faire des vêtemens.
(2) Celui provenant du commerce français au-delà du Cap de Bonne-Espérance, ne paye que moitié de ce droit, en vertu de la loi du 15 mars 1791.

Boules de terre. [Ce sont des tourbes ou mottes faites d'une espèce de terre noirâtre : elles servent à faire du feu.]	Exemptes... Droit de bal.	—	15 mars 1791. 24 nivôse 5.
Bourdaine. [Grand arbrisseau à écorces noirâtres, du genre nerprun; dont le bois, qui est blanc et tendre, fournit le charbon le plus léger ; aussi est-il employé pour la fabrication de la poudre à feu.]	Exempte... Droit de bal.	—	15 mars 1791. 24 nivôse 5.
Bourgeons de sapin. [Ce sont les boutons épanouis et développés de cet arbre.]	Quintal....	1..53	15 mars 1791.
Bourres ou Plocs de toutes sortes, comme rouge et autres à faire lits, lanisse ou nolisse, tontisse, de chèvres, etc. [On nomme bourre le poil des animaux que les tanneurs détachent des peaux lorsqu'ils les préparent. Celle tontisse provient de la tonte des draps.]	Exemptes... Droit de bal.	—	15 mars 1791. 24 nivôse 5.
Boutargue. [On donne ce nom, sur les côtes de la Méditerranée, à une préparation des œufs de Muge, poisson à tête grosse et à corps oblong.]	Quintal....	6..12	15 mars 1791.
Boutonnerie de toute sorte, savoir :			
Boutons de fil d'or fin, trait ou clinquant.	Kilogramme.	18—36	
de fil d'argent.	Idem......	14—28	
de soie.	Idem......	6—12	
de soie mêlée de crin, de poil, de fil, de laine et autres matières.	Idem......	2— 4	
de fil.	Quintal....	204— 0	15 mars 1791.
de laine.	Idem......	146—8c	
d'étoffes, de draps et autres faits au métier.	Idem......	40—8c	
de nacre de perle.	Idem......	81—60	
de cuivre ou d'autres métaux.	Idem......	110—16	
de crin. Comme Boutons de soie mêlée de crin.		—	1 août 1792.
Boutons de cuivre ou d'autres métaux.	Prohibés...	—	1 mars 1793.
Boutonnerie de toute espèce. (1)	Prohibés...	—	10 brumaire 5.

RENVOIS.

Boulets et Bombes. *Voyez* Munitions de guerre.
Bourre de soie. *Voyez* Soies.
Bourses à cheveux. *Voyez* Mercerie fine.
Bourses de Cuir, de Fil et de Laine. *Voyez* Mercerie commune.
Bouteilles de Grès. *Voyez* Poterie de terre.
Bouteilles de Verre. *Voyez* Verre en Bouteille.
Boutons (Moules de). *Voy.* Moules de Boutons.
Boutons de Coco. *Voyez* Mercerie commune.
Boutons de manches en Étain. *Voyez* Mercerie commune.

(1) On en excepte, en vertu de la loi du 19 pluviôse an 5, les Boutons de coco, ceux de manches en étain et autres métaux communs, qui sont classés dans la Mercerie. (Voir cet article.)

ENTRÉE. 22.

BRAIS gras ou GOUDRON. [Nom marchand de la poix liquide que l'on retire du pin et du sapin par la combustion.].... (1)	120 à 150 kil. Idem...... Idem......	0—76 0—15 0..76	15 mars 1791. 12 pluviôse 13. 3 frimaire 5.
BRAI sec et ARCANSON. [C'est le résidu de la distillation de la résine de pin et de sapin ; c'est-à-dire , la résine dont on a retiré l'huile essentielle.]..............................	Quintal..... Idem...... Idem...... Idem......	0—51 0—10 0—51 3..0	15 mars 1791. 12 pluviôse 3. 3 frimaire 5. 30 avril 1806.
BRIQUES, TUILES et CARREAUX de terre. [Terre argileuse pétrie et moulée, puis séchée au soleil et ensuite cuite au feu. Servant à la bâtisse.].. (2)	Le 1000 en N.	0..75	15 mars 1791.
BRONZE ou AIRAIN non ouvrés. [Alliages de cuivre, de zinc et d'une fort petite quantité d'étain. Ils ne diffèrent que par la proportion de l'étain.].	Quintal.....	12..24	15 mars 1791.
BRONZE ouvré, en statues, vases, urnes et autres ornemens de bronze.] (3)	Quintal..... Prohibé....	61—20	15 mars 1791. 10 brumaire 5.
BROSSES et BROSSERIE. [Ce qui comprend les vergettes, balais de crin, etc.]...............	Comme Mercerie commune.		15 mars 1791.
BRUN-ROUGE. [Oxide de fer naturellement jaune ; mais auquel la calcination donne une couleur rouge obscure. D'usage en peinture.]...............	Quintal.....	0..51	15 mars 1791.
BRUYÈRES à faire vergettes. [Sous-arbrisseau dont les rameaux petits et très-souples sont employés pour la brosserie.]...........	Quintal.....	0..51	15 mars 1791.

RENVOIS.

BRANCHES. *Voyez* aux noms propres des arbres.
BREBIS. *Voyez* Bestiaux.
BRIDES et BRIDONS. *Voyez* Harnois.
BRIQUETS limés. *Voyez* Mercerie commune.
BROCHES. *Voyez* Quincaillerie fine.
BROU de noix. *Voyez* Écorces de noix.
BUIS (Bois de). *Voyez* Bois de buis.

(1) Le droit de 4 fr. sur la poix-résine, imposé par le décret du 17 pluv. an 13, est réduit à 3 fr. sur le *brai sec, poix grasse, poix noire* et *poix-résine*, qui ne forment qu'une espèce préparée : le GOUDRON reste seul dans la classe soumise au droit primitif de 76 cent. le baril ordinaire. (*Développemens donnés par le Directeur général, en date du 28 mai 1806.*)
(2) Les bronzes en vieux canons seront traités comme cuivre en rosette, mitraille et lingots. (*Décision du 1 complém.* 12.)
(3) Voyez le dernier paragraphe de la note 2 à l'art. OUVRAGES ; ceux des *Arts* sont exceptés de la prohibition.

ENTRÉE. 23.

Burails et Crépons de Zurich. [Étoffes croisées, entièrement de laine, dont celle de la chaîne est filée plus torse que celle de la trame. Les pièces ont ¼ de large sur 26 aunes de long.]	Quintal.....	142..80	DM. 28 brum. 9.
Cacao et Épluchures de Cacao. [Amandes un peu plus grosses qu'une olive, charnues; lisses, de couleur brunâtre, d'odeur très-agréable. Elles forment le principal ingrédient du chocolat, et croissent sur un arbre de l'Amérique, enveloppées, au nombre de vingt-cinq à quarante, dans un fruit ayant à-peu-près la forme d'un concombre.] (1)	Quintal net. Idem...... Idem...... Idem...... Idem...... Idem...... Idem......	51— 0 5—10 20—40 75— 0 75— 0 120— 0 200..0	15 mars 1791. 12 pluviôse 3. 3 frimaire 5. A.C. 3 therm. 10. 8 floréal 11. DI. 17 pluv. 13. DI. 4 mars 1806 et loi du 30 avr. 1806.
Celui venant des Colonies françaises............... (2) Plus, un droit additionnel par Pour droit d'entrée........ Pour droit de consommation. Pour droit d'entrée........ Pour droit de consommation. Pour droit d'entrée........ Pour droit de consommation.	Par 100 fr... Quintal net. Mêmes droits. Exempt...... Idem...... Quintal net. Idem...... Quintal net. Idem...... Quintal net. Idem......	3— 0 2—55 — — 6— 0 44— 0 6— 0 89— 0 6..0 169..0	18 mars 1791. Même loi. 12 mars 1793. 11 septemb. 1793. 3 frimaire 5. A.C. 3 therm. 10 et loi du 8 flor. 11. DI. 17 pluv. 13. Même décret. DI. 4 mars 1806 et loi du 30 avr. 1806.
Cachou (Suc de). [Fécule que l'on retire du fruit d'un arbre indien nommé cat-cho. Il arrive en morceaux gros comme un œuf, communément d'un rouge noirâtre à l'extérieur; sans odeur, d'un goût amer d'abord, ensuite très-agréable.] (3)	Quintal.....	24..48	15 mars 1791.
Café. [On donne ce nom à la graine du fruit que porte un arbrisseau toujours vert, cultivé dans les régions situées entre les tropiques. Ce fruit, de la forme d'une cerise, sert d'enveloppe à deux petites fèves: ce sont ces fèves qu'on nous apporte en Europe.] (1)	Quintal net. Idem...... Idem...... Idem...... Idem...... Idem...... Idem...... Idem......	61—20 12—24 61—20 25— 0 75— 0 75— 0 100— 0 150..0	15 mars 1791. 12 pluviôse 3. 3 frimaire 5. 9 floréal 7. A.C. 3 therm. 10. 8 floréal 11. DI. 17 pluv. 13. DI. 4 mars 1806 et loi du 30 avr. 1806.

RENVOIS.

Burats de laine. *Voyez* Draperie.
Cables. *Voyez* Cordages usés.
Cabris. *Voyez* Bestiaux.
Cacao (Beurre de). *Voyez* aux Huiles.
Cacao en pâte. *Voyez* Chocolat.
Cade (Huile de). *Voyez* aux Huiles.
Cadmie. *Voyez* Calamine.
Cadrans d'horloges et de montres. *Voyez* Mercerie commune.

(1) Les droits d'entrée et de consommation sur les Cafés et Cacaos seront perçus au net. La tare à déduire sera, pour ceux en futailles, de 12 pour 100; elle ne sera que de 5 pour 100 lorsqu'ils arriveront en sacs. (8 *floréal* 11.) *Voyez* les différentes notes des articles Denrées coloniales.
(2) Cette loi déterminoit la valeur du quintal de Cacao à 81 fr. 60 cent.; c'étoit d'après cette estimation que se percevoit le droit de 5 pour 100.
(3) Le Cachou provenant du commerce français au-delà du cap de Bonne-Espérance, ne paye que moitié des droits du Tarif. (15 *mars* 1791.)

Café.	Celui venant des Colonies françaises............ (1)	Par 100 fr..	3— 0	18 mars 1791.
	Plus, un droit additionnel par	Quintal net.	2—55	Même loi.
	Mêmes droits.	..—..		12 mars 1793.
	Exempt.....	..—..		11 septemb. 1793.
	Idem......	..—..		3 frimaire 5.
	Pour droit d'entrée........	Quintal net.	6— 0	A.C. 3 therm. 10 et
	Pour droit de consommation.	Idem......	44— 0	loi du 8 floréal 11.
	Pour droit d'entrée........	Quintal net.	6— 0	DI. 17 pluv. 13.
	Pour droit de consommation.	Idem......	69— 0	Même décret.
	Pour droit d'entrée........	Quintal net.	6.. 0	DI. 4 mars 1806 et
	Pour droit de consommation.	Idem......	119. 0	loi du 30 avr. 1806.

Caillou à faïence ou porcelaine. [Sorte de pierre blanche et sablonneuse.].................................. } Exempt..... ..—.. 15 mars 1791.
Droit de bal. .... 24 nivôse 5.

Calamine ou Cadmie. [Oxide de zinc et de fer mêlé de suie, qui se ramasse dans les cheminées des usines où on fabrique le laiton ; sa couleur est d'un gris rougeâtre ; il est très-pesant. On nomme aussi calamine ou pierre calaminaire un minerai composé pour l'ordinaire d'oxide de zinc, d'oxide de fer et de parties terreuses ; ce qui forme un mélange couleur de rouille.].. } Exempte.... ..—.. 15 mars 1791.
Droit de bal. .... 24 nivôse 5.

Calamine blanche, ou Pompholix. [Espèce de fleur de zinc compacte et friable qui se trouve attachée au couvercle du creuset dans lequel on a mis fondre du cuivre avec la pierre calaminaire.].. } Quintal..... 6..12 15 mars 1791.

Calamus verus, ou Amarus. [Racine d'une espèce de roseau noueux qu'on nous apporte sèche des Indes. Elle est rougeâtre en dehors et blanche en dedans, d'un goût très-amer.].................................. (2) } Quintal..... 4..59 15 mars 1791.

Calebasse de terre. [Plante à grandes feuilles rondes et lanugineuses ; fleur à cloches coupées en cinq parties ; fruit cylindrique très-gros, recouvert d'une écorce dure, ligneuse et jaunâtre. Il renferme beaucoup de semences qui contiennent une petite amande blanche.] } Quintal..... 1.. 2 15 mars 1791.

RENVOIS.

Calcantum. Voyez Vitriol rubéfié.

(1) Le droit de 3 pour 100 se percevoit sur les valeurs des Cafés déterminées par cette loi ; elles étoient fixées, pour un quintal, à 163 fr. 20 cent. pour le café Saint-Domingue, à 175 fr. 40 cent. pour le café Martinique, et à 185 fr. 60 cent. pour le café de Cayenne.

(2) Les tarifs Bailleul ont toujours compris le calamus aromaticus sous ce droit ; c'est une erreur, le calamus aromaticus étant la même chose que l'acorus verus.

CALEBASSES et COURGES vidées. [C'est l'écorce de la calebasse d'herbe. Il suffit, pour la transformer en bouteille, en seau ou en assiette, de la vider de sa pulpe, et de la couper plus ou moins à son sommet.]	Quintal....	6..12	15 mars 1791.
CAMOMILLE (Fleurs de). [Plante dont il y a plusieurs espèces. Les fleurs naissent au sommet des tiges dispersées de part et d'autre, radiées, ayant le disque jaune et la couronne blanche, d'odeur aromatique très-forte.]	Quintal....	6..12	15 mars 1791.
CAMPHRE brut et raffiné. [Substance blanche, transparente, légère, très-volatile et combustible, d'odeur forte et pénétrante, retirée principalement par sublimation du laurier-camphrier. Il arrive ordinairement en pains orbiculaires, percés d'un trou à la partie supérieure.] ...... (1)	Quintal.... Id. au net..	12—24 100.. 0	15 mars 1791. DI. 17 pluv. 13 et loi du 30 avr. 1806.
CANNELLE de Ceylan. [Seconde écorce d'un arbre aromatique de cette île, qu'on nous apporte roulée en tuyau. Elle est menue, un peu pliante, de l'épaisseur d'une carte à jouer, de couleur tirant sur le jaune, d'odeur suave, d'un goût doux, piquant et aromatique.] ...... (2)	Kilogr. net.	3.. 6	15 mars 1791.
CANNELLE commune. [Plus la canelle est commune, plus elle est dure et cassante, plus aussi elle est piquante, épaisse, brune ou noirâtre. Elle vient ordinairement de Chine et a une odeur de punaise.]	Kilogr. net..	1..53	15 mars 1791.
CANTHARIDES. [Mouches oblongues, de couleur verdâtre, luisante, azurée, tirant sur le doré, d'odeur désagréable. Celles qu'on apporte sont desséchées et très-légères.]	Quintal....	30..60	15 mars 1791.
CAPILLAIRE. [Plante de la classe des fougères, à tiges menues et rougeâtres, garnies de feuilles vertes, d'odeur et de saveur assez agréables. Il y en a de plusieurs espèces.]	Quintal....	6..12	15 mars 1791.
CAPRIER (Racines et Écorces de). [Les racines de cet arbrisseau sont longues et grosses. On en sépare l'écorce qu'on fait sécher : elle est jaunâtre, grisâtre, difficile à rompre, de consistance tenace et solide comme le cuir.]	Quintal....	6..12	15 mars 1791.

RENVOIS.

CAMBAGIUM. *Voyez* Gomme gutte.
CAMÉLÉON. *Voyez* Carline.
CAMELOTS de laine. *Voyez* Draperie.
CANÉFICE. *Voyez* Casse.
CANNELLE blanche. *Voyez* Costus doux.
CANNELLE (Essence de). *Voyez* l'art. Essences.
CANNELLE (Huile de). *Voyez* l'art. Huiles.
CANNES. *Voyez* Joncs.
CANONS. *Voyez* Munitions de guerre.
CANONS (vieux). *Voyez* la note à Bronze.
CANOTS. *Voyez* Bâteaux.
CAPARAÇONS. *Voyez* Harnois de chevaux.
CAPRES. *Voyez* l'art. Fruits.

ENTRÉE. 26.

(1) Celui provenant du commerce français au-delà du Cap de Bonne-Espérance, ne paie que moitié de ce droit. (15 mars 1791.)
(2) Celle provenant du commerce français au-delà du Cap de Bonne-Espérance, ne paye que 18 francs 36 cent. du quintal décimal. (15 mars 1791.)

CARACTÈRES d'imprimerie, en langue française. [Petits parallélipipèdes de fonte de plomb et de régule, à l'extrémité desquels se trouve une lettre en relief ou tout autre signe.]....	Quintal.....	81..60	15 mars 1791.
CARACTÈRES d'imprimerie, en langues étrangères. (Ce qui se reconnoît lorsque la lettre est du caractère grec, hébreu, arabe, allemand, etc., en un mot n'est pas celle française.].......	Quintal.....	40..80	15 mars 1791.
CARACTÈRES (vieux) d'imprimerie, en sacs ou en blocs. [On entend par vieux caractères ceux dont la lettre est usée; alors ils sont considérés comme *matière*.] .... (1)	Exempts..... Droit de bal.	....	15 mars 1791. 24 nivôse 5.
CARDAMOME. [Espèce d'amome. Celle dont il s'agit ici est apportée en gousses triangulaires de couleur cendrée, attachées à de petites queues de même couleur. Ces gousses sont remplies de semences plus menues que les graines de paradis, presque carrées, arrangées les unes sur les autres, mais séparées par des pellicules très-déliées.].................................	Quintal net..	61..20	15 mars 1791.
CARDES à carder. [Petites planches garnies d'un côté de petits fils d'archal courbés et rangés de suite. Elles servent à peigner les laines.].................................	Quintal.....	9..18	15 mars 1791.
CARLINE, CAROLINE ou CAMÉLÉON. [Plante dont la fleur à tête garnie de poils blancs naît entre les feuilles sur sa racine, qui est longue et droite, de la grosseur du pouce, d'un brun obscur en dehors, blanchâtre en dedans.]................	Quintal.....	4..8	15 mars 1791.
CARMIN *fin*. [C'est une poudre d'un très-beau rouge foncé et velouté qu'on tire de la cochenille.]........................... (2)	Kilogramme.	28..56	15 mars 1791.
CARMIN *commun*. C'est le même que celui ci-dessus, mais allongé avec l'alumine ou base de l'alun.]....................	Quintal.....	16..32	15 mars 1791.

RENVOIS.

CARABÉ. *Voyez* Ambre jaune.
CARABÉ (Huile de). *Voyez* l'art. Huiles.
CARABÉ (Sel de). *Voyez* aux Sels.
CARET. *Voyez* Ecailles de tortue.
CARLETS. *Voyez* Quincaillerie fine.
CAROLINE. *Voyez* Carline.

(1) Les difficultés auxquels cet article pourroit donner lieu sont faciles à résoudre: l'exemption n'est accordée aux vieux caractères que comme matière première; ainsi on peut exiger qu'ils soient fondus.
(2) Nous avons dit, sur la foi des livres, que l'*autour* et le *chouan* entroient dans la composition du carmin; ceci est plus que douteux, puisque l'existence même de l'autour et du chouan n'est pas positivement reconnue.

CARPOBALSAMUM. [C'est le fruit du xylobalsamum qu'on nous apporte séché. Dans cet état il est ridé et sans suc ; mais il conserve son goût et son odeur. Il est de la grosseur du cubebe.]............................. } *Quintal*.... 12..24 15 mars 1791.

CARREAUX *de pierre*. [Ce sont des pierres blanches ou bleues qu'on a sciées et taillées en carré ou en octogone.]............. } *Exempts*...... ......15 mars 1791.
Droit de bal. ......24 nivôse 5.

CARROBE, ou CARROUGE. [Fruits à gousses d'un rouge obscur, contenant des semences plates assez semblables à la casse. Ils croissent sur un arbre toujours vert dont le bois raboteux s'emploie dans la marqueterie. Les feuilles peuvent servir à la préparation des cuirs, en manière de tan.]............. } *Quintal*.... 0..51 15 mars 1791.

CARTHAME (*Graine de*). [C'est la graine d'une plante à une seule tige dont la semence oblongue, un peu plus grosse que des grains d'orge, est lisse, blanche, luisante, couverte d'une écorce dure et pleine de moëlle blanche, douce et huileuse.] } *Quintal*.... 3.. 6 15 mars 1791.

CARTES *géographiques*. [Ce sont de grandes feuilles de papier sur lesquelles on a imprimé et souvent colorié la position de quelque pays.]................................ } *Par 100 fr.*... 5.. 0 15 mars 1791.

CARTES *à jouer*. [Ce sont de petits cartons fins coupés en carré long, marqués de quelque figure et de quelque couleur.]......... } *Prohibées*... —— 15 mars 1791.
Idem...... —— 9 vendém. 6.
Idem...... —— AD. 3 pluviôse 6.

CARTON *gris*, ou PATE *de papier*. [Ce sont des drilles réduites en pâte qu'on a mise dans des espèces de caisses où elle s'est séchée.]................................ (1) } *Exempt*..... ...... 15 mars 1791.
Droit de bal. ......24 nivôse 5.

CARTONS *en feuilles et de toute espèce*. [Composition compacte et pesante de mauvais papier, qui a beaucoup de surface et très-peu d'épaisseur.]................................ } *Quintal*.... 48—96 15 mars 1791.
Idem...... 4—90 12 pluviôse 3.
Idem...... 48..96 3 frimaire 5.

RENVOIS.

(1) Ceux propres à presser les draps sont soumis à ce droit.

CARREAUX de terre. *Voyez* Briques.
CARTHAME (Fleurs de). *Voyez* Safran bâtard.
CASIMIR. *Voyez* Draperies.

ENTRÉE. 28.

CARVI. [Semences jointes ensemble deux à deux, planes d'un côté, convexes de l'autre, et marquées de cinq nervures, d'odeur aromatique très-agréable.]	Quintal....	6..12	15 mars 1791.
CASSE ou CANÉFICE. [Fruit d'un grand arbre, pendant en gousses droites et longues d'environ un demi-mètre : dans les loges de ces gousses se trouvent une ou deux semences en cœur, dures et plates, enveloppées d'une pulpe moelleuse, noire et un peu sucrée. C'est à cette pulpe que le commerce donne le nom de *casse*.]	Quintal..... Idem...... Idem......	14—28 9 0 9 0	15 mars 1791. AC. 3 therm. 10. 8 floréal 11.
Celle venant des *Colonies françaises*................	Quintal.....	6.. 0	AC. 3 therm. 10 et loi du 8 floréal 11.
CASSE confite. [C'est la pulpe dont nous venons de parler, qu'on confit avec du sucre ou du sirop de violette, et qu'on aromatise avec de la fleur d'orange. On confit aussi les bâtons ou gousses de casse encore jeunes, tendres et vertes.]	Quintal.....	30..60	15 mars 1791.
CASSIA LIGNEA. [Ecorce du laurier-casse, qu'on nous apporte roulée en tuyau et dépouillée de sa pellicule extérieure, d'un jaune rougeâtre, ressemblant beaucoup à la cannelle, mais moins aromatique. Mâchée, elle porte avec elle une espèce de mucilage très-sensible.] (1)	Quintal..... Comme Cannelle commune.....	16—32	15 mars 1791. AC. 18 brum. 11 et loi du 8 floréal 11.
CASTINE. [Pierre calcaire d'un gris blanchâtre dont on se sert pour faciliter la fonte du minerai de fer.]	Exempt... Droit de bal.		15 mars 1791. 24 nivôse 5.
CASTOREUM. [Matière animale et gélatineuse, contenue dans deux grosses vésicules situées aux aines des castors des deux sexes. Elle est brune et d'une odeur forte et fétide.]	Quintal.....	91..80	15 mars 1791.
CATAPUCE, ou PALMA CHRYSTI. [On donne ce nom à la graine du *ricin* ordinaire. Elle cache, sous une coquille mince, rayée et tachetée de gris et de noir, une amande blanche partagée en deux lobes, contenant deux huiles, l'une douce, l'autre âcre.]	Quintal.....	6..12	15 mars 1791.

RENVOIS.

CÈDRA. *Voyez* l'art. Fruits.
CÈDRA (Huile de). *Voyez* l'art. Huiles.
CÈDRE (Gomme de). *Voyez* l'art. Gommes.

(1) Celui provenant du commerce français au-delà du Cap de Bonne-Espérance, paiera comme la cannelle de ces pays. (8 *floréal* 11.) Il ne payoit avant cette loi que 12 fr. 24 cent. du quintal décimal, en vertu du Tarif du 15 mars 1791.

Cendres *bleues* et *vertes*, à l'usage des peintres. [Poudre bleue ou verte, préparée avec la pierre arménienne; mais en général celles du commerce sont un nitrate de cuivre précipité par la chaux ou par l'ammoniaque.]	Quintal net..	81..60	15 mars 1791.
Cendres de bronze. [C'est un oxide ou chaux de cuivre quelquefois mélangé de zinc ou d'étain.]	Quintal.....	6..12	15 mars 1791.
Cendres à *l'usage des manufactures*, telles que cendres communes, cendres d'orfèvres, cendres de chaux, etc.	Exemptes.... Droit de bal.	—	15 mars 1791. 24 nivôse 5.
Cerf (*Cornes de*) et de Snack. [Cornes à plusieurs branches, assez connues par leur usage en coutellerie et en médecine.]	Quintal.....	2..55	15 mars 1791.
Cerf (*Cornes de*) rapées. [Rasures blanches dont on se sert pour faire de la tisanne, de la gelée, etc.]	Quintal.....	4..8	15 mars 1791.
Cerf (*Esprit, Huile* et *Sel de*). [Produits de la distillation de la corne de cerf. L'esprit et l'huile sont des liquides de couleur brune et d'odeur pénétrante et désagréable. Le sel, de forme cristalline, est de couleur blanchâtre. (1)	Quintal.....	6..12	15 mars 1791.
Cerf (*Os de Cœur de*). Petit os plat et mince; ordinairement triangulaire, blanc, long comme la moitié du petit doigt et large comme l'ongle.]	Quintal.....	20..40	15 mars 1791.
Cerf (*Moelle, Nerfs* et *Vessie de*). [La moelle est jaunâtre tirant sur le blanc; c'est un résolutif. Le nerf est la partie génitale desséchée. La vessie sert pour la teigne.] (2)	Quintal.....	6..12	15 mars 1791.
Céruse *en pains* ou *en poudre*. [C'est du blanc de plomb broyé avec de l'eau, dont on forme de petits pains pyramidaux. On l'emploie dans les onguens et la peinture.]	Quintal.... Idem,	8--16 12..0	15 mars 1791. DI. 17 pluv. 13 et loi du 30 avr. 1806.

RENVOIS.

Ceintures de laine. *Comme* Bonneterie. (D. 5 vendém. 13.)
Cercles de bois. *Voyez* Bois feuillard.
Cercles en fer des futailles, *Voyez* la note à Futailles.

(1) En classant le sel de cerf avec l'esprit et l'huile, je suis ponctuellement le texte de la loi du 15 mars 1791 : c'est probablement par erreur que ce sel est tarifé à 6 fr. 12 cent., puisque la même loi le cote, dans l'article *sel volatil*, à 122 francs. Cette erreur a été répétée par tous les tarifs *Bailloul*. J'ai cru nécessaire d'indiquer cette discordance, afin d'éviter de fausses perceptions, puisque c'est la même marchandise sous deux dénominations.

(2) Cet article de la loi du 19 mars 1791, à l'égard des *Nerfs*, n'est nullement concordant avec cet autre du même tarif, *Nerfs de bœufs* et *autres animaux*, qui sont tirés à néant.

CÉTÉRAC. [Espèce de capillaire. Sa racine est noirâtre et filamenteuse; elle pousse un grand nombre de petites feuilles ondées, dorées, vertes en dessus, couvertes de petites écailles en dessous. Séchées, elles se recoquillent.]............ } Quintal...: 1..2 15 mars 1791.

CÉVADILLE (*Graine de*). [Elle naît à une plante qui porte un épi semblable à celui de l'orge; elle est noire, très-caustique et brulante; elle ressemble à l'avoine et vient de la Nouvelle-Espagne.]............ } Quintal..... 4..8 15 mars 1791.

CHAIRS *salées* et SAUCISSONS. [C'est la viande des animaux qu'on a salée pour la conserver.]............ } Quintal..... 10—20 15 mars 1791.
Exempts.... ——. 19 mai 1793.
Droit de bal....... 24 nivôse 5.

CHAMPIGNONS *secs*. [Genre de plantes sans feuilles ayant un pédicule qui soutient un chapiteau convexe en dessus et concave en dessous.]............ } Quintal..... 30..60 15 mars 1791.

CHANDELLES *de suif*. [Mèche de coton entourée de suif qu'on allume le soir pour éclairer les appartemens.]............ } Quintal.... 6—12 15 mars 1791.
Idem...... 1—22 12 pluviôse 3.
Idem...... 6..12 3 frimaire 5.

CHANVRE *en masse*, même celui *apprêté* ou *en filasse*. [Écorce filamenteuse de la plante qui porte le chenevis. Pour le mettre en filasse, on prend celui roui, qu'on roule en paquets; on le bat et on le peigne sur deux grandes cardes dont l'une est plus fine que l'autre.]............ } *Exempt*..... ——. 15 mars 1791.
Droit de bal....... 24 nivôse 5.

CHANVRE (*Étoupes de*). [C'est le rebut du peignage du chanvre.].. *Exemptes*... ——. 15 mars 1791.
Droit de bal....... 24 nivôse 5.

CHAPEAUX *de castor* et *demi-castor*. [Ce sont les plus beaux, les plus fins et les plus chers.]............ } Pièce..... 6..0 15 mars 1791.

RENVOIS.

CHADECS. *Voyez* l'art. Fruits.
CHAÎNES de fer. *Voyez* Quincaillerie en gros ouvrages.
CHAÎNES de montres. *Voyez* Ouvrages en acier.
CHANVRE (Fil de). *Voyez* l'art. Fils.

CHAPEAUX *en poils communs* et *en laine*, de toute espèce. [Ce sont ceux dont les hommes font leur coiffure ordinaire.]	Pièce.	3..0	15 mars 1791.
CHAPEAUX *de crins*. [Ourdissage de crins auquel on donne différentes formes, suivant la mode].	La douzaine.	2..50	15 mars 1791.
CHAPEAUX *de cuirs*. [Ce sont ceux faits de cuir verni.]	La douzaine. Prohibés...	15—0	15 mars 1791. 10 brumaire 5.
CHAPEAUX *d'écorces de bois*. [Ce sont ceux faits avec certaines écorces très-minces.] .... (1)	La douzaine. Idem...	2—50 5..0	15 mars 1791. DI. 17 pluv. 13 et loi du 30 avr. 1806.
CHAPEAUX *de paille*, autres qu'anglais.] Ce sont des nattes de paille cousues ensemble dans la forme de chapeaux, et dont les femmes se coiffent en été.]........ (2)	La douzaine. Idem......	4—0 8..0	15 mars 1791. DI. 17 pluv. 13 et loi du 30 avr. 1806.
CHAPES *de boucles*, de fer ou d'acier. [La chape est la partie de la boucle par laquelle celle-ci s'accroche.]	Quintal.... Prohibées...	40—80	15 mars 1791. 10 brumaire 5.
CHARBONS *de bois et de chenevottes*. [Branches d'arbres ou éclats de la partie boiseuse du chanvre, réduits, par la combustion, en corps noirs, friables et légers.]	Exempts..... Droit de bal.	.—.	15 mars 1791. 24 nivôse 5.
CHARBON *de terre*. [Substance inflammable, composée d'un mélange de terre, de pierre, de bitume, et quelquefois de soufre. Elle est d'un noir foncé, feuilletée, et sa nature varie suivant les endroits d'où elle est tirée.] (3)			
Importé par mer, depuis *Anvers* inclusivement, jusqu'au département de la *Somme* exclusivement. (4)	Tonn. de mer.	15..0	AC. 11 prair. 10. et loi du 8 floréal 11.

RENVOIS.

CHAPEAUX anglais. *V.* Marchandises anglaises.
CHAPEAUX marc de roses. *Voyez* Roses.
CHAPELETS de bois et de rocaille. *Voyez* Mercerie commune.

(1) Ces chapeaux sont ordinairement importés en deux parties, la *coque* et le *plateau*. Le ministre de l'intérieur a décidé, le 17 ventôse an 10, que le droit à la douzaine porte sur la réunion de ces deux élémens de chapeaux; qu'ainsi une douzaine de coques et une douzaine de plateaux n'en formant qu'une de chapeaux; cependant s'il étoit présenté des uns sans les autres, ils acquitteroient le droit au nombre de douze. Cette circonstance a été prévue dans la lettre d'envoi au directeur général.

(2) Les chapeaux de paille de tout autre pays que l'Angleterre sont admissibles avec certificat d'origine. (*DM.* 2 messidor 5.)
Ceux dits *sparterie* ou *sponneterie* payent 10 pour 100 de la valeur.

(3) Avant l'arrêté du 11 prairial an 10, le charbon de terre importé par les ports de l'Océan, depuis *Bordeaux* inclusivement jusqu'aux *Sables d'Olonne* aussi inclusivement, et depuis *Redon* jusques et y compris *Saint-Vallery-sur-Somme* et *Abbeville*, étoit tarifé, par tonneau de mer, à 6 fr. par la loi du 15 mars 1791, réduit à 3 fr. par celle du 19 mai 1793, seulement taxé à 60 centimes par la loi du 12 pluviôse an 3, et reporté à 3 fr. par celle du 3 frimaire an 5. Celui importé par les autres ports de France étoit taxé, aussi par tonneau, à 10 fr. par la loi du 15 mars 1791;

CHARBON de terre.				
— dans le département de la *Somme*, et depuis *Rédon* jusqu'aux *Sables d'Olonne*................	Tonn. de mer.	10.. 0	AC. 11 prair. 10 et loi du 8 floréal 11.
— dans les ports de la *Méditerranée*...............	Tonn. de mer.	10.. 0	AC. 11 prair. 10 et loi du 8 floréal 11.
— dans les autres ports de *France*...................	Tonn. de mer.	8.. 0	AC. 11 prair. 10 et loi du 8 floréal 11.
— Importé par terre............................	Baril 118 kil. Idem......	0—20 0..10	15 mars 1791. 19 mai 1793.
CHARDON à *bonnetier* et à *drapier*. [Sorte de plante qui produit, à l'extrémité de ses tiges, une espèce de globule un peu long et épineux dont on se sert pour tirer la laine du fond des étoffes, afin de les couvrir de poils sur leur superficie.]....	Exempt...... Droit de bal.		15 mars 1791. 24 nivôse 5.
CHAUX à *brûler*. [Pierres calcaires calcinées au feu ; et dont on fait du mortier pour bâtir.]..............................	48 *pieds cub.* Mètre cube..	0—50 0..30	15 mars 1791. CD. 16 therm. 12.
CHEVAUX, JUMENS et POULAINS.... La pièce de { *valeur de* 300 *fr. et au-dessous. valeur au-dessus de* 300 *fr.*..... Exempts.... Droit de bal.		6— 0 30— 0	15 mars 1791. Même décret. 16 avril 1793. 24 nivôse 5.
CHEVAUX *anglais*...	Prohibés....		A. 13 therm. 9.

RENVOIS.

CHATAIGNES. *Voyez* Fruits.
CHAUX (Pierres à). *Voyez* l'art. Pierres.
CHÊNE (Ecorce de). *Voyez* l'art. Ecorces.
CHEVAL (Huile de). *Voyez* l'art. Huiles.

à 5 fr. par celle du 19 mai 1793, à 1 fr. par la loi du 12 pluviôse an 3, et reporté à 6 fr. par celle du 3 frimaire an 5. Celui importé par les départemens de la *Meurthe*, de la *Moselle* et des *Ardennes*, étoit exempt par la loi du 15 mars 1791.
(4) Les droits d'entrée sur le charbon de terre seront perçus sur le pied du tonneau, lorsque le chargement entier du bâtiment sera en charbon de terre, et d'après la pesée réelle, à raison de 10 quintaux 77 kilogrammes pour un tonneau, lorsque le navire sera chargé de marchandises diverses assujéties à différens droits. (*Loi du* 1 *août* 1792.)

CHEVEUX. [Poils longs et déliés qui viennent à la tête de l'homme. On en fait des perruques et autres ouvrages.]	Exempts.... Droit de bal.		1 août 1792. 24 nivôse 5.
CHICORÉE *moulue*. [Racine amère de la plante de ce nom, qu'on a desséchée et brulée, et qu'on moud comme le café, dont elle a-peu-près la couleur.]...... *Comme* droguerie omise. (1)	Par 100 fr. Idem.	5— 0 20.. 0	22 août 1791. DI. 17 pluv. 13 et loi du 30 avr. 1806.
CHICOTINS. [Sacs de cuir propres à contenir du tabac à mâcher.] *Comme omis*....................................	Par 100 fr. Prohibés...	10— 0	22 août 1791. 10 brumaire 5.
CHIENS *de chasse*. [Sont compris dans cette classe les bassets, les limiers, les lévriers, les chiens courans et couchans, etc.]..	Pièce.....	0..50	15 mars 1791.
CHOCOLAT, et CACAO *broyé et en pâte*. [Le chocolat est une composition de cacao, de sucre, de cannelle et quelquefois de vanille, réduite en pâte brunâtre, séchée sous la forme de tablettes carrées ou rondes; le cacao en pâte est ordinairement en rouleaux: tous deux d'une odeur et d'un goût très-agréables.]..(2)	Quintal.... Idem. Idem.	102— 0 180— 0 260.. 0	15 mars 1791. DI. 21 germ. 13. DI. 21 mars 1806 et loi du 30 avr. 1806.
CHOUAN *ou* COUAN. [Semence qu'on apporte du Levant, de couleur verte jaunâtre, d'un goût légèrement aigrelet et salé. On dit qu'elle entre dans la composition du carmin.]............	Quintal.....	51. 0	15 mars 1791.
CHOU-CROUTE. [Choux découpés en rubans qu'on a salés et mis fermenter dans un tonneau. Les Allemands en font une grande consommation.]...........................	Quintal.....	4..8	15 mars 1791.
CIDRE. [Jus de pommes pressurées, rendu vineux par la fermentation, et dont on fait une boisson.]............	Les 268 litres.	6.. 0	15 mars 1791.

RENVOIS.

CHÈVRES, CHEVREAUX et CABRIS. *Voyez* Bestiaux.
CHIQUE. *Voyez* Ouvrages en marbre.
CHOIN (Pierre de). *Voyez* aux Pierres.
CHOU de mer. *Voyez* Soldanelle.
CIGARES. *Voyez* Tabacs fabriqués.

(1) Une circulaire de M. le directeur général, en date du 6 ventôse an 13, porte que la *chicorée moulue*, qui par la torréfaction ayant acquis en partie la propriété du café, et qui le remplace dans la consommation qu'en font quelques départemens, appartient à la droguerie, où l'on précédemment rangée deux décisions du 27 prairial an 4 et 25 nivôse an 8; qu'en conséquence cette sorte de droguerie, n'étant point tarifée, doit être assujétie au nouveau droit de 20 pour 100 imposé par le décret du 17 pluviôse an 13 et la loi du 30 avril 1806.

(2) Quoique les décrets impériaux ne tarifent que le chocolat, le cacao broyé et en pâte ayant été assimilé au chocolat par la loi du 15 mars 1791, il doit être assujéti au même droit. Celui de 260 fr. lui est applicable. (*LD*. 24 *mars* 1806.)

Ciment. [Ce qui s'entend de toute espèce de mortier, soit pour la maçonnerie, la verrerie, l'orfévrerie, etc.]	Exempt...... Droit de bal.	....	15 mars 1791. 24 nivôse 5.
Cinabre *naturel* et *artificiel*. [Le premier est un minéral rouge très-pesant, provenant d'une combinaison naturelle de mercure avec le soufre. L'artificiel se fait avec trois parties de mercure et une de soufre, sublimés ensemble par un feu gradué. Il est aussi en pierres, et sert en médecine et en peinture.] (1)	Quintal.....	20..40	15 mars 1791.
Cire *jaune*, non ouvrée. [Matière dure, huileuse, jaune, provenant du travail des abeilles, et qu'on recueille de leurs ruches.]	Quintal..... Idem...... Idem......	6—12 0—61 6..12	15 mars 1791. 12 pluviôse 3. 3 frimaire 5.
Cire *jaune*, ouvrée. [Ce qui s'entend des ouvrages en cette cire, tels que cierges de cire jaune, etc.]	Quintal.....	48..96	15 mars 1791.
Cire *blanche*, non ouvrée. [C'est la cire jaune qu'on a fondue, lavée plusieurs fois, etc. Elle est dure, blanche, transparente et insipide au goût.]	Quintal.....	61..20	15 mars 1791.
Cire *blanche*, ouvrée. [Ce qui comprend tous les ouvrages en cire blanche, comme bougies, cierges, figures moulées, etc.]	Quintal.....	81..60	15 mars 1791.
Cire (*Crasse de*). [C'est la croûte noire qu'on a enlevée de dessus les pains de cire.]	Quintal.....	3.. 6	15 mars 1791.
Cire *à cacheter*. [Composition de gomme laque, de cire, de résine, de térébenthine, et d'oxide métallique pour la colorer; qu'on vend en petits bâtons de différentes couleurs.]	Quintal.....	97..92	15 mars 1791.

Renvois. (1) Voir à Vermillon, pour ne point faire de fausses perceptions.

Cire à gommer, pour les tapissiers. [Composition de cire, de térébenthine et de poix grasse, fondues ensemble et mises dans des moules en forme de gobelets.]	Quintal.	12..24	15 mars 1791.
Cire à souliers. [Composition noire propre à lustrer les bottes, souliers, etc.]	Quintal.	61..20	15 mars 1791.
Civette. [Matière congelée, onctueuse, blanchâtre, d'une odeur forte et désagréable. Elle jaunit et brunit en vieillissant. Elle se trouve dans une vessie placée sous la queue de l'animal de ce nom.]	Kilogr. net.	122..40	15 mars 1791.
Cloches (Métal de). [Alliage de quatre-vingts à quatre-vingt-cinq parties de cuivre jaune avec douze à quinze parties d'étain et quelques parties d'antimoine. Il est dur, aigre, cassant et nullement ductile.]	Quintal.	36..72	15 mars 1791.
Cloches, Clochettes, Mortiers de fonte et de métal.	Quintal. Prohib... (1)	36—72	15 mars 1791. 10 brumaire 5.
Cloporte. [Insecte dont le corps écailleux, oblong, convexe en dessus, plat en dessous, peut se contracter ; il est de couleur grise cendrée sur le dos, blanc en dessous, ayant six ou sept paires de pattes.]	Quintal.	30..60	15 mars 1791.
Clous de toute sorte. [Ce sont de petits morceaux de fer qui ont ordinairement une tête et une pointe.] (2)	Quintal. Prohibés.	16—32	15 mars 1791. 10 brumaire 5.
Cobalt ou Cobolt. [Métal de couleur blanche tirant un peu sur le rouge, et quelquefois sur le vert jaunâtre. Il n'est nullement ductile. Sa cassure présente un grain fin et serré.]	Quintal.	2..4	15 mars 1791.
Cobalt (Régule de). [C'est l'oxide de cobalt revivifié et amené à l'état métallique. Il est d'un gris tendre, compacte et fragile.]	Quintal.	8..16	15 mars 1791.

RENVOIS.

Ciseaux. *Voyez* Coutellerie.
Citouaire. *Voyez* Zedoaire.
Citrin (bois de). *Voyez* à l'art. Bois.
Citron. *Voyez* à Fruits, à Écorces, à Esprits ou à Huiles, suivant l'état sous lequel on le présente.
Clapons. *Comme* Cornes de béliers.
Clous de cuivre. *Voyez* Cuivre laminé.
Clous de girofle. *Voyez* Girofle.

(1) C'est en vertu d'une décision du 27 ventôse an 5, que les cloches ont été comprises parmi les objets prohibés par la loi du 10 brumaire an 5.
(2) On en excepte les clous de cuivre durcis au gros marteau, et ceux alliés pour doublage et peintures de gouvernail : ils sont tarifés à Cuivre *laminé*.

Entrée. 36.

Cochenille *de toute sorte, même en grabeau.* [Petit insecte qu'on tue dans l'eau froide et qu'on fait sécher. Il est de couleur rouge, argenté à sa surface. Par *grabeau*, on entend toute drogue écrasée qu'on sépare à l'aide d'un crible.]	Quintal.....	4.. 8	15 mars 1791.
Coco (*Noix de*). [Fruit d'un arbre de la famille des palmiers. On nous envoie cette noix séchée. Sa première écorce est unie et lisse en dehors, de couleur grise claire ; elle est garnie en dedans de bourre rougeâtre et filamenteuse sous laquelle on trouve une noix ovale et grise de la grosseur d'une poire de coing.]	Quintal.....	12..24	15 mars 1791.
Coco (*Coques de*). [C'est la coque ligneuse du fruit dont on vient de parler. On la polit et on en fabrique des tasses et autres petits meubles.]	Exemptes.... Droit de bal.	——	15 mars 1791. 24 nivôse 5.
Colle *de poisson.* [C'est une espèce de colle faite avec la membrane interne de l'estomac des esturgeons ou autres poissons de ce genre. Elle est en petits cordons contournés, blanche ou jaunâtre, claire, semi-transparente et sans odeur, ou en grosses masses plates et oblongues.]	Quintal..... Idem......	40—80 80.. 0	15 mars 1791. DI. 17 pluv. 13 et loi du 30 avr. 1806.
Colle (*toute autre*). [Ce qui s'entend de toute matière factice et tenace, propre à joindre différens objets ensemble. Il y a de la colle de farine, de peaux de gants, colle forte en feuillets, colle pour dorer, colle à miel, colle à verre, colle à pierre, colle à bouche, etc.]	Quintal.....	12..24	15 mars 1791.
Colophane. [Préparation de térébenthine réduite en consistance solide, de couleur brunâtre : réduite en poudre, elle devient blanche. On la nomme aussi *Arcanson*.] .... (1)	Quintal.....	0—51	15 mars 1791.
Coloquinte. [Fruit à coque, de la grosseur d'une orange, de couleur blanche étant débarrassée de son écorce mordorée ; rempli de semences plates, dures, grises roussâtres, d'un goût âcre et amer.]	Quintal.....	6..12	15 mars 1791.
Confection. [Espèce de médicament en forme d'électuaire solide, dont il y a plusieurs sortes.] .... (2)	Prohibée.....		15 mars 1791.

RENVOIS.

Cocons. *Voyez* aux Soies.
Cochons. *Voyez* Bestiaux.
Coffres non garnis. *Voyez* Mercerie commune.
Colcotar. *Voyez* Vitriol rubéfié.
Colliers de perles et de pierres fausses. *Voyez* Mercerie commune.
Colza. *Voyez* Grains.
Compas. *Voyez* Mercerie commune.

(1) Cette perception ne se fait plus ainsi : la colophane est de l'arcanson, et l'arcanson ayant toujours été assimilé au brai sec, il s'en suit qu'il doit comme résine de pin et de sapin. *Voyez* donc les droits au courant à Brai sec.
(2) Cette prohibition est de la plus haute importance : elle a pour objet la salubrité publique ; elle porte sur toutes les préparations médicales en forme d'électuaire ou marmelade : elle comprend celles d'Ismernès, d'hyacinthe, d'anacardines, d'Harlem, et la thériaque. Cependant le beurre de saturne est tarifé particulièrement.

Confitures. [Nom qu'on donne aux fruits, aux racines, aux fleurs et à certains sucs, quand ils ont été préparés et cuits avec du sucre ou du miel.]	Quintal..... Idem...... Idem......	30—60 70— 0 70.. 0	17 mars 1791. A.C. 14 fruct. 10. 8 floréal 11.
Celles venant des Colonies françaises............ (1)	Quintal..... Exemptes.... Idem......	12—24 —.— —.—	18 mars 1791. 11 septemb. 1793. 3 frimaire 5.
Pour droit d'entrée........ Pour droit de consommation. Pour droit d'entrée........ Pour droit de consommation.	Quintal..... Idem...... Quintal..... Idem......	10— 0 40— 0 1..50 14..50	A.C. 3 therm. 10. Même décret. 8 floréal 11. Même loi.
Contra-Yerva. [Racine du Pérou; de la grosseur d'une féve noueuse, entourée de fibres longues, rougeâtres ou de couleur tannée en dehors, blanchâtre en dedans; d'une odeur de feuilles de figuier, d'un gout aromatique un peu âcre.]	Quintal.....	10..20	15 mars 1791.
Contra-Yerva blanc, ou Asclépias, ou Vincetoxicum. [Plante dont le caractère est d'avoir les feuilles en cœur. Son fruit contient de la laine blanche et des semences rousses. Sa racine, d'usage en médecine, est menue, composée de fibres blanches, d'une odeur forte et d'un gout désagréable.]	Quintal.....	8..16	15 mars 1791.
Coques du Levant. [Ce sont de petits fruits ou baies semblables au piment.]	Quintal.....	8..16	15 mars 1791.
Coquillages et autres morceaux d'Histoire naturelle,.......... (2)	Exempts.... Droit de bal.	—.— —.—	15 mars 1791. 24 nivôse 5.
Coquillages de mer,.......................... (3)	Exempts.... Droit de bal.	—.— —.—	1 août 1792. 24 nivôse 5.

RENVOIS.

Copal (Gomme). *Voyez* aux Gommes.
Coquelicots. *Voyez* Pavots rouges.
Coquilles de nacre. *Voyez* à Nacre.

(1) Voyez la note à Denrées coloniales.
(2) Comme l'histoire naturelle embrasse un grand nombre d'objets, il faut veiller à ce qu'on ne présente pas sous cette dénomination des marchandises sujettes aux droits.
La manière de prévenir l'abus est d'observer si on ne présente pas en grand nombre ou en grande quantité la même substance ou le même objet.
(3) Les *antales*, les *curis* ou *cauris*, les *huîtres*, le *lapis entalis*, sont tarifés particulièrement, par conséquent non compris dans cet article.

Marchandise	Unité	Droit	Date
CORAIL *non ouvré*, en fragmens. [Genre de polypier ressemblant à un arbrisseau. Il est d'un rouge vif, quelquefois rose ou jaunâtre ; il s'en trouve même de blanc et de noir ; mais toujours la tunique intermédiaire est blanche.]	Quintal.....	20..40	15 mars 1791.
CORAIL *ouvré* ou *taillé*. [C'est celui avec lequel on fait des bijoux. On le taille comme le diamant.]	Par 100 fr..	15.. 0	15 mars 1791.
CORAIL *en poudre*. [C'est celui qu'on a réduit ainsi. Il sert à nettoyer et blanchir les dents. Il est d'un rose très-pâle.]	Prohibé.....	....	15 mars 1791.
CORALLINE, ou MOUSSE MARINE. [Autre espèce de polypier qu'on avoit pris pour un lichen. Il ne sert guère qu'à orner les cabinets des curieux ; mais je crois que celui dont il est ici questionest la *coraline officinale* ou *mousse de Corse*, d'usage en médecine, et dont le caractère est une tige bipennée et les articulations presque turbinées : couleur brune rougeâtre.]	Quintal.....	4.. 8	15 mars 1791.
CORDAGES *de chanvre* et *autres ouvrages de corderie*. [Ce qui comprend toutes les espèces de cordes et de ficelles autres que celles de jonc et de tilleul.] (*CD*. 23 *ventôse* 13.)	Quintal..... Idem...... Idem...... Idem......	8—16 0—82 8—16 15.. 0	15 mars 1791. 12 pluviôse 13. 3 frimaire 5. DI. 17 pluv. 13 et loi du 30 avr. 1806.
CORDAGES *de jonc* et *de tilleul*	Quintal..... Idem..... Idem...... Idem......	2— 4 0—20 2— 4 4.. 0	15 mars 1791. 12 pluviôse 3. 3 frimaire 5. DI. 17 pluv. 13 et loi du 30 avr. 1806.
CORDAGES et CABLES *usés*. [On s'en sert pour calfeutrer les vaisseaux ou pour faire du papier à sucre.] (1)	*Exempts*..... *Droit de bal*.....	....	15 mars 1791. 24 nivôse 5.
CORDONNERIE (*Ouvrages de*). [Ce qui comprend les bottes, souliers ; brodequins, bottines, et enfin toute espèce de chaussures en cuir.]	Quintal..... Idem...... Prohibés.....	142—80 71—40	15 mars 1791. 19 mai 1793. 10 brumaire 5.

RENVOIS.

CORAIL de jardin. *Voyez* Poivres de toute sorte.
CORDES à violon. *Voyez* Mercerie fine.
CORDONNETS de fil, etc. *Voyez* Rubans.
CORDONS de laine, de fil, de chanvre. *Voyez* Rubans.

(1) Ils ne sont traités ainsi que comme matière première, d'où on peut exiger qu'ils soient réduits à cet état s'il s'élevoit des difficultés.

CORIANDRE (*Graine de*). [Semence ronde d'une plante de ce nom, qui, séchée, est d'un jaune blanchâtre, légère, de goût et d'odeur aromatiques assez agréables.]	Quintal....	1..53	15 mars 1791.
CORIS ou CAURIS. [Petites coquilles toutes blanches que l'on pêche aux îles Maldives et qui servent de monnoie. On en fait des colliers et autres ornemens de femmes.]	*Exempts*... *Droit de bal.*	—	15 mars 1791. 24 nivôse 5.
CORNES *de béliers*, *moutons* et *autres animaux*, sauf celles ci-après. [Les cornes sont ces parties dures souvent contournées, pointues, noirâtres, jaunâtres, qui sortent de la tête de certains animaux.]	*Exemptes*... *Droit de bal.*	—	15 mars 1791. 24 nivôse 5.
CORNES *de bœufs et de vaches*...	Le 1000 en N.	0..25	15 mars 1791.
CORNES *de licorne*. [C'est la dent d'un poisson. Elles ont environ deux mètres de long, sont droites, tortillées en spirales et ressemblent à l'ivoire.]	Kilogramme.	6..12	15 mars 1791.
CORNES *en feuillets transparens*. [Ce sont celles apprêtées pour lanternes, etc.]..........	*Comme mercerie.*	—	15 mars 1791.
Les 104 *feuillets* { de 19 à 24 centimètres de long, sur 19 à 22 de large. de 14 à 16............ sur 11 à 14........ de 11 à 14............ sur 11........ de 11 et au-dessous........ sur 11 et au-dessous.		8.. 0 6.. 0 4.. 0 3.. 0	AC. 4 pluv. 11 et loi du 8 flor. 11.
CORNES *plates* à faire peignes........	Quintal.... Idem......	3— 6 24.. 0	15 mars 1791. AC. 4 pluv. 11 et loi du 8 flor. 11.
CORNES *rondes* à faire peignes........	Quintal....	3.. 6	15 mars 1791.

RENVOIS.

CORNES de cerf et de snack. *Voyez* Cerf.

ENTRÉE. 40.

Cornes *brûlées* et *ébauchées* pour manches de couteaux...	Comme celles rondes pour peignes...		1 août 1792.
Cornichons *confits*. [Espèce de concombre préparé dans le vinaigre, de couleur verte et de la longueur du petit doigt.]	Quintal.....	8..16	15 mars 1791.
Costus *doux*, ou Cannelle *blanche*. [Ecorce en rouleau long, mondée de celle extérieure, blanchâtre en dedans et en dehors; goût aromatique âcre, odeur agréable. Sous ce nom est aussi comprise la racine, qui est assez semblable à celle du *costus amer*.]	Quintal.....	8..16	15 mars 1791.
Costus *indicus et amarus*. [Racine forte, grosse, oblongue, coupée en deux, de couleur grise ou pâle en dehors, blanche en dedans; goût aromatique amer, et d'une odeur approchant celle de l'iris de Florence.]	Quintal net.	122..40	15 mars 1791.
Coton *en rame, en laine ou en graine*. [La capsule de cet arbrisseau est de la grosseur d'un petit œuf et est divisée en trois ou quatre loges remplies de semences verdâtres ou noirâtres, entourées d'un duvet blanc, quelquefois jaunâtre ou rougeâtre, plus ou moins long, fin et soyeux. On le recueille lorsqu'il a crevé sa coque. C'est ce duvet que l'on nomme coton.] (1)	Exempt..... Droit de bal. Quintal..... Idem..... Idem..... Idem..... Idem *net*...	3— 0 3— 0 1— 0 1— 0 60.. 0	15 mars 1791. 24 nivôse 5. AC. 3 therm. 10. 8 floréal 11. AC. 6 brum. 12. 22 ventôse 12. DI. 22 fév. 1806 et loi du 30 avr. 1806.
Celui des *Colonies françaises* (y compris le coton en laine du *Levant*). (AC. 20 *vendém.* 11.) (1 et 2)	Quintal..... Idem..... Idem..... Idem..... Idem *net*...	2— 0 2— 0 1— 0 1— 0 60.. 0	AC. 3 therm. 10. 8 floréal 11. AC. 6 brum. 12. 22 ventôse 12. DI. 22 fév. 1806 et loi du 30 avr. 1806.
Coton (*Ouate de*) et *Ouate* de Soie. [Ce sont les parties les plus soyeuses et les plus fines de ces matières.]	Quintal.....	61..20	15 mars 1791.

RENVOIS.

Cornets à jouer, de corne et de cuir. *Voyez* Mercerie.

(1) Il est accordé, pour les cotons en laine, une déduction de 6 pour 100 sur les balots et de 8 pour 100 sur les balotins au-dessous de 50 kilogrammes. (*Décis.* de S. M. du 9 *avril* 1806, et LM. du 22 *dito*.)

(2) L'arrêté des consuls du 6 brumaire an 12, et la loi du 22 ventôse de la même année, n'ayant point mis de différence dans les droits des cotons étrangers et celui venant des colonies françaises, il m'a semblé que le droit de 60 francs était perceptible sur toute espèce de coton, puisque la loi du 30 avril 1806, qui l'impose, dit tout simplement *coton en laine*.

Coton *filé*. [C'est celui qui, ayant été soumis à la filature, a perdu sa forme de duvet pour prendre celle d'un fil plus ou moins délié.]	Kilogr....(1) Prohibé.....	4–59	15 mars 1791. 10 brumaire 5.
Par kilogramme { jusqu'au n°. 30 inclusivement. du n°. 31 à 60............ du n°. 61 à 100............ du n°. 101 et au-dessus..... Kilogr... (2)		4– 0 4–50 5– 0 6– 0 7.. 0	AC. du 6 brum. an 12, et loi du 22 vent. an 12. DI. 22 fév. 1806 et loi du 30 avr. 1806.
Coton *filé* pour mèches................ *Comme omis*.	Par 100 fr.. Prohibé.....	10– 0	DM. 27 nivôse 5. DI. 22 fév. 1806 et loi du 30 avr. 1806.
Couleurs *à peindre, de toute sorte*; en sacs, en vases, en boîtes et en tablettes................ (3)	Quintal.....	14..28	15 mars 1791.
Couperose *blanche ou bleue*. [La couperose blanche est le sulfate de zinc : elle est en gros morceaux blancs, purs, nets, ressemblant à du sucre en pain. La couperose bleue est le sulfate de cuivre : elle est en cristaux d'une belle couleur bleue céleste.]	Quintal..... Idem...... Idem......	15–30 1–33 15..30	15 mars 1791. 12 pluviôse 3. 3 frimaire 5.
Couperose *verte*. [C'est le sulfate de fer. Elle est en cristaux de couleur verte, et presque toujours humide.]................	Quintal..... Idem...... Idem...... Idem...... Idem...... Idem......	6–12 5–10 0–51 5–10 10– 0 20.. 0	15 mars 1791. 1 août 1792. 12 pluviôse 3. 3 frimaire 5. DI. 30 therm. 12. 1 pluviôse 13.
Coutellerie (*Ouvrages de*). [Ce qui comprend toutes ces sortes d'ouvrages, tels que canifs, ciseaux, couteaux, rasoirs, etc.]	Quintal..... Prohibés...	40–80	15 mars 1791. 10 brumaire 5.
Couvertures. [Pièce d'étoffe qu'on étend sur les lits pour se garantir du froid.] Celles de *soie, filoselle* ou *fleurets*...........	Quintal.....	204.. 0	15 mars 1791.

RENVOIS.

Coton (Etoffes de). *Voyez* Draps de Coton.
Coton (Toiles de). *Voyez* Toiles de coton.
Coulilavan. *Voyez* l'art. Ecorces.
Courges vidées. *Voyez* Calebasse.
Coutellerie en instrumens de chirurgie. *Voyez* Instrumens d'astronomie.
Coutils. *Voyez* Toiles.

(1) Celui provenant du commerce français au-delà du Cap de Bonne-Espérance, ne payoit que 62 cent. du kilogramme. (15 mars 1791.) Il fut compris dans la prohibition des cotons filés. (LM. 7 frimaire 6.)
(2) N'est admissible que celui dont l'origine n'est pas prohibée, ce qui s'entend des pays avec lesquels la France n'est pas en guerre, et du coton non anglois.
Les cotons filés ne pourront entrer que par les bureaux d'Anvers, Cologne, Mayence, Strasbourg, Bourg-Libre et Versoix. (DI. 22 février 1806.)
(3) Celles en poudre ou en nature sont tarifées particulièrement à leurs noms propres.

COUVERTURES. Celles de *laine*............... (1)	Quintal..... Idem...... Idem......	102— 51— 102..	0 0 0	15 mars 1791. 12 pluviôse 3. 3 frimaire 5.
Celles de *coton* et de *fil et coton*............ (2)	Prohibées...			30 avril 1806.
Celles de *plocs* et autres basses matières. [Le ploc est le poil de vaches, de chevrotins et de chiens.]..........	Quintal.....	48..	96	15 mars 1791.
CRAIE ou ALANA et TRIPOLI. [Pierre calcaire plus ou moins friable, ordinairement blanche, mais quelquefois colorée, sur-tout de rouge. Elle n'a ni saveur ni odeur.]...............	Quintal.....	1..	2	15 mars 1791.
CRAYONS *en pastel*, et autres de toute sorte. [Sortes de terres colorées, de différentes nuances, réduites en pâte, à laquelle on donne, tandis qu'elle est molle, la forme de petits rouleaux.]...............	Quintal.....	10..	20	15 mars 1791.
CRAYONS *noirs*. [Ce sont ceux de Blende ou de mine de plomb, qui souvent sont incrustés dans du bois.].............. (3)	Quintal.....	1..	2	15 mars 1791.
CRÈME ou CRISTAL *de tartre*. [C'est le tartre de vin purifié : il est en cristaux nets, bien blancs, détachés, secs, d'un goût aigrelet, agréable.]...............	Quintal..... Idem...... Idem......	9—18 0—02 9..18		15 mars 1791. 12 pluviôse 3. 9 floréal 7.
CRIN *frisé* ou *uni*. [Poils longs et rudes qui croissent à la queue et à la crinière des chevaux et de quelques autres animaux. Le crin frisé est celui qui a été cordé et bouilli ; l'uni est celui qui n'a reçu aucune préparation.]...............	Quintal..... Idem......	4— 12..	8 0	15 mars 1791. DI. 17 pluv. 13 et loi du 30 avr. 1806.
CRISTAL *de roche* non ouvré. [Pierre transparente avec ou sans couleur, qui fait feu contre le briquet. Elle a ordinairement la forme d'un prisme à six pans, terminé par une pyramide hexagone.]...............	Quintal.....	30..	60	15 mars 1791.

RENVOIS.

CRABE. *Voyez* B..is de crabe.
CRASSE de cire. *Voyez* Cire.
CRASSE de sel. *Voyez* Sel.
CRÊPES de soie. *Voyez* Etoffes de soie.
CRÉPONS. *Voyez* Burail.
CREUSETS d'orfévres ou propres aux monnoies. *Voyez* Poterie de terre.

(1) Un tarif imprimé par Bailleul en juin 1806, assimile les couvertures de laine aux étoffes prohibées par la loi du 10 brumaire an 5...... Il existe bien une circulaire du 22 messidor an 8 qui dit de traiter ces couvertures comme elles *à la sortie*; mais cette assimilation ne peut avoir lieu *à l'entrée*, attendu que la loi du 3 frimaire an 5 (postérieure à celle du 10 brumaire) a rétabli, à l'égard des couvertures de laine, les droits auxquels elles étaient imposées par le tarif de 1791. Ces droits n'avaient d'ailleurs jamais été les mêmes que ceux des étoffes, par conséquent aucune assimilation.

(2) Avant cette prohibition, elles étaient assimilées pour les droits aux couvertures de laine.

(3) Il ne faut pas leur assimiler la sanguine, qui est tarifée particulièrement.

CRISTAL de roche ouvré. [C'est celui gravé, taillé ou arrangé en lustres, girandoles, etc.]	Par 100 fr.. Prohibé.....	15— 0	15 mars 1791. 10 brumaire 5.
CUIRS secs, en poils. [Ce sont les peaux de bœufs, vaches, buffles, etc. qu'on a fait sécher sans en ôter le poil ou bourre.] (1)	Exempts.... Droit de bal. Par cuir... Idem.....	........—. ....—. 0—40 0..25	15 mars 1791. 24 nivôse 5. A.C. 3 therm. 10. A.C. 14 fruct. 10 et loi du 8 flor. 11.
Les mêmes, venant des Colonies françaises..........	Par cuir...	0..25	A.C. 3 therm. 10 et loi du 8 floréal 11.
CUIRS bouillis. [Ce sont des cuirs forts qu'on a fait bouillir dans de la cire mêlée de quelques gommes ou résines.]	Quintal..... Prohibés....	16—32	15 mars 1791. 10 brumaire 5.
CUIRS dorés et argentés. [Espèces de tapisseries faites de cuir où sont représentées diverses figures relevées en or, en argent, en vermillon, etc.]	Quintal..... Prohibés....	76—50	15 mars 1791. 10 brumaire 5.
CUIRS ouvrés, autres que de cordonnerie.................... (2)	Quintal..... Prohibés,...	81—60	15 mars 1791. 10 brumaire 5.
CUIVRE ROUGE brut, fondu en gâteau, en plaque, lingot ou rosette, et MITRAILLE rouge de toute espèce. [Le cuivre est un métal imparfait, d'un rouge éclatant, sonore, dur, ductile et malléable. On en distingue plusieurs sortes, soit brutes, soit préparées.] (3)	Exempt..... Droit de bal.	........—. ....,..	15 mars 1791. 24 nivôse 5.
CUIVRE rouge en flaons, pour les monnoies. [Ce qui s'entend des pièces de cuivre coupées en rond et préparées pour être marquées à la monnoie.] (4)	Quintal..... Exempt..... Droit de bal.	36—72 ....—.	15 mars 1791. 19 mai 1793. 24 nivôse 5.

RENVOIS.

CRISTAL de tartre. *Voyez* Crème de tartre.
CRISTAUX. *Voyez* Mercerie.
CROISÉS. *Voyez* Draperie.
CRUCHES de grès. *Voyez* Poterie.
CUBÈBE. *Voyez* Poivre à queue.
CUILLERS et Fourchettes d'étain. *Voyez* à Mercerie commune.
CUIR (Chapeaux de). *Voyez* Chapeaux.
CULOTTES de peaux. *Voyez* Ouvrages en peaux.
CUIRS ouvrés. *Voyez* Ouvrages en cuirs ou peaux, suivant la différence.
CUIRS tannés, corroyés ou apprêtés. *V.* Peaux.

(1) Ce droit n'affecte pas les peaux de veaux sèches en poil et en vert, qui, tirées à néant au Tarif d'Entrée, doivent continuer à n'acquitter que celui de balance. (CD. 28 *fructidor* 10.) *Voyez* l'art. PEAUX.
Quelques éditions de la loi du 8 floréal 11 ont porté ces cuirs à 40 cent.; mais c'étoit une faute d'impression ou une erreur de copiste.
(2) Les havresacs en cuir seront traités comme les cuirs ouvrés autres que de cordonnerie. (1 *août* 1792.)
(3) Les vieux canons doivent être assimilés au cuivre rosette ou en lingots. (*DM.* 1 *complém.* 12.)
(4) Les médailles ou pièces de cuivre étoient traitées comme cuivre en flaons par la loi du 1 août 1792, mais le décret du 5 septembre de la même année les a prohibées.

CUIVRE *rouge laminé* en planches et fonds plats de toute dimension (1). Excepté celui pour doublage de navires............	Quintal..... Idem...... Idem...... Idem...... Idem......	24—48 4—90 24—48 76—50 75.. 0	15 mars 1791. 12 pluviôse 3. 9 floréal 7. AC. 5 brum. 11. 8 floréal 11.
Celui *laminé*, pour doublage de navires............	Exempt..... Droit de bal. Quintal..... Idem......	——.. 76—50 75.. 0	19 mai 1793. 24 nivôse 5. AC. 5 brum. 11. 8 floréal 11.
CUIVRE *rouge battu* en fonds de chaudières relevés, baquets, casseroles, barreaux carrés ou ronds, anses, poignées et clous de toute espèce en œuvre........... Celui à fonds de chaudières, les barres à chevilles, les clous de cuivre rouge durcis au gros marteau, les clous de cuivre allié pour doublage et les pentures de gouvernail................................	Quintal..... Prohibé..... Quintal..... Idem......	36—72 ——.. 76—50 75.. 0	15 mars 1791. 10 brumaire 5. AC. 5 brum. 11. 8 floréal 11.
CUIVRE *rouge ouvragé* ; savoir : alambics avec leurs chapiteaux et serpentins, bassinoires, baguettes de Guinée, bouilloires, cafetières, lingots vernis pour les Indes, pompes, robinets...	Quintal..... Prohibé.....	40—80 ——..	15 mars 1791. 10 brumaire 5.
CUIVRE *ciselé, vernis* et *plaqué*, comme vases et urnes de toute espèce, théières étamées ou vernies, garnitures de pendules, flambeaux et ornemens dépendans du ciseleur, doreur, et toute espèce de quincaillerie avec cuivre rouge, jaune ou plaqué................................	Quintal..... Prohibé.....	48—96 ——..	15 mars 1791. 10 brumaire 5.
CUIVRE (*Fil de*) de 14 millimètres de diamètre et au-dessous......	Quintal.....	40..80	15 mars 1791.
CUIVRE (*Limaille de*). [Particules de ce métal qu'on a enlevées avec la lime. Elles servent à la teinture des métaux.]......	Exempte..... Droit de bal.	——..	15 mars 1791. 24 nivôse 5.

RENVOIS.

CUIVRE brûlé. *Voyez* Aes-Ustum.
CUIVRE en chandeliers, flambeaux, tire-bouchons, etc. *Voyez* Mercerie commune.

(1) Une décision ministérielle, du 22 thermidor an 5, a déclaré que ces cuivres n'étant en quelque sorte qu'une matière première propre à nos manufactures, l'admission n'en est pas défendue.

CUIVRE JAUNE, ou LAITON, en lingots ou en mitraille. [Alliage qu'on obtient par la cémentation d'un mélange de cuivre rouge, de calamine ou oxide natif de zinc et de poussière de charbon. Il est d'une belle couleur jaune, dur, ductile et malléable.].............................	*Comme* cuivre brut.		1 août 1792.
CUIVRE *jaune*, ou LAITON *battu* et *laminé* en planches de toutes dimensions, *gratté*, *noir* et *décapé*. [Le cuivre gratté est celui qui est brillant des deux côtés : le noir n'est brillant que d'un seul côté : le décapé est seulement nettoyé de son veri-de-gris.].............................	Quintal..... Idem...... Idem......	30—60 6—12 30..60	15 mars 1791. 12 pluviôse 3. 9 floréal 7.
CUIVRE *jaune*, ou LAITON *ouvré*, comme chaudières, poëlons, bassines, et toute espèce de *Dinanderie*.................(1)	Quintal..... *Prohibé*.....	40—80	15 mars 1791. 10 brumaire 5.
CUIVRE *jaune*, ou LAITON *de toute espèce*, en instruments de quincaillerie et mercerie.................(2)	Quintal..... *Prohibé*.....	48—96	15 mars 1791. 10 brumaire 5.
CUIVRE *jaune filé*, ou FIL *de laiton noir*. [C'est du cuivre jaune tiré et passé à travers la filière.].............................	Quintal..... Idem...... Idem...... Idem......	2— 4 0–41 2— 4 12.. 0	15 mars 1791. 12 pluviôse 3. 9 floréal 7. DI. 17 pluv. 13 et loi du 30 avr. 1806.
CUMIN. [Semences oblongues, cannelées, d'un gris jaunâtre ou verdâtre, pointues par les deux bouts, convexes d'un côté, aplaties de l'autre, de saveur âcre, amère et aromatique, d'odeur forte et désagréable.].............................	Quintal.....	2.. 4	15 mars 1791.
CURCUMA, ou TERRA MERITA. [Racine tubéreuse, oblongue, noueuse, jaunâtre, de la grosseur du doigt, d'un goût un peu âcre et d'une odeur approchant de celle du gingembre. Elle est d'usage en médecine, en teinture et en vinaigrerie.]	Quintal.....	0..51	15 mars 1791.
CUSCUTE ou ÉPITHYME. [Plante parasite à fibres longues, déliées et sans feuilles, de couleur rougeâtre, grimpant et s'entortillant aux plantes voisines. Sa semence est menue et brune.].....	Quintal.....	4.. 8	15 mars 1791.

RENVOIS.

CUIVRE autrement ouvré. *Voyez* Ouvrages en cuivre.
CUIVRE (Régule de). *Voyez* Régule de Vénus.

(1) Les chaudières de cuivre qui seront tirées de l'étranger pourront être mises en entrepôt et être expédiées pour les Colonies françaises, en exemption de tous droits. (5. b brum. 11.)
Les *chaudières de cuivre*, cuivre et clous à doublage venant de l'étranger et destinés pour les colonies, pourront être mis en entrepôt réel, à la charge du payement de 12 fr. par quintal au moment de l'expédition pour les colonies. (8 *floréal* 11.) Ces dispositions se rapportent à l'article 3 d'un arrêté du 5 brumaire an 11. Les trois objets y determinés seront admis en franchise dans les magasins d'entrepôt. Ceux qui dans le délai de l'année d'entrepôt seront expédiés pour nos îles, acquitteront le droit de 12 francs.
(2) *Voyez* à MERCERIE quels sont les articles qui sont admis.

Cyprès (*Noix de*). [Fruit de l'arbre de ce nom, d'usage en teinture. Elles sont grosses comme des muscades, rondes, sèches, grises, s'ouvrant et se crevassant en écailles du centre à la circonférence, et laissant voir dans leurs fentes des semences aplaties, anguleuses, rousses et moelleuses.]	Quintal.....	2.. 4	15 mars 1791.
Daucus (*Graine de*), ou Semen Dauci. [Semences oblongues, cannelées, velues, convexes d'un côté et aplaties de l'autre, d'un brun rougeâtre et d'un goût âcre et aromatique.]	Quintal.....	10..20	15 mars 1791.
Denrées coloniales étrangères. Elles ne seront admises dans les ports de France qu'autant qu'elles seront accompagnées de certificats délivrés par les Commissaires des relations commerciales de S. M. au port d'embarquement, portant qu'elles ne proviennent ni des Colonies d'Angleterre, ni de son commerce. Celles pour lesquelles on ne représentera pas ce certificat, quand même elles viendroient des ports où S. M. n'a pas de commissaire, seront saisies et confisquées............ (1)	Certificat.......		DI. 30 vent. 13.
Denrées coloniales provenant des *Colonies anglaises*............	Confiscation.		22 ventôse 12.
Denrées coloniales non tarifées, justifiées provenir du cru des *Colonies françaises*, ne paieront que moitié des droits imposés sur les mêmes objets venant de l'*étranger*............ Les Denrées coloniales tarifées sont les Cacaos, Cafés, Confitures, Mélasses, Poivres et Sucres bruts, têtes et terrés; les Bois d'acajou et de marqueterie, le Caret ou Écailles de tortue, la Casse, le Coton, les Cuirs secs en poils, le Gingembre, l'Indigo, les Liqueurs, le Rocou et le Tafia. (*Voyez* à ces noms.).	Moitié des Dr. ... (2)		8 floréal 11.
Dentelles de fil et de soie. [Sorte d'ouvrage plat et à jour, composé de plusieurs fils entrelacés les uns dans les autres par le moyen des fuseaux. Il y en a à réseau, à brides, à fleurs, etc., de brodées à la main, etc.]	Kilogr. net.. Le mètre....	30—60 2..	15 mars 1791. DI. 17 pluv. 13 et loi du 30 avr. 1806.
Dentelles grossières de fil, fabriquées aux environs de Nimègue...	Par 100 fr.. Par mètre...	10— 0 0..10	DM. 2 brum. 7. DI. 17 pluv. 13 et loi du 30 avr. 1806.

RENVOIS.

Cyperus. *Voyez* Souchet.
Cyprès (Comme de). *Voyez* l'art. Gommes.
Dattes. *Voyez* l'art. Fruits.
Degras de peaux. *Voyez* Huiles.
Dentale entale. *Voyez* Antale.

(1) L'admission des denrées et productions coloniales n'aura lieu que par les ports qui ont un entrepôt fictif, savoir : *Nice, Toulon, Marseille, Cette, Baïonne, Bordeaux, Rochefort, la Rochelle, Nantes, l'Orient, Brest, Morlaix, Saint-Malo, Granville, Cherbourg, Rouen, le Havre, Honfleur, Fécamp, Dieppe, Saint-Vallery-sur-Somme, Boulogne, Calais, Dunkerque, Ostende, Bruges, Anvers* (8 *floréal* 11.) *et Gand*. (AG. 26 messidor 11, et loi du 22 ventôse 12.)

Les droits sur les denrées coloniales étrangères tarifées par la loi du 8 floréal an 11, seront payés à l'arrivée, à moins qu'elles ne soient mises en entrepôt réel, où il ne pourra excéder une année ; dans ce cas elles ne devront que le droit de balance, et s'acquitteront les droits du Tarif qu'en sortant de l'entrepôt pour entrer dans l'intérieur. (8 *floréal* 11.)

Ces denrées coloniales tarifées sont : Sucre brut, sucre tête et terré, café, cacao, indigo, rocou, coton, casse, gingembre, caret ou écaille de tortue, bois d'acajou et de marqueterie, cuirs secs en poil, liqueurs, poivre, même celui importé par le commerce français au-delà du cap de Bonne-Espérance. Ces objets, en cas de réexportation pendant leur année d'entrepôt, sont exempts de tous droits de sortie.

(2) A défaut de la preuve du chargement dans les colonies, ou s'il s'agit de mar-

Dentelles d'argent fin...	Kilogr. net..	81..60	15 mars 1791.
Dentelles d'or fin...	Kilogr. net..	122..40	15 mars 1791.
Dentelles d'or et d'argent faux................................	Kilogr. net..	24..48	15 mars 1791.
Derle, ou Terre de porcelaine. [Terre argileuse blanche. Elle est fine et grasse : son vrai nom est petunt-zé.]..............	Exempte.... Droit de bal.	...—..	15 mars 1791. 24 nivôse 5.
Dibidivi. [Drogue propre à la teinture, tirée d'Espagne.]........	Exempte.... Droit de bal.	...—..	15 mars 1791. 24 nivôse 5.
Dictame. [Nom marchand des feuilles de la plante de ce nom. Elles sont rondes, de la longueur d'un pouce, tirant sur le vert, couvertes de duvet et d'un poil épais, odorantes et d'un goût brûlant. On nomme aussi *radix dictami* la racine d'une autre plante que celle ci-dessus, et qui a la grosseur du doigt, blanche, d'odeur forte, sentant le bouquin et de saveur amère.]	Quintal.....	4..8	15 mars 1791.
Dominoterie. [Ce qui s'entend des marchandises de papier dont le trait, les dessins et les personnages sont imprimés avec des planches de bois, ensuite les couleurs mises avec un patron.]..	Comme mercerie.	......	15 mars 1791.
Dragées de toute sorte. [Ce qui s'entend de tous petits fruits, racines, écorces, graines, confitures, entourés et couverts de différentes couches de sucre épuré et durci par le travail.] (1)	Quintal....	30..60	15 mars 1791.

RENVOIS.

Dents d'éléphans. *Voyez* Ivoire.
Dents de loups. *Voyez* Loups.
Dents marines. *Voyez* Cornes de licorne.
Dez à coudre, en corne, cuivre, fer, os et ivoire. *Voyez* Mercerie commune.
Dez à jouer. *Voyez* Mercerie.
Diagride. *Voyez* Scammonée.
Diamans. *Voyez* Bijout. vie.
Dinanderie. *Voyez* Cuivre ouvré.

chandises que le commerce étranger a la faculté d'y introduire, la cargaison est traitée comme étrangère. (*Loi du* 10 *juillet* 1791.) Les droits d'entrée sur les denrées coloniales françaises seront acquittés à l'arrivée ; celles assujéties au droit désigné au Tarif sous le nom de *droit de consommation*, et qui sont les cacaos, cafés, confitures, mélasses et sucres bruts, têtes et terrés, jouiront de la faculté de l'entrepôt, sous la soumission cautionnée de les réexporter ou de payer ledit droit au moment où elles sortiront de l'entrepôt pour la consommation. (8 *floréal* 11.) Les droits extraordinaires de sortie payés à Saint-Domingue sur les denrées coloniales exportées par bâtimens français, seront déduits, à leur arrivée en France, sur les droits d'entrée et ceux dits de consommation. (*AC.* 5 *frimaire* 11.) Les denrées coloniales exportées de la Martinique, pour lesquelles il ne seroit point justifié du paiement du droit de sortie de 2 pour 100, auquel elles sont assujéties par l'arrêté du capitaine général de ces îles, devront l'acquitter à leur arrivée en France, à l'exception de celles venant de Sainte-Lucie. (*CD.* 6 *floréal* 11.)

Denrées coloniales françaises *venues sur navires neutres*. Lorsque l'origine de ces denrées est justifiée par des pièces en bonne forme, elles doivent être admises au

Désignation	Unité	Droits	Date
DRAPERIES, ou ÉTOFFES *de laine*, savoir : *Draps* fins, façon de Sedan, de Louviers, d'Elbœuf, et autres dénominations, sur largeur de $\frac{4}{5}$, $\frac{1}{4}$, $\frac{1}{5}$, $\frac{1}{7}$ de l'ancienne aune. — *Draps* dits à longs poils ou à poils raz, avec ou sans lustre. — *Draps* de Vigogne, poil de chameau, castor et autres matières. — *Draps* fins rayés et unis, façon de Silésie ou de royale, et autres dénominations, sur largeur de $\frac{1}{5}$, $\frac{2}{5}$, et $\frac{1}{4}$ aune ancienne. — *Draps* dits rayés, unis, à poils. — *Ratines* en $\frac{4}{5}$ et $\frac{1}{2}$ d'aune ancienne de large, façon de Hollande. — *D'Andely* de Vienne, et autres dénominations. — *Casimir*. — *Raz-de-castor* croisés et unis. — *Flanelles* croisées et unies. — *Espagnolettes*, façon de Rouen, et autres dénominations, croisées et unies, en blanc ou en couleur. — *Camelot* en poil, laine et soie. — *Serges de satin* ou *Satin turc*, *Prunelle* et *Turquoise*. — *Tricots* en pièces ou gilets. — *Etamines* ou *Burats* imitant les voiles de Rheims, et autres *Étoffes*, sous quelque dénomination que ce puisse être, fabriquées avec de la laine fine. (2)	Quintal.... Prohibées...	612— 0	15 mars 1791. 10 brumaire 5.
DRAPS *communs*, forts; ceux à poils, sur une aune ou demi-aune ancienne de large, croisés, rayés ou unis. — *Moltons*, façon de Sommiers, et autres dénominations. — *Ratines* communes. — *Croisés* communs. — *Kalmoucks* ordinaires. — *Camelots* en laine, unis ou rayés. — *Sagatis*, et autres genres d'*Étoffes* fabriquées avec de la laine commune.	Quintal.... Idem..... Prohibés...	306— 0 153— 0	15 mars 1791. 12 pluviôse 3. 10 brumaire 5.
DRAPS et ÉTOFFES *de coton*, et VELOURS *de coton*. (3)	Quintal.... Prohibés... Idem......	306— 0 ....—..	15 mars 1791. 1 mars 1793. 10 brumaire 5.
DRILLES ou VIEUX LINGES. [Ce qui s'entend des vieux chiffons de toiles de lin, de coton et de laine, propres à la fabrication du papier.]	Exempts... Droit de bal.	....—..	15 mars 1791. 24 nivôse 5.
DROGUERIES *omises*. [Ce qui s'entend de tout ce qui sert à la composition des médicamens, et des ingrédiens propres à la teinture, lesquels ne sont tarifés ni particulièrement, ni sous dénominations génériques.] (4)	Par 100 fr.. Idem......	5— 0 20.. 0	22 août 1791. DI. 17 pluv. 13 et loi du 30 avr. 1806.
DUVET *de cygne*, *d'oie* et *de canard*. [On donne le nom de duvet aux plumes menues et chaudes qui touchent immédiatement le corps des oiseaux.]	Quintal.... Idem......	30—60 100..	15 mars 1791. DI. 17 pluv. 13 et loi du 30 avr. 1806.

RENVOIS.

DUOBUS (Sel de). *Voyez* Sels.
DUVET d'Autruche. *Voyez* Autruche.
DUVET d'Eider. *Voyez* Edredon.

privilège qui entraîne nécessairement la faveur de l'entrepôt fictif et l'exemption du droit de consommation si elles sont réexportées à l'étranger. (*DM.* 30 *prairial* 12.)

(1) Il faut comprendre sous la dénomination de dragées les pastilles, et en général tout ce qu'on appelle bonbons.

(2) Les étoffes de laine connues sous le nom de *casimir* avoient déjà été prohibées par la loi du 1 mars 1793.

(3) Voyez la note à ÉTOFFES *de coton*.

(4) Il ne faut leur assimiler ni les *épiceries non tarifées*, ni les *herbes médicinales non dénommées*, ni les *herbes propres à la teinture* qui sont omises, ni les *semences froides* et autres *médicinales*, ni même les *bois de teinture* : ces objets-ci sont tarifés particulièrement. Voir leurs articles.

Une lettre du 20 janvier 1806 a compris dans la classe des drogueries non dénommées, le BAUME DE RIGA, qui par conséquent est soumis au droit de 20 pour 100. C'est de l'eau-de-vie distillée sur des plantes vulnéraires.

EAU-DE-VIE, autre que de vin. [Ces eaux-de-vie sont des liqueurs qui se tirent, par la distillation, de différentes substances fermentées, telles que le grain, le riz, les figues, les carottes, les pois, le genièvre, la cire, etc.]................ (1)	Prohibée.......		15 mars 1791.
EAU-DE-VIE SIMPLE de vin. [C'est celle provenue par la distillation du vin.]...	Les 268 litres. Le litre..... Idem......	24— 0 0..15 0..20	15 mars 1791. 9 floréal 7. DI. 17 pluv. 13 et loi du 30 avr. 1806.
EAU-DE-VIE DOUBLE et rectifiée. [C'est celle au-dessus de 22 degrés jusques et compris 32.]..................................	Les 268 litres. Le litre..... Idem......	48— 6 0—30 0..40	15 mars 1791. 9 floréal 7. DI. 17 pluv. 13 et loi du 30 avr. 1806.
EAU-DE-VIE au-dessus de 32 degrés. (Esprit-de-vin.) [On appelle esprit-de-vin l'eau-de-vie qui a été distillée deux fois.].....	Les 268 litres. Le litre.....	72— 0 0..45	15 mars 1791. 9 floréal 7.
EAU FORTE. [C'est l'acide nitreux le plus pur et le plus fort. Cette eau est ou blanche, ou rouge, ou verte.]..................	Quintal..... Idem...... Idem...... Idem......	16—32 20—40 2— 4 20..40	15 mars 1791. 1 août 1792. 12 pluviôse 3. 3 frimaire 5.
EAU de fleurs d'orange. [C'est l'eau distillée de ces fleurs: elle en conserve toute l'odeur.].................	Comme eau médicinale........		1 août 1792.
EAUX médicinales et de senteur. [Les principales sont celles d'arquebusada, styptique, cordiale, vulnéraire, eaux des Carmes, de Cette, de Cologne, impériale, de lavande, de mélisse, de menthe, de miel, de la reine de Hongrie, de thim, etc.]...	Quintal net.	61..20	15 mars 1791.
EAUX minérales. [Ce qui comprend les eaux sulfureuses, les eaux ferrugineuses, les eaux gazeuses et les eaux salines, froides ou chaudes, simples ou composées.].................. (2)	Exemptes....... Droit de bal.......		15 mars 1791. 24 nivôse 5.

RENVOIS.

EAU de Cerises. *Voyez* Kirschwaser.
EAU-DE-VIE d'Andaye. *Voyez* Liqueurs.

(1) Les eaux-de-vie de grains dites de genièvre, venant de l'étranger, pourront être entreposées en franchise de tous droits dans les ports de *Gravelines*, *Calais*, *Boulogne*, *Dieppe*, *Fécamp*, *Cherbourg*, *Saint-Malo*, *Morlaix* et *Roscoff*, à la charge d'être réexportées à l'étranger dans l'année de l'arrivée. Il pourra être établi dans lesdits ports, aux frais du commerce, des dépôts où les tafias des Colonies françaises, reçus en entrepôts, pourront être convertis en rhum en exemption de droits, à la charge d'être aussi réexportés dans l'année. (19 octobre 1791.)
Cet entrepôt a été étendu à *Dunkerque* par décision du 18 ventôse an 10, et à *Ostende* par celle du 18 germinal même année.
Les rhums et les tafias sont aussi admis en entrepôt réel dans le port de *Cherbourg*. (8 floréal 11.) Le commerce doit fournir sur le port, à ses frais, des magasins convenables, sûrs et réunis en un seul corps de bâtiment et enceinte; le plan du local sera présenté au gouvernement pour être adopté s'il y a lieu.
L'importation de ces rhums et tafias, et celle des eaux-de-vie de genièvre dont cette loi confirme l'entrepôt, ne peut être faite que par bâtimens de 100 tonneaux et au-dessus. (*Même loi.*)
Les Eaux-de-vie autres que de vin, provenant de prises, seront admises en

ENTRÉE. 50.

Désignation	Unité	Droits	Date
ÉCAILLES d'*Ablette*. [L'ablette est un petit poisson de rivière dont les écailles argentées servent à colorer les fausses perles. On les conserve ordinairement dans de l'ammoniaque ou alcali volatil.]	Quintal	2..4	15 mars 1791.
ÉCAILLES de *Tortue*, de toutes sortes. [Elles se lèvent de dessus la carapace de ces animaux. Celles dont on se sert principalement sont tirées des TORTUES CARETS. Toutes ont trois couleurs, le blond, le brun et le noirâtre, d'une demi-transparence agréable.] (3)	Quintal Idem Idem Idem Idem Idem	20–40 2..4 20–40 45..0 45..0 120..0	15 mars 1791. 12 pluviôse 3. 9 floréal 7. A.C. 3 therm. 10. 8 floréal 11. Dt. 17 pluv. 13 et loi du 30 avr. 1806.
Celles dites CARETS, provenant des Colonies françaises. (4)	Quintal Idem	30..0 30..0	A.C. 3 therm. 10. 8 floréal 11.
ÉCHANTILLONS de *Gants* et de *Bas de soie*, dépareillés et n'excédant pas le nombre de trois.	Exempts Droit de bal.	— —	1 août 1792. 24 nivôse 5.
ÉCORCES de bois propres à faire des chapeaux pour femmes. (*Comme omises. L. 13 prairial 13.*)	Par 100 fr.	10..0	22 août 1791.
ÉCORCES de *Chêne* et autres à faire tan. [Celle de chêne est épaisse, raboteuse, crevassée et rude.]	Exemptes Droit de bal.	— —	15 mars 1791. 24 nivôse 5.
ÉCORCES de *Citron*, d'*Orange* et de *Bergamotte*. [Peaux des fruits de ce nom: elles sont jaunes en dehors et blanches en dedans.] (5)	Quintal	8..16	15 mars 1791.
ÉCORCES de *Coulilawan*. [Écorce gommo-résineuse d'un arbre aromatique des îles Moluques: elle est épaisse et compacte, brune en dehors et d'une couleur claire en dedans, facile à réduire en poudre d'une odeur suave et forte. C'est une nouvelle espèce d'épicerie.]	Quintal	12..24	15 mars 1791.
ÉCORCES de *Grenadier*. [C'est l'écorce du fruit de l'arbre de ce nom; elle est dure comme du cuir, de couleur purpurine obscure en dehors, jaune en dedans. On s'en sert en médecine, et pour préparer les cuirs.] (6)	Exemptes Droit de bal.	— —	15 mars 1791. 24 nivôse 5.

RENVOIS.

ÉCARLATE (Graine d'). *Voyez* Kermès.
ÉCHALATS. *Voyez* Bois feuillard.
ÉCLISSES. *Voyez* Bois d'éclisses.
Écorces de chêne blanc. *Voyez* Quercitron.
Écorces de Câprier. *Voyez* Câprier.
Écorces de Gaïac. *Voyez* Gaïac.

ENTRÉE. 51.

payant le même droit que celui dû sur l'eau-de-vie double. (*Loi du 19 fév. 1793.*)

(2) Les bouteilles qui contiennent ces liquides sont sujettes au droit; de manière qu'il faut percevoir le droit de balance sur les eaux, plus celui fixé sur les bouteilles. Pour ce dernier droit, *voyez* à VERRE.

(3) Celles provenant du commerce françois au-delà du Cap de Bonne-Espérance, peuvent entrer en exemption de droits. (15 mars 1791.)

(4) La loi du 30 avril 1806 ne parlant pas des écailles de tortues venant des Colonies françaises, le taux de la perception en devient douteux; le droit de 120 fr. paroît cependant leur être applicable.

(5) Il s'agit ici d'écorces desséchées et non mélangées avec du sucre; car dans ce dernier cas elles devroient comme confitures.

(6) Une lettre administrative du 26 avril 1806 a ordonné de percevoir, en conformité du décret du 17 pluviôse an 13, le droit de 20 pour 100 de la valeur sur les ÉCORCES DE GRENADE ou malicorium, comme devant être rangées dans la classe des drogueries omises.

ÉCORCES DE GRENADIER, ou ÉCORCES DE GRENADES, ou MALICORIUM, ou SIDIUM, sont la même chose sous quatre noms différens; tirées à néant par la loi du 15 mars

Écorces de Mandragore ou Faux-ginseng. [Ce sont celles de la racine de la plante de ce nom : il y en a deux espèces, l'une dont l'écorce est blanchâtre en dehors, cendrée et grisâtre en dedans; l'autre, au contraire, est blanche en dedans et brune au dehors; de saveur âcre, gluante et amère.]......... (1)	Quintal.....	18..36	15 mars 1791.
Écorces ou Brou de Noix. [Écorce verte, charnue, acerbe et un peu amère qui recouvre la coque ligneuse de la noix. Elle sert en médecine et en teinture.]....................	Exemptes... Droit de bal.	—	15 mars 1791. 24 nivôse 5.
Écorces d'Orme pyramidal. [Seconde écorce de cet arbre, très-souple, jaune en dehors et en dedans. On l'importe en petites lanières. Elle contient un suc mucilagineux et gluant.]............	Par 100 fr..	2..50	15 mars 1791.
Écorces de Simarouba. [C'est celle de la racine de la plante qui produit le bois de cayan. On l'apporte de la Guyane en lanières et en paquets de 35 kilogrammes. Cette écorce est brune et jaunâtre.]	Quintal.....	15..30	15 mars 1791.
Écorces de Tilleul. [Écorces jaunâtres qu'on importe en lanières minces et longues pour en faire des cordages.]............	Exemptes... Droit de bal.	—	15 mars 1791. 24 nivôse 5.
Eiderdon ou Edredon. [Plumes de l'estomac de l'eider. C'est une sorte de duvet très-doux, très-moelleux, fort léger et fort chaud, très-élastique et très-durable.].................	Kilogramme. Idem......	2— 4 6.. 0	15 mars 1791. DI. 17 pluv. 13 et loi du 30 avr. 1806.
Ellébore noir ou blanc (Racines d'). [Celles de l'ellébore noir ont cette couleur en dehors et sont grises en dedans. La racine de l'ellébore blanc est en tête assez grosse, également blanche. Toutes deux sont garnies de beaucoup de fibres; mais on les apporte ordinairement dégarnies de ces filamens.].......	Quintal.....	4.. 8	15 mars 1791.
Émeril en poudre et en grains. [Minéral particulier sur lequel les naturalistes ne sont pas d'accord : on en connoit trois espèces, l'une, qui naît dans les mines d'or, est jaunâtre, parsemée de points d'or et d'argent; la seconde est unie et d'un gris rougeâtre: on la trouve dans les mines de cuivre; la troisième est noirâtre, très-dure. Elles servent à couper et nettoyer les pierres précieuses. On les pulvérise pour polir les métaux et les glaces.]................................	Quintal.....	1.. 2	15 mars 1791.

RENVOIS.

Écorces de Tamaris. *Voyez* Tamaris.
Écorces. Pour les autres il faut voir à leurs noms propres.
Écritoires simples. *Voyez* Mercerie commune.
Écume de Verre. *Voyez* Anatron.
Effets à l'usage des voyageurs. *Voyez* Linge de corps.
Élastique (Gomme). *Voyez* aux Gommes.
Élémi (Gomme). *Voyez* aux Gommes.
Émail. *Voyez* Azur.
Emporte-pièces. *Voyez* Quincaillerie fine.

1791 sous la dénomination d'écorces de grenadier, il en résulte qu'elles ne sont donc pas omises.
Bailleul, dans son nouveau tarif de juin 1806, a porté les *écorces de grenade* à 20 pour 100, et celles de *grenadier* au droit de balance : d'où il résultera que si effectivement ces écorces doivent 20 pour 100, elles n'acquitteront que 5½ centimes du quintal ou 15 centimes de la valeur, si on les présente sous le nom d'*écorces de grenadier*, qui effectivement est un nom impropre; mais c'est celui du commerce et du tarif.
(1) On envoye quelquefois la racine coupée par tranches, comme le jalap.

Entrée. 52.

Encens *commun*, ou Galipot. [Poix odoriférante qui sort par les incisions qu'on a faites au pin, et qui n'a point été cuite. Elle se sèche, est blanche et nette.]........................	Quintal..... Idem......	0—5 20..0	15 mars 1791. DI. 17 pluv. 13 et loi du 30 avr. 1806.
Encens *fin*, ou Oliban. [Substance résineuse qui découle d'un petit arbre de l'Arabie. Elle est d'un jaune pâle ou transparent, en larmes dures, d'un goût âcre et résineux, d'odeur pénétrante.]........................ (1)	Quintal..... Idem......	10—20 20..0	15 mars 1791. DI. 17 pluv. 13 et loi du 30 avr. 1806.
Encre *de la Chine*. [Substance noire, en tablettes carrées longues, revêtues de quelques caractères chinois ou en relief, ou dorés, ou de couleur rouge.]........................ (2)	Quintal.....	81..60	15 mars 1791.
Encre *à écrire*. [Composition liquide, le plus ordinairement noire, résultante d'une infusion de noix de galle, gomme arabique, bois de Brésil, alun et sulfate de fer.]........................	Quintal.....	24..48	15 mars 1791.
Encre *à imprimer* et *en taille-douce*. [C'est un composé de térébenthine, d'huile de noix ou de lin et de noir de fumée, qu'on réduit, par la cuisson et le broiement, en une espèce de pâte presque solide.]........................	Quintal.....	12..24	15 mars 1791.
Engrais *de toutes sortes* pour les terres. [Ce qui comprend toutes les matières propres à engraisser les terres, telles que fumier, colombine, clapous, cornes rapées, etc.]........................	Exempts.... Droit de bal.	——	15 mars 1791. 24 nivôse 5.
Épines *anglières*, ou Aspini. [Nombre de savans que nous avons consultés pour savoir ce que c'étoit qu'*aspini* n'ayant pu nous donner de solution, nous invitons les personnes qui en auroient connoissance à nous en instruire.]........................	Quintal.....	2..4	15 mars 1791.
Épingles *blanches*. [Bouts de fil de laiton coupés de certaine longueur, et qui ont une tête et une pointe.]........................	Quintal.....	61..20	15 mars 1791.
Épiceries *non dénommées*. [Ce qui s'entend des épiceries qui ne sont pas tarifées nominativement. Le mot *épicerie* ne s'applique qu'aux choses dont on se sert pour l'assaisonnement des viandes.]........................	Par 100 fr..	10..0	15 mars 1791.

RENVOIS.

Enula campana. *Voyez* Aulnée.
Éperons communs. *Voyez* Mercerie commune.
Épithime. *Voyez* Cuscute.
Épluchures de Cacao. *Voyez* Cacao.

(1) L'encens provenant du commerce français au-delà du Cap de Bonne-Espérance, ne paye que moitié des droits du tarif. (15 mars 1791.)
(2) Celle provenant du commerce français au-delà du Cap de Bonne-Espérance, ne paye que 40 fr. 80 cent. du quintal. (15 mars 1791.)

ÉPONGES *communes*. [Espèce de champignons marins très-poreux qu'on trouve attachés aux rochers : ceux-ci sont de couleur brunâtre.].. (1)	Quintal..... Idem......	6—12 60.. 0	15 mars 1791. DI. 17 pluv. 13 et loi du 30 avr. 1806.
ÉPONGES *fines*. [Elles sont plus légères, plus blondes, et ont les trous plus serrés que celles ci-dessus.].............................	Quintal..... Idem......	51— 0 200.. 0	15 mars 1791. DI. 17 pluv. 13 et loi du 30 avr. 1806.
ÉPONGES *servant à la fabrication de l'amadou*. [Quoique l'amadou se fasse ordinairement avec l'agaric de chêne préparé, on en fait aussi avec le *bolet amadouvier*, gros champignon qui croît autour des vieux arbres. C'est de ce champignon dont il est ici question.]..	Exemptes... Droit de bal.		15 mars 1791. 24 nivôse 5.
ESCAYOLLES. [Graines propres à nourrir les oiseaux, qu'on tire de Tunis et d'Alger.]...................................	Quintal.....	0.. 5	15 mars 1791.
ESPRIT DE NITRE. [C'est une sorte d'eau forte blanche qui, exposée aux rayons du soleil, se colore en rouge.]...................	Quintal.....	20..40	15 mars 1791, et 1 août 1792.
ESPRIT DE SEL. [Fluide de couleur d'ambre jaune tiré du sel marin d'un goût acide, fort et pénétrant. C'est l'acide muriatique.]	Quintal.....	30..60	15 mars 1791.
ESPRIT DE SOUFRE. [Liqueur provenant de la combustion du soufre plus ou moins acide, suivant son degré de concentration.] (2)	Quintal..... Idem......	10.—20 20..40	15 mars 1791. 1 août 1792.
ESQUINE. [Grosse racine noueuse, genouillée, pesante, ligneuse, à tubercules inégaux, d'un brun rougeâtre en dehors et d'un blanc rougeâtre en dedans, un peu résineuse, d'un goût terreux et astringent.].................................. (3)	Quintal.....	6..12	15 mars 1791.
ESSAYE. [Racine dont on se sert dans les Indes orientales pour teindre en écarlate. Sa couleur est d'un rouge obscur, son goût ressemble à celui du sel de nitre.]...........................	Quintal.....	1.. 2	15 mars 1791.

RENVOIS.

EPSUM (Sel d'). *Voyez* l'art. Sels.
ESCOURGEON. *Voyez* Grains.
ESPAGNOLETTES. *Voyez* Draperies.
ESPARTETTES. *Voyez* l'art. Graines.
ESPRIT de Cerf. *Voyez* Cerf.
ESPRIT-DE-VIN. *Voyez* Eau-de-vie de 32 degrés.
ESPRIT de Vitriol. *Voyez* Acide sulfurique.
ESPRITS. Pour les autres, *voyez* à leurs noms propres et à Essences.

(1) En douanes, les éponges sont réputées communes lorsque la valeur du quintal n'excède pas 300 francs. (1 *août* 1792.)
(2) L'esprit de soufre n'est autre chose que de l'acide sulfurique étendu d'eau ; lorsqu'il est plus concentré, il devient huile de soufre. La tarification pour l'huile n'est pas la même. (*Voyez* la note de cet article.)
(3) Celui provenant du commerce français au-delà du Cap de Bonne-Espérance, ne paye que moitié. (15 mars 1791.)

ENTRÉE. 54.

Essences, c'est en chimie l'huile aromatique très-subtile qu'on obtient par la distillation des plantes ; cela s'appelle aussi *huile essentielle*. Esprits, c'est un mélange d'alcool et d'huile essentielle : ils sont incolores............ (1)			
Essence ou *Quintescence d'*Anis. [Liqueur très-souvent congelée, blanche ou verdâtre ; produit de la distillation de la semence d'anis.]	*Quintal net*..	204.. 0	15 mars 1791.
Essence ou *Esprit de* Bergamotte *et de* Citron. [Celle de bergamotte est jaune, celle de citron est d'un jaune verdâtre.]............ (1)	*Kilogr. net*..	1..53	15 mars 1791.
Essence *de* Cannelle. [Fluide très-aromatique de couleur ambrée, produit de la distillation de l'écorce de cannelier.]............ (1)	*Kilogr. net*..	146..88	15 mars 1791.
Essence ou *Esprit de* Girofle. [Celle du commerce est brune ; celle qui se fait dans les laboratoires est incolore. Odeur forte, goût âcre et brûlant.]............	*Kilogr. net*..	4.. 8	15 mars 1791.
Essence *de* Romarin, *et autres semblables.* [Celle de romarin est d'un jaune verdâtre, provenant de la distillation des feuilles et fleurs de romarin.]............ (1)	*Quintal net*.	81..60	15 mars 1791.
Essences *de* Roses *et de* Rhodes. [Celle de roses est une huile très-facile à congeler, provenant de la distillation de ces fleurs ; elle est tantôt jaune, verte ou blanchâtre : Celle de *Rhodes* est toujours fluide et de couleur jaune : elle provient de la distillation du bois de Rhodes.]............ (1)	*Kilogr. net*..	48..96	15 mars 1791.
Essence ou *Esprit de* Térébenthine. [Liqueur incolore, produit de la distillation de la térébenthine ; d'odeur désagréable et de saveur brûlante.]............	*Quintal*.....	61..12	15 mars 1791.
Estampes *de toutes sortes.* [On nomme *estampes* les empreintes d'une planche gravée qui se tirent sur du papier.]............	*Par 100 fr*..	15.. 0	15 mars 1791.
Ésule. [Petite racine rougeâtre d'une plante à plusieurs tiges rameuses et à feuilles étroites, qui contiennent un suc laiteux lorsqu'elles sont vertes.]............	*Quintal*.....	1.. 2	15 mars 1791.

RENVOIS.   (1) *Voyez* la note de l'art. Huiles.

Essandolles. *Voyez* Bois d'éclisses.
Essences. Pour les autres, *voyez* à leurs noms propres et à Huiles.
Esturgeons. *Voyez* Poissons.

Entrée. 55.

Étain *non ouvré* et celui *usé* ou *brisé*. [L'étain est un métal d'une couleur blanche qui tient le milieu entre l'argent et le plomb. C'est le plus léger des métaux. Il crie lorsqu'on le plie.]. (1)	Quintal.... Idem...... Idem......	4— 8 0—82 4.. 8	15 mars 1791. 12 pluviôse 3. 9 floréal 7.
Étain *en feuilles* ou *battu*........................... (2)	Quintal....	51— 0	15 mars 1791.
Étain (*Régule d'*). [C'est un oxide ou potée d'étain réduit en métal à l'aide d'une substance grasse.].........................	Quintal....	24..48	15 mars 1791.
Étain *ouvré*, autrement que ci-dessus...................... (3)	Quintal.... Prohibé....	51— 0	15 mars 1791. 10 brumaire 5.
Étain *de glace* ou Bismuth. [Métal de couleur blanche tirant sur le jaune, dont la contexture intérieure paroît composée de cubes lamelleux. Quoiqu'il reçoive l'impression du marteau, il n'est point ductile ; on peut même le pulvériser ; ce qui le faisoit ranger autrefois parmi les demi-métaux. Exposé longtemps à l'air, sa surface prend une couleur rougeâtre irisée. C'est le plus fusible des métaux : le *sulfure de bismuth* se fond même à la flamme d'une bougie.].................	Quintal....	2.. 4	15 mars 1791.
Étaux. [Machine composée de deux espèces de tenailles de fer qui s'approchent au moyen d'une vis qui les traverse par le milieu.]............................. (4) *Comme omis.*	Par 100 fr..	10.. 0	22 août 1791.
Étoffes. [Nom générique de toutes sortes d'ouvrages ou tissus faits sur des métiers.]			
Celles de *poil de chèvre*............................	Quintal....	15—30	15 mars 1791.
Celles de *soie* et *de coton*........................	Kilogramme.	8—16	*Même loi.*
Celles mêlées de *soie*, de *fil*, de *coton* et de *laine*.......	Kilogramme.	6—12	*Même loi.*
Les mêmes, avec *or* et *argent fin*...................	Kilogramme.	12—24	*Même loi.*
Celles mêlées de *laine grossière* et de *fil*..............	Par 100 fr..	10— 0	1 août 1792.
Toutes étoffes de *laine*, de *coton* et de *poil*, ou mélangées de ces matières, comme celles ci-dessus............. (5)	Prohibées...	....	10 brumaire 5.
Étoffes *de fil* et *coton*............... (6) *Seront traitées comme* Étoffes de coton.		....	1 août 1792.

RENVOIS.

Étain ouvré en cuillers, fourchettes, etc. *Voyez* Mercerie commune.
Étamines de Laine. *Voyez* Draperies.

(1) L'étain de Malach provenant du commerce français au-delà du Cap de Bonne-Espérance, est exempt. (15 *mars* 1791.)
(2) L'étain en planches propre à l'étamage des glaces est considéré comme matière première, et dispensé du certificat d'origine. (*LM.* 7 *nivôse* 5.)
(3) On excepte l'étain ouvré en cuillers, fourchettes, et autres menus ouvrages classés dans la mercerie et tarifés comme tels.
(4) C'est une décision ministérielle du 22 nivôse an 7, qui applique ce droit aux étaux.
(5) Il me paroît qu'on peut d'autant moins étendre cette défense aux couvertures de laine, que la loi du 3 frimaire an 5 rétablit à leur égard les droits du tarif du 15 mars 1791. *Voyez* la note à Couvertures *de laine*.
Les burails et crépons de Zurich ne sont pas compris dans la prohibition ; ils entrent en payant le droit fixé à leur article.
(6) D'où il résulte que ces sortes de tissus sont prohibés, soit comme étoffes de coton par la loi du 10 brumaire an 5, soit comme toiles de coton par celle du 30 avril 1806.
Les étoffes importées des manufactures du duché de *Berg-outre-Rhin*, payoient

Étoffes avec *or* et *argent faux*..................................	*Prohibées*........		15 mars 1791.
Étoffes *de soie* de toutes sortes, mais *unies*....................... (1)	*Kilogr. net*..	15..30	15 mars 1791.
Étoffes *de soies* brochées, *sans or ni argent*. [On entend par *étoffes brochées*, celles ouvragées ou relevées de quelques fleurs ou autres dessins.]	*Kilogr. net*..	18..36	15 mars 1791.
Les mêmes, avec *or* et *argent fin*.......................	*Kilogr. net*..	30..60	15 mars 1791.
Étoffes *de soie*, mêlées d'autres matières, sans *argent* ni *or*........	*Kilogr. net*..	12..24	15 mars 1791.
Les mêmes, avec *or* et *argent fin*.........................	*Kilogr. net*..	16..32	15 mars 1791.
Étoffes *de filoselle* ou *fleuret*.......................................	*Kilogr. net*..	6..12	15 mars 1791.
Les mêmes, avec *or* et *argent fin*.........................	*Kilogr. net*..	9..18	15 mars 1791.
Étoffes *de soie* nommées MARLY *de soie*. [C'est un tissu à jour fabriqué sur le métier à faire de la gaze.]	*Kilogr. net*..	30..60	15 mars 1791.

RENVOIS.

10 pour 100 de la valeur par la loi du 6 fructidor an 4; celle du 19 pluviôse an 5 les exceptent de la prohibition prononcée contre toutes les étoffes de laine, de coton et de poil par la loi du 10 brumaire an 5; une autre loi, du 6 nivôse an 10, en fixe les droits conformément au tarif.

(1) Les étoffes de pure soie, ou dans lesquelles il entre de la soie, et les étoffes d'écorces d'arbres, provenant du commerce français au-delà du Cap de Bonne-Espérance, sont prohibées. (*Loi du 15 mars 1791.*)

ÉTOFFES de soie nommées CRÊPES de soie. [Ce sont des tissus non croisés, très-clairs et très-légers, composés de trame de soie grèze.] .... (1)	11 mètr. 88 c.	9.. 0	15 mars 1791.
EUPHORBE. [Gomme-résine qui découle naturellement et par incision de deux espèces de plantes de ce nom. C'est une substance friable, jaunâtre, inodore, et d'une saveur brûlante et caustique. On l'apporte en larmes sèches.]	Quintal.....	6..12	15 mars 1791.
EUPHRAISE. [Petite plante à tiges grêles, velues, noirâtres, qui a les feuilles ovales, obtuses, dentées et émarginées. On l'appelle aussi casse-lunette.]	Quintal.....	4.. 8	15 mars 1791.
FABAGO. [Racines menues et serpentantes d'une plante à tiges rameuses et à feuilles oblongues, nerveuses et amères.]	Quintal.....	3.. 6	15 mars 1791.
FAÏENCE et POTERIE de grès (Ouvrages de). Vases de terre moulée, cuite et émaillée, auxquels on a donné différentes formes. On y applique quelquefois des couleurs qui forment dessins.] (2)	Quintal.....	24..48	15 mars 1791.
Celles connues sous la dénomination de terre de pipe ou grès anglais, [Elles sont toujours d'un blanc grisâtre.]	Prohibées... Idem......	—	1 mars 1793. 10 brumaire 5.
FARINE ou GRUAU d'avoine. [Substance séchée au four et mise, par le moulin, en grosse farine grenue.]	Quintal..... Idem...... Idem......	3— 6 0—31 3.. 6	15 mars 1791. 12 pluviôse 3. 9 floréal 7.
FARINES de tout autre sorte. [La farine est un grain moulu et réduit en poudre.]	Exemptes... Droit de bal.	....	15 mars 1791. DM. 7 frim. 8.
FENOUIL. [Graines ou semences de la plante de ce nom. Elles sont oblongues, arrondies, cannelées sur le dos, aplaties de l'autre côté, noirâtres, d'un goût âcre mais aromatique.] ...	Quintal.....	6..12	15 mars 1791.

RENVOIS.

ÉTOFFES de Coton. *Voyez* Draps de Coton.
ÉTOFFES de Laine fine. *Voyez* Draperies.
ÉTOFFES nommées Gazes. *Voyez* Gazes.
ÉTOFFES de Soie ou Mouchoirs. *Voyez* Mercerie fine.
ÉTOUPES de Chanvre. *Voyez* Chanvre.
ÉTOUPES de Lin. *Voyez* Lin.
ÉTRIERS. *Voyez* Mercerie.
ÉTRILLES. *Voyez* Quincaillerie de fer.
ÉVENTAILS communs. *V.* Mercerie commune.
ÉVENTAILS fins. *Voyez* Mercerie fine.
FAISSE. *Voyez* Lie d'huile.
FAULX, FAUCILLES. *Voyez* Quincaillerie.
FENOUIL (Huile de). *Voyez* aux Huiles.

ENTRÉE. 58.

(1) Les crêpes de soie venant du royaume d'Italie avec des certificats du fabricant, visés par le préfet ou le sous-préfet, ne payeront, à leur entrée en France, qu'un droit de 3 fr. par pièce de 11 mètres 88 centimètres. (DI. 26 mars 1806.) Ils ne pourront entrer que par les bureaux de *Verceil* et *Casatisme*. (Même décret.)
(2) La faïence de la Ligurie doit le même droit, à l'exception de celle de *Larma*, qui a été assimilée aux poteries de terre. *Voyez* la note de cet article.
La faïence se distingue par un émail blanc dans la composition duquel on fait entrer l'oxide d'étain. (LM. 21 pluviôse 12.)

Désignation	Unité	Droit	Date
FENU-GREC. [Plante à tige creuse divisée en rameaux, portant trois feuilles sur une queue, à-peu-près comme le trèfle ; fleurs blanches ; fruit à gousses longues, ayant la figure d'une corne ; semences jaunes verdâtres ; racine simple et ligneuse. On croit que c'est à cette semence qu'on a donné le nom de *chouan*.]	Quintal.....	0..51	15 mars 1791.
FER (*Mine de*) *brute et lavée*. [On appelle mine de fer *brute* le fer tel qu'il est tiré des filons métalliques ; *lavée* est celui nettoyé de ses parties terreuses au moyen d'un courant d'eau.]..	Exempte.... Droit de bal.	....	15 mars 1791. 24 nivôse 5.
FER *en gueuse*. [Le fer qui est dans le premier état de fusion, en gros lingots ordinairement de 900 kilogrammes, et qui n'a point été martelé, s'appelle *gueuse*.]	Exempt..... Droit de bal.	....	15 mars 1791. 24 nivôse 5.
FER *en barres*. [C'est celui martelé ainsi. Ce métal est d'un gris noir, mais clair et brillant à l'endroit de la fracture. Il est compacte, sonore, et très-élastique.]	Quintal..... Idem...... Idem...... Idem......	2— 4 0—4½ 2— 4 4.. 0	15 mars 1791. 12 pluviôse 3. 3 frimaire 5. DI. 17 pluv. 13 et loi du 30 avr. 1806.
FER *en verges, feuillards, carillons, rondins,* et *autres fers qui ont reçu une première main-d'œuvre*. [Ce qui comprend tous les fers qui ont moins de 9 lignes en carré, c'est-à-dire, dont la largeur multipliée par l'épaisseur donne moins de 81 lignes.] (1)	Quintal..... Idem......	3— 6 6.. 0	15 mars 1791. DI. 17 pluv. 13 et loi du 30 avr. 1806.
FER *en fonte*, *en plaques de cheminée*, et autres ouvrages pareils....	Quintal..... Prohibé....	9—16	15 mars 1791. 10 brumaire 5.
FER *ouvré*, de toute sorte, comme *fers en taillanderie, ressorts de voitures, serrures,* et autres ouvrages de serrurerie...... (2)	Quintal..... Prohibé....	36—72	15 mars 1791. 10 brumaire 5.
FER (*Agraffes de*). [Sortes de petits crochets dont l'un s'accroche dans l'autre.]............ *Comme omises.* (*L.* 13 brum. 6.)	Par 100 fr.	10.. 0	22 août 1791.

RENVOIS. (1) Les bandes de roues seront traitées comme fers en verges. (*Loi du* 1 *août* 1792.)
(2) Les grosses chaînes de fer seront traitées comme ouvrages de serrurerie (*Loi du* 1 *août* 1792.)

Fer (*Ancres de*). [Grosses pièces de fer de la forme d'un T dont les branches seroient tournées en arcs.]	Quintal..... Idem...... Idem......	3— 6 0—51 3.. 6	15 mars 1791. 12 pluviôse 3. 9 floréal 7.
Fer (*Fil de*) ou d'acier. [C'est du fer doux tiré à travers les pertuis d'une filière.] (1)	Quintal..... Idem...... Idem......	12—24 2—45 12..24	15 mars 1791. 12 pluviôse 3. 3 frimaire 5.
Fer (*Limaille de*). [Ce sont les particules de ce métal qu'on a enlevées avec la lime.]	Quintal.....	2.. 4	15 mars 1791.
Fer (*Pailles de*) ou d'acier. [On nomme ainsi les espèces d'écailles qui tombent de ces métaux quand on les forge à chaud.] (2)	Quintal.....	0..51	15 mars 1791.
Fer *noir et en tôle*. [C'est du fer en lames plus ou moins minces.]	Quintal..... Idem...... Idem...... Idem......	6—12 1—22 6—12 10.. 0	15 mars 1791. 12 pluviôse 3. 3 frimaire 5. DI. 17 pluv. 13 et loi du 30 avr. 1806.
Fer *blanc*. [Ce sont des feuilles de fer équarries et recouvertes d'étain.]	Quintal..... Idem...... Idem...... Idem......	12—24 2—45 12—24 18.. 0	15 mars 1791. 12 pluviôse 3. 3 frimaire 5. DI. 17 pluv. 13 et loi du 30 avr. 1806.
Fer *blanc*, Fer *noir*, Fer *en tôle*, ouvrés	Quintal..... Prohibés....	30..60	15 mars 1791. 10 brumaire 5.

RENVOIS.

Fer (Régule de). *Voyez* Régule martial.
Fers autrement ouvrés. *Voyez* Ouvrages en fer, ou Quincaillerie, ou Mercerie, ou les noms propres de ces ouvrages.

(1) Il ne sera perçu que le droit de balance sur l'importation des fils d'acier employés à la fabrication des aiguilles dans le département de la Roër. (*AC.* 14 thermidor an 11.) Il en sera de même pour ceux employés dans le département de la Meuse-Inférieure. Tous deux devront entrer par le bureau de Cologne, où ils seront expédiés pour le lieu de la destination sous acquit-à-caution. (1 *pluv.* 13.)
(2) Il ne faut pas les confondre pour les droits avec le mâchefer qui est tarifé particulièrement.

Ferraille et vieux Fer.............................	Exempts..... Droit de bal.	— 15 mars 1791. 24 nivôse 5.	
Ferret d'Espagne. [On donne ce nom, dans le commerce, à l'hématite dure ou pierre à brunir. Elle est dure, pesante; sa couleur est un mélange de rouge et de gris de plomb.]........	Quintal.....	0..51	15 mars 1791.
Fruille indienne. [C'est une feuille grande comme la main, de couleur verte pâle, lisse, luisante, ayant trois nerfs qui règnent tout de son long; de goût aromatique et de légère odeur de girofle. Elle arrive séchée du Malabar, et entre dans la thériaque.]	Quintal.....	5..10	15 mars 1791.
Feuilles de myrte, de noyer, de houx, et autres propres à la teinture et aux tanneries. [Celles de redoul, de redon, de ruse, etc., servent aux mêmes usages.].................	Exemptes.... Droit de bal.	— 15 mars 1791. 24 nivôse 5.	
Fèves de Saint-Ignace. [Semences d'un fruit assez semblable à la poire de bon chrétien. Elles sont irrégulières et anguleuses.]	Quintal.....	14..28	15 mars 1791.
Fil de chanvre et de lin, simple, bis, écru et blanc...............	Quintal..... Idem......	0—51 10.. 0	15 mars 1791. DI. 17 pluv. 13 et loi du 30 avr. 1806.
Les mêmes, retors. [Ce sont ceux qui ont été tordus deux fois.]................................ (1)	Quintal.....	61..20	15 mars 1791.
Les mêmes, teints................................	Quintal.....	122..40	15 mars 1791.
Fil d'étoupes simple.............................. (2)	Quintal.....	0..51	15 mars 1791.
Fil de linon et de Mulquinerie. [C'est un fil de lin très-fin.].....	Exempt..... Droit de bal.	— 15 mars 1791. 24 nivôse 5.	

RENVOIS.

(1) Le tarif de 1791 prohiboit les fils de lin retors écrus et blancs *autres que celui de Harlem*; cette disposition a été abrogée.

(2) Aucune explication n'ayant indiqué que le fil d'étoupes dut supporter l'augmentation du droit imposé sur les fils de chanvre et de lin simples, nous l'avons conservé à 51 cent., conformément à la loi du 15 mars 1791.

Feuillard. *Voyez* Bois feuillard.
Feuilles de Girofle. *Voyez* Girofle.
Feuilles d'autres plantes. *Voyez* à leurs noms propres.
Fiches de nacre de perle. *Comme* Mercerie commune. (L. 3 brum. 14.)
Figues. *Voyez* Fruits.
Fil d'Argent ou d'Or. *Voir* Argent ou Or trait.
Fil de Coton. *Voyez* Coton filé.
Fil de Cuivre ou de Laiton. *Voyez* l'art. Cuivre.
Fil de Fer ou d'Acier. *Voyez* à Fer.
Fil de Poil. *Voyez* Poil filé.
Fil de Soie. *Voyez* Soies.

Entrée. 61.

Fil à voiles. [Ce sont des fils de chanvre très-communs; il y en a de goudronnés et de non-goudronnés.]	Quintal.....	6..12	15 mars 1791.
Fil de pinc. [C'est du poil de cheval qui a été filé.]	Quintal.....	4..8	15 mars 1791.
Fleurs artificielles, de toute sorte. [Elles sont une imitation des fleurs naturelles, et faites avec du parchemin, de la toile très-fine ou de la soie, des coques de vers à soie et du fil de fer pour les queues. On leur donne les couleurs des fleurs naturelles.]	Quintal.....	122..40	15 mars 1791.
Fleurs de violette, de pêcher et de romarin. [La couleur des premières est d'un bleu foncé ; celle des secondes est rougeâtre ; les troisièmes sont d'un bleu pâle. Toutes blanchissent en vieillissant.]	Quintal.....	7..14	15 mars 1791.
Flin. [Pierre de forme pyramidale, de diverses grosseurs et de couleurs grises ou brunes. On s'en sert pour fourbir les lames d'épées.]	Quintal.....	1..2	15 mars 1791.
Fonte verte. [La fonte verte se fait avec du cuivre tel qu'il vient de la mine et un peu d'étain. Ce cuivre se nomme potosum.]..	Quintal.....	24..48	15 mars 1791.
Forces à tondre les draps. [Espèces de grands ciseaux composés de deux fers tranchans, unis par un demi-cercle qui en facilite le jeu.]	Quintal.....	10..20	15 mars 1791.
Fromages. [Laitage caillé et égoutté auquel on donne diverses formes. Il y en a de plusieurs espèces, et leur consistance est aussi différente.] .... (1)	Quintal..... Idem..... Idem.....	4–59 0–46 4..59	15 mars 1791. 12 pluviôse 3. 3 frimaire 5.
Fruits cruds, comme coings, gourraux, melons, poires, pommes, et autres fruits frais non dénommés ci-dessous. [Dans l'acception dont il est ici question, la dénomination de fruits se donne à certains produits des végétaux dont l'homme fait usage en alimens.] .... (2)	Exempts..... Droit de bal..... Quintal.....	— — 4..0	15 mars 1791. 24 nivôse 5. DI. 17 pluv. 13 et loi du 30 avr. 1806.

RENVOIS.

Filoselle. *Voyez* Soies.
Fléaux de Balance. *Voyez* Quincaillerie.
Fleurs de Grenadier. *Voyez* Balaustes.
Fleur de Soufre. *Voyez* Soufre.
Fleurs. Pour les autres, *voyez* à leurs noms propres.
Fleurets. *Voyez* Soies.
Folium gariofilatum. *Voyez* Girofle.
Folium indicum. *Voyez* Feuille indienne.
Foin. *Voyez* Herbes de pâturage.
Foin (Graine de). *Voyez* aux Graines.
Fouets. *Voyez* Mercerie commune.
Fourrages. *Voyez* Herbes de pâturages.
Fourbisserie. *Voyez* Armes.
Entrée. 62.

(1) Les fromages de Suisse importés par *Pontarlier* et *Versoix*, accompagnés de certificats prescrits par l'édit de décembre 1781, ne payoient que le droit de balance. (*DM.* 22 vend. 7.)
Mais une lettre du ministre des Finances, du 8 thermidor an 10, a déclaré que d'après le traité d'alliance passé entre la France et la Suisse, le commerce de cette République étoit soumis à la loi commune dans tous ses rapports, soit à l'entrée, soit à la sortie, en attendant qu'un traité de commerce ait été conclu : ce qui s'applique spécialement aux *fromages*, aux *fils de fer*, aux *toiles de lin et de chanvre* unies ouvrées, etc. (*LD.* du 10 thermidor 10.)

(2) Le droit de 4 francs sur les fruits non dénommés au décret du 17 pluviôse an 13 est applicable aux *fruits cruds*, que le tarif de 1791 avoit tiré à *néant*. (*CD.* du 23 ventôse 13.).

Fruits.	*Bigarrades, cédrats, citrons, limons, oranges, chadecs.* [Fruits ronds à écorces aromatiques plus ou moins jaunes, renfermant une pulpe qui contient un suc plus ou moins doux, plus ou moins acide, et quelquefois amer.] (1)	Quintal..... Idem..... Idem..... Idem.....	5—10 0—5½ 5—10 10.. 0	15 mars 1791. 12 pluviôse 3. 3 frimaire 5. DI. 17 pluv. 13 et loi du 30 avr. 1806.
	Châtaignes, marrons, noix. [Les deux premiers ont une écorce brunâtre qui renferme une substance farineuse et blanche. Les noix ont une écorce ligneuse inégale qui contient une amande huileuse émulsive, presque séparée en quartiers.]	Quintal..... Idem..... Idem..... Idem.....	1— 2 0—10 1— 2 4.. 0	15 mars 1791. 12 pluviôse 3. 3 frimaire 5. DI. 17 pluv. 13 et loi du 30 avr. 1806.
	Câpres. [Ce sont les boutons des câpriers que l'on cueille avant qu'ils soient épanouis. Ils sont d'une belle couleur verte.]	Quintal..... Idem..... Idem..... Idem.....	12—24 1—22 12—24 30.. 0	15 mars 1791. 12 pluviôse 3. 3 frimaire 5. DI. 17 pluv. 13 et loi du 30 avr. 1806.
	Olives et picholines. [Fruits charnus, ovales, plus ou moins allongés et plus ou moins gros, suivant les espèces. Ils contiennent un noyau fort allongé qui renferme deux semences. Les picholines sont de petites olives rondes.]	Quintal..... Idem..... Idem..... Idem.....	8—16 0—8½ 8—16 18.. 0	15 mars 1791. 12 pluviôse 3. 3 frimaire 5. DI. 17 pluv. 13 et loi du 30 avr. 1806.
	Pistaches cassées. [Amandes verdâtres recouvertes d'une écorce coriacée verte et rouge.]	Quintal..... Idem..... Idem..... Idem.....	24—48 2—45 24—48 72.. 0	15 mars 1791. 12 pluviôse 3. 3 frimaire 5. DI. 17 pluv. 13 et loi du 30 avr. 1806.
	Pistaches non cassées. [Ce sont les amandes ci-dessus encore renfermées dans leur cosse ligneuse.]	Quintal..... Idem..... Idem..... Idem.....	6—12 0—6½ 6—12 48.. 0	15 mars 1791. 12 pluviôse 3. 3 frimaire 5. DI. 17 pluv. 13 et loi du 30 avr. 1806.

RENVOIS.

FOURCHETTES d'étain ou de fer. *Voyez* Mercerie commune.
FOURNIMENS à Poudre. *Voyez* Mercerie commune.
FOURREAUX d'Épée. *Voyez* Mercerie commune.
FOURREAUX de Pistolets. *Voyez* harnois.
FOURRURES. *Voyez* Pelleterie ouvrée.
FRANGES. *Voyez* Passementerie.

(1) Sur la question de savoir à quel droit devoit être imposées les petites pommes d'oranges séchées et amères, il a été répondu que le décret du 17 pluviôse an 13, ne distinguant pas les oranges par les espèces et qualités; la dénomination qu'il emploie étant générique, comprend les oranges de toutes sortes, en quelqu'état naturel qu'elles soient. Celles dont il s'agit doivent dès-lors acquitter le droit de 10 francs. (*L. du 7 mai 1806.*)

FRUITS SECS, tels que *jujubes*, *gengeoles*, *prunes* et *pruneaux*, *figues*, *raisins*, *jubispasse*, *picardats*, et autres non dénommés.]	Quintal..... Idem....... Idem....... Idem.......	2— 4 0—20 2— 4 8.. 0	15 mars 1791. 12 pluviôse 3. 3 frimaire 5. DI. 17 pluv. 13 et loi du 30 avr. 1806.
Dattes. [Fruit oblong, ovale, un peu plus gros que le pouce, charnu, de couleur brune, renfermant un noyau gris cendré.]	Quintal.....	4— 8	15 mars 1791.
Raisins de Damas et *de Corinthe.* [Sorte de petits raisins ronds plus foncés en couleur.]........ (1)	Quintal..... Idem....... Idem....... Idem.......	2— 4 0—20 2— 4 8.. 0	15 mars 1791. 12 pluviôse 3. 3 frimaire 5. DI. 17 pluv. 13 et loi du 30 avr. 1806.
FRUITS *à l'eau-de-vie*, de toute sorte. [Ce sont différens fruits confits dans l'eau-de-vie édulcorée avec du sucre.]............	Quintal.....	48.. 96	15 mars 1791.
FRUITS *artificiels* en terre fine cuite............(2) *Comme omis.*	Par 100 fr.	10.. 0	22 août 1791.
FUSTET (*Feuilles* et *Branches de*). [Le bois de cet arbrisseau est jaune et veiné; ses feuilles sont ovales et arrondies par le bout; ses fleurs, d'un vert obscur, viennent dans des touffes de filamens rameux. D'usage en teinture et au corroyage des cuirs.].....	*Exemptes*... *Droit de bal.*	—	15 mars 1791. 24 nivôse 5.
FUTAILLES *vides* et *en bottes.* [Tonneaux de bois propres à mettre les liquides. On appelle en *bottes* celles dont les douves sont toutes préparées, mais qui ne sont pas montées.]...... (3)	*Exemptes*... *Droit de bal.*	—	15 mars 1791. 24 nivôse 5.
GAÏAC (*Bois de*) en bûches. [Arbre de la Jamaïque et des Antilles. Son bois est dur, compacte, résineux, marbré, ou de couleurs mêlées de jaune et de vert foncé. Goût âcre.]........	*Exempt*..... *Droit de bal.*	—	1 août 1792. 24 nivôse 5.

RENVOIS.

FRUITS. Pour les autres, *voyez* à leurs noms propres.
FUMIER. *Voyez* Engrais de toute sorte.
FUSEAUX. *Voyez* Mercerie commune.
GAÎNES. *Voyez* Mercerie commune.

(1) Les habitans des ports de *Gravelines*, *Calais*, *Boulogne*, *Dieppe*, *Fécamp*, *Cherbourg*, *Saint-Malo*, *Morlaix* et *Roscoff*, pourront recevoir en entrepôt et réexporter à l'étranger, en exemption de droits, les raisins de Corinthe. (19 octobre 1791.)
(2) Ainsi décidé et transmis par lettre du 22 messidor an 8.
(3) Les cercles de fer dont sont revêtues les futailles vides payent 10 pour 100 de leur valeur comme omis. (*Lettre du 24 frimaire 13.*)

Gaïac (*Écorces de*). [Elles sont grosses, gommo-résineuses, unies, pesantes, de couleur grise au dehors, verdâtre en dedans, et d'un goût amer.]	Quintal.....	1..53	15 mars 1791.
Galangal *mineur* et *majeur*. [Racines qu'on apporte sèches des Indes. Celle dite *mineure* est coupée par tranches ou en morceaux gros comme des avelines, rougeâtre en dehors et en dedans : celle *majeure* est une racine assez grosse, pesante, couverte d'une écorce rougeâtre, et blanche en dedans.]	Quintal.....	4..8	15 mars 1791.
Galbanum. [Gomme-résine grasse, molle, ductile comme la cire, selon qu'elle est plus ou moins récente : la même cause fait varier sa couleur ; elle est ou blanchâtre, ou jaune, ou rousse, ou gris de fer ; de saveur amère et un peu âcre ; d'odeur aromatique très-forte. On l'apporte en larmes pures ou en pains visqueux remplis d'impuretés.] . . . . (1)	Quintal.....	8..16	15 mars 1791.
Gallium *blanc* et *jaune*. [Plante dont la racine est noueuse, traçante, garnie de plusieurs filamens et d'un jaune tirant sur le rouge ; elle pousse des tiges menues, carrées, et qui ont plusieurs nœuds où sont disposées cinq et neuf feuilles. Ses fleurs en cloches, sont jaunes dans une espèce et blanches dans l'autre.]	Quintal.....	1..2	15 mars 1791.
Galons *vieux*, pour brûler. [Tissus d'or ou d'argent supportés.] . (2)	Exempts..... Droit de bal.	— —	15 mars 1791. 24 nivôse 5.
Gants et *autres ouvrages de Ganterie*. [Petits vêtemens propres à couvrir les mains.]			
Ceux en *peaux et cuirs*. . . . . (3)	Kilogramme.	5–10	15 mars 1791.
Les mêmes, *garnis ou doublés en soie*.	Kilogramme.	7–75	Même loi.
Les mêmes, *doublés en laine*.	Kilogramme.	4–8	Même loi.
Ces ouvrages *doublés ou non*.	Prohibés....	—	10 brumaire 5.
Garance *verte*. [Plante vivace haute d'environ un mètre, dont la racine est assez grosse, longue, rampante, très-branchue et rougeâtre en dehors et en dedans ; feuilles en forme de lance, fleurs d'un jaune pâle, remplacées par de petites baies noirâtres. On emploie sa racine en teinture.]	Exempte.... Droit de bal. Quintal.....	— — 2..0	15 mars 1791. 24 nivôse 5. Dl. 17 pluv. 13 et loi du 30 avr. 1806.

RENVOIS.

Gaïac (Gomme de). *Voyez* l'art. Gommes.
Galipot. *Voyez* Encens commun.
Galle (Noix de). *Voyez* Noix.
Galons et Ganses. *Voyez* Passementerie.
Gants. Pour les autres, *voyez* Bonneterie.

(1) Celui provenant du commerce français au-delà du Cap de Bonne-Espérance, ne paye que moitié des droits du tarif. (15 mars 1791.)
(2) Ils sont exemptés comme matière première ; ainsi, en cas de contestation, on peut exiger qu'ils soient brûlés.
(3) Les bas de peaux sont compris dans la ganterie.

GARANCE sèche, ou ALISARI. [C'est la racine séchée de la plante que nous venons de décrire. Celle à laquelle on donne le nom d'*alisari*, ou plutôt *Isari*, vient de Smyrne.]	Quintal.... Idem...... Idem...... Idem......	2— 4 0—20 2— 4 6.. 0	15 mars 1791. 12 pluviôse 3. 9 floréal 7. DI. 17 pluv. 13 et loi du 30 avr. 1806.
GARANCE moulue. [Ce sont les racines de garance réduites en poudre au moulin du tanneur. Elle est d'un jaune rouge, un peu onctueuse, et se pelote avec les doigts selon qu'elle est plus ou moins sèche.]	Quintal.... Idem......	10—20 15.. 0	15 mars 1791. DI. 17 pluv. 13 et loi du 30 avr. 1806.
GAROU (*Racine de*) ou THIMELÉE. [Racine d'un petit arbrisseau. Elle est longue, grosse, dure, ligneuse, grise ou rougeâtre en dehors, blanche en dedans ; d'un gout d'abord doux, ensuite âcre et caustique. D'usage en teinture et pour cautères.]....	Exempte.... Droit de bal.		15 mars 1791. 24 nivôse 5.
GAROUILLE. [Drogue propre à la teinture fauve, employée sur-tout dans les nuances de la couleur gris-de-rat.]...............	Exempte.... Droit de bal.		15 mars 1791. 24 nivôse 5.
GAUDE ou *Herbe à jaunir*. [La racine ligneuse de cette plante pousse des tiges de trois à quatre pieds, garnies de feuilles étroites, longues et douces ; les fleurs, à pétales inégales, sont jaunes : le fruit est une capsule qui contient de petites semences sphériques et noirâtres. Les tiges séchées s'importent en bottes.]..	Exempte.... Droit de bal.		15 mars 1791. 24 nivôse 5.
GAZES. [La gaze est une étoffe très-légère travaillée à claire-voie.] Celles de *soie*...	Kilogr. net..	30..60	15 mars 1791.
Celles de *soie* et *fil*........................ (1)	Kilogr. net..	16..32	15 mars 1791.
Celles d'*or* et d'*argent*, ou mêlées de ces matières......	Kilogr. net..	61..20	15 mars 1791.
GAZES *anglaises* et SCHALS *anglais*............................	Prohibés....		10 brumaire 5.

RENVOIS.

(1) Pour s'assurer si la gaze est mêlée de fil, il suffit d'en tirer quelques brins du tissu.

ENTRÉE. 66.

Gazettes et Journaux. [Ce qui s'entend de toutes feuilles périodiques imprimées.]	Exemptes... Droit de bal.	..—..	1 août 1792. 24 nivôse 5.
Genestrole. [Nom donné dans le commerce au genet des teinturiers. C'est un petit arbuste qui a ses feuilles aiguës et velues: ses fleurs, disposées en épis clairs, sont jaunes et donnent une teinture de la même couleur.]	Exempt... Droit de bal.	..—..	15 mars 1791. 24 nivôse 5.
Gentiane. [Plante dont la racine grosse comme le poignet, longue d'un pied, rameuse, spongieuse, brune en dehors, jaune roussâtre en dedans, pousse plusieurs tiges droites, dont les feuilles lisses ont cinq nervures; les fleurs, à cloches évasées, sont jaunes.]	Quintal....	1..53	15 mars 1791.
Gibier de toutes sortes. [Ce qui comprend tous les animaux sauvages propres à la nourriture de l'homme.]	Exempt... Droit de bal.	..—..	15 mars 1791. 24 nivôse 5.
Gingembre. [Nom donné dans le commerce à la racine sèche d'une espèce d'*amome*. Elle est tuberculeuse, nouée, branchue, un peu applatie, longue et large comme la première phalange du pouce, d'un gris jaunâtre, d'une saveur âcre et piquante; et d'odeur aromatique médiocre assez agréable.]	Quintal.... Idem......	6—12 9.. 0	15 mars 1791. A.C. 3 therm. 10 et loi du 8 flor. 11.
Celui provenant des *Colonies françaises*.............	Quintal....	6.. 0	A.C. 3 therm. 10 et loi du 8 flor. 11.
Ginseng. [Racine charnue, fusiforme, de la grosseur du doigt, longue de deux à trois pouces, un peu raboteuse, brillante et comme demi-transparente, partagée souvent en deux branches pivotantes, de couleur roussâtre en dehors, jaunâtre en dedans; de goût un peu âcre et amer, et d'odeur aromatique assez agréable.]	Quintal net.	91..80	15 mars 1791.
Girofle (*Bois de*) ou de Crave. [C'est une écorce roulée comme la cannelle, mais un peu plus grosse, grisâtre extérieurement, brune, noirâtre et comme rouillée en dedans; d'une légère odeur de girofle; sa saveur est plus mordicante. Cette écorce se tire d'un autre arbre que celui qui porte le clou de girofle.]	Quintal.....	30..60	15 mars 1791.

RENVOIS.

Gemme (Sel). *Voyez* l'art. Sels.
Gengeottes. *Voyez* Fruits.
Geniévre (Graine de). *Voyez* aux Graines.
Geniévre (Huile de). *Voyez* aux Huiles.
Génisse. *Voyez* Bestiaux.
Gibecière. *Voyez* Mercerie commune.
Gilets de Peau. *Voyez* Ouvrages en peaux.
Ginseng (Écorce de faux). *Voyez* Écorces de mandragore.

Désignation	Unité	Droit	Date
GIROFLE (*Feuilles de*). [Elles sont alternes, semblables à celles de laurier, pleines de nervures, avec les bords un peu ondés, et portées sur une queue longue d'un pouce.]	Quintal	20..40	15 mars 1791.
GIROFLE (*Clous de*). [Embryons des fleurs du giroflier, desséchées avec le calice et le germe. Ces espèces de petits fruits sont presque quadrangulaires, ridés, d'un brun noirâtre, ayant la figure d'un clou dont la tête formeroit une espèce de couronne ; d'odeur excellente, saveur très-mordicante.] (1)	Kilogr. net.. Idem....	1–53 3.. 0	15 mars 1791. DI. 17 pluv. 13 et loi du 30 avr. 1806.
GIROFLE (*Antofle de*). [C'est le fruit qui provient de la fleur de girofle : il a la forme d'une olive creusée en nombril ; il est d'un brun noirâtre et contient une amande oblongue, dure, noirâtre et creusée d'un sillon dans sa longueur.]	Quintal	30..60	15 mars 1791.
GLACES et MIROIRS. [Plaques de cristal ou de verre, transparentes ou à réflexion.] Celles au-dessus de 325 millimètres (*ce qui équivaut à l'ancien pied*) (2)	Par 100 fr.	15.. 0	15 mars 1791.
Celles de 325 millimètres et au-dessous.	Quintal	30..60	15 mars 1791.
GLAYEUL ou IRIS du pays. [Ses feuilles, qui ont la figure d'un glaive, embrassent leur tige et l'enferment comme dans une gaîne. Cette tige porte six à sept fleurs purpurines, rougeâtres, et quelquefois blanches. La racine est tuberculeuse et soutenue par une autre racine sous laquelle il y a des fibres menues et blanches. Les semences sont rondes, rougeâtres, et enveloppées d'une coiffe jaune] (3)	Quintal	10..20	15 mars 1791.
GLUE. [Substance végétale, visqueuse et tenace dont on se sert pour prendre les oiseaux à la pipée. La glue est naturelle ou composée ; celle naturelle est fournie par l'écorce de houx, par celle du gui ou par son fruit, et par la racine de viorne.]	Quintal	7..14	15 mars 1791.

RENVOIS.

GIROFLE (Esprit de). *Voyez* l'art. Esprits.
GIROFLE (Huile de). *Voyez* aux Huiles.
GLANDS (Huile de). *Voyez* aux Huiles.
GLAUBER (Sel de). *Voyez* aux Sels.
GLOUTERON. *Voyez* Bardane.

(1) Les queues de girofle payent 20 pour 100 de la valeur comme droguerie omise. (*Lettre du* 13 *mai* 1806.)
Les clous de girofle provenant du commerce français au-delà du Cap de Bonne-Espérance, ne payent que le tiers des droits du tarif. (15 *mars* 1791.)
(2) Le droit doit être perçu sur les évaluations fixées par le tarif de la manufacture des glaces à Paris. (*DM.* 8 *pluviôse* 9.) Ce tarif est augmenté de 10 pour 100 sur tous les volumes indistinctement. (*CD.* 28 *brumaire* 14.) Les miroirs et glaces doivent acquitter le droit de 15 pour 100 de leur valeur sur le tarif des glaces qui est augmenté de 16 pour 100, vu que l'augmentation ordonnée par le ministre porte sur une édition dudit tarif des glaces faite en l'an 11, qui avoit elle-même ajouté 6 pour 100 aux fixations du tarif de l'an 7 dont se servent les employés des Douanes. (*LD.* 7 *mars* 1806.)
(3) La loi du 30 avril 1806 tarifant indistinctement l'*iris* à 30 francs du quintal, celui-ci sembleroit devoir être assujéti au même droit.

GOMMES. [On donne ce nom à un suc végétal mucilagineux, qui découle naturellement ou par incision de certaines plantes ligneuses, s'épaissit à l'air, devient concret, et forme une substance sèche et friable assez transparente, presque inodore et sans saveur, non inflammable et soluble dans l'eau.]

Celles de *cerisier*, *abricotier*, *pêcher*, *prunier*, *olivier*, et autres communes. [Ces gommes sont plus ou moins pures, d'abord blanchâtres, ensuite jaunâtres, puis rouges et brunâtres : elles ont une sorte d'élasticité, et leur friabilité varie suivant le temps qu'on les a conservées.] .... } *Exemptes*......—.... 15 mars 1791.
Droit de bal......... 24 nivôse 5.

Celle *adragant* ou de *Bassora*. [Elle est communément blanchâtre et tortillée en petits vermiceaux.]........
Celle *arabique* ou du *Sénégal*. [Elle est jaunâtre et fragile : on l'apporte en morceaux transparens et brillans.]..(1)
Celle *turique*. [Elle est en morceaux blancs, opaques et fendillés à la partie extérieure.] ....
A l'usage des teintures, fabriques et manufactures...... } *Quintal*..... 2— 4 15 mars 1791.
Idem...... 0—20 12 pluviôse 3.
Idem...... 2.. 4 3 frimaire 5.

Celle *copal*. [On distingue deux espèces de résine copal : l'une en morceaux plats d'un côté et convexes de l'autre ; l'autre est en morceaux ronds ternes à l'extérieur, présentant dans leurs cassures une surface unie, transparente et jaunâtre.] .... (1)
Celle *laque*, en feuilles en grains et sur bois. [C'est une résine d'un rouge brun, demi-transparente, sèche et cassante.] .... (1)
Celle *mastique*. [C'est une résine en petits grains jaunâtres demi-transparens.] ....
Celle *sandaraque*. [C'est la résine du *thuya aphylla* ; elle est en petites larmes, luisante, diaphane, blanche et nette.] ....
Pour les vernis...................................... } *Quintal*..... 12..24 15 mars 1791.

Celle d'*acajou*. [Elle est roussâtre et transparente : fondue dans l'eau, elle équivaut à la meilleure glue.]......
Celle *animée*. [Substance concrète, friable, d'un blanc jaunâtre, ordinairement transparente ; saveur âcre, odeur douce.] ....
Celle de *cyprès*. [Résine de l'arbre de ce nom, fournie par incision : elle est blanchâtre.] ....
Celle de *hèdra*. [Résine assez semblable à l'encens, de couleur jaunâtre et d'odeur agréable.] ....
Celle de *lierre*. [Résine en larmes, d'un brun rougeâtre, à peine demi-transparente, d'un goût âcre aromatique..
Celle de *sarcolla*, ou plutôt *sarcocolle*. [Suc gommo-résineux en miettes blanchâtres ou rougeâtres, spongieuses et très-friables, quelquefois unies par un duvet filandreux.] .... } *Quintal*..... 10..20 15 mars 1791.

RENVOIS. (1) La gomme arabique, celle *copal* et celle *laque*, provenant du commerce français au-delà du Cap de Bonne-Espérance, ne payent que moitié de ces droits. (15 mars 1791.)

GOMMES.	Celle *ammoniaque*. [C'est une gomme-résine jaune et blanchâtre par intervalles : d'odeur pénétrante et fétide, saveur d'abord douce, puis amère et nauséabonde : on l'apporte en larmes et en pains.]............ (1)	Quintal.....	6..12	15 mars 1791.
	Celle de *cèdre*. [Résine transparente, friable, inflammable, et de couleur jaunâtre.]............ Celle *oppoponax*. [Elle est de la grosseur et de la couleur d'une praline à l'extérieur, et blanchâtre à l'intérieure.]............	Quintal.....	20..40	15 mars 1791.
	Celle *élastique*. [Résine du *caoutchouc* : elle a l'extensibilité du cuir et une très-forte élasticité ; sa couleur est brunâtre. On l'importe sous différentes figures, le plus généralement en forme de petites bouteilles.]....	Quintal.....	4.. 8	15 mars 1791.
	Celle *élémi*, de toutes sortes. [Sucs résineux, jaunâtres, de consistance molle, presque toujours enveloppés dans des feuilles de roseau ; d'odeur fort aromatique.].....	Quintal.....	18..36	15 mars 1791.
	Celle *gaïac*. [Résine verdâtre, nette, luisante, friable, odorante, et d'un goût âcre.]............	Quintal.....	5..10	15 mars 1791.
	Celle *gutta*, ou *de Cambogium*. [Suc résino-gommeux, opaque, compacte, sec et d'un jaune safran, arrivant en bâtons ou en grosses masses.]............ (1)	Quintal.....	40..80	15 mars 1791.
	Celle de *myrrhe*. [C'est une résine en larmes ou en morceaux plus ou moins gros, de couleur jaune ou rousse, d'un goût amer, un peu âcre et aromatique.]........	Quintal.....	8..16	15 mars 1791.
	Celle *séraphique*, *sagapenum* ou *seraphicum*. [Gomme-résine apportée de l'Orient en larmes concrètes ou en masses, de couleur roussâtre à l'extérieur et d'un blanc jaunâtre en dedans ; d'odeur d'ail.]............ Celle *taccamaca*. [La résine tacamaque en coque est molle et a une odeur d'ambre gris. Celle commune est jaune, rouge ou brune. Elle vient en masses ou en grains parsemés de larmes blanches.]............	Quintal.....	12..24	15 mars 1791.

RENVOIS.

GOMMES. Pour les autres, *voyez* à leurs noms propres.

(1) La gomme *ammoniaque* et la gomme *gutte*, provenant du commerce français au-delà du Cap de Bonne-Espérance, ne payent que moitié de ces droits. (15 *mars* 1791.)

Gradeau, ou Pousse. [C'est le résidu des drogues lorsqu'on en a séparé le meilleur.]	Comme la drogue même.		15 mars 1791.
Graine d'Avignon, ou Graine jaune. [Ce sont les baies du petit nerprun qu'on a cueillies vertes. Elles contiennent plusieurs semences applaties d'un côté et bombées de l'autre.]	Exempte.... Droit de bal.	—	15 mars 1791. 24 nivôse 5.
Graines de colza, lin, navette, rabette, et autres propres à faire huile. [Ce qui comprend toutes les graines grasses non tarifées particulièrement.]	Quintal.... Idem..... Idem.....	0—71 0— 7 0..71	15 mars 1791. 12 pluviôse 3. 9 floréal 7.
Graines d'esparcette, de foin, de sainfoin, luzerne, trèfle, et autres. [Ce qui comprend toutes les graines propres à semer dans les prairies, qui ne sont pas tarifées particulièrement.]	Exemptes... Droit de bal.	—	15 mars 1791. 24 nivôse 5.
Graines de genièvre. [Ce sont les baies d'un arbrisseau nommé genévrier. Elles sont sphériques, noirâtres, et contiennent une pulpe d'un goût aromatique légèrement amer.]	Exemptes... Droit de bal.	—	15 mars 1791. 24 nivôse 5.
Graines de jardin, de mil et millet. [Ce qui comprend toutes les semences de légumes et fleurs non tarifées particulièrement.]	Exemptes... Droit de bal.	—	15 mars 1791. 24 nivôse 5.
Graine de mirtile. [Petites semences blanchâtres, contenues dans les baies d'un arbrisseau. Ces baies sont sphériques, molles et creusées d'un nombril de couleur bleue noirâtre.]	Exempte.... Droit de bal.	—	15 mars 1791. 24 nivôse 5.
Graine de paradis. [Espèce d'amome nommée graine de paradis sur la côte de Malabar. Cette semence vient dans des fruits disposés en grappes comme le raisin; elles sont anguleuses, roussâtres et blanches en dedans.].........(1) Comme droguerie omise.	Par 100 fr.. Idem......	5— 0 20.. 0	22 août 1791. DI. 17 pluv. 13 et loi du 30 avr. 1806.

RENVOIS.

Goudron. *Voyez* Brai gras.
Gourde. *Voyez* Tamarin confit.
Graine d'Agnus castus. *Voyez* Agnus castus.
Graine de Canarie. *Voyez* Alpiste.
Graine d'Écarlate. *Voyez* Kermès.
Graines. Pour celles non dénommées ici, *voyez* le nom de leurs plantes.

(1) La plante qui porte la graine de paradis est une espèce d'*amome* rapportée par Lamarck au *cardamome*, mais elle en diffère par sa hampe rameuse et lâche et par ses feuilles ovales.

Une décision du 18 prairial an 9 a ordonné de percevoir 5 pour 100 sur la *graine de paradis*.... Cette perception ne peut lui avoir été appliquée que comme *droguerie omise*, en conformité de la loi du 22 août 1791 : considérée comme telle, elle doit nécessairement supporter le nouveau droit de 20 pour 100, et non rester à celui de 5 pour 100, comme elle a été laissée dans le nouveau tarif Bailleul. Il en a été décidé ainsi pour la chicorée moulue, qui, d'abord imposée à 5 pour 100 comme droguerie omise, fut reportée à 20 pour 100 en conséquence de son omission au tarif. *Voyez* Chicorée moulue.

GRAINE *thurique*. [Semences qui naissent dans des gousses comme celles de lupin. Ce sont les graines de l'*acacia vera*.]	Quintal.....	1..53	15 mars 1791.
GRAINE *de vers à soie*. [Ce sont les œufs de ces insectes. Ils sont d'un blanc plus ou moins verdâtre.]	*Exempte*.... *Droit de bal.*	——	15 mars 1791. 24 nivôse 5.
GRAINS *de toutes sortes*, même la graine de *vesce*. [Ce qui comprend l'avoine, baillarge, orge, escourgeon, sucrion, bled de froment, bled méteil, maïs ou bled de Turquie, sarrazin, bled seigle.] (1)	*Exempts*.... *Idem*........	——	15 mars 1791. 24 nivôse 5.
GRAISSES *de toutes sortes*. [Ce qui s'entend de toutes les substances onctueuses concrètes provenant des animaux.]	*Exemptes*... *Droit de bal.*	——	15 mars 1791. 24 nivôse 5.
GRAVELLE. [C'est le résultat de la calcination de la lie de vin. Elle est en pierre, d'un blanc verdâtre, d'un goût salé et amer, et elle attire fortement l'humidité de l'air.]	*Exempte*.... *Droit de bal.*	——	15 mars 1791. 24 nivôse 5.
GREMIL, ou *Herbe aux perles* (*Graines* ou *Semences de*). [Ces graines sont dures, arrondies, luisantes, polies, de la forme et de la couleur des perles : elles ont un goût de farine, visqueux et un peu astringent.]	Quintal.....	1..53	15 mars 1791.
GRIGNON. [Sorte de mottes à brûler faites avec du marc d'olives vieillies.]	*Exempt*..... *Droit de bal.*	——	15 mars 1791. 24 nivôse 5.
GROISON. [Pierre ou craie blanche très-fine dont les mégissiers se servent pour la préparation du parchemin.]	Quintal.....	2..55	15 mars 1791.
GUIMAUVE (*Fleurs* et *Racines de*). [Les racines sont blanches, longues, grosses comme le pouce, rondes, bien nourries, très-mucilagineuses, et divisées en plusieurs branches renfermant quelquefois un cœur ligneux qui est comme une corde. Les fleurs sont d'un blanc purpurin, formées en cloches et échancrées en cinq parties.]	Quintal.....	2..55	15 mars 1791.

RENVOIS.

GRAINES (Huile de). *Voyez* aux Huiles.
GRAINS de Verre. *Voyez* Mercerie.
GRAISSE d'Asphalt. *Voyez* aux Huiles.
GRAVURES. *Voyez* Estampes.
GRELOTS. *Voyez* Mercerie commune.
GRENADIER (Écorce de). *Voyez* aux Écorces.
GRENADIER (Fleurs de). *Voyez* Balaustes.
GROISIL. *Voyez* Verre cassé.
GRUAU d'Avoine. *Comme* Farine d'avoine.
GRUAU de Blé noir, *comme* Farines.
GUELDE. *Voyez* Pastel.

(1) Le riz est tarifé particulièrement à son article. Les grains destinés à être réexportés doivent le droit de balance, à raison du transit franc résultant de l'entrepôt permis; mais il n'est point exigible sur ceux déchargés des navires qui entrent par relâche forcée pour être répartis. (*DM. 8 fructidor* 8.)

Les POMMES-DE-TERRE jouissent aussi d'une franchise absolue à l'entrée. (*LA.* 29 *vend.* 7 *au directeur d'Anvers.*)

GUIMAUVE (*Suc de*). [Il est en pâte ou en tablettes, de couleur blanche.]........................	Quintal....	12..24	15 mars 1791.
GUY *de chêne*. [Plante parasite, vivace et ligneuse, qui végète dans l'écorce des chênes : ses rameaux ont l'écorce verte, un peu inégale et grenue : ses baies sont ovales, molles, et perlées comme des groseilles blanches.].	Quintal....	18..36	15 mars 1791.
GYPSE ou *Sulfate de chaux*. [Matières pierreuses de différentes sortes, de couleur blanchâtre, grisâtre, roussâtre, et quelquefois plus rembrunie.].	Quintal....	3.. 6	15 mars 1791.
HABILLEMENS *neufs* à l'usage des hommes et des femmes, *et* ORNEMENS d'église........................ (1)	Par 100 *fr*.	15.. 0	15 mars 1791.
HABILLEMENS *vieux*. [Ce qui comprend tous les vêtemens *supportés*, de quelque nature qu'ils soient, sauf ceux ci-dessous.].. (2)	Quintal....	51.. 0	15 mars 1791.
Ceux à *l'usage des voyageurs*, n'excédant pas le nombre de six et ayant servis................... (3)	Exempts.... Idem......	——	15 mars 1791. DM. 2 fruct. 5.
HARNOIS *de chevaux*. [Ce qui comprend tout ce qui sert à l'équipement des chevaux, tels que sangles, selles, housses, caparaçons, brides, bridons, faux fourreaux de pistolets, etc. (*Loi du 1 août 1792*.)].	Par 100 *fr*.	15.. 0	15 mars 1791.
Ceux en *cuirs*, les brides, bridons, et tous autres objets de sellerie en cuir................. (4)	Prohibés....		10 brumaire 5.
HÉLIOTROPE. [Plante dont on tire une teinture. Sa racine est dure, menue et ligneuse ; sa tige est cotonneuse, d'un vert blanchâtre, remplie de moelle ; ses feuilles sont ovales et velues ; ses fleurs naissent en épis blancs et contournés : il leur succède quatre semences jointes ensemble.].	Exempts.... Droit de bal.	——	15 mars 1791. 24 nivôse 5.

RENVOIS.

GUINÉES bleues. *Voyez* Toiles.
GUTTE. *Voyez* Gomme gutte.
HAMEÇONS. *Voyez* Mercerie commune.
HARLEAU. *Voyez* Viorne.
HAVRESAC en Cuir. *Voyez* Cuir ouvré.
HIDRE (Gomme de). *Voyez* aux Gommes.

(1) S'ils étoient en laine, coton et poil, ils seroient prohibés comme les étoffes.
(2) Les habits de théâtre qui accompagnent les acteurs dans leurs déplacemens, ne sont pas sujets aux droits. (*LD*. 5 germinal an 13.)
(3) L'exemption a également lieu, quoiqu'ils n'accompagnent pas les voyageurs, dès qu'ils sont dans une même malle avec d'autres effets, et qu'ils n'excèdent pas le nombre de six. (*DM*. 27 *nivôse* 8.)
(4) Cette prohibition n'affecte ceux des voyageurs qu'autant qu'ils sont *neufs*, et qu'il y a forte présomption de fraude par l'état des voyageurs. (*LA*. 15 *nivôse* 5.)

Hématite. [Minerai ferrugineux de diverses couleurs, depuis le jaune roussâtre jusqu'au noir. L'hématite, proprement dite, est tarifée particulièrement sous le nom de *sanguine*; celle dure l'est à *ferret d'Espagne* : c'est donc des autres espèces qu'il est ici question.]	Quintal.....	1..2	15 mars 1791.
Herbe de maroquin. [Nom donné dans le commerce à l'herbe dont se servent les maroquiniers pour remplacer le sumac.]	Exempte... Droit de bal.	—......	15 mars 1791. 24 nivôse 5.
Herbes *médicinales*, non dénommées dans ce tarif............ (1)	Quintal.....	3..6	15 mars 1791.
Herbes *propres à la teinture*, non dénommées au tarif.......... (1)	Exemptes... Droit de bal.	—......	15 mars 1791. 24 nivôse 5.
Herbes de pâturages et Foin. [Ce qui comprend toutes les herbes propres à la nourriture des bestiaux.]	Exemptes... Droit de bal.	—......	15 mars 1791. 24 nivôse 5.
Herbe *aux vers*, ou Tanaisie. [Sa racine ligneuse, fibrée et serpentante, pousse des tiges rondes, rayées et moelleuses dont les feuilles, ailées et longues, sont ornées de découpures dentelées; la fleur en ombelle est jaune, et toute la plante aromatique.]	Quintal.....	10..20	15 mars 1791.
Hermodacte. [Racine apportée d'Orient, toute dépouillée de ses tuniques : elle est dure, tubéreuse, triangulaire ou représentant la figure d'un cœur coupé par le milieu; de la longueur du pouce, jaunâtre en dehors, blanche en dedans, et d'un goût visqueux et douceâtre.]	Quintal.....	4..8	15 mars 1791.
Hipocistis. [Suc astringent tiré de la plante parasite qui croît sur le ciste, de consistance dure et noire comme le jus de réglisse et de goût austère.]	Quintal.....	6..12	15 mars 1791.
Histoire naturelle. [Lorsque les objets qui en font partie sont destinés pour le Muséum, ils sont *exempts*, par décision du 12 messidor an 6; quand ils doivent entrer dans le commerce, ils doivent le *droit de balance*.]	Exempte... Droit de bal.	—......	15 mars 1791. 24 nivôse 5.

RENVOIS.

Herbe jaune. *Voyez* Gaude.
Herbe aux Perles. *Voyez* Gremil.
Herbes. Pour les autres, *voyez* à leurs noms propres.
Herbages frais. *Voyez* Herbes de pâturage.

(1) Les herbes employées à la médecine et à la teinture se distinguent, pour le droit ou la franchise, d'après leur principale propriété et leur usage le plus commun.

HORLOGERIE... En pendules de toutes sortes.....................	*Par* 100 *fr*..	15— 0	
En montres d'or et d'argent.................	Pièce....	2— 0	
En mouvemens de montres en blanc, montés.......	Pièce.......	0—75	15 mars 1791.
En pièces d'horlogerie non montées.............	Kilogramme.	6—12	
Horlogerie en montres, pendules, etc...........	*Par* 100 *fr*..	10— 0	7 messidor 3.
Horlogerie de toute espèce, sauf l'exception ci-dessous...	*Prohibée*....		10 brumaire 5.
Fournitures d'horlogerie, consistant en pivots, ressorts, spiraux, et autres pièces du dedans des montres, lesquels réunis ne peuvent former de mouvemens complets..............	*Par* 100 *fr*..	10.. 0	7 messidor 3.
HORLOGES de bois.............................. *Seront traitées comme* Pendules.			1 août 1792.
Comme non prohibées par la loi du 10 brumaire an 5...	*Par* 100 *fr*..	10.. 0	7 messidor 3.
HOUBLON. [Plante grimpante dont les fleurs entrent dans la composition de la bière. Ces fleurs ou fruits sont ovoïdes et obtus, composés d'écailles entières et colorées, attachées à un axe commun et se recouvrant les unes les autres]............	*Exempt*.....		15 mars 1791.
	Droit de bal.		24 nivôse 5.
HUILES à *l'usage de la médecine et des parfumeurs*. [Ce sont des liqueurs grasses et onctueuses qui se tirent par la distillation, l'infusion ou l'expression.] (1 *et* 2) Celle d'*ambre*. [C'est l'huile de been aromatisée avec l'ambre.].............................	*Quintal net*..	102.. 0	15 mars 1791.
Celle d'*ambre jaune*, *carabé* ou *succin*. [Elle est blanche, jaune ou noire, suivant qu'elle a été exposée plus longtemps à la lumière.] Par *distillation*.............. (2) Celle de *citron*. [Elle est verdâtre et fluide.] Par *distillation*................. (2) Celle de *gaiac*. [Elle est brune noire, et fétide.]...... Celle de *jasmin*. Par *infusion* dans l'huile de *been*... Celle d'*orange*. [Elle est jaunâtre et fluide.] Par *distillation*.......................... Celles de *roses et autres fleurs*. [Les couleurs varient suivant l'espèce de fleurs dont elles sont extraites: elles sont presque toutes fluides. Celle de *roses* est verte, jaune, incolore, de consistance butireuse, et se reconnoît à l'odeur.] Par *distillation*................ (2)	*Quintal net*..	51.. 0	15 mars 1791.

RENVOIS.

HORLOGES à Sable. *Voyez* Mercerie commune.
HOUILLE. *Voyez* Charbon de terre.
HOUSSES de Chevaux. *Voyez* Harnois.
HOUPES à Cheveux, de duvet. *Voyez* Mercerie commune.
HOUSSES en peau de mouton. *Voyez* Peaux de mouton.
HOWES en Peaux de mouton. *Voyez* Peaux de mouton.

ENTRÉE. 75.

(1) Les huiles venues en potiches doivent être pesées au net, sauf l'addition de la tare connue des futailles qui sont employées ordinairement au transport des huiles. Les potiches doivent séparément le droit, comme *poterie de terre*. (DM. 13 vend. 15)

(2) Il se présente ici une singulière discordance de tarification entre les HUILES et les ESSENCES; cependant les essences et les huiles sont exactement la même chose. On croiroit à tort que les essences sont plus pures que les huiles, le degré de pureté dépend de la qualité, mais il ne change aucunement le nom de la marchandise. J'ai dit à l'article ESSENCES ce qu'on entendoit en chimie par ce mot: il est précisément le synonyme d'huile essentielle ou huile à l'usage de la médecine et des parfumeurs.

L'huile de cannelle est tarifée *ici* à 4 fr. 8 cent. du kilogramme, et à l'article *essences* elle l'est à 146 fr. 48 cent. du kilogramme.

L'huile de citron est portée *ici* à 1 fr. du quintal, et à l'article *essences* elle l'est à 1 fr. 53 cent. du kilogramme, ce qui triple le droit.

L'huile de roses est soumise *ici* à 51 fr. du quintal, ce qui fait 51 cent. du kilogramme, et à l'article *essences* elle l'est à 48 fr. 96 cent. du kilogramme.

Les autres huiles ci-dessus payent les mêmes droits que les essences; cependant auquel des deux titres *huiles de roses* et AUTRES FLEURS imposées à 51 fr., ou *es*-

HUILES.	Celle d'*anis*. [Blanche, quelquefois verte; fluide en été, solide dans les autres saisons.] Par *distillation*. Celle de *fenouil*. [Brune ou jaune.] Par *distillation*...	Quintal net.	204..0	15 mars 1791.
	Celle d'*asphalte*. [Huile minérale découlant des rochers; de couleur noirâtre.]................. Celle de *marjolaine*. [De couleur jaune ou verte.]. Celle de *sauge*. [Elle est jaune.] Par *distillation*...... Celle de *soufre*. [Elle est incolore et acide.] Par *distillation*..................(1)	Quintal.....	36..72	15 mars 1791.
	Celle d'*aspic*. [Elle est jaunâtre.] Par *distillation*..... Celle de *gland*.........................	Quintal.....	15..30	15 mars 1791.
	Celle de *cacao*, ou beurre de cacao. [Elle est d'un blanc jaune et solide.] Par *expression*..................	Quintal net.	45..90	15 mars 1791.
	Celle de *cade*. [Elle est noire et brune.] Par *expression*.. Celle de *cédra*. [Elle est jaune verdâtre.] Par *distillation*. Celle d'*oxicèdre*.........................	Quintal.....	4..8	15 mars 1791.
	Celle de *cannelle*. [Elle est jaune.] Par *distillation*.... Celle de *girofle*. [Elle est brune ou incolore.] Par *distillation*.................. Celle de *macis*. [Elle est jaune.] Par *distillation*.....	Kilogr. net..	4..8	15 mars 1791.
	Celle de *genièvre* ou *sandaraque*. [Elle est paillée.] Par *distillation*.................. Celle de *lavande*. [Elle est jaune.] Par *distillation*.... Celle de *sassafras*. [Elle est jaune.] Par *distillation*...	Quintal.....	30..60	15 mars 1791.
	Celle de *laurier*. [Elle est d'un vert jaune.]..........	Quintal.....	20..40	15 mars 1791.
	Celle de *muscade*. [Elle est jaune et solide.] Par *expression*..................	Kilogr. net..	3..6	15 mars 1791.
	Celle d'*œillette* ou de *pavot blanc*. [Elle est blanche ou jaune, âcre ou douce, suivant le degré de chaleur qu'on a fait éprouver à la graine.] Par *expression*....	Quintal.....	8..16	15 mars 1791.

RENVOIS.

HUILE d'Antimoine. *Voyez* Antimoine préparé.
HUILE de Cerf. *Voyez* Cerf.
HUILE (Lie d'). *Voyez* Lie d'huile.

sences de romarin et AUTRES SEMBLABLES portées à 81 fr. 60 cent., rapport ra-t-on justement les huiles ou essences non tarifées et indiquées par les mots *et autres semblables et autres fleurs*. Souvent encore on vend pour *essences de romarin*, dont le droit est de 81 fr. 60 cent., les *huiles de lavande* qui ne payent que 30 fr. 60 cent, ou les *huiles d'aspic* seulement tarifées à 15 fr. 30 cent. Il est d'observation que l'aspic est une sorte de lavande.

Ces discordances sont inexplicables et telles que probablement le commerce ne présente jamais d'essences à la douane sans employer le mot *huiles*, la latitude laissée par le tarif ne lui faisant courir aucun risque de donner dans ses déclarations la dénomination sous laquelle la marchandise par lui présentée, paye le droit le plus faible.

La loi ne peut pas non plus avoir entendu par le mot *essence*, les *esprits ardens* dont l'objet est d'unir l'esprit recteur des plantes à un esprit ardent quelconque, plus particulièrement à l'esprit de vin : ces préparations d'esprit ardent sont d'une valeur beaucoup moindre que les essences. Que conclure donc de tout ceci, sinon que ces deux titres ont besoin d'être rectifiés par l'Autorité.

(1) L'huile de soufre n'étant autre chose que de l'esprit de soufre concentré, le droit de l'acide sulfurique lui serait plutôt applicable que celui-ci. La loi du

HUILES.	Celle de *palme*. [Elle est onctueuse et grasse comme du beurre, d'un jaune doré et d'odeur de violette.] Par *expression*................	Quintal.....	10..20	15 mars 1791.
	Celle de *palma-christi*. [Elle est jaune, demi-fluide, d'une saveur douce.] Par *expression*................ Celle de *pignons*. [Elle ressemble à celle d'amandes douces.]................	Quintal.....	18..36	15 mars 1791.
	Celle de *pétrolle*. [Huile minérale découlant des rochers; elle est ou rouge, ou blanche, ou citrine.]............	Quintal.....	12..24	15 mars 1791.
	Celle de *tartre*. [Elle est épaisse et d'une couleur très-foncée.]................	Quintal.....	22..44	15 mars 1791.
HUILES COMMESTIBLES, ou pour les fabriques.	Celle d'*olive*, *fine*. [Elle est de couleur jaunâtre, congelée ou liquide, suivant sa qualité.] Par *expression*.... (1)	Quintal..... Idem...... Idem...... Idem...... Idem......	15—30 1—53 15—30 20— 0 20.. 0	15 mars 1791. 12 pluviôse 3. 3 frimaire 5. DI. 17 pluv. 13. 30 avril 1806.
	La *même*, mais *commune*, et seulement propre aux fabriques................	Quintal..... Idem...... Idem...... Idem...... Idem......	9—18 9—92 9—18 12— 0 12.. 0	15 mars 1791. 12 pluviôse 3. 3 frimaire 5. DI. 17 pluv. 13. 30 avril 1806.
	Celle de *cheval*. [C'est la graisse de cet animal fondue et clarifiée.]............ (2) Celle de *graines*. [Ce sont celles de *navette*, *rabette*, *colzat*, etc.]................ Celle de *noix*................	Quintal..... Idem...... Idem......	9—18 0—92 9..18	15 mars 1791. 12 pluviôse 3. 3 frimaire 5.

RENVOIS.

Huile de Vitriol. *Voyez* Acide sulfurique.

1 août 1792 viendroit même à l'appui de cette observation, puisqu'elle dit que l'huile de vitriol et l'esprit de soufre ne paieront qu'un même droit : or l'huile de vitriol et l'huile de soufre sont en chimie la même chose, ces acides étant faits ou avec le soufre, ou avec la couperose verte, ou vitriol vert, ou sulfate de fer. Il y a donc encore contradiction ici.

(1) Les taxes qui précèdent celle imposée sur les huiles fines par la loi du 30 avril 1806, furent d'abord perçues sur les *huiles d'olive de la côte d'Italie*, sans distinction, jusqu'à la loi du 1 août 1792, qui ordonna, en faveur de l'importation directe par bâtimens italiens ou français, que les huiles de cette côte qui seroient déclarées et reconnues n'être propres qu'aux fabriques, ne payeroient que comme les huiles d'olives venant de Naples, de Sicile, Levant, Barbarie, Espagne et Portugal, dont les droits d'entrée étoient ceux rapportés ci-dessus à l'article *huiles communes*. Ainsi, avant la loi du 30 avril 1806, les huiles d'olive se distinguoient, pour les droits, d'après leur origine : depuis elle, cette distinction dépend de leur qualité; les huiles bonnes à manger payent les droits des huiles fines, celles qui ne servent qu'aux fabriques payent comme huiles communes.

(2) Cette huile ou graisse fondue fait donc exception aux articles *graisses de toutes*

Huiles.	Celle de *baleine*. [C'est la graisse fondue et clarifiée de ce cétacée.] .... Celle de *poisson* .... (1)	Quintal.... Idem..... Idem..... Idem..... Idem.....	12—24 20—40 2— 4 20—40 12..50	15 mars 1791. 19 mai 1793. 12 pluviôse 3. 3 frimaire 5. 9 floréal 7.
	Celle dite *dégras de peaux*. [C'est de l'huile de poisson qui a servi à passer des peaux en chamois.]	Quintal....	16..20	15 mars 1791.
Huîtres *fraîches*. [Coquillage marin, bivalve, dont la chair est un excellent comestible.]		Le 1000 en N.	5.. 0	15 mars 1791.
Huîtres *marinées*. [C'est ce poisson débarrassé de sa coquille et conservé dans une saumure aromatisée.]		Quintal....	12..24	15 mars 1791.
Hyacinthe. [Pierre précieuse, mais peu estimée, dont la couleur est ordinairement le jaune orangé, tirant sur le brun ou le rouge foncé.] .... (2)		Quintal....	16..32	15 mars 1791.
Impératoire. [Racine de la grosseur du pouce et très-garnie de fibres; genouillée, brune en dehors et blanche en dedans, d'un goût aromatique très-âcre qui pique la langue et échauffe toute la bouche.]		Quintal....	3.. 6	15 mars 1791.
Indigo. [Fécule extraite de l'écorce, des branches, de la tige et des feuilles de l'*anil*. Elle est préparée en petits pains carrés d'une belle couleur bleue. Quand on la frotte sur l'ongle, il y reste une trace qui imite le coloris de l'ancien bronze.]		Quintal.... Idem..... Idem..... Idem.....	30—60 3— 6 30—60 15.. 0	15 mars 1791. 12 pluviôse 3. 3 frimaire 5. AC. 3 therm. et loi du 8 floréal 11.
	Celui des *Colonies françaises* .... (3) Plus, un droit additionnel par *Quintal net*. Mêmes droits. *Exempt*..... Idem..... Quintal....		1—50 2—55 — — 10.. 0	18 mars 1791. *Même loi*. 12 mars 1793. 1 septemb. 1793. 3 frimaire 5. AC. 3 therm. et loi du 8 floréal 11.

RENVOIS.

sorées et *suif*, soumis seulement au droit de balance.

(1) Le tarif de 1791 prohibait toutes les huiles de baleine et poisson autres que celles entrant par les départemens du Haut et Bas-Rhin, de la Meurthe et de la Moselle, ou venant des *États-Unis d'Amérique* par bâtimens français ou américains; la loi du 19 mai 1793 anéantit cette disposition et taxa celle provenant des pêches étrangères à 20 fr. 40 cent., en modérant toutefois les droits sur ces huiles venant des *États-Unis d'Amérique*, qui ne furent imposées qu'à 10 fr. 20 cent.; mais toutes ces tarifications particulières furent supprimées par la loi du 9 floréal an 7, et les huiles de poisson étrangères sont imposées, depuis lors, à un même droit à toutes les entrées.

(2) Cette tarification fait exception à l'article *pierres fausses et fines*, même montées, ou elle est en contradiction avec ce titre.

(3) Cette loi déterminoit la valeur du quintal d'indigo à 1428 fr.; c'étoit d'après cette estimation que se percevoit le droit de 3 pour 100.

INSTRUMENS d'astronomie, chirurgie mathématiques, navigation, optique et physique.............................	Par 100 fr..	10..0	15 mars 1791.
INSTRUMENS de musique, comme suit :			
Fifres, flageolets, galoubets..................(1)	La douzaine.	7..50	15 mars 1791.
Flûtes et poches.................................	Pièce......	0..75	15 mars 1791.
Cistres, mandolines, psaltérions, tambours, tambourins et tympanons..................................	Pièce......	1..50	15 mars 1791.
Violons, alto-violes, bassons, cors de chasse, guitares, serinettes, serpens et trompettes...................	Pièce......	3..0	15 mars 1791.
Clarinettes et hautbois...........................	Pièce......	4..0	15 mars 1791.
Vielles simples...................................	Pièce......	5..0	15 mars 1791.
Basses et contre-basses...........................	Pièce......	7..50	15 mars 1791.
Épinettes, orgues portatives et vielles organisées...	Pièce......	18..0	15 mars 1791.
Forte-pianos et harpes............................	Pièce......	36..0	15 mars 1791.
Clavecins..	Pièce......	48..0	15 mars 1791.
Orgues d'églises, et instrumens non-dénommés.....	Par 100 fr..	12..0	15 mars 1791.

RENVOIS.

INSTRUMENS aratoires. *Voyez* Quincaillerie en instrumens.

(1) Le tarif Bailleul cote ces instrumens à 63 centimes la pièce, ce qui fait 7 fr. 56 cent. la douzaine. Cette taxe n'est pas conforme à la loi, qui ordonne de percevoir 7 fr. 50 cent. sur la douzaine.

ENTRÉE. 79.

Désignation des marchandises	Unité	Droits	Date
Ipécacuanha. [C'est une petite racine, grosse comme le chalumeau d'une plume, qu'on apporte sèche d'Amérique : elle est noueuse, inodore, d'une saveur âcre, nauséabonde, et a une écorce épaisse respectivement à sa grosseur ; sa couleur est brune, grise ou blanche.]............................	Quintal..... Idem.......	30—60 200..0	15 mars 1791. DI. 17 pluv. 13 et loi du 30 avr. 1806.
Iris de Florence. [Racine blanche, grosse comme le pouce, oblongue, compacte et pesante, qu'on apporte sèche de Florence : elle a l'odeur douce et agréable de la violette.]............ (1)	Quintal..... Idem.......	6—12 30..0	15 mars 1791. DI. 17 pluv. 13 et loi du 30 avr. 1806.
Ivoire, dent d'éléphant ou morphil. [C'est le nom des défenses de l'éléphant : elles sont arrondies et coniques ; la partie de leur surface qui se trouve en haut est plus colorée et plus jaunâtre que la partie inférieure.].................... (2)	Quintal..... Idem....... Idem....... Idem.......	10—20 1—2 10—2 100..0	15 mars 1791. 12 pluviôse 3. 9 floréal 7. DI. 17 pluv. 13 et loi du 30 avr. 1806.
Ivoire (Rapure d'). [Rasures blanches de ces dents, dont on se sert pour tisanes.]...	Quintal.....	10..20	15 mars 1791.
Jais brut. [Bitume fossile, opaque, très-noir, solide, compacte et léger.]...	....	(3)	
Jais ou Jayet. [Celui dont il est ici question est la matière ci-dessus apprêtée et propre à en faire des colliers, bracelets, et autres ornemens de femmes. On le nomme aussi ambre noir.].....	Quintal.....	20..40	15 mars 1791.
Jalap. [Racine grise, résineuse, qu'on apporte des Indes orientales, séchée et coupée par tranches].......................	Quintal..... Idem.......	8—16 50..0	15 mars 1791. DI. 17 pluv. 13 et loi du 30 avr. 1806.
Jalap (Résine de). [Elle est extraite de la racine de jalap par le moyen de l'esprit-de-vin.].............................	Quintal.....	61..20	15 mars 1791.

RENVOIS.

Iris du pays. *Voyez* Glayeul.
Ivoire brûlé. *Voyez* Spode.
Ivoire (Noir d'). *Voyez* Noir d'ivoire.
Jardin (Graine de). *Voyez* l'art. Graines.
Jasmin (Huile de). *Voyez* aux Huiles.
Jarretières. *Voyez* Passementerie.
Jetons. *Voyez* Mercerie.
Joaillerie en Or. *Voyez* Or en ouvrages d'orfèvrerie.
Joaillerie en Argent. *Voyez* Argent ouvré.

(1) L'iris du pays est tarifé à *glayeul*.
(2) Les dents d'éléphant provenant du commerce français au-delà du Cap de Bonne-Espérance, sont exemptes. (15 mars 1791.)
(3) J'ai laissé le droit de jais brut en *blanc*, attendu qu'aucune loi n'en parle. Celle du 15 mars 1793 a bien tarifé le jais ou jayet ; mais par cette dénomination on ne peut entendre que celui apprêté, d'où résulte incertitude sur la quotité du jais brut ; je n'ai donc pas voulu me permettre de lui faire une taxe, et encore moins de lui appliquer le droit de balance, ainsi que l'a fait le tarif Bailleul : cette application ne seroit d'ailleurs ni fondée, ni légale, puisque les *bitumes non dénommés* sont soumis à un autre taux, et qu'il n'y auroit que ce dernier qui seroit applicable au *jais brut*.

Désignation	Unité	Droits	Référence
Joncs non montés. [Espèce de roseau des Indes, de consistance ligneuse, très-flexible et fort poreux, assez solide pour servir de canne.] (1)	Quintal.... Idem......	51— 0 100.. 0	15 mars 1791. DI. 17 pluv. 13 et loi du 30 avr. 1806.
Jus de limon et de citron. [C'est le jus de ces fruits tiré par expression. Il sert à la teinture.]	Exempts.... Droit de bal.		15 mars 1791. 24 nivôse 5.
Kamine mâle, ou Beurre de pierre. [Substance minérale onctueuse et grasse au toucher, de couleur jaune grisâtre.]	Quintal....	6..12	15 mars 1791.
Kermès ou Graine d'écarlate. [Genre d'insecte qu'on a fait sécher après l'avoir arrosé de vinaigre. Les coques de kermès ressemblent assez à la cochenille, et servent également à la teinture de l'écarlate, quoiqu'elle la rende moins belle.]	Quintal....	1.. 2	15 mars 1791.
Kermès (Sirop de). [Conserve liquide et cordiale faite avec les coques de l'insecte ci-dessus. Il est de couleur rougeâtre, de goût amer et astringent : il ressemble à la mélasse, mais il est moins doux et plus liquide.]	Quintal....	10..20	15 mars 1791.
Kirschwaser. [Liqueur blanche et très-limpide provenant de la distillation des queues et des noyaux de cerises.]	Le litre.... Idem......	0—27 1.. 0	15 mars 1791. DI. 17 pluv. 13 et loi du 30 avr. 1806.
Labdanum naturel et non apprêté. [Matière gommo-résineuse aromatique qui découle de plusieurs espèces de cistes. Celle-ci est solide, noirâtre, et formée en rouleaux gros comme le doigt et tors en manière de pain de bougie. L'impur est rempli de sable, de terre noire et de poils.]	Quintal....	12..24	15 mars 1791.
Labdanum liquide et purifié. [C'est le même, en consistance de beurre fort épais ; il est noir, odorant, et contenu dans des vessies très-minces.]	Quintal net.	45..90	15 mars 1791.
Laines en bourre et non filées. [On nomme ainsi le poil souple et moelleux des moutons, et on entend par laines en bourre et non filées celles qui sont encore en toison, et même celles netioyées, pourvu qu'elles ne soient ni filées ni autrement ouvrées.]	Exemptes... Droit de bal.		15 mars 1791. 24 nivôse 5.

Joncs d'Espagne. *Voyez* Battin.
Joncs des Indes. *Voyez* Rotins.
Joncs (Nattes de). *Voyez* Ouvrages en joncs ou Nattes de joncs.
Joncs ouvrés. *Voyez* Ouvrages en joncs.
Joujoux d'enfans. *Voyez* Bimbeloterie.
Jujubasse. *Voyez* Fruits.
Jujubes. *Voyez* Fruits.
Juncus odoratus. *Voyez* Schenantes.
Jus de Réglisse. *Voyez* Réglisse.
Labdanum apprêté. *Voyez* Confection.
Lacets de fil. *Comme* Rubans de fil.
Lacets de laine. *Comme* Rubans de laine. (*LA.* 7 *frim.* 5.)
Lacets, autres que de fil ou de laine. *Comme* Passementerie. (*C. 22 messid. 8.*)

(1) Les joncs non montés provenant du commerce françois au-delà du Cap de Bonne-Espérance, ne payent que 40 fr. 80 cent. du quintal décimal. (15 *mars* 1791.)
Les joncs de marais sont soumis, comme objets omis, au droit de 3 pour 100 de leur valeur, en vertu de la loi du 22 août 1791. (*LD. du 10 messidor an 10.*)

Entrée. 81.

LAINES *non filées*, teintes. [Ce sont celles auxquelles on a fait prendre une couleur différente de celle naturelle.] .... (1)	Quintal.....	73..44	1 août 1792.
LAINES *filées*.. (2)	Quintal..... Prohibées...	73--44	15 mars 1791. 10 brumaire 5.
LAPIS ENTALIS. [Espèce de coquillage propre à la médecine.]... (3)	Quintal.....	4.. 8	15 mars 1791.
LAQUE de *Venise* et LAQUE *colombine sèche*. [Compositions propres à la peinture. La laque fine de Venise a la forme de petits trochisques tendres, friables, et de couleur rouge foncée : celle colombine est en tablettes, assez haute en couleur.]	Quintal.....	5..10	15 mars 1791.
LAQUE *liquide*. [On donne ce nom à une forte teinture tirée du bois de Brésil à l'aide des acides. Elle est d'un rouge foncé.]	Quintal.....	0..51	15 mars 1791.
LARD *frais*. [C'est la partie grasse qui est entre la couenne et la chair du porc.]...	Exempt..... Idem...... Droit de bal.		15 mars 1791. 19 mai 1793. 24 nivôse 5.
LAURIER (*Baies de*). [Ce sont les fruits du laurier, de couleur bleuâtre ou noirâtre et de forme ovale. Leur odeur est forte et agréable, et leur saveur âcre, amère et aromatique.]	Quintal.....	1..53	15 mars 1791.
LAVANDE *sèche* (*Fleurs de*). [Les fleurs de cette plante sont ordinairement bleuâtres et disposées sur un épi grêle et interrompu à sa base : elles ont une odeur forte et agréable, et une saveur âcre et légèrement amère.]...................................	Quintal.....	6..12	15 mars 1791.
LÉGUMES *secs*, de toute sorte. [Ce qui comprend plus particulièrement les pois, les lentilles, les lupins, les grosses fèves, les féverolles, etc.]...	Quintal..... Idem...... Idem......	0--51 0-- 5 0..51	15 mars 1791. 12 pluviôse 3. 9 floréal 7.

RENVOIS.

LAIT (Sel de). *Voyez* aux Sels.
LAITON. *Voyez* Cuivre.
LAMES d'épée, de sabre, etc. *V.* Armes blanches.
LANGUES, Noes ou Noves de Morue. *Comme* Poissons de mer.
LANTERNES communes. *Voyez* Mercerie.
LANTERNES magiques. *V.* Instruments d'optique.
LAPIS LAZULI. *Voyez* Azur de roche.
LAPIS MAGNES. *Voyez* Aimant.
LAQUE (Gomme). *Voyez* aux Gommes.
LATTES. *Voyez* Bois feuillard.
LAURIER (Huile de). *Voyez* aux Huiles.
LAVANDE (Huile de). *Voyez* aux Huiles.

ENTRÉE. 82.

(1) Les laines non filées teintes ne sont pas comprises dans la prohibition, quoique la loi du 1 août 1792 les ait assimilées aux laines filées.

(2) Les laines filées de Saxe, importées par le département de la *Moselle*, ne payoient que 20 fr. 40 cent. du quintal décimal (1 *août* 1792); la loi du 10 brumaire an 5 les a également prohibées.

Il ne faut pas comprendre sous la dénomination de *laines filées*, les laines ou peines de laine qui sont essentiellement matières premières, puisqu'elles doivent être réduites à l'état primitif de laines pour être employées dans les fabriques. (*Lettre au directeur de Ruremonde, du 15 pluviôse an 5.*)

(3) *Lapis entalis* ou *antale* sont deux coquillages du même genre, que Lamarck prétend être des vers à tuyau : voilà pour la science ; mais ce qu'on nomme *antale* dans le commerce est la même chose que *lapis entalis* : on leur donne indifféremment ces deux noms. Ainsi j'observe qu'il y a encore discordance ici, puisque *antale* n'est tarifé à son article qu'à 3 fr. 6 cent., et qu'ici, sous le nom de *lapis entalis*, il l'est à 4 fr. 8 cent.

Légumes *verts*, de toute sorte. [Ce qui comprend toutes les herbes, plantes et racines potagères propres à la nourriture de l'homme.]................	*Exempts*..... *Droit de bal.*	.....	15 mars 1791. 24 nivôse 5.
Lichen. [Genre de plantes dont il y a près de cinq cents espèces. Elles ressemblent assez à de la mousse, et on remarque sur presque toutes une poussière blanche, grise ou d'autre couleur, ou plusieurs tubercules granuleux. Elles sont propres à la teinture.].................(1)	*Exempt*..... *Droit de bal.*	.....	15 mars 1791. 24 nivôse 5.
Lie d'*Huile* ou Faisse. [C'est la partie la plus crasse et la plus épaisse de l'huile : elle est d'un jaune noirâtre.]...............(2)	*Quintal*...	9..18	15 mars 1791.
Lie de *Vin*. [C'est la partie la plus grossière du vin qui se dépose au fond des tonneaux.]...................	*Exempte*..... *Droit de bal.*	.....	15 mars 1791. 24 nivôse 5.
Liège *en tables* ou *en planches*. [Écorce spongieuse et légère d'une espèce de chêne vert. Sa couleur est d'un jaune brun.]......	*Quintal*..... *Idem*......	2— 4 6.. 0	15 mars 1791. DI. 17 pluv. 13 et loi du 30 avr. 1806.
Celui *ouvré*. [Ce qui s'entend de tout ouvrage en liège, bouchons compris.]......................	*Quintal*..... *Idem*......	24—48 36.. 0	15 mars 1791. DI. 17 pluv. 13 et loi du 30 avr. 1806.
Lierre (*Feuilles de*). [Elles sont luisantes, épaisses, et d'un vert obscur : la plupart sont très-angulaires et à trois lobes; quelques-unes ovales et très-entières.].................	*Exemptes*... *Droit de bal.*	.....	15 mars 1791. 24 nivôse 5.
Lin *crud*, *tayé* ou *apprêté*, et Étoupes *de lin*. [Le commerce nomme ainsi l'écorce filamenteuse d'une plante à tige simple, qui, étant rouie, battue et préparée, donne cette filasse avec laquelle on fait le fil, la toile, etc.]...............	*Exempt*..... *Droit de bal.*	.....	15 mars 1791. 24 nivôse 5.

RENVOIS.

Levain de Bière. *Voyez* Bière.
Librairie. *Voyez* Livres.
Lierre (Gomme de). *Voyez* aux Gommes.
Lignes. *Voyez* Mercerie.
Limaille d'acier, d'aiguilles, de cuivre et de fer. *Voyez* au nom propre de ces matières.
Limes. *Voyez* à Quincaillerie.
Limons. *Voyez* Fruits.

(1) L'*usnée*, sorte de lichen d'arbre, est tarifé particulièrement. Il faut faire attention à ce qu'on ne la déclare pas sous la dénomination de *mousse* ou *lichen*.
(2) Par lettre administrative du 12 germinal an 13, la lie d'huile de poisson a été assimilée, pour les droits, à l'huile de poisson.
En admettant que les huiles soient considérées comme drogues, cette disposition concorderoit avec le titre *grabeau*, qui assimile les résidus aux drogues mêmes; mais, dans ce cas, ne seroit-il pas plausible d'en conclure que la lie d'huile d'olive ou faisse devroit également suivre cette classification et supporter le nouveau droit imposé sur l'huile d'olive commune? Cependant on observera que ces assimilations laisseroient trop de marche à l'arbitraire, s'il étoit permis de mettre le raisonnement au lieu de la loi, sur-tout lorsqu'il y a disposition positivement légale sur l'article.

Marchandise	Unité	Droit	Date
LINGE de chanvre et de lin, en pièces, damassé ou autrement ouvragé.	Quintal	61..20	3 frimaire 5.
Celui ouvré, en nappes, serviettes, chemises, etc.	Quintal	153.. 0	15 mars 1791.
LINGE de coton et de fil et coton, soit de lit, de corps et de table, confectionné ou en pièces. (1)	Comme Toiles de coton blanches.		C. 7 pluviôse 12.
LINGE supporté. Celui de lit et de table, à l'usage des voyageurs. Comme omis. (Décis. 2 fruct. 5.)	Par 100 fr.	10.. 0	22 août 1791.
Celui de corps, comme caleçons et chemises, dans une quantité relative au nombre d'habits dont l'entrée est permise.	Exempt		DM. 2 fructid. 5.
LINON. [Espèce de toile de lin, blanche, claire, déliée et très-fine.]	Kilogramme	12..24	15 mars 1791.
LIQUEURS et RATAFIATS de toutes sortes. [On entend ici par liqueurs les diverses boissons composées dont la base est ordinairement de l'eau-de-vie, mais quelquefois du vin ou de l'eau simple.] (2)	La pinte	0—50	15 mars 1791.
	Le litre	1..50	AC. 3 therm. 10 et loi du 8 flor. 11.
Celles des Colonies françoises.	La pinte	0—15	18 mars 1791.
	Exemptes		11 septemb. 1793.
	Idem		3 frimaire 5.
	Le litre	1.. 0	AC. 3 therm. 10 et loi du 8 flor. 11.
LITHARGE naturelle et artificielle. [La première est un oxide de plomb durci, écailleux, et d'une couleur plus ou moins jaune. La litharge artificielle est la partie du plomb employée dans l'affinage de l'or et de l'argent, qui, n'étant qu'à demi-vitrifiée, se forme en une matière écailleuse et brillante. Il y en a de blanche et de jaune.]	Quintal	2.. 4	15 mars 1791.

RENVOIS.

LIN (Fil de). *Voyez* aux Fils.
LIN (Graines de). *Voyez* aux Graines.
LIN (Toiles de). *Voyez* aux Toiles.
LINGES vieux. *Voyez* Drilles.
LISTONNERIE. *Voyez* Passementerie.

(1) Cette assimilation aux toiles de l'espèce a été décidée jusqu'à ce qu'il en soit autrement ordonné.
Le calcul de dimension pour les chemises s'évalue à 3 mètres pour celles d'hommes, et 2 mètres pour celles de femmes. (LM. 17 pluv. an 12.)
(2) Les préparations médicales ou liqueurs ne sont pas comprises dans cet article; il ne s'agit ici que de celles qui sont de na ure à flatter le gout.
L'eau-de-vie d'Andaye sera traitée comme liqueur. (1 août 1792.)
Le kirschwaser, le rhum ou tafia, et les eaux-de-vie, sont tarifés particulièrement. *Voyez* ces trois articles.

Livres en langues étrangères ou savantes.............. (1)	Exempts.....	......—	15 mars 1791.
	Idem........	......—	1 août 1792.
	Droit de bal.	....	24 nivôse 5.
Ceux en langue françoise......................... (1)	Quintal.....	12..24	15 mars 1791.
Livres avec gravures ou estampes. Lorsque les gravures constituent essentiellement le prix d'un livre dont le texte ne sert qu'à les expliquer, ils payent................ (2)	Comme Estampes.	....	1 août 1792.
Loups (Dents de). [Elles ressemblent assez aux dents de chiens. On en fait des hochets d'enfant, et elles servent de polissoirs aux relieurs et aux orfèvres.].................................. (3)	Quintal.....	1..53	15 mars 1793.
Machefer. [On nomme ainsi la crasse qui se sépare du fer lorsqu'on le chauffe. On la retire des forges en consistance de métal fondu.]...	Exempt......	......—	15 mars 1791.
	Droit de bal.	....	24 nivôse 5.
Macis. [Seconde écorce de la noix muscade. C'est une membrane à réseau d'une substance visqueuse, huileuse et mince, de couleur rougeâtre, jaunâtre, d'odeur aromatique et de saveur balsamique.]..	Kilogramme.	2— 4	15 mars 1791.
	Idem......	10.. 0	DI. 17 pluv. 13 et loi du 3 oavr. 1806.
Magnésie. [Celle native est en petites masses tuberculeuses; sa couleur est d'un gris jaunâtre, tacheté de noir. La magnésie employée en médecine est tirée des eaux mères du nitre et du sel commun, sous la forme d'une poudre blanche. Elle a un goût insipide.]...........................	Comme Sel volatil.	....	1 août 1792.
Malherbe. [Herbe d'une odeur très-forte, dont le bois de la racine colore en jaune.]..	Exempte.....	......—	15 mars 1791.
	Droit de bal.	....	24 nivôse 5.
Manganèse. [Espèce de mine de fer qui contient du zinc; c'est un minéral assez dur, de couleur grise obscure, noirâtre ou rougeâtre, et d'une texture striée. On s'en sert pour la verrerie et la faïencerie.]..	Exempt......	......—	15 mars 1791.
	Droit de bal.	....	24 nivôse 5.

Lunetterie (Verre de). Comme Instrumens d'astronomie.
Luzerne (Graine de). Voyez aux Graines.
Lys de Vallée. Voyez Muguet.
Macaroni. Voyez Pâte d'Italie.
Machines électriques et pneumatiques. V. Instrumens de physique.
Macis (Huile de). Voyez aux Huiles.
Madriers. Voyez Bois de construction.
Maïs. Voyez aux Grains.
Malicorium. Voyez Écorces de grenadier.
Malles. Voyez Mercerie commune.
Manchons. Voyez Pelleterie ouvrée.
Mandragore. Voyez aux Écorces.
Mangaver. Voyez l'art. Pierres.
Manicordion. Voyez Mercerie commune.
Maniquette. Voyez Graine de Paradis.

(1) Les livres reliés seront traités comme livres brochés. (1 août 1792.)
(2) Lorsque les estampes ou cartes géographiques contenues dans un livre ne sont qu'accessoires, alors ces sortes d'ouvrages ne payent que comme livres. (1 août 1792.)
(3) Il y a d vers outils qui portent le nom de dents de loup; les droits doivent en être perçus comme articles de mercerie omise au tarif.

MANNE. [Suc mielleux, concret, de plusieurs sortes. Il y en a de couleur blanche ou brunâtre, d'autre visqueuse, solide et sèche. Elle est en larmes, en grains ou en marrons, selon le lieu où on la récolte et les arbres d'où elle sort.]	Quintal..... Idem......	12—24 40.. 0	15 mars 1791. DI. 17 pluv. 13 et loi du 30 avr. 1806.
MARBRE *brut*, de toutes sortes. [Belles pierres dures, blanches, noires ou de différentes couleurs, compactes et susceptibles de poli. Elles sont aussi d'un grain plus ou moins fin, opaques, quelquefois demi-transparentes, et se divisant en morceaux irréguliers.]	*Le pied cube. Décim. cube.*	1— 0 0.. 6	15 mars 1791. DI. 17 pluv. 13 et loi du 30 avr. 1806.
Celui *ouvré* en cheminées, *scié* ou *travaillé*. [Un pied cube de marbre ouvré pèse environ 200 livres, mesures et poids anciens.]	*Le pied cube. Décim. cube.*	2— 0 0..12	15 mars 1791. DI. 17 pluv. 13 et loi du 30 avr. 1806.
MARCASSITES *d'or, d'argent* et *de cuivre*. [On désigne sous ce nom les pyrites qui sont susceptibles de poli, et dont on fait quelques bijouteries communes en les taillant à facettes. Il se trouve des marcassites dans toutes les mines.]	Quintal.....	16..32	15 mars 1791.
MARCHANDISES *angloises*............................ (1)	Prohibées... Idem....... Confiscation.		18 vendém. 2. 10 brumaire 5. 22 ventôse 12.
MARCHANDISES *omises*. Ce qui s'entend de toutes denrées ou marchandises non reprises au Tarif. Elles paieront comme suit : 1°. Les *drogueries* non dénommées................	*Par* 100 *fr*.. Idem......	5— 0 20.. 0	22 août 1791. DI. 17 pluv. 13 et loi du 30 avr. 1806.
2°. Les *objets* qui auront reçu quelque main-d'œuvre que ce soit.. (2)	*Par* 100 *fr*..	10.. 0	22 août 1791.
3°. Tous autres *objets* omis........................	*Par* 100 *fr*..	3.. 0	22 août 1791.

RENVOIS.

MARBRE autrement ouvré. *Voyez* Ouvrages en Marbre.
MARC d'Olives. *Voyez* Amurca.
MARCASSITES ouvrées. *V.* Ouvrages en pierres de composition.

(1) Les marchandises angloises qui se trouveront dans un bâtiment pris sur l'ennemi, ou naufragé ou échoué, et celles qui proviendront de confiscation, seront assujéties à l'entrepôt et à la réexportation, et ne pourront être vendues que sous ces conditions. (*Loi du 10 brumaire* 5.)

Il ne sera reçu, dans les ports de la République, aucune denrée coloniale provenant des Colonies angloises, ni aucune marchandise venant directement d'Angleterre ; en conséquence toute denrée et marchandise provenant de fabrique ou de colonie angloise sera confisquée. (22 *ventôse* 12.)

On doit faire attention qu'en-deçà de la demi-lieue frontière, c'est-à-dire à la circulation, on ne doit jamais saisir comme *marchandise angloise* que les objets sujets à la marque du fabriquant et à l'estampille nationale (on comprend que les coupons ne peuvent être revêtus de ces marques) ; tous les autres articles, quoique désignés par la loi du 10 brumaire an 5, ne peuvent être réputés tels qu'au moment de leur introduction.

(2) Le raisiné de fruits cuits avec miel ou moût de vin a été soumis à ce droit de 10 pour 100 de sa valeur, comme objet omis, par lettre du 24 nivôse an 13.

Marchandises			
MARCHANDISES *de Prises*. [Ce qui s'entend des marchandises capturées sur les ennemis de l'Etat.]	*Acquitteront les droits du Tarif.* (1)		19 février 1793.
MARCHANDISES *de Retour*. [Le commerce jouit de la faculté de faire revenir de l'étranger les marchandises françoises qui n'ont pu y être vendues, pourvu que l'origine nationale puisse être reconnue, soit par des marques de fabrique, soit par des caractères inhérens de cette origine.] (2)	*Exempts*.......... *Droit de bal.*	—	DM. 27 août 1791. 24 nivôse 5.
MARCHANDISES *en Transit*. [On nomme ainsi le passage sur le territoire françois d'une marchandise expédiée de l'étranger à l'étranger. Cette dénomination s'applique aussi, mais improprement, aux expéditions de France en France, par emprunt du territoire étranger.] Celles qui jouissent du transit franc, ou qui entrent en entrepôt pour la réexportation........ (3)	*Droit de bal.*		DM. 7 frimaire 6.
MARQUETERIE (*Ouvrages de*). [On donne ce nom à un ouvrage de menuiserie composé de feuilles de différens bois précieux qu'on plaque sur un assemblage.]	*Par* 100 *fr.*	15..0	15 mars 1791.
MARUM (*Feuilles de*). [Assez semblables à celles du serpolet, ces feuilles sont pointues en fer de pique, vertes en dessus et blanchâtres en dessous. Cette plante a une odeur assez agréable et un goût âcre et piquant.]	*Quintal*.....	4..8	15 mars 1791.
MASSICOT. [C'est une céruse ou un blanc de plomb qu'on a calciné par un feu modéré. Il y en a de blanc, de jaune et de doré : cette différence de couleur provient des différens degrés de feu de sa fabrication. D'usage en peinture.]	*Quintal*.....	18..36	15 mars 1791.
MATELATS. [Étui de toile rembourré de laine, de coton, de crin, etc.] *Comme omis.*	*Par* 100 *fr.*	10..0	22 août 1791.
MATS *pour vaisseaux*. [Ce sont ces grosses et longues pièces de bois rond qu'on élève sur les vaisseaux pour en porter les voiles.]	*Exempts*.......... *Droit de bal.*	—	15 mars 1791. 24 nivôse 5.
MÈCHES *de soufre* et SOUFRE *en mèches*. [Elles servent à soufrer les vins au moyen de leur vapeur. [..... *Comme omises.* (*L.* 22 *mess.* 8.)	*Par* 100 *fr.*	10..0	22 août 1791.

RENVOIS.

MAPPEMONDES. *V.* Instrumens d'astronomie.
MARJOLAINE (Huile de). *Voyez* aux Huiles.
MARLY de fil. *Comme* Toile.
MARLY de Soie. *Voyez* Étoffes de Soie.
MARMELADE de Fruits. *Voyez* Confitures.
MARMELADES médicales. *Voyez* Confection.
MARRONS. *Voyez* Fruits.
MAROQUINS. *Voyez* Peaux et Ouvrages.
MASQUES pour bal. *Voyez* Mercerie.
MASTIC. *Voyez* aux Gommes.
MATIÈRES servant à l'engrais. *Voyez* Engrais.
MAURELLE en drapeaux. *Voyez* Tournesol.
MÈCHES à chandelles. *Voyez* Coton en mèches.
MÉCHOACHAM. *Voyez* Rhubarbe blanche.
MÉDAILLES de Cuivre. *Voyez* Cuivre en flaons.

ENTRÉE. 87.

(1) Lors même que les marchandises de prises seroient de la classe de celles prohibées, elles seront admises en payant les droits fixés antérieurement à leur prohibition. (*Loi du* 19 *février* 1793.). Les exceptions à cette disposition sont rappelées dans ce tarif aux articles qui les concernent: celles-ci doivent être réexportées dans les trois mois de l'entrepôt. (*DM.* 27 *pluv.* 13.)
(2) Les linons-batistes et les dentelles d'Argentan et d'Alençon sont admis sans marque, parce qu'il est reconnu qu'il ne s'en fabrique qu'en France.
Cette faveur ne peut avoir lieu pour ce qui n'est pas susceptible de marques : elle a été refusée pour des vins et liqueurs, attendu qu'étant susceptibles de mélanges, leur origine nationale ne pouvoit être constatée. (*DM.* 7 *frimaire* 6.).
Par exceptions particulières, le retour en franchise est accordé,
Aux vases de cuivre nommés *Estagnons*, dans lesquels on renferme les essences expédiées pour l'étranger; il suffit de représenter l'acquit de sortie. (*DM.* 2 *brum.* 6.)
Aux bouteilles de verre ayant servi à l'exportation de l'huile de vitriol (*DM.* 17 *floréal* 6.); et à celles exportées de Genève, pleines d'eau minérale artificielle. (*DM.* 2 *vend.* 7.) Les droits de balance sont néanmoins exigibles.
(3) Le transit est accordé aux LAINES NON FILÉES venant de l'étranger sous condition d'être entreposées réellement à leur arrivée et expédiées directement pour l'étranger (30 *avril* 1806); aux MARCHANDISES ÉTRANGÈRES *non prohibées* empruntant l'ancien département du Mont-Terrible (*D.* 26 *mars* 1793); à CELLES

Médailles d'or et d'argent. [On nomme *médailles* ces pièces de métal fabriquées en l'honneur de quelques personnes illustres ou en mémoire de quelqu'événement.] .... (1)	*Exemptes*... *Droit de bal.*	——	15 mars 1791. 24 nivôse 5.
Médicamens *composés*. [Ce qui comprend les différentes potions, breuvages, pilules, et autres médecines faites du mélange de plusieurs drogues.] .... (2)	*Prohibés*...	——	15 mars 1791.
Mélasse. [C'est le nom de la liqueur qui reste après que l'on a fait subir au suc de la canne à sucre toutes les opérations propres à en retirer la plus grande quantité de sucre possible : elle est de couleur brunâtre et ne peut prendre de consistance plus solide que celle de sirop. Il ne faut pas confondre la mélasse avec le sirop de kermès.]	*Quintal*..... *Prohibée*....	10–20 ——	15 mars 1791. A.C. 14 fruct. 10 et loi du 8 flor. 11.
Celle des *Colonies françoises* .... (3) Pour droit d'entrée par.... Pour droit de consommation.	*Exempte*.. *Quintal*..... *Idem*......	—— 1..50 14..50	10 juillet 1791. A.C. 3 therm. 10 et loi du 8 flor. 11.
Mercerie *commune*. [Dénomination sous laquelle les lois sur les douanes ont compris les marchandises suivantes : (4)	*Quintal*..... *Idem*......	40–80 60.. 0	15 mars 1791. DI. 17 pluv. 13 et loi du 30 avr. 1806.
Aiguilles de toutes sortes.. Ambre jaune travaillé..... Batte-feux et Briquets limés.. Bois de miroirs non enrichis.. Boîtes ferrées.. Boîtes de sapin peintes.. Boucles de fer.. Bougettes et Bourses de cuir, de fil et de laine.. Boutons de coco (1 août 1792).. Boutons de manche d'étain et autres métaux communs.. Brosserie. Cadrans d'horloge et de montre.. Chapelets de bois et de rocailles.. Coffres non garnis.. Colliers de perles et de pierres fausses (5).. Compas.. Cornets à jouer, de corne ou de cuir. (6) Dez à coudre, en corne, cuivre, fer, os et ivoire.. Dez à jouer.. Dominoterie. Écritoires simples.. Éperons communs.. Étriers (1 *août* 1792).. Éventails communs. Feuilles d'éventails.. Fouets.. Fourchettes de fer (1 *août* 1792.).. Fournimens à poudre.. Fourreaux d'épée.. Fuseaux. Gaines.. Gibecières.. Grelots. (7) Hameçons.. Horloges à sable.. Houpes à cheveux, de duvet. Jetons de nacre, d'os et d'ivoire. (8)			

également permises (à l'exception des toiles peintes de pur fil et des tabacs en feuilles) entrant par Bourg-Libre et Strasbourg, et sortant par Mayence, et réciproquement (8 *floréal* 11 et DI. 9 *vend.* 13); aux sucres *têtes et terrés*, cafés, cacaos *des colonies françoises*, et aux poivres, pendant leur année d'entrepôt. Ce transit ne peut s'effectuer que par les bureaux de Strasbourg, Bourg-Libre, Verrières-de-Joux, Jouques, Versoix, Beholse, Ainboa, Cologne, Mayence et Verceil; et encore par Coblentz pour celles de ces denrées qui seront tirées de l'entrepôt d'Anvers. (1 *pluv.* 13.)

La faveur du transit est aussi accordée aux sucres *têtes et terrés*, cafés, cacaos et poivres tirés de l'entrepôt de Lyon pour l'étranger. Ce transit ne pourra s'effectuer que par les bureaux de Versoix, Verrières-de-Joux, Bourg-Libre et Strasbourg. (30 *avril* 1806.) Comme encore aux marchandises étrangères expédiées de l'entrepôt de Gênes pour le royaume d'Italie, la République Helvétique et les duchés de Parme et de Plaisance, ou qui seront expédiées desdits pays pour ledit entrepôt, et en seront exportées pour l'étranger, soit par terre, soit par mer. (30 *avril* 1806.)

(1) Les médailles de cuivre ont été assimilées au cuivre en flaons par la loi du 1 août 1792. (*V.* la note à Cuivre.)
(2) Voir aussi Confection *de toutes sortes*; mais, malgré ces prohibitions générales, quelques compositions médicinales sont admises, telles que le beurre de saturne, l'agaric en trochisques, etc., lesquels sont tarifés. (*Voyez* leurs articles.)
(3) Voyez les notes à Denrées coloniales.
(4) La mercerie importée des manufactures du duché de Berg, outre Rhin ne payoit que 10 pour 100 de sa valeur par la loi du 6 fructidor an 4; mais celle du 6 nivôse an 10 en fixe les droits conformément au tarif.
(5) Voir la note à l'article Pierres fines et fausses.
(6) Les cornes claires à lanterne ont été retirées de la mercerie où elles avoient été classées par la loi du 15 mars 1791: elles sont tarifées particulièrement. *Voyez* leur article sous la dénomination de *Cornes en feuillets transparens.*
(7) Les grains de verre de toutes sortes étoient classés dans la mercerie; mais la loi du 10 brumaire an 5 prohibant toute espèce

Entrée. 88.

Désignation	Unité	Droits	Date
MERCERIE *commune.* (Suite.) Lanternes communes.. Lignes de pêcheur. Malles (*Comme* Coffres).. Manicordion (9).. Masques pour bal.. Moulins à café et à poivre. Ouvrages de buis.. Ouvrages en cuivre et fer, tels que Chandeliers, Flambeaux, Mouchettes, Tire-bouchons et autres de même espèce.. Ouvrages menus d'étain, comme Cuillers, Fourchettes. Pains à cacheter (1 *août* 1792).. Peignes de buis, de corne et d'os.. Perles fausses (1 *août* 1792). (10). Pipes à fumer.. Porte-feuilles de basane. Ramonettes.. Raquettes. Sifflets d'os et d'ivoire.. Soufflets. Tambours.. Tamis. Volans.			
MERCERIE *en soie,* comme Bourses à cheveux; Mouches et Mouchoirs de soie..	*Kilogr.* net..	12..24	15 mars 1791.
MERCERIE *fine,* et autres non dénommées dans le présent Tarif. Les Boucles de cuivre, les Porte-feuilles de maroquin et autres ouvrages de la même matière, et les Éventails fins (11), seront traités ainsi. (*Loi du 1 août* 1792.)...................	*Par* 100 *fr.*	15.. 0	15 mars 1791.
MERCURE ou *argent vif.* [Substance métallique particulière; sans ténacité ni consistance, froide au toucher et inodore, qui, dans l'état de pureté, paroît habituellement fluide et coulante comme du plomb tenu en fusion. Sa couleur est blanche, brillante et argentine. Elle est opaque et réfléchit mieux les objets qu'une glace. Elle arrive dans des sacs de cuirs du poids de 80 à 90 kilogrammes.]	*Quintal.....* Idem...... Idem...... Idem......	6—12 0—61 6—12 60.. 0	15 mars 1791. 12 pluviôse 3. 9 floréal 7. DI. 17 pluv. 13 et loi du 30 avr. 1806.
MERCURE *précipité.* [Poudre mercurielle dont il y a plusieurs sortes, telles que le précipité blanc, le rouge, le vert, l'or de vie, etc.]..	*Quintal.....*	30..60	15 mars 1791.
MÉTIERS *à faire bas et autres ouvrages.* [Ce sont des machines mécaniques plus ou moins composées.]...................	*Par* 100 *fr.*	15.. 0	15 mars 1791.
MEUBLES *de toutes sortes.* [On ne comprend ici sous ce mot que ce qui concerne les ouvrages en menuiserie, tels que Tables, Secrétaires, Bureaux, Bibliothèques, Armoires, Chiffonnières, Commodes, Bois de lit, d'ottomanes, canapés, bergères, fauteuils, siéges, etc.]...............................	*Par* 100 *fr.*	15.. 0	15 mars 1791.

RENVOIS.

MERLUCHE. *Comme* Poissons de mer. (*C.* 23 germinal 12.)
MERRAIN. *Voyez* aux Bois.
MESURES. *Voyez* Poids.
MÉTAL de Cloches. *Voyez* Cloches.
MÉTAL de Prince et de Mannheim. *V.* Tombac.
MÉTAUX. Pour les autres, *v.* leurs noms propres.
MÉTAUX ouvrés. *V.* l'art. Ouvrages et ses notes.

de verrerie sans autre exception que celle des verres servant à la lunetterie et à l'horlogerie, il s'en suit que les grains de verres sont compris dans la prohibition jusqu'à nouvelle décision.

(8) Les jetons de nacre étant classés dans la mercerie commune, les fiches de la même matière, qui leur sont assimilées, doivent acquitter le même droit. (*LD. du* 3 *brumaire* 14.)

(9) Ce sont les cordes de laiton nécessaires pour l'instrument de ce nom ; il ne faut pas les confondre avec le fil de laiton ni avec celui de fer.

(10) Les perles fines et fausses avoient été portées à néant par le même tarif ; mais l'art. 2 de la loi du 1 août 1792 ayant classé les perles fausses dans la mercerie commune, les unes et les autres sont soumises au même droit. (*LD.* 3 *brumaire* 14.)

(11) Les éventails sont réputés fins lorsque le prix de chaque éventail excède 1 fr. 50 c. la pièce. (1 *août* 1792.)

Les éventails et les écrans de la Chine provenant du commerce françois, au-delà du cap de Bonne-Espérance, ne payent que 40 fr. 80 c. du quintal décimal. (15 *mars* 1791.)

ENTRÉE. 89.

MEUBLES à usage. [Ce qui ne comprend pas les vins, liqueurs, étoffes, toiles et linges vieux, ni les objets prohibés..... (1) } *Exempts*.... | DM. 17 oct. 1791.
Droit de bal. | 24 nivôse 5.

MEULES de moulin. [Ce sont de grandes pierres rondes et plates qui servent à broyer les grains.]
La pièce { au-dessus d'un mètre 949 millimètres *de diamètre*......... 7..50 | 15 mars 1791.
d'un mètre 949 millimètres à 1 mètre 297 millimètres........ 5.. 0 | *Même loi.*
au-dessous d'un mètre 297 millimètres................. 2..50 | *Même loi.*

MEULES à taillandier. [Ce sont des pierres rondes et plates qui servent à aiguiser les outils.]
La pièce { de 4 pouces et au-dessus *de diamètre*..................... 2— 0 | 15 mars 1791.
au-dessous de 4 pouces à 2 pouces et demi............... 0—75 | *Même loi.*
au-dessous de 2 pouces et demi....................... 0—25 | *Même loi.*
d'un mètre 383 millimètres à 1 mètre 218 millim. *de diamètre*. 2..50 | 1 août 1792.
d'un mètre 79 millimètres à 920 millimètres.............. 1..75 | *Même loi.*
La pièce { de 907 millimètres à 677 millimètres.................... 1.. 0 | *Même loi.*
de 663 millimètres à 541 millimètres..................... 0..40 | *Même loi.*
de 528 millimètres à 406 millimètres..................... 0..20 | *Même loi.*
de 385 millimètres et au-dessous....................... 0..10 | *Même loi.*

MÉUM d'*Athamante*. [Racine à tête entourée de longs filamens, longue comme le petit doigt, se divisant en branches, de couleur noirâtre en dehors, blanchâtre en dedans, de substance rare et légère, d'odeur aromatique, de saveur âcre et piquante. *Méum* est le nom de la plante, *athamanta* est celui de la montagne où on la recueilloit autrefois.]...... } *Quintal*.... 2.. 4 | 15 mars 1791.

MIEL. [Substance sucrée extraite des fleurs par les abeilles, de consistance sirupeuse, de couleur blanchâtre ou jaunâtre.]...... } *Quintal*.... 6—12 | 15 mars 1791.
Idem...... 0—61 | 12 pluviôse 3.
Idem...... 6..12 | 3 frimaire 5.

MINIUM. [Oxide de plomb coloré en rouge par le fer ou par une longue calcination au feu. Les potiers en font le plus grand usage.]...... } *Quintal*.... 0..51 | 15 mars 1791.

MODES (*Ouvrages de*). On comprend sous cette dénomination tout ce qui sert à la parure des femmes et qui n'est qu'additionnel aux habillemens, tels que chapeaux et plumes enjolivés, bonnets montés, panaches, aigrettes, sacs à ouvrages, etc.; mais on ne peut leur assimiler les mouchoirs ou rubans de soie, les chapeaux de paille ou de feutre, les plumes d'autruches, les fleurs artificielles, ni aucun autre objet tarifé particulièrement.].... } *Par 100 fr.*.. 12.. 0 | 15 mars 1791.

RENVOIS.

MICA. *Voyez* Verre de Moscovie.
MIL et MILLET. *Voyez* aux Graines.
MINE de fer. *Voyez* Fer.
MINE de plomb noir. *Voyez* l'art. Plomb.
MIROIRS. *Voyez* Glaces.
MOELLE de cerf. *V.* Cerf.
MOLTONS. *Voyez* Draperie.
MORELLE. *V.* Maurelle à Tournesol.

(1) Les meubles, linges et effets appartenant à des François qui, ayant demeuré chez l'étranger, reviennent en France ou à des étrangers qui viennent s'y établir, peuvent être admis moyennant le simple droit de balance : mais cette faculté ne doit être accordée qu'après que le détail des caisses ou ballots qu'on se propose d'introduire a été adressé à l'administration des douanes.... Dans aucun cas, cette faveur ne peut porter sur les vins, liqueurs et étoffes neuves, vêtemens et argenterie neufs. (DM. 17 *octobre* 1791.) Pour jouir du bénéfice de cette décision, les François qui rentrent en France sont tenus de justifier de la sortie primitive de leurs meubles et effets, et les étrangers qui viennent s'y établir, de constater leur établissement formé en France par un certificat du maire du lieu de leur nouveau domicile. (*LA. au directeur de Clèves du 1 floréal 9.*)

Momies. [Ce sont des cadavres d'hommes ou d'animaux desséchés et embaumés. Il y en a de naturelles et d'artificielles.]	Exemptes... Droit de bal.	...—...	15 mars 1791. 24 nivôse 5.
Monnoies de métal, sous quelque forme et dénomination que ce soit. (1)	Prohibées...	....	3 septemb. 1792.
Morilles ou Mousserons. [Genre de plantes de la famille des champignons, dont le caractère est d'avoir un pédicule terminé par un chapeau celluleux, dans les anfractuosités duquel sont logées les semences.]	Quintal.....	24..48	15 mars 1791.
Mottes à brûler. [Petites masses faites ordinairement avec du tan qui ne peut plus servir.]	Exemptes... Droit de bal.	...—...	15 mars 1791. 24 nivôse 5.
Moules de boutons. [Ce sont de petits morceaux de bois plats, ronds et percés au centre. On en fait aussi en os.]	Quintal.....	6..12	15 mars 1791.
Mousselines. [Tissu fin, léger et doux. On répute mousseline toute toile de coton dont les 16 aunes, sur la largeur de $\frac{3}{4}$ (ancienne mesure), pèse moins de 3 livres.] (Loi du 22 août 1791.)..			
Celle rayée et unie, à carreaux, brochée, et Fichus unis. (2)	Quintal.....	612— 0	15 mars 1791.
La Mousseline et les Fichus brodés.	Idem......	816— 0	Même loi.
Les Mousselines d'origine non prohibée, autant de fois qu'il y aura de mètres carrés au kilogramme.	Mètre carré..	0— 5	A.C. 6 brum. 12 et loi du 22 vent. 12.
Les Mousselines brodées, même droit que ci-dessus, plus un droit additionnel de	Idem......	0—50	22 ventôse 12.
Les Mousselines paieront, indépendamment du droit fixé par la loi du 22 ventôse an 12, un droit additionnel de.	Idem......	0—10	DI. 17 pluv. 13.
Celles qui auront plus de 12 mètres carrés au kilogr., payeront { 1°. 2°.	Idem...... Par 100 fr..	0—60 5— 0	Même décret. Même décret.
Les Mousselines d'origine non prohibée, autant de fois qu'il y aura de mètres carrés au kilogramme.	Mètre carré..	0—10	DI. 1 compl. 13.
Celles brodées ou brochées, le même droit, plus un droit additionnel de.	Idem......	0—50	Même décret.
Mousselines.	Prohibées...	....	DI. 22 fév. 1806 et loi du 30 avr. 1806.

RENVOIS.

Montres. *Voyez* Horlogerie.
Morphil. *Voyez* Ivoire.
Mortiers de fonte et de métal. *Voyez* Cloches.
Morue. *V.* Poissons de mer.
Mouches cantharides. *Voyez* Cantharides.
Mouches. *Voyez* Mercerie en soie.
Mouchettes. *V.* Ouvrages de Mercerie com.
Mouchoirs. *Voyez* Toiles et Mousselines, suivant leur différence.
Mouchoirs de soie. *Voyez* Mercerie en soie.
Moulard. *Voyez* Terre sigillée.
Moulins à café et à poivre. *Voyez* Mercerie commune.
Mousse marine. *Voyez* Coralline.

Entrée. 91.

(1) Il ne faut pas leur assimiler les médailles de cuivre, qui sont traitées comme cuivre en flaons.
(2) Les mouchoirs de coton rayés ou à carreaux, blancs, à bordures de couleur, seront traités comme mousseline unie. (*Loi du 1 août 1792.*) Les autres comme toiles de coton, suivant qu'ils sont blancs ou imprimés.

Mousselinettes. [Sorte de mousseline qui a quelque rapport au basin, mais qui est moins serrée et moins solide que celui-ci.]	Prohibées		10 brumaire 5.
Moutarde. [Pâte liquide qu'on sert sur les tables. Elle est préparée avec les graines du Sénnevé. Il y en a aussi en poudre.]	Quintal	12..24	15 mars 1791.
Muguet ou Lys de vallée (Fleurs de). [Entre deux ou trois feuilles oblongues pousse une tige dont la moitié supérieure est revêtue d'un bon nombre de petites fleurs blanches ayant la figure d'une cloche. Elles ont une odeur fort agréable.]	Quintal	3.. 6	15 mars 1791.
Mules et Mulets	Pièce	1.. 0	15 mars 1791.
Munitions de guerre, à l'exception de la poudre à tirer; savoir :			
Balles de fusils et pistolets	Quintal	9—18	
Bombes, Boulets de canon, Grenades et Mortiers	Idem	3— 6	
Canons de fer	Idem	3— 6	15 mars 1791.
Canons de fonte	Idem	9—18	
Canons de fusil	Idem	48—96	
Canons de pistolets	Idem	97—92	
Munitions de guerre, en ce qui concerne les armes et pièces détachées	Exemptes		22 août 1792.
Celles de toutes espèces	Idem		19 mai 1793.
Sauf les armes (1)	Droit de bal.		24 nivôse 5.
Musc. [Substance animale très-odoriférante, de couleur rouge brunâtre. On l'apporte ordinairement dans des vessies garnies d'un poil brunâtre.]	Kilogr. net. / Idem	30—60 / 60.. 0	15 mars 1791. / DI. 17 pluv. 13 et loi du 30 avr. 1806.
Muscade. [Fruit aromatique d'un arbre de l'Inde orientale. Il y a deux sortes de noix muscades, l'une, qui est de la figure d'une olive, se nomme muscade femelle; l'autre, qui est plus alongée et moins aromatique, s'appelle muscade mâle. Elles sont de couleur grise en dessus, rougeâtres et marbrées en dedans.] (2)	Kilogr. net. / Idem	2— 4 / 8.. 0	15 mars 1791. / DI. 17 pluv. 13 et loi du 30 avr. 1806.
Musique gravée et Papier de musique. [Papiers sur lesquels on a gravé cinq lignes de distance en distance.]	Comme estampes		1 août 1792.

RENVOIS.

Mousserons. *Voyez* Morilles.
Mout. *Voyez* Vendanges.
Moutons. *Voyez* Bestiaux.
Mouvemens de montre. *Voyez* Horlogerie.
Muscade (Huile de). *Voyez* aux Huiles.

(1) *Voyez* l'art. Armes pour les droits qui les concernent.
Une délibération du Conseil d'État, du 15 fructidor an 9, porte que le munitionnaire général de la marine paiera les droits d'entrée sur les approvisionnemens pour son compte, et qu'on ne devra plus insérer dans les marchés la clause des exemptions. Ainsi les droits sur tous les objets d'approvisionnement pour la marine seront perçus sans exception. (*Lettre au Directeur d'Anvers, du 19 brumaire an 11.*)
Les vivres et munitions de premier besoin seulement, importées d'Espagne pour l'avitaillement des bâtimens de guerre de cette nation en relâche dans nos ports, sont, à charge de réciprocité et sous condition de déclaration et de transbord sans mise à terre, exemptes des droits de douanes. (*D. 16 messidor 13.*)
(2) Celles provenant du commerce françois au-delà du Cap de Bonne-Espérance ne paient que le tiers. (15 *mars* 1791.)

Désignation	Unité	Droits	Date
MYROBOLANTS. [On donne ce nom à plusieurs fruits purgatifs et desséchés qui viennent des Indes orientales et d'Amérique. Ils sont de la grosseur des prunes, et ont une couleur brunâtre, jaunâtre ou noirâtre. Ils sont tous à noyaux et à amandes]…	Quintal	7..14	15 mars 1791.
MYROBOLANTS confits. [Ce sont les fruits ci-dessus apprêtés avec du sucre.]…………	Quintal	30..60	15 mars 1791.
NACRE (Coquilles de) non travaillées. [C'est une matière blanche et brillante qui constitue l'intérieur de beaucoup de coquilles. L'avicule perlière, dont, à raison de son épaisseur, on peut faire nombre de petits meubles, porte spécialement ce nom.]…(1)	Quintal / Idem	18—36 / 40..0	15 mars 1791. / DI. 17 pluv. 13 et loi du 30 avr. 1806.
NAPHTE. [Bitume très-léger, très-fluide, limpide et d'une couleur légèrement ambrée, qu'on trouve dans différentes contrées de la Perse.]……………(2)	Quintal	3..6	15 mars 1791.
NARD celtique ou spica celtica. [Petite racine noueuse, écailleuse, jaunâtre et aromatique; on l'apporte dans des petites boîtes..]	Quintal	6..12	15 mars 1791.
NARD indien ou spica nardi. [Racine chevelue à laquelle tient encore la base des tiges et des feuilles. On l'apporte de Ceylan et des Moluques. Sa saveur est amère et âcre; son odeur aromatique ressemble assez à celle du Souchet……]	Quintal	20..40	15 mars 1791.
NATTES de jonc. [On appelle nattes une sorte de tissu fait de trois brins ou cordons entrelacés.]………	Quintal	8..16	15 mars 1791.
NATTES de paille, de roseaux, et autres plantes et écorces……(3)	Quintal	2..4	15 mars 1791.
NÉNUPHAR. [Plante aquatique dont il y a deux espèces; l'une à fleurs blanches, l'autre à fleurs jaunes. Leurs feuilles, qui sont larges, grandes, épaisses, rondes ou un peu oblongues, nagent ainsi que les fleurs à la surface des eaux.]……	Quintal	1..53	15 mars 1791.

RENVOIS.

MYRRHE (Gomme de). *Voyez* aux Gommes.
MYRTE. *V.* Feuilles de.
MYRTILLE. *V.* aux graines.
NACRE en fiches, jetons. *V.* Mercerie commune.
NACRE travaillée. *Voyez* à Ouvrages.
NANKIN. *Voyez* Toiles de Nankin.
NANKINETTE. *Voyez* Toiles de Nankinette.
NAPPES ou SACS de marbre. *Voyez* Pelleterie.
NATRON. *Voyez* Anatron.
NATTES ouvrées. *Voyez* Ouvrages de paille.
NAVETS. *Voyez* Légumes.
NAVETTE (Graine de). *Voyez* aux Graines.
NAVIRES. *Voyez* Bâtimens de mer.
NÉPHRÉTIQUE. *Voyez* Bois néphrétique.

ENTRÉE. 93

(1) Les coquilles de nacre, ou nacre brute, provenant du commerce françois au-delà du Cap de Bonne-Espérance, sont exemptes. (15 *mars* 1791.)
Les filières de nacre provenant du même commerce, payent 40 fr. 80 c. du quintal décimal. (*Même loi.*) On appelle *filières de nacre* une branche de perles enfilées.

(2) Le tarif du 15 mars 1791 dit NAPHE ou NAPHTE. Ces deux dénominations ne s'appliquent cependant pas à la même substance. *Naphte* est le bitume décrit plus haut; et ce qu'on appelle *Naphe* est, suivant Pomet, l'eau distillée de fleurs d'orange; et, suivant Lebrun, l'eau de fleurs de citron. Une lettre du directeur de Clèves, du 25 ventôse an 8, dit assimiler *l'esprit de citron* (*spiritus citris*) aux eaux de fleurs d'orange, lesquelles sont elles-mêmes traitées, par la loi du 1 août 1792, comme eaux médicinales et de senteur. Ainsi il paroît que c'est simplement du naphte dont il est ici question; c'est au moins cette vraisemblance qui m'a déterminé à supprimer le mot *naphe* de cet article.

(3) *Voyez* la note à OUVRAGES DE PAILLE.

NERFS *de bœufs et autres animaux*. [On nomme ainsi les membres génitaux des animaux qui ont été arrachés et desséchés.]. (1)	*Exempts.....* *Droit de bal.*	....	15 mars 1791. 24 nivôse 5.
NERPRUN. [Baies qui croissent sur un arbrisseau et dont on se sert en médecine et en teinture. Elles sont molles, grosses comme celles de genièvre, vertes au commencement; mais elles noircissent en mûrissant. Elles sont luisantes et remplies d'un suc noir tirant sur le vert, et de quelques semences.]	*Exempt ....* *Droit de bal.*	....	15 mars 1791. 24 nivôse 5.
NIGELLE romaine (*Graine de*). [Semences anguleuses, fort petites, noires ou jaunes, d'une odeur aromatique, et d'un goût piquant.]	*Quintal.....*	9..18	15 mars 1791.
NITRE. [Sel neutre formé par la combinaison de l'acide nitrique et de la potasse jusqu'au point de la saturation. Il a une saveur fraîche, salée et amère.]	*Prohibé.....*	....	15 mars 1791.
NITRE (*Beurre de*) *et de salpêtre*. [Espèce de drogue que l'on tire du salpêtre par le moyen du tartre.]	*Quintal.....*	6..12	15 mars 1791.
NOIR *d'Espagne*. [C'est du liége brûlé: il est léger; mais sableux et graveleux.]	*Quintal.....*	7..14	15 mars 1791.
NOIR *de fumée*. [Il est produit par des résines brûlées et de l'arcanson.] *Noir de terre*. [C'est une espèce de charbon fossile tendre et gras au toucher.] *Noir de corroyeurs*. [C'est une espèce d'encre.]	*Quintal.....*	2.. 4	15 mars 1791.
NOIR *d'ivoire*. [C'est de l'ivoire qui a été brûlé et calciné dans un vase couvert.] .... (2)	*Quintal.....*	30..60	15 mars 1791.
NOIR *de teinturier d'Allemagne*. [Composition de lie de vin, de noyaux de pêches et d'os brûlés et calcinés, puis lavés et porphyrisés.] *Noir d'os*. [Se fait comme celui d'ivoire.] *Noir de cerf*. [Il est composé de ce qui reste dans la cornue après qu'on en a retiré l'esprit de sel ou l'huile de la corne de cerf.]	*Quintal.....*	3.. 6	15 mars 1791.

RENVOIS.

NITRE (Esprit de). *Voyez* Esprit de nitre.
NOISETTES. *Voyez* Avelines.

(1) Les nerfs de cerf ne sont pas compris dans cet article; la même loi qui avoit tiré ceux-ci à néant les a tarifés particulièrement. *Voyez à* CERF.
(2) Le spode est aussi de l'ivoire brûlé, mais il est blanc; cette couleur vient de ce qu'il a été calciné dans un creuset découvert. La même loi ne le cote qu'à 4 fr. 8 c.; cette différence de tarification paroît bien forte.

Noix *de galle*. [Excroissance qui naît sur un chêne du Levant. Elles ont différentes grosseurs comme celles d'une noix à une aveline; elles sont raboteuses ou épineuses, grisâtres, verdâtres ou noirâtres.]................................. (1)	Quintal.....	2.. 4	15 mars 1791.
Noix *vomiques*. [Fruit de la grosseur d'une châtaigne, fort dur, oblong, relevé en son milieu, un peu aplati par ses deux bouts, de couleur jaunâtre tirant sur le rouge, entr'ouvert d'un côté, clos de l'autre, ayant une côte au milieu tout autour.] (2)	Quintal.....	2.. 4	15 mars 1791.
Ocre *jaune*. [Terre métallique, dont la consistance est tantôt ferme, tantôt friable; elle est d'un jaune plus ou moins foncé, quelquefois de couleur de safran.].................................	Quintal.....	0..51	15 mars 1791.
Œufs *de volaille et de gibier*. [Produits de la ponte des poules et d'autres oiseaux, presque toujours recouverts d'une écaille blanche très-cassuelle.].................................	Exempts..... Droit de bal.	..—.	15 mars 1791. 24 nivôse 5.
Oignons *de fleurs*. [On nomme ainsi la racine bulbeuse de certaines plantes. La substance de ces oignons est tendre et succulente, et ses formes ovales ou arrondies.].................................	Exempts..... Droit de bal.	..—.	15 mars 1791. 24 nivôse 5.
Opium. [Suc concret retiré par incision de la tête du pavot blanc. Ce suc est pesant, compacte, pliant, inflammable, d'un brun noirâtre, d'une odeur virulente et nauséabonde, et d'une saveur âcre et amère.].................................	Quintal..... Idem......	20—40 100.. 0	15 mars 1791. DI. 17 pluv. 13 et loi du 3 oavr. 1806.
Or *brûlé*, *en barres*, *en masses*, *lingots et monnoyé*. [L'or est le plus pesant, le plus ductile, le plus parfait et le plus précieux des métaux.].................................	Exempt..... Droit de bal.	..—.	15 mars 1791. 24 nivôse 5.
Or *en ouvrages d'orfèvrerie*. [On distingue les ouvrages d'orfèvrerie de la bijouterie, en ce que ces premiers sont *retreints*. On appelle *retreint* une matière à laquelle on a fait prendre sa forme à coups de marteau.]....................... (3)	Par 100 fr...	10.. 0	15 mars 1791.
Or *en feuilles battu*. [C'est de l'or réduit en feuilles très-minces et très-déliées. On le met dans de petits livrets de papier.]....	Hectog. net..	26..11	15 mars 1791.

RENVOIS.

Noix. *Voyez* Fruits.
Noix (Écorces ou Brou de). *V.* aux Écorces.
Noix de cyprès. *Voyez* Cyprès.
Noix (Huile de). *Voyez* aux Huiles.
Noix. Pour les autres, *voir* leurs noms propres.
Oculi cancri. *Voyez* Yeux d'écrevisse.
Œillette (Graine d'). *Voyez* aux Graines.
Œillette (Huile d'). *Voyez* aux Huiles.
Oignons. *Comme* Légumes.
Oliban. *Voyez* Encens fin.
Olives. *Voyez* Fruits.
Olive (Huile d'). *Voyez* aux Huiles.
Opoponax (Gomme d'). *V.* aux Gommes.
Or en ouvrages de bijouterie. *Voyez* Bijouterie.

(1) Les noix de galle provenant du commerce françois au-delà du Cap de Bonne-Espérance, sont exemptés. (15 *mars* 1791.)
Sont aussi exemptes les noix de galle légères. (1 *août* 1792.)
(2) Les noix vomiques provenant du commerce françois au-dela du Cap de Bonne-Espérance ne payent que moitié. (15 *mars* 1791.)
(3) *Voyez* la note à Argent pour le droit de garantie.
Le marc d'or varie de valeur suivant son plus ou moins d'alliage. Pour que le droit soit strictement acquitté, il faut ajouter à la valeur intrinsèque celle de la *façon*.

Or *trait*, *battu*, *en paillettes* ou *clinquants*. [Ces sortes d'ouvrages se font avec un lingot d'argent superficiellement doré.]......(1)	Hectogr. net..	6..53	15 mars 1791.
Or *filé* ou *fil d'or fin*. [C'est de l'or en lame dont on a couvert un très-long brin de soie par le moyen d'un rouet.]............(1)	Hectogr. net..	4..90	15 mars 1791.
Or *faux* en *barres* ou en *lingots*............................(1)	Quintal....	73..44	15 mars 1791.
Celui en *feuilles*, *paillettes*, *clinquant*, *trait* et *battu*.(1)	Quintal....	142..80	15 mars 1791.
Celui *filé* ou *fil d'or faux*........................(1)	Quintal....	163..20	15 mars 1791.
Celui *filé* sur *soie*...............................(1)	Prohibé...	......	15 mars 1791.
ORCANETTE. [Racines de différentes grosseurs, plus souvent de celle d'une plume, rouges foncées en leurs écorces, blanchâtres en leurs parties ligneuses. Ces racines servent en teinture : c'est le fard des anciens.]..................................	Quintal....	0..51	15 mars 1791.
OREILLONS. [On donne ce nom aux rognures de peaux de bœufs, de vaches et autres animaux, lesquelles sont propres à faire de la colle.]...	Exempts..... Droit de bal.	....	15 mars 1791. 24 nivôse 5.
ORGE *perlé* et ORGE *mondé*. [L'orge est un grain qu'on monde en le dépouillant de sa peau. On nomme perlé celui ainsi dépouillé que l'on a passé sous une meule de bois pour en arrondir le grain.]...	Quintal.... Idem...... Idem...... Idem......	4— 8 0—41 4— 8 12.. 0	15 mars 1791. 12 pluviôse 3. 9 floréal 7. DI. 17 pluv. 13 et loi du 30 avr. 1806.

RENVOIS.

OR de Manheim. *V.* Tombac.
ORANGE (Huile d'). *Voyez* aux Huiles.
ORANGES. *Voyez* Fruits.
ORFÉVRERIE. *Voyez* Or ou Argent, suivant la matière.
ORGUES. *V.* Instrumens de musique.
ORME (Écorces d'). *Voyez* aux Ecorces.
ORNEMENS de bronze ou de cuivre. *V.* à bronze ou à cuivre ciselé.
ORNEMENS d'église. *Voyez* Habillemens.

(1) *Voyez* les notes et les descriptions à ARGENT, pour ce qui peut s'appliquer ici.

ENTRÉE. 964

OROBE (*Graines* ou *semences d'*). [Ces semences, assez semblables à de petits pois, sont d'un rouge brun et d'un goût de légumes qui n'est ni amer ni désagréable.]	Quintal.....	1..2	15 mars 1791.
ORPIMENT. [C'est une espèce d'arsénic (*voir ce mot*); il est d'un jaune doré et est employé pour la peinture, ainsi que le *réalgal* ou arsénic rouge.]	Quintal.....	0..51	15 mars 1791.
ORSEILLE *apprêtée* et *non apprêtée*. [Sorte de lichen qui vient des îles Canaries en bouquets divisés en petits brins: toute la plante est solide et d'un goût salé. On appelle orseille préparée celle qu'on a réduite en pâte molle, d'un rouge violet ou colombin, parsemée de taches et comme marbrée, d'usage en teinture.]	*Exempte*.,.... *Droit de bal*.	———	15 mars 1791. 24 nivôse 5.
Os *de bœufs*, *de vaches* et *d'autres animaux*. [Parties dures, solides et compactes des animaux, dont on se sert pour divers usages. Cet article ne comprend que les os bruts.]	*Exempts*.... *Droit de bal*.	———	15 mars 1791. 24 nivôse 5.
Os *de seiche*. [Espèce d'écaille grande comme la main dont ce poisson est couvert sur le dos. Elle a l'épaisseur d'un pouce en son milieu, plus mince aux côtés, est légère, dure en dessus, spongieuse en dessous, friable, très-blanche, et d'un goût un peu salé.]	Quintal.....	1..2	15 mars 1791.
OSIER *en bottes*. [Nom commun aux jeunes rameaux des arbustes du genre des saules. Ils sont très-flexibles, et servent principalement à faire des paniers.]	*Exempt*..... *Droit de bal*.	———	15 mars 1791. 24 nivôse 5.
OUTREMER. [Poudre bleue d'une grande beauté, dans la préparation de laquelle entre le lapis lazuli: elle sert à la peinture.]	Kilogr.......	30..60	15 mars 1791.
OUVRAGES *en acier*... Ceux *polis*.. Ceux *non polis et polis*.......................... (1)	Par 100 *fr*... Prohibés..... Idem.........	15..0 ———	15 mars 1791. 1 mars 1793. 10 brumaire 5.
OUVRAGES *en airain*, *étain*, *fer*, *fonte*, *tôle*, *fer blanc* ou *autres métaux*, polis ou non polis, purs ou mélangés............ (2)	Prohibés.....	....	10 brumaire 5.

RENVOIS.

Os de cœur de cerf. *V*. Cerf.
OSIER ouvré. *Voyez* Ouvrages en osier.
OUATE de coton. *Voyez* Coton.
OUATE de soie. *V*. Coton.
OUTILS pour les arts et métiers. *Voyez* Quincaillerie ou Instrumens d'astronomie, chirurgie, suivant la différence de ces outils.

ENTRÉE. 97.

(1) N'y sont pas compris les fournitures d'horlogerie, lesquelles réunies ne peuvent former un mouvement complet. *Voir* HORLOGERIE.
(2) Voir chacun de ces articles à sa lettre pour la taxe qui a précédé leur prohibition, et observer que l'art. 1 de la loi du 19 pluviôse an 5 a excepté de cette prohibition les objets compris dans la classe de la mercerie, les armes de guerre, les instrumens aratoires et les outils pour les arts et métiers, de quelque matière qu'ils soient composés. L'art. 2 de cette loi excepte également les objets fabriqués dans le duché de Berg outre Rhin. Cependant les verroux en fer et les vis en bois, quoique certifiées de ce pays, sont prohibés. (LD. 21 *frim*. 14.)
Tous les cuivres ont été prohibés par la loi du 10 brumaire an 5; il n'y a d'exception que pour ceux tarifés à CUIVRE, pour les ouvrages de cette matière spécifiés ci-dessus, et pour ceux rapportés à la note 2 de la page suivante.
Les traits argentés ou dorés, espèce de matière première propre à la fabrication des galons, et dont il se fait un grand commerce avec l'Espagne, l'Italie, etc., ne sont pas non plus compris dans la prohibition. (DM. 17 *pluv*. 5.)
Il y a aussi exception pour les OUVRAGES DES ARTS, tels que les statues, vases antiques, etc., de quelque matière qu'ils soient composés; ils ne peuvent être com-

OUVRAGES en *bois*, en *marbre* et en *pierres*............... (1)	Par 100 fr...	15..0	15 mars 1791.
OUVRAGES en *cuivre*, autres que ceux dénommés à *Cuivre*........ (2)	Par 100 fr... Prohibés....	15—0	15 mars 1791. 10 brumaire 5.
OUVRAGES en *cuirs*, *maroquins*, *peaux maroquinées*, et *ouvrages en souliers de femmes*.................................. (3)	Prohibés....	....	10 brumaire 5.
OUVRAGES en *peaux*, consistant en *culottes*, *vestes*, *gilets* et *gants*. (4)	Prohibés....	....	10 brumaire 5.
OUVRAGES de *palme*, de *jonc* et de *paille*.................. (5)	Quintal.....	12..24	15 mars 1791.
OUVRAGES en *pierres de composition*, *marcassites* ou *autres*, montées sur étain, cuivre argenté ou doré, ou sur or ou argent.... (6)	Par 100 fr...	5..0	15 mars 1791.
OUVRAGES d'*osier*...	Quintal.....	15..30	15 mars 1791.
PAILLE de *bled* et *autres grains*. [C'est le nom donné à la tige des plantes qui ont porté ces grains, lorsqu'elle est sèche.]......	Exempte.... Droit de bal.	....	15 mars 1791. 24 nivôse 5.
PAIN d'*épices*. [Pain fait de miel et de farine de seigle, de couleur jaune brune, de goût et d'odeur agréables.]..................	Quintal.....	6..12	15 mars 1791.

RENVOIS.

OUVRAGES en buis. *V*. Mercerie.
OUVRAGES de sellerie. *V*. Harnois et Voitures.
OUVRAGES de tabletterie. *Voyez* Marqueterie.
OUVRAGES. Pour les autres, *voyez* aux noms propres de ces ouvrages.
OXICÈDRE (Huile d'). *Voyez* aux Huiles.
PAILLE ouvrée. *V*. Chapeaux de paille, Nattes de paille, et Ouvrages en paille.
PAILLES d'acier et de fer. *Voyez* Fer.
PAILLES de sqenante. *Voyez* Schœnante.
PAILLETTES. *V*. les notes à Argent ou Or.

pris dans la classe des articles prohibés, et ils sont admissibles aux droits imposés par le tarif. (*Décis. du DG.*, *extrait du Journal d'Anvers*, n°. 33, an 12.) Ceux omis doivent 10 pour 100 de la valeur.

(1) Les marbres ouvrés en cheminées, sciés ou travaillés, ne sont point soumis à ce droit. *Voyez* MARBRE et PIERRES DE CHOIN.

(2) Voir la note 2 à la page qui précède, et observer que les objets compris dans la mercerie peuvent être importés.

Des planches de cuivre servant à une imprimerie de musique ont été traitées à l'entrée comme caractères d'imprimerie.... Des planches de cuivre servant à l'histoire naturelle, ont été admises en exemption de droits comme objets de sciences. (*Déc. du 26 messidor an 7.*)

(3) On excepte les objets compris dans la mercerie.

(4) Voir à GANTS ce que payoient ces ouvrages avant la prohibition.

(5) Les ouvrages de paille connus sous le nom de *sparterie*, propres à faire des chapeaux de paille, payent, comme omis au Tarif, 10 pour 100 de leur valeur. (*CD.* 18 *prair.* 13.) *V*. aussi Chapeaux de paille et Nattes de paille, si le cas y échoit.

(6) Les marcassites non montées sont tarifées particulièrement. *V*. ce mot.

PAINS où *tourteaux de navette, lin et colzat.* [Ils sont composés du résidu de ces graines quand on en a exprimé l'huile.]........	Exempts..... Droit de bal......	..—....	15 mars 1791. 24 nivôse 5.
PAPIER blanc de toutes sortes. [Le papier est une composition faite avec des vieux linges broyés à l'eau, et ensuite étendue par feuilles, etc.]....................................	Quintal..... Idem...... Idem...... Idem......	61—20 61—20 6—12 61..20	15 mars 1791. 1 août 1792. 12 pluviôse 3. 3 frimaire 5.
PAPIER à cautère................................ Sera traité comme papier blanc.		....	1 août 1792.
PAPIER *gris, noir, bleu, brouillard*, de toutes sortes...............	Quintal..... Idem...... Idem...... Idem......	36—72 36—72 3—67 36..72	15 mars 1791. 1 août 1792. 12 pluviôse 3. 3 frimaire 5.
PAPIER *doré, argenté, uni et à fleurs d'or et d'argent*...............	Quintal..... Idem......	73—44 73..44	15 mars 1791. 1 août 1792.
PAPIER *marbré* et *autres* qui se vendent à la main................. Ceux ci-dessus et *papiers* à fleurs, *papiers* unis, en bleu, jaune, vert, rouge, *papier* imitant le bois, et *autres* qui se vendent à la main et non en rouleaux..........	Quintal..... Idem......	48—96 73..44	15 mars 1791. 1 août 1792.
PAPIER peint en *façon de damas* pour tapisserie....................	Quintal.....	91..80	15 mars 1791.
PAPIER *tontisse* pour décors et *autres* qui se vendent au rouleau... (1) Celui ci-dessus et celui peint imitant le damas, la moire, le gros de Tours et toute autre étoffe, *papier* à dessins et ramages d'une ou plusieurs couleurs, ou imitant l'architecture et servant à tapisser ou décorer les appartemens, et qui se vendent au rouleau................	Quintal..... Idem......	73..44 91..80	15 mars 1791. 1 août 1792.

RENVOIS.

PAINS à cacheter. *Voyez* Mercerie.
PAINS de tournesol. *Voyez* Tournesol.
PALMA-CHRISTI. *Voyez* Catapuce.
PALME (huile de). *Voyez* aux Huiles.
PALME ouvrée. *Voyez* à Ouvrages.

(1) On nomme *papier tontisse* celui sur lequel on a appliqué de la laine hachée à l'aide d'un mordant.

ENTRÉE. 99.

PAPIER de la Chine. [Ce papier est tellement doux et uni, que souvent on l'appelle *papier de soie.*]	Quintal	183..60	15 mars 1791.
PARAPLUIE de toile cirée. [Espèce de pavillon portatif monté sur un bâton, et qu'on étend à volonté.]	Pièce	0..75	15 mars 1791.
PARASOLS de soie. [C'est la même chose que parapluie, mais d'une surface plus petite.]	Pièce	2..0	15 mars 1791.
PARCHEMIN NEUF *brut.* [Peaux de mouton, de veau, de chèvre, de lièvre, de lapin, de chat ou de chien, préparées par la mégisserie. Le parchemin brut est toujours neuf, et on ne le nomme ainsi que parce qu'il n'est pas raturé : il est reconnoissable par la fleur blanche qu'on voit sur toute sa superficie. Les rognures sont comprises dans cet article.] (1)	Exempt. / Droit de bal.	—— / ——	15 mars 1791. / 24 nivôse 5.
PARCHEMIN NEUF *travaillé.* [C'est celui raturé et poncé qui a subi cette seconde opération par le parcheminier : il doit être tel pour être employé à l'écriture, l'impression et autres usages, même pour être mis en couleur, tel que le vert, etc.] (1)	Quintal	12..24	15 mars 1791.
PAREIRA *brava.* [Racine apportée du Brésil. Elle est ligneuse, dure, tortueuse, brune en dehors, d'un jaune grisâtre intérieurement, de différentes grosseurs, sans odeur et d'un goût un peu amer.]	Quintal	4..8	15 mars 1791.
PARFUMS *non dénommés.* [Ce qui s'entend des substances à odeur aromatique plus ou moins subtile et suave, non reprises au tarif. Les parfums sont solides, ou secs, ou liquides.]	Quintal	102..0	15 mars 1791.
PASSEMENTERIE et *listonnerie,* telles que Galons, Ganses, Jarretières, Aiguillettes, Franges, Rubans (2), et tous autres Ouvrages de passementerie et rubannerie ; savoir :			
Celle en or et argent faux	Quintal	306..0	15 mars 1791.
Celle en or et argent fin	Kilogr. net	30..60	15 mars 1791.
Celle en soie avec or et argent fin	Kilogr. net	24..48	15 mars 1791.

RENVOIS.

PAPIER de dominoterie. *V.* Dominoterie.
PAPIER de musique. *Voyez* Musique.
PARADIS (graine de). *Voyez* aux Graines.
PAS d'âne. *Voyez* Tussilage.

(1) Ces explications m'ont été données par M. Hébert, parcheminier à Paris..... Pour ne pas paroître en contradiction avec celles que je donne au Tarif de Sortie, il faut que je dise que si la loi du 1 août 1792 a, par ces mots *parchemin travaillé quoique neuf,* entendu exempter le parchemin neuf travaillé, alors ce parchemin, qui est coté à 12 fr. 24 cent. à la sortie, sous la dénomination de *parchemin neuf,* ne doit réellement que le droit de balance ; cependant on perçoit 12 fr. 24 cent., ce qui feroit croire que cette loi n'a voulu parler que des ouvrages faits avec le parchemin.... Ceci demande l'interprétation de l'autorité.

(2) Il y a aussi des rubans tarifés particulièrement. *Voyez* à RUBANS. Cependant ceux de fleurets ou filoselle seront traités comme passementerie de matières mêlées. (1 août 1792.)

PASSEMENTERIE et *listonnerie*.
    Celle en soie sans or ni argent....................... *Kilogr. net*.. | 15..30 | 15 mars 1791.

    Celle en soie et coton, ou matières mêlées.......... (1) *Kilogr*...... | 7..14 | 15 mars 1791.

    Celle de filoselle ou fleuret. *Comme celle de matières mêlées, mais au net*. .... | 1 août 1792.

PASSEPIERRE ou *percepierre*. [Plante aquatique qui pousse des tiges longues et rampantes à-peu-près comme le pourpier. Ses feuilles sont découpées, étroites, fermes, charnues, d'un vert brun et d'un goût salé.]................................. *Quintal*..... | 1..53 | 15 mars 1791.

PASTEL ou *guède*. [Feuilles d'une plante bisannuelle, faites en fer de flèches et d'un vert bleuâtre. On en fait une pâte propre à la teinture, qui, moulée sous une forme ovale, devient fort dure.]................................. { *Exempt*..... ....— | 15 mars 1791.
 Droit de bal. .... | 24 nivôse 5.

PASTEL *d'écarlate*. [Ce sont les pulpes fraîches du kermès, dont on a formé des pastilles pour l'usage de la teinture.].............. { *Exempt*..... ....— | 15 mars 1791.
 Droit de bal. .... | 24 nivôse 5.

PATES *d'amande* et *de pignons*. [Ce sont ces fruits réduits en consistance farineuse, de couleur blanchâtre. Il y a aussi de la pâte d'amande liquide, de consistance huileuse et graveleuse, et de couleur légèrement ambrée.]........................ *Quintal*..... | 12..24 | 15 mars 1791.

PATES *d'Italie et Vermicel*. [On appelle pâte d'Italie des pâtes de farine composées et travaillées de différentes formes pour les potages et les ragouts ; celle dite *Vermicel* est roulée en forme de gros fil.]................................... (2) { *Quintal*..... 10—20 | 15 mars 1791.
 Idem...... 1— 2 | 12 pluviôse 3.
 Idem...... 10—20 | 3 frimaire 5.
 Idem...... 20.. 0 | DI. 17 pluv. 13 et loi du 30 avr. 1806.

PATIENCE. [Plante à tige rougeâtre, feuilles faites comme celles de l'oseille, mais plus longues, plus dures, assez étroites, pointues, d'un goût acide; fleurs mousseuses, semences triangulaires, racine longue et de la grosseur du doigt, brune en dehors, jaune en dedans, et d'un goût amer.]................. (3) *Quintal*..... | 2.. 4 | 15 mars 1791.

RENVOIS.

PASTEL (crayons de). *Voyez* Crayons.
PASTILLES. *V.* Dragées.
PATE de palmier. *Voyez* Sagou.
PATE de papier. *Voyez* Cartons gris.
PATE de tournesol. *Voyez* Tournesol.
PATINS. *V.* la note à Quincaillerie fine.

(1) Cette taxe se perçoit au *net* lorsqu'il y a de la soie, et au *brut* lorsqu'il n'y en a pas.
(2) La pâte, dite *semoule*, est tarifée particulièrement. *Voyez* son article.
(3) Les Rhubarbes rapontics étant un genre de plantes voisin de celui des Patiences, il ne faut pas les confondre pour les régimes. (*Voir* à RHUBARBE.)

Patte *de lion*. [Plante dont les feuilles sont oblongues et cotonneuses ; tiges simples, hautes de quatre pouces, fleurs en rose. Il sort de leur centre quatre à six têtes noirâtres et écailleuses, renfermant des fleurons soutenus par des graines menues et aigrettées. La racine, d'usage en médecine, est grosse, ronde, bossuée, inégale, de couleur cendrée en dehors, verte-jaunâtre en dedans, et d'un goût amer.]...........................	Quintal.....	2..4	15 mars 1791.
Pavés. [C'est le nom donné aux pierres qui servent à paver les rues et les routes.]..	Exempts.......—..		15 mars 1791.
	Droit de bal........		24 nivôse 5.
Pavot rouge (*Fleurs de*), ou *Coquelicots*. [Ces fleurs sont composées de quatre feuilles larges, minces, d'un rouge de feu éclatant, et qui sont si peu adhérentes, qu'elles tombent au moindre souffle.]...	Quintal.....	2..4	15 mars 1791.
Peaux et Cuirs *passés, tannés, corroyés et apprêtés* comme suit : (1)			
Peaux d'anta, biori, bœufs, buffles, élans, d'empakaasse, de mos ou moos, d'orignac, *tannées en forts*.............	Quintal.....	36—72	15 mars 1791.
Les mêmes corroyées...............................	Idem......	45—90	*Même loi.*
Peaux de vaches tannées.................................	Quintal.....	32—64	15 mars 1791.
Les mêmes corroyées...............................	Idem......	40—80	*Même loi.*
Peaux de vaches et de bœufs passées en *hongrie*............	Quintal.....	30—60	15 mars 1791.
Les mêmes passées en *chamois* et en *buffle*.............	Idem......	61—20	*Même loi.*
Peaux de vaches fabriquées en *russi* ou *roussi*..............	Quintal.....	61—20	15 mars 1791.
Peaux de cheval tannées *en croûte* et passées en *hongrie*.....	Quintal.....	15—30	15 mars 1791.
Les mêmes *étirées* et *corroyées*.......................	Idem......	20—40	*Même loi.*
Les mêmes passées en *chamois*........................	Idem......	24—48	*Même loi.*
Peaux de boucs, chèvres, chevreaux, chamois, etc. *maroquinées*, *en cordouan*, en rouge...................	Quintal.....	142—80	15 mars 1791.
Les mêmes en *cordouan* ou *maroquinées*, en noir, bleu, citron et autres couleurs...........................	Idem......	183—60	*Même loi.*
Les mêmes *en basane*................................	Idem......	36—72	*Même loi.*
Les mêmes *tannées et corroyées*.......................	Idem......	61—20	*Même loi.*
Les mêmes passées *en chamois*........................	Idem......	91—80	*Même loi.*
Les mêmes passées en *blanc* ou en *mégie*.................	Idem......	55—8	*Même loi.*
Peaux de cerfs et de chevreuils passées en *chamois*..........	Quintal.....	153—0	15 mars 1791.
Les mêmes passées à *l'huile*...........................	Idem......	91—80	*Même loi.*
Peaux de chagrin de *Turquie*............................	Quintal.....	153—0	15 mars 1791.
Peaux en façon de *Turquie*..............................	Quintal.....	91—80	15 mars 1791.
Peaux de chien *tannées* et *corroyées*.....................	Quintal.....	76—50	15 mars 1791.
Peaux d'ânes *tannées* et *corroyées*.......................	Quintal.....	91—80	15 mars 1791.
Peaux de daims, d'élans passées en *chamois*................	Quintal.....	153—0	15 mars 1791.
Peaux de moutons, brebis et agneaux en *chamois*............	Quintal.....	51—0	15 mars 1791.
Les mêmes passées en *basane* et en *croûte*...............	Idem......	48—96	*Même loi.*
Les mêmes passées en *blanc* et en *mégie*................	Idem......	61—20	*Même loi.*
Peaux d'origuac passées en *chamois*......................	Quintal.....	122—40	15 mars 1791.

RENVOIS.

Pavot blanc (huile de). *Voyez* aux Huiles.
Peaux (dégras de). *Voyez* aux Huiles.
Peaux et poils. *Voyez* Poil en masse.

(1) Pour la description des Cuirs, *voyez* la note des Peaux au Tarif de Sortie.

PEAUX et CUIRS.			
Peaux de porcs et de sangliers tannées en *croûte*.............	Quintal.....	45—90	15 mars 1791.
Peaux de rennes passées en *chamois*........................	Quintal.....	367—20	15 mars 1791.
Peaux de veaux tannées en *croûte*...........................	Quintal.....	32—64	15 mars 1791.
Les mêmes passées en *chamois*........................	Idem......	244—80	*Même loi.*
Les mêmes corroyées....................................	Idem......	48—96	*Même loi.*
Les mêmes en *mégie*...................................	Idem......	306— 0	*Même loi.*
Peaux de veaux d'Angleterre ou préparées en *Angleterre*.....	Quintal.....	91—80	15 mars 1791.
Peaux apprêtées pour *tiges de bottes*.......................	Quintal.....	367—20	15 mars 1791.
Peaux d'agnelins apprêtées pour *vélin* ou *smacques*.........	Quintal.....	306— 0	15 mars 1791.
Peaux de moutons passées en *mégie* avec la laine, appelées *howes*, *biscaïns* ou *housses de chevaux*.........	Quintal.....	36—72	15 mars 1791.
Tous les cuirs *tannés*, *corroyés* ou *apprêtés*, ouvrés ou non ouvrés ; les peaux de toutes sortes pour gants, culottes ou gilets, ces mêmes objets fabriqués, comme toutes les peaux ci-dessus..	Prohibés....	....	10 brumaire 5.
PEAUX de chiens de mer, de cagneaux bleus, lions et ours marins. [Elles sont très-sèches, point écailleuses, mais raboteuses, et quoique cela susceptibles d'un beau poli.]............. (1)	Quintal.....	8..16	15 mars 1791.
PEAUX d'oie et de cygne. [Elles sont propres à faire éventails, et connues sous le nom de peaux blanches d'Italie.].......... (2)	Quintal.....	306.. 0	LM. 5 therm. 12.
PEAUX sèches en poil, de VEAUX et de MOUTONS. [Ce sont celles qu'on a fait sécher sans en ôter le poil ou bourre.]....... (3)	Exemptes... Droit de bal.	....	15 mars 1791. 25 nivôse 5.
PEAUX salées et en vert de bœufs, vaches et veaux, de cheval et d'âne, de moutons, brebis et agneaux. [On nomme peaux en vert celles telles qu'on les lève sur le corps de l'animal ; salées sont celles qu'on a salées avec du sel marin et de l'alun, ou avec du natron pour empêcher qu'elles ne se corrompent.]..........	Exemptes... Droit de bal.	....	15 mars 1791. 24 nivôse 5.
PEIGNES d'écaille. [Sorte d'instrument à dents dont on se sert pour s'arranger les cheveux.]..	Kilogramme.	2.. 4	15 mars 1791.
Ceux en *Ivoire*...	Kilogramme.	1..53	15 mars 1791.

RENVOIS.

PEAUX de Castor, Loutre, etc. *V.* Poil en masse.
PEAUX sauvagines. *V.* Pelleterie.
PEAUX (Ouvrages en). *V.* à Cuirs et à Ouvrages.
PEAUX sèches en poil, de bœuf, etc. *V.* Cuirs.
PÊCHER (fleurs de). *Voyez* Fleurs de pêcher.
PEIGNES de buis, de corne et d'os. *Voyez* Mercerie commune.
PELLES de fer. *Voyez* Quincaillerie en instrumens aratoires.

(1) Cette exception de la prohibition a été déclarée par lettre au directeur d'Abbeville, en date du 12 floréal an 12.

(2) Une lettre du Ministre de l'Intérieur, du 5 thermidor an 12, a déclaré que les peaux d'oie et de cygne propres à faire des éventails ne pouvoient être comprises dans la prohibition des espèces de peaux ouvrées prohibées, attendu qu'elles sont utiles à une branche de notre industrie et une sorte de matière première, et qu'elles devoient le droit de 1791 par assimilation aux peaux d'agnelins apprêtées pour vélin.

(3) Ainsi transmis par lettres du Direct. génér. des 28 fruct. an 10 et 24 prair. an 11.

Les Peaux sèches en poil de chevreuils ne doivent également que le droit de balance. (*LD.* 24 janvier 1806.)

PELLETERIES *non apprêtées*. [On nomme pelleterie non apprêtée ou *sauvagine*, les sortes de peaux garnies de poils qui, propres à faire des fourrures, n'ont encore reçu aucune façon ni apprêt. Elles payent comme suit :
 Peaux de blaireaux. [Le dos est mêlé de noir et de blanc, et le ventre est noir.]..............
 Peaux de loutres. [Elles paroissent brunes et ont deux sortes de poils ; les uns longs et fermes, les autres plus fins forment un duvet soyeux.]..............
 Peaux de loups de bois. [Cette peau a la grandeur de celle d'un chien de berger : elle est d'un gris fauve mêlé de brun.]..............
 Peaux de loups cerviers. [Elles sont de la grandeur de celles de renard, à poils longs, tachetées et variées en couleurs.]..............
 Peaux de cignes. [Elles ont un duvet très-doux et d'un blanc éclatant : celles des jeunes cignes sont grises.]..
 Peaux de chèvres angoras. [Elles ont la grandeur de celles de chèvres ordinaires ; mais leurs poils sont blancs et argentés.]..............
 Peaux de carcajoux. [Elles ont environ 60 centimètres de long, et leurs poils sont plus ou moins noirs.]....

 La pièce.... 0..20 15 mars 1791.

 Peaux de chats cerviers et *chats tigres*, ainsi nommées à cause de leur ressemblance avec celle de ces animaux..
 Peaux de lions et lionnes. [Elles sont d'un fauve clair ; celles des lions ont une crinière.]...............
 Peaux de martres de toutes espèces. [Elles sont petites et longues, de couleurs nuancées depuis le jaune clair jusqu'au jaune noirâtre.]..............
 Peaux d'oies. [Elles ont un duvet très-fin de la nature de la plume.]..............
 Peaux de renards de toutes espèces. [Elles sont de différentes nuances de jaune, et quelques-unes sont mélangées de gris.]..............
 Peaux de pékands, veaux, vaches et loups marins. [Ces peaux sont lisses et ont très-peu de poils.]..........

 La pièce.... 0..10 15 mars 1791.

 Peaux de chats de feu et de chats sauvages, de chiens et de chikakois, de fouines, de genettes, de marmottes, de putois et de vison. [Toutes ces peaux sont à-peu-près des mêmes couleurs que celles des martres.]
 Peaux de grèbes. [Ce sont les peaux d'un oiseau dont le duvet est si fin, qu'il paroît tenir davantage du poil que de la plume : il est d'un blanc très-éclatant.]....

 La pièce.... 0..5 15 mars 1791.

RENVOIS.

PELLETERIES. Peaux d'ours et d'oursins de toutes couleurs. [Ces peaux sont grandes, ont le poil fort long, de diverses couleurs, noir, blanc, gris, roussâtre, et quelquefois l'extrémité dorée.].............	La pièce....	0..25	15 mars 1791.
Peaux de léopards, panthères, tigres et zèbres. [Toutes ces peaux, qui sont très-grandes, ont le poil serré et court : elles sont rayées, mouchetées ou tachetées de fauve et de noir, ou de noir et de blanc. Cet article comprend aussi toutes les peaux qu'on nomme tigrées.]	La pièce....	0..50	15 mars 1791.
Peaux d'hermines blanches et lasquettes. [Elles sont très-petites et très-blanches. La lasquette est une hermine de petite espèce.].........	Le timbre de 40 peaux.	2..0	15 mars 1791.
Peaux d'hermines de terre mouchetées, bervesky, écureuils d'Amérique, palmistes des Indes. [Ces peaux sont très-petites ; les unes sont rayées, les autres mouchetées.]..................	La pièce....	0..2	15 mars 1791.
Peaux de petits-gris et écureuils de toutes espèces. [Le petit-gris est lui-même un écureuil. Ces peaux sont à longs poils, ont la grandeur de celle d'un gros rat, et leurs couleurs les plus ordinaires sont rousses.]......	La pièce....	0..1	15 mars 1791.
NOTA. Les pelleteries ci-dessus paieront, à l'exception des ours, le double des droits ci-dessus lorsqu'elles seront apprêtées (1).			
Peaux d'agneaux, dites d'Astracan, de Russie, de Perse et de Crimée. [Ce sont les peaux très-petites d'agneaux morts-nés. Elles ont le poil court, blanc ou noir, lisse et très-luisant............................	La pièce....	0..50	15 mars 1791.
Peaux de lapins blancs, riches, roux, noirs et bruns, apprêtées. [Elles ont le poil très-doux et très-fin. Le riche est un lapin gris.]................	La pièce....	0..10	15 mars 1791.
Peaux de lièvres blancs, apprêtées. [Elles ont aussi un poil très-doux et très-fin.]............	La pièce....	0..6	15 mars 1791.
Gorges de renards, de martres et de fouines..........	La pièce....	0..2	15 mars 1791.

RENVOIS. (1) La plupart de ces peaux venant de très-loin, ont presque toutes un certain apprêt ; mais il ne faut pas confondre cet apprêt avec le travail des fourreurs dont il s'agit ici pour le double droit.

PELLETERIES. Queues de martres de toutes espèces....................	Le 100 en N.	2..50	15 mars 1791.
Queues de petit-gris, d'écureuils, d'hermines, de putois.	Le 100 en N.	0..25	15 mars 1791.
Queues de renards, de fouines, de carcajoux, de pékands, de loups....................	Le 100 en N.	1..50	15 mars 1791.
Sacs ou nappes de martres de Russie, de Canada, de Suède, d'Éthiopie; d'agneaux d'astracan, d'hermines, de tasquettes............... (1)	Sac ou napp.	5..0	15 mars 1791.
Sacs ou nappes de dos et ventres de petits-gris, d'écureuils de toutes espèces, lapins de toutes couleurs, taupes, fouines, putois; de dos et ventres de lièvres blancs, d'hermines de terre mouchetées ou bervesky, rats palmistes des Indes, d'Hamster; de dos, ventres et pattes de renards................ (1)	Sac ou napp.	1..50	15 mars 1791.
Peaux de castor et rats musqués, propres à la chapellerie. [Celles de castor sont de différentes couleurs, à poils très-serrés: il y en a d'imprégnées d'une sorte de graisse. Le rat musqué est plus petit; mais il ressemble au castor.]....................	Exemptes... Droit de bal.	—	15 mars 1791. 24 nivôse 5.
Peaux de lièvres, de lapins gris, blancs, roux, de toutes espèces et couleurs, non apprêtées. [Elles sont telles qu'elles sont levées de dessus ces animaux.]........	Exemptes... Droit de bal.	—	15 mars 1791. 24 nivôse 5.
PELLETERIE non-dénommée dans le présent article......... } Comme celles auxquelles elles seront assimilées.		....	15 mars 1791.
PELLETERIE OUVRÉE, en manchons, fourrures, palatines, etc.......	Par 100 fr..	15..0	15 mars 1791.

RENVOIS.

(1) On nomme sac ou nappe des peaux cousues ensemble, de manière que le poil soit retourné en dedans.

ENTRÉE. 106.

Pennes, ou Paines *de laine et de fil.* [Ce sont les bouts qui restent sur les métiers après que les étoffes ont été fabriquées.]....	*Exemptes*... *Droit de bal.*	———	15 mars 1791. 24 nivôse 5.
Perelle *apprêtée* et *non apprêtée.* [Espèce de lichen qui croît sur un rocher. On le prépare en une pâte comme celle de l'orseille; mais la perelle est moins bonne et moins belle.]............	*Exempte*..... *Droit de bal.*	———	15 mars 1791. 24 nivôse 5.
Périgueux, ou Périgord. [C'est un manganèse gris noirâtre compacte, qui pour l'ordinaire est mêlé d'une assez grande quantité de fer.]...	*Exempt*.... *Droit de bal.*	———	15 mars 1791. 24 nivôse 5.
Perruques *de toutes sortes.* [On nomme ainsi des cheveux cousus sur une coiffe pour remplacer la chevelure naturelle.]......	*La pièce*....	2.. 0	15 mars 1791.
Persil *de Macédoine.* [Plante assez semblable au persil ordinaire; mais ses feuilles sont plus amples et un peu plus découpées: sa semence, de couleur obscure, est plus oblongue, plus menue et plus aromatique.].............................	*Quintal*......	10..20	15 mars 1791.
Pieds *d'élan.* [Ils sont noirs et ont les ongles fendus comme ceux de bœuf. On emploie cet ongle contre l'épilepsie.]..........	*Le* 100 *en N.*	1..50	15 mars 1791.
Pierres *à aiguiser, de toutes sortes.* [Schistes argileux composés de couches alternativement rousses et noirâtres, ou couleur d'ardoise. Celles de Turquie sont un grès quartzeux d'une extrême finesse.]................................ (1)	*Quintal*.....	1.. 2	15 mars 1791.
Pierres *arméniennes.* [Elles sont graveleuses, opaques, bien moins dures que celles du lapis lazuli, recevant un poli terne; d'un bleu verdâtre ou obscur. Elles se calcinent au feu.].........	*Quintal*......	20..40	15 mars 1791.
Pierres *à bâtir.* [Il y en a de différentes sortes et couleurs.]......	*Exemptes*... *Droit de bal.*	———	15 mars 1791. 24 nivôse 5.

RENVOIS.

Pendules. *Voyez* Horlogerie.
Percepierre. *Voyez* Passepierre.
Perkaile. *V.* Toiles de coton.
Perle (nacre de). *Voyez* Nacre.
Perles. *Voyez* Mercerie commune.
Perse. *V.* Toiles peintes.
Perspectives, ou Vues d'Optique. *V.* Instrumens d'Optique.
Pétrolle (huile de). *Voyez aux* Huiles.
Picardats. *Voyez* Fruits secs.
Pichol nes. *Voyez* Fruits.

(1) Les Pierres à aiguiser de forme circulaire ne sont pas comprises dans cet article; elles sont tarifées sous la dénomination de Meules.
Les principales Pierres qui servent à affûter se vendent sous les noms de *Pierres de faux ou d'ail, à faucheur, du Levant, de Liége, queue de grès, Pierre à huile, émoulaire, de Rochon, naxienne* : on les appelle aussi *Cos.*

PIERRES à chaux. [Toute pierre calcaire est propre à faire de la chaux. Celles dont on se sert ordinairement sont ou dures et compactes, d'un grain fin, ou raboteuses, ou brillantes, écailleuses et tendres, de couleurs variées, blanches, jaunes, grises ou rouges, se divisant en morceaux irréguliers.]	Comme *chaux à brûler*	—	1 août 1792.
PIERRES DE CHOIN brutes ou même taillées sans être polies. [C'est une pierre grise ou rouge venant de Choin en Savoie : elle est dure et susceptible de poli.]	*Exemptes* *Droit de bal.*	—	15 mars 1791. 24 nivôse 5.
Celles polies, en cheminées, etc.	*Par 100 fr.*	2..50	15 mars 1791.
PIERRES FAUSSES et FINES, *même montées* (1). [Les pierres fines ou précieuses sont les diamans, les rubis, les saphirs, les topases, les émeraudes, les chrysolites, les améthistes, les grenats, les hyacinthes, les berylles, etc.] (2)	*Exemptes* *Droit de bal.*	—	15 mars 1791. 24 nivôse 5.
PIERRES à feu, à fusil et arquebuse. [On a donné ce nom, tantôt au silex, et tantôt à la pyrite. Ce sont ces pierres qui, frappées contre l'acier, donnent des étincelles.]	*Quintal*	4..8	15 mars 1791.
PIERRES de mangayer. [Nous croyons qu'il s'agit ici de la pierre magagne qui est employée à lessiver ou purifier les terres qui servent à la verrerie.]	*Quintal*	0..51	15 mars 1791.
PIERRES à plâtre. [On donne ce nom au gypse grossier confusément cristallisé, et qui est ordinairement mêlé de carbonate de chaux, ce qui le rend plus propre à la maçonnerie que le gypse pur.]	*Exemptes* *Droit de bal.*	—	15 mars 1791. 24 nivôse 5.
PIERRES-PONCES. [Matière volcanique de couleur grise, blanchâtre, très-poreuse, légère, friable, composée de fibres différemment contournées, d'un coup-d'œil luisant et soyeux, mais rude au toucher ; elle nage sur l'eau.]	*Quintal*	1..2	15 mars 1791.
PIERRES savonneuses. [Elles ont une consistance de cire et sont marbrées de rouge et de blanc. Elles ont le goût et les propriétés du savon : elles sont encore plus onctueuses que la stéatite proprement dite.]	*Exemptes* *Droit de bal.*	—	15 mars 1791. 24 nivôse 5.
PIERRES de touche. [Sorte de schiste d'un grain fin et continu, noir et verdâtre, dur et susceptible de poli, recevant facilement la trace du métal qu'on y frotte.] (3)	*Quintal*	2..4	15 mars 1791.

RENVOIS.

PIERRE d'aigle. *Voyez* Aëtite.
PIERRE d'aimant. *Voyez* Aimant.
PIERRE d'azur. *Voyez* Azur.
PIERRE de fiel. *Voyez* Bezoard.
PIERRE de foudre. *Voyez* Plin.
PIERRE de grès. *Voyez* Pavés.
PIERRE de sel. *Voyez* Sel.
PIERRES de composition. *Voyez* Ouvrages en pierres de composition.
PIERRES. Pour les autres, *voyez* à leurs noms propres.

(1) Le motif de cette exemption est que la monture de ces pierres a peu de valeur, et qu'elles sont toujours remontées en France.
(2) Les Hyacinthes sont tarifées particulièrement... Les Ouvrages à pierres de composition ont aussi leur titre... Les Marcassites sont également imposées à des droits particuliers, et les Colliers de pierres fausses sont compris dans l'article de la Mercerie commune..... Ainsi ce titre ne peut être suivi à la lettre..... *Voir* aussi AVENTURINES.
(3) On nomme *Schiste* la pierre qui se sépare par lames et par feuilles comme l'ardoise.

ENTRÉE. 108.

PIGNONS *blancs*. [Ce sont les coques du pin : elles renferment une amande oblongue à demi-ronde, blanche, douce au goût et tendre.].................................	Quintal.....	6..12	15 mars 1791.
PIGNONS *d'Inde*. [Ce sont des graines qui ressemblent beaucoup à la première espèce de ricin tarifée à Catapuce. Elles sont convexes d'un côté et un peu aplaties de l'autre, marquées de quatre angles : leur écorce est grisâtre et tiquetée de brun ; l'amande est blanchâtre, d'un goût gras, mais âcre et brûlant.].......	Quintal.....	8..16	15 mars 1791.
PINCEAUX *de poils fins*. [On nomme ainsi des poils enchâssés dans le chalumeau d'une plume, dont les peintres se servent pour appliquer les couleurs.]..........................	Quintal.....	146..88	15 mars 1791.
Ceux *autres* que de poils fins et de cheveux............	Quintal.....	18..36	15 mars 1791.
PIQUÉS *de toutes sortes*. [On comprend sous cette dénomination les étoffes fabriquées de manière à laisser apercevoir des petits carrés, des petits ronds, ou de certaines rayures en espèces de reliefs.]...........................	Prohibés....	....	10 brumaire 5.
PIVOINE (*Racines et fleurs de*). [Les racines sont formées en navets ; elles sont grosses comme le pouce, rougeâtres en dehors, blanches en dedans. Les fleurs sont amples, disposées en rose, de couleur purpurine, incarnate ou panachée, et soutenues par un calice à cinq feuilles.]...........................	Quintal.....	6..12	15 mars 1791.
PLAQUÉS *de toutes sortes*. [On nomme ainsi les ouvrages recouverts d'une lame d'or ou d'argent.]........................	Prohibés....	....	10 brumaire 5.
PLÂTRE *à bâtir*. [C'est la pierre à plâtre qui, calcinée dans un four, a été ensuite battue et réduite en poudre blanche.]...........	Exempt..... Droit de bal.	....	15 mars 1791. 24 nivôse 5.
PLOMB *minéral* ou *Alquifoux*. [Ce minéral, nommé aussi *galène*, a la couleur du plomb et l'éclat métallique. Sa forme cristalline la plus ordinaire est le cube ou l'octaèdre, plus ou moins tronqués dans leurs angles et leurs bords : lors même qu'il est en masses irrégulières, ses fragmens sont presque toujours des cubes ou des lames carrées.]........................	Quintal.....	1..2	15 mars 1791.

RENVOIS.

PIGNONS (huile de). *Voyez* aux Huiles.
PIMENT. *Voyez* Poivre.
PINCETTES de fer, même du duché de Berg, *Comme* Ouvrages en fer. (CD. 21 *frim. an* 14.)
PIPES à fumer. *Voyez* Mercerie.
PIRÈTRES. *Voyez* Pyrèthres.
PISTACHES. *Voyez* aux Fruits.
PISTOLETS enrichis. *Comme* Bijouterie.
PISTOLETS non enrichis. *V.* Armes à feu.
PLANCHES. *V.* Bois scié.
PLAQUES de fer, de tôle. *V.* aux Fers.
PLÂTRE (pierre à). *Voyez* aux Pierres.
PLOCS. *V.* Bourres.

ENTRÉE. 109.

PLOMB noir (Mine de). [Substance métallique sous la forme de lames minces appliquées les unes sur les autres. Elle est noirâtre, brillante comme du plomb fraîchement coupé, friable, douce au toucher et comme savonneuse.]................	Quintal.....	1..53	15 mars 1791.
PLOMB brut et en saumon. [Le plomb est un métal mou et facile à fondre; il est très-pliant, très-tenace ; c'est le moins sonore et le moins élastique des métaux. On appelle saumons de plomb des lingots aplatis d'un côté et arrondis de l'autre.]..........	Quintal..... Idem...... Idem......	6—12 1—20 6..12	15 mars 1791. 12 pluviôse 3. 9 floréal 7.
Celui à tirer et en grenailles. [C'est du plomb fondu en petites balles ou en grains.]....................	Quintal.....	9..18	15 mars 1791.
Celui laminé et ouvré de toute autre sorte.......... (1)	Quintal.....	18..36	15 mars 1791.
PLUMES. [C'est ainsi qu'on nomme le duvet qui couvre les oiseaux ; mais ici ce nom s'applique plus particulièrement aux tuyaux de leurs ailes et de leurs queues.			
Les plumes d'autruche, d'aigrette, d'espadon, de héron, d'oiseau couronné et autres de première qualité qui entrent dans le commerce des plumassiers. [Les plumes d'autruche viennent en masse, c'est-à-dire en paquets de cinquante. Elles cessent d'être brutes lorsqu'elles ont reçu un apprêt, soit d'arrangement, soit de couleur.]..	Quintal..... Idem......	102— 0 500.. 0	15 mars 1791. DL. 17 pluv. 13 et loi du 30 avr. 1806.
Les mêmes apprêtées...............................	Quintal net.. Idem......	306— 0 1500..0	15 mars 1791. DL. 17 pluv. 13 et loi du 30 avr. 1806.
Plumes de qualité inférieure, comme petites, noires, bailloques brutes et de vautour. (2) [Celles-ci viennent en paquets de cent. On doit ranger dans cette classe les plumes d'autruche communes, appelées noir grand, petit-gris, et femelle obscure.]....................	Quintal..... Idem......	40—80 150.. 0	15 mars 1791. DL. 17 pluv. 13 et loi du 30 avr. 1806.
Les mêmes apprêtées...............................	Quintal net.. Idem......	102— 0 500.. 0	15 mars 1791. DL. 17 pluv. 13 et loi du 30 avr. 1806.

RENVOIS.

PLOMB (beurre de). Voyez Beurre de Saturne.
PLOMB (blanc de). Voyez Blanc de plomb.

(1) Partie de ce titre (celle Plomb ouvré de toute sorte) est en contradiction avec l'article 5 de la loi du 10 brumaire an 5, qui prohibe tous Ouvrages en métaux.
(2) Les plumes de vautour seront traitées comme plumes de qualité inférieure. (1 août 1792.)

Plumes *à écrire brutes*. [Ce sont celles d'oies et de cygnes, et même de corbeau.]	Quintal..... Idem...... Idem...... Idem......	6—12 1—22 6—12 20.. 0	15 mars 1791. 12 pluviôse 3. 3 frimaire 5. DI. 17 pluv. 13 et loi du 30 avr. 1806.
Les mêmes *apprêtées*. [On nomme plumes à écrire apprêtées celles dégraissées et dépouillées de la pellicule qui y est attachée lorsqu'on les tire des ailes des oiseaux.]..	Quintal net.. Idem...... Idem...... Idem...... Idem......	40—80 8—16 40—80 60.. 0 100.. 0	15 mars 1791. 12 pluviôse 3. 3 frimaire 5. DI. 17 pluv. 13. 30 avril 1806.
Plumes *à lit*. [Ce sont les plumes les plus fines de différens oiseaux, dont les tuyaux sont assez petits pour être peu sentis au travers le barbu dont elles sont revêtues: on les fait sécher pour en faire des oreillers, etc.]	Quintal..... Idem......	15—30 30.. 0	15 mars 1791. DI. 17 pluv. 13 et loi du 30 avr. 1806.
POIDS et MESURES destinés à peser ou à mesurer suivant l'ancien usage.. (1)	Prohibés.......		18 germinal 3.
POIL *en masse* et *non filé* de lapin, lièvre, loutre, castor, chameau, chèvre et chevreau..................................	Exempt...... Droit de bal..		15 mars 1791. 24 nivôse 5.
POIL *filé* et en *écheveaux*, savoir : Celui de lapin et lièvre......................... Celui de castor............................... Celui de chameau, retors et en cordonnets....... Celui de chèvre, retors en cordonnets pour boutons... Tous *poils filés*, excepté ceux ci-après............	Quintal..... Idem...... Idem...... Idem...... Prohibés...	81—60 367—20 122—40 244—80	15 mars 1791. Même loi. Même loi. Même loi. 10 brumaire 5.
POIL *de chèvre* filé. [Il sert à faire des camelots, des boutons, et autres ouvrages de passementerie, etc.] (2)	Quintal..... Idem......	1— 2 10.. 0	15 mars 1791. DI. 17 pluv. 13 et loi du 30 avr. 1806.

RENVOIS.

PLUMETS ou PANACHES de femmes. *V.* Modes.
POCHES ou POCHETTES. *V.* Instrumens de musique.
POIGNARDS enrichis. *V.* Bijouterie.
POIGNARDS non enrichis. *V.* Armes blanches.
POIL d'autruche. *Voyez* Autruche.
POIL de cheval. *Voyez* Fil de ploc ou Crin.

(1) Les poids de fonte dont les anneaux sont brisés ne sont pas compris dans la prohibition. (*Décision du 26 prairial an 7.*)
(2) C'est en vertu d'une lettre ministérielle du 2 nivôse an 5, que le poil de chèvre n'est pas compris dans la prohibition des poils filés; il n'y a d'y compris que les ouvrages qui en sont fabriqués.

Poil de chien filé...	Exempt...... Droit de bal.	— —	15 mars 1791. 24 nivôse 5.
Poil ou *soie de porc* et *de sanglier*. [Ces poils, de la longueur du doigt, et très-rudes, servent à faire des brosses, etc.].............	Quintal.... Idem...... Idem...... Idem......	2— 4 0—20 2— 4 15.. 0	15 mars 1791. 12 pluviôse 3. 3 frimaire 5. DI. 17 pluv. 13 et loi du 30 avr. 1806.
Poiré. [Jus de poires de médiocre qualité dont on fait une boisson. Ce liquide approche assez du vin blanc par la couleur et par le goût.]..	268 *litros*....	6.. 0	15 mars 1791.
Poissons d'eau douce frais. [Dénomination générique des animaux qui vivent dans l'eau. On entend par poissons d'eau douce ceux pêchés dans les rivières.].. (1)	Exempts...... Droit de bal.	— —	15 mars 1791. 24 nivôse 5.
Poissons de Mer, *frais*, *secs*, *salés* ou *fumés* venant de l'étranger et autres que ceux de la pêche angloise................... (2) Y compris les poissons marinés....................... Ceux de pêche étrangère.............................. Les mêmes, importés sur bâtimens françois............. (4) Poissons frais, secs, salés et fumés....................... Les mêmes, pendant la guerre.............................	Quintal.... Idem... (3) Idem...... Idem...... Idem...... Idem...... Idem...... Idem......	40—80 10—20 1— 2 10—20 20—40 0—50 40—80 40— 0 20.. 0	15 mars 1791. 19 mai 1793. 12 pluviôse 3. 3 frimaire 5. 9 floréal 7. *Même loi.* AC. 2 therm. 10. 8 floréal 11. AC. 4 compl. 11 et loi du 22 vent. 12.
Anchois. [Sorte de petit poisson long et plat qu'on sale ou qu'on marine.].................................. (5)	Quintal..... Idem...... Idem......	18—36 9—16 18—36	15 mars 1791. 9 floréal 7. AC. 2 therm. 10.
Morue (Rogues, coques, rares et résures de)...... (6)	Exemptes.... Droit de bal.	— —	15 mars 1791. 24 nivôse 5.

(1) Cependant les esturgeons et saumons pêchés dans l'Escaut sont réputés poissons de mer. (*DM. 27 vendémiaire an 7.*)
(2) Les coquillages de mer et les huîtres ne sont pas compris sous la dénomination de poisson; nous en avons fait articles.
Les poissons de mer secs, marinés, salés ou fumés, *provenant de prises*, ne devoient que 5 pour 100 du prix de leur adjudication. (*Loi du 19 mai 1793.*) Le poisson de mer frais participoit à la même faveur. (*Déc. 26 floréal an 7.*) Mais le décret impérial du 2 prairial an 11, sur les Armemens en course, n'abroge-t-il point les lois des 19 février et mai 1793? Cette question mérite d'être approfondie, et même présentée à l'autorité compétente.
(3) Cette même loi du 19 mai 1793 n'assujettissoit les harengs et maquereaux salés et fumés qu'à 5 fr. 10 cent. du quintal décimal.
(4) Les harengs et maquereaux n'y étoient pas compris.
(5) Les anchois et le thon mariné conservés dans l'huile jouissent de l'exemption accordée aux marchandises sujettes au coulage.
Le Tarif Bailleul cote les anchois à 18 fr. 56 cent. et on a l'habitude de percevoir ainsi; cependant la loi du 8 floréal an 11 a imposé le poisson de mer frais, sec, salé ou fumé à 40 fr. du quintal), et celle du 22 ventôse an 12 a dit que, pendant la guerre, il ne paieroit que 20 fr.; or, il me paroît que les anchois, qui sont bien constamment un poisson de mer, ont dû être soumis aux mêmes taux. Je place donc un moins (....—...) entre les chiffres de cet article pour indiquer que la perception sur les anchois est au moins douteuse.
(6) A l'exception de celles-ci, les autres parties de la morue payent comme poissons de mer, les droits du tarif.

Poissons.	*Stockvisch*. [C'est une espèce de merluche salée et desséchée de couleur grise, qu'il faut distinguer des morues vertes ou salées, assujéties au droit des poissons de mer.] (*C. du D. d'Anvers, du 28 ventôse an* 11.)]	Quintal..... Idem..... Idem......	16— 0 16— 0 8.. 0	A.C. 14 vent. 11. 8 floréal 11. A.C. 4 compl. 11 et loi du 22 vent. 12.
	Thon mariné. [Ce sont les tronçons de ce poisson, cuits et conservés dans de l'huile d'olive.] .... (1)	Quintal.....	91..80	15 mars 1791.
Poivre *à queue ou Cubèbe*. [Petits fruits secs, sphériques, grisâtres, ridés, garnis d'une petite queue, et d'une odeur aromatique. Leurs grains sont fragiles et d'un goût fort âcre qui attire la salive.]		Quintal.....	4.. 8	15 mars 1791.
Poivres *de toute autre sorte, même ceux appelés* poivre long, corail de jardin, ou piment *en graines ou en grabeau*. [On nomme *poivre long* un fruit desséché avant la maturité : il est grisâtre, gros comme une plume de cygne, long d'un pouce et demi, cannelé et comme chagriné ; il est partagé intérieurement en petites cellules dans chacune desquelles est une seule graine arrondie très-petite, noirâtre en dehors, blanche en dedans. Le *corail de jardin* ou *piment* est une capsule purpurine divisée intérieurement en deux ou trois loges qui renferment beaucoup de semences plates, d'un blanc jaunâtre, et de la figure d'un petit rein.]. .... (2)		Quintal net.. Idem..... Idem..... Idem..... Idem.....	30—60 60— 0 60— 0 100— 0 150.. 0	15 mars 1791. A.C. 3 therm. 10. 8 floréal 11. DI. 17 pluv. 13. DI. 4 mars 1806 et loi du 30 avr. 1806.
Poivres *venant des Colonies françoises*. [Le poivre est une graine desséchée, petite, de la grosseur d'un pois moyen, sphérique, revêtue d'une écorce ridée, noire ou brune; au-dessous de cette écorce se trouve une substance un peu dure et compacte, d'un vert jaune en dehors, blanche intérieurement, et vide dans son milieu ; elle est d'une saveur âcre et chaude.]....... (2)		Quintal net.. Idem..... Idem..... Idem.....	30— 0 30— 0 80— 0 135.. 0	A.C. 3 therm. 10. 8 floréal 11. DI. 17 pluv. 13. DI. 4 mars 1806 et loi du 30 avr. 1806.
Poix *grasse, poix noire, poix-résine* ou *résine de sapin*. [Nom des substances résineuses qui découlent du sapin, principalement de celui appelé *Pesse*.] .... (3)		Quintal..... Idem..... Idem.....	0—51 4— 0 3.. 0	15 mars 1791. DI. 17 pluv. 13. 30 avril 1806.
Polion *de montagne*. [Ce sont, en douanes, les sommités des tiges de cette plante garnies de fleurs blanches ou jaunes qu'on apporte séchées par petites bottes ; elles ont une odeur forte et aromatique, et un goût amer et désagréable.].....................		Quintal.....	3.. 6	15 mars 1791.

RENVOIS.

Poisson (huile de). *Voyez* aux Huiles.
Poligata de Virginie. *Voyez* Seneka.
Polozum. *Voyez* Fonte verte.

(1) *Voyez* la note 5 de la page précédente.
(2) Les poivres provenant du commerce françois au-delà du Cap de Bonne-Espérance, autres que ceux du cru des Iles-de-France, de la Réunion et de Cayenne, ne devoient que 10 fr. 20 cent. du quintal décimal par la loi du 15 mars 1791. Ils doivent 40 fr. depuis la loi du 22 ventôse an 12.
La taxe à déduire pour les poivres en futailles sera de 12 pour 100 ; elle ne sera que de 5 pour 100 lorsqu'ils arriveront en sacs. (*Loi du 8 floréal an* 11.) Voir aussi les notes à denrées coloniales.
(3) Voir la note à Brai.

Dénomination	Unité	Droit	Date
POMMADES *de toutes sortes*. [On donne ce nom à une composition faite avec la graisse de chevreau, des pommes de reinettes et de l'huile essentielle odorante.].................... (1)	Quintal.....	61..20	15 mars 1791.
PORCELAINE *commune*. [Composition réduite à un état mitoyen entre le verre et la poterie : elle est préparée et cuite sous toutes sortes de figures, de vases et d'ustensiles. On ne comprend cependant dans la porcelaine commune que la vaisselle servant à la table et qui n'est que d'une seule couleur.].... (2)	Quintal.....	163..20	15 mars 1791.
Celle fine. [Elle présente dans sa cassure un grain très-fin, très-serré et très-compacte : elle est très-peu transparente et ornée de peintures, dorures, etc. Celle de la Chine, quoique d'une seule couleur, se traite aussi comme porcelaine fine.]...................	Quintal.....	326..40	15 mars 1791.
POTASSE. [Alkali de la consistance de la chaux, qu'on retire ordinairement de la cendre des végétaux : elle est d'un bleu noirâtre, pesante, sèche, et d'un goût caustique.]...............	Exempte.... Droit de bal.	—	15 mars 1791. 24 nivôse 5.
POTERIE *de terre grossière*. [Vases de différentes formes, faits en terre cuite, et qu'on recouvre d'un vernis : lorsqu'il est bleu, il est coloré par l'oxide de fer : le ton d'aventurine qu'on y remarque n'est qu'accidentel.]............... (3)	Quintal.....	3..6	15 mars 1791.
POTIN *gris* ou *Arco*. [C'est le produit de la refonte des lavures et des ordures qui sortent de la fabrique du laiton, auxquelles on mêle du plomb ou de l'étain. On s'en sert pour faire des robinets.]..	Quintal.....	9..18	15 mars 1791.
POUDRE *à poudrer, excepté celles ci-après*. [Composition faite d'amidon et d'os brûlés jusqu'à blancheur. On la réduit en une poudre très-fine et très-blanche.]..................	Quintal.....	12..24	15 mars 1791.
Celle de Chypre. [C'est la meilleure poudre à poudrer : il y entre des racines d'iris, du musc, et de la civette.]..	Kilogr......	4..8	15 mars 1791.
Celle de senteur. [C'est la poudre à poudrer ordinaire qu'on a parfumée avec quelqu'odeur.]..................	Quintal.....	91..80	15 mars 1791.

RENVOIS.

POMMES-DE-TERRE. *V.* la note à Grains.
POMPHOLIX. *Voyez* Calamine blanche.
PORTEFEUILLES de basane. *V.* Mercerie commune.
PORTEFEUILLES de maroquin. *Voyez* Mercerie fine.
POTERIE de grès. *Voyez* Faïence.

(1) Il ne peut s'agir ici que des pommades d'odeur, car celles sans odeur rentreroient dans la classe des *Graisses* de toutes sortes.
(2) La porcelaine bleue et blanche provenant du commerce français au-delà du Cap de Bonne-Espérance ne paye que 18 fr. 36 cent. du quintal décimal ; celle d'autres couleurs ou dorée, provenant *d'idem*, paye 61 fr. (15 mars 1791.)
(3) Les creusets d'orfèvres et ceux propres aux monnoies, les cruches et bouteilles de grès, même celles connues sous le nom de barbues et barbançons, seront traités comme poterie de terre. (*Loi du 1 août 1792.*)
La faïence fabriquée à Larma étant d'une qualité très-grossière et d'un prix très-modique, a été assimilée pour les droits à la poterie de terre.

Poudrée.	Celle *de terre argileuse*. [Sorte de poudre à poudrer composée avec une terre très-blanche des environs de Gènes.]	*Prohibée*....		AD. 13 vent. 4.
Poudre *à tirer* ou *à feu*. [Composition très-inflammable faite de charbon, de salpêtre et de soufre. Elle est de couleur noire et en petits grains.]		*Prohibée*.... Idem........		15 mars 1791. 13 fructidor 5.
Pouliot. [Plante à racine fibreuse, menue, légère, d'un brun grisâtre en dehors, jaunâtre en dedans, et à tiges carrées et velues, feuilles noirâtres, fleurs bleuâtres ou purpurines découpées en deux lèvres, et de même structure que celles de la menthe, d'une odeur très-pénétrante, et de saveur très-âcre et très-amère.]............................(1)		*Quintal*.....	2.. 4	15 mars 1791.
Pourpre *naturelle* et *factice*. [On nomme pourpre naturelle une liqueur épaissie, d'abord blanche ou verte, et qui ne rougit qu'étendue d'eau ou exposée à l'air : elle est fournie par un coquillage univalve dont le caractère est une coquille ovale très-souvent tuberculeuse ou épineuse. La factice est un composé de pastel et de cochenille, ou de graine d'écarlate; elle est de couleur rouge tirant sur le violet.].		*Quintal*.....	15..30	15 mars 1791.
Pouzzolane. [Matière terreuse qui est rejetée par les volcans. Cette espèce de sable est d'un rouge brun et d'une forme croûteuse ou graveleuse.]		*Exempte*.... *Droit de bal.*		15 mars 1791. 24 nivôse 5.
Presle (*Feuilles de*). [La plante est composée de tuyaux striés, creux et emboîtés les uns dans les autres : à leurs articulations croissent des filets longs disposés en rayons circulaires, qui représentent assez bien une queue de cheval.]		*Quintal*....	0..51	15 mars 1791.
Presure. [Espèce de levain animal dont on se sert pour faire cailler le lait. Plusieurs plantes ont la même propriété.]		*Exempte*.... *Droit de bal.*		15 mars 1791. 24 nivôse 5.
Pyrèthres. [Ce sont les racines de deux espèces de camomilles qui mâchées excitent la salivation. L'une est en morceaux longs et gros comme le petit doigt, ridée, grisâtre en dehors, blanchâtre en dedans; l'autre est longue d'un demi-pied, fibreuse en son sommet, grise brunâtre en dehors, et blanchâtre en dedans.]		*Quintal*.....	5..10	15 mars 1791.
Quercitron. [Ecorce de chêne blanc concassée ou moulue : elle est d'un jaune rougeâtre et sert à la teinture.]		*Quintal*.....	5.. 0	AC. 15 germ. 12 et loi du 1 pluv. 13.

RENVOIS.

Poulains. *V.* Chevaux.
Pousse. *Voyez* Grabeau.
Précipité. *Voyez* Mercure.
Pruneaux. *Voyez* Fruits secs.
Prunelle. *Voyez* Draperie.
Prunes. *Voyez* Fruits.
Prunes de Montbain. *Voyez* Acaja.
Psaltérion. *V.* Instrumens de musique.
Quarts de cercle. *V.* Instrumens de mathématiques.
Queues de martre, etc. *Voyez* Pelleterie.

(1) La loi du 15 mars 1791 se sert de l'expression Pouliot de Virginie. Si au titre Serpentine ou Serpentaire, elle a entendu tarifer la plante au lieu de la pierre, alors il y a contradiction manifeste, puisque *Pouliot de Virginie*, coté ici à 2 fr. 4 cent., et *Serpentaire*, coté à son article à 10 fr. 20 cent., sont positivement la même plante sous différentes dénominations.

Marchandise	Droit	Taux	Date
Quincaillerie en *cuivre* de toute sorte ou avec *cuivre rouge*, jaune ou plaqué sans or ni argent..................................	Quintal.... Prohibée....	48—96	15 mars 1791. 10 brumaire 5.
Quincaillerie *de fer*, en faux, faucilles, scies, vrilles de toutes sortes, et *autres instrumens aratoires*. [Sont encore tels les charrues, bêches, pioches, serpes, houes, haches, rateaux, coignées, fourches, sarcloirs, marteaux, ciseaux pour les haies, tenailles, forces à tondre les moutons, hoyaux, croissans, etc.].............................. (1)	Quintal.... Idem... (2) Idem......	40—80 8—16 40..80	15 mars 1791. 12 pluviôse 3. 3 frimaire 5.
Quincaillerie en fléaux de balance et en très-gros ouvrages en fer. (3) Comme ouvrages en fer non exceptés par la loi du 19 pluviôse an 5............................	Quintal.... Prohibée....	20—40	15 mars 1791. 10 brumaire 5.
Quincaillerie *fine*, comme alènes, broches, carlets, emporte-pièces, limes fines à orfévres et à horlogers, et toutes limes en acier (4) (aussi la quincaillerie en outils pour les arts et métiers). *Loi du 19 pluviôse an 5*..........................	Quintal....	76..50	15 mars 1791.
Quinquina. [Ecorce d'un arbre du Pérou, très-sèche, épaisse de deux ou trois lignes, rude à l'extérieur, quelquefois couverte d'une mousse blanchâtre, intérieurement lisse, un peu résineuse, de couleur rousse ou de rouille de fer, d'une saveur très-amère, légèrement astringente, et d'une odeur aromatique qui n'est pas désagréable. On l'apporte en morceaux non roulés, assez épais, ou en tuyaux minces, bruns en dehors et rougeâtres en dedans, ou en petits morceaux coupés fort menus, jaunes intérieurement, et blanchâtres à l'extérieur.]	Quintal.... Idem......	16—32 100.. 0	15 mars 1791. DI. 17 pluv. 13 et loi du 30 avr. 1806.
Redon ou Rodou. [Sorte de plante qu'on sème toutes les années comme le chanvre. Cette herbe, étant bien sèche et mise en poudre, a la propriété du tan.].....................	Exempt..... Droit de bal.	....	15 mars 1791. 24 nivôse 5.
Redoul ou Roudon (*Feuilles de*). [Elles sont ovales, oblongues, et croissent sur un arbrisseau dont le fruit, semblable à la mûre de buisson, est un poison. Ces feuilles servent à la teinture noire des maroquins.]........................	Exemptes... Droit de bal.	....	15 mars 1791. 24 nivôse 5.
Réglisse *en bois*. [Ce sont les racines ou les branches de cette plante. Les racines sont rameuses, traçantes, jaunes en dedans, roussâtres en dehors ; les tiges sont hautes de quatre à cinq pieds fortes, branchues, ligneuses et de couleur jaunâtre.]..... (5)	Quintal.... Idem......	1—53 5.. 0	15 mars 1791. DI. 17 pluv. 13 et loi du 30 avr. 1806.

Quinquina d'Europe. *V.* Gentiane.
Quinquina (sel de). *Voyez* aux Sels.
Quintessence. *Voyez* Essence.
Rabette (graine de). *Voyez* aux Graines.
Racemosum. *Voyez* Amome.
Racines. *V.* aux Noms propres de leurs Plantes.
Radix dictami. *Voyez* Dictame.
Raisiné. *V.* la note à Marchandises omises.
Raisins. *Voyez* Fruits secs.
Raisins de Damas et de Corinthe. *V.* Fruits secs.
Ramonettes. *Voyez* Mercerie commune.
Rapatlle. *Voyez* Toile de crin.
Rapontic. *Voyez* Rhubarbe fausse.
Rapures d'ivoire. *Voyez* Ivoire.
Raquettes. *Voyez* Mercerie commune.
Ratafias. *V.* Liqueurs.
Ratines et Raz-de-Castor. *Voyez* Draperie.
Entrée. 116.

(1) Les pelles de fer et les sérans (outil propre à peigner le chanvre) seront traités comme les instrumens aratoires. (*Loi du 1 août 1792.*)

(2) Ce droit de 8 fr. 16 cent. ne concernoit que les faux, faucilles et limes.

(3) Les étrilles seront traitées comme grosse quincaillerie en fer. (1 août 1792.) Les fiches de fer, charnières, verroux, balances, etc. ne peuvent être rangés dans la classe des objets que la loi du 19 pluviôse an 5 a soustraits à la prohibition. Ce sont bien constamment des ouvrages en fer proscrits par la loi du 10 brumaire an 5, et qui ne peuvent par conséquent être admis.
La quincaillerie importée des manufactures du duché de Berg, outre Rhin, ne payoit que 10 pour 100 de sa valeur par la loi du 6 fructidor an 4 : celle du 19 pluviôse an 5 l'excepte de la prohibition, et la loi du 6 nivôse an 10 en fixe les droits conformément à la loi du 15 mars 1791.

(4) Les limes communes ne doivent que 20 fr. 40 cent. du quintal par la loi du 15 mars 1791 ; mais pour être traitées ainsi, il faut qu'elles soient de la plus grosse qualité...... Les patins étant, à cause de leur prix et de la qualité du fer dont ils sont composés, rangés dans la classe de la quincaillerie fine, sont passibles du droit d'entrée de 76 fr. 50 cent. ; on ne doit donc pas les confondre dans la mercerie en fournissant les déclarations aux douanes. (*LD. 27 frimaire 14.*)

Réglisse (*Jus de*). [C'est le suc tiré des racines de cette plante. Il est importé en rotules d'un noir jaunâtre, solides et enveloppées dans des feuilles de laurier.]........................	Quintal..... Idem....,..	6—12 24.. 0	15 mars 1791. DI. 17 pluv. 13 et loi du 30 avr. 1806.
Régule *martial*. [C'est de l'antimoine réduit à l'état de métal pur à l'aide du fer.]... (6)	Quintal.....	16..32	15 mars 1791.
Régule de *Vénus*. [C'est encore de l'antimoine pur, mais débarrassé du soufre, son minéralisateur, à l'aide du cuivre.]........ (6)	Quintal.....	40..80	15 mars 1791.
Rhubarbe. [Nom marchand d'une racine médicinale en morceaux assez gros et inégaux. Elle est pesante, d'un jaune brun en dehors, marbrée intérieurement comme la noix muscade, un peu spongieuse, d'une odeur de drogue; elle donne une teinture de safran à l'eau.]................................. (7)	Quintal..... Idem......	36—72 120.. 0	15 mars 1791. DI. 17 pluv. 13 et loi du 30 avr. 1806.
Rhubarbe *blanche* ou *Méchoacan*. [On donne ce nom à une racine blanchâtre et compacte, d'une substance un peu mollasse, un peu fibrée, d'un goût douceâtre, puis âcre. On l'importe en morceaux ou tranches sèches.].........................,	Quintal.....	5..10	15 mars 1791.
Rhubarbe (*Fausse*) ou *Rapontic*. [Racine sèche d'Asie à-peu-près longue comme le doigt, grosse d'environ deux pouces, jaune, ressemblant assez à la rhubarbe, mais plus légère, moins compacte, moins odorante, moins amère et d'un goût visqueux. Sa plante est une espèce de patience.].............	Prohibée...	....	15 mars 1791.
Rhum. [Nom donné par les Anglois à l'eau-de-vie qu'ils retirent du sucre. Ce nom a prévalu en Europe sur celui de *tafia*, que les Colons françois donnent à la même liqueur.]........... (6)	Prohibé....	....	15 mars 1791.
Tafia des Colonies françoises.... *Pour droit de consommation*.......................................	268 *litres*... *Exempt*..... Idem...... *L'hectolitre*..	12— 0 ....—... ....—... 10. 0	18 mars 1791. 11 septemb. 1793. 3 frimaire 5. AC. 3 therm. 10 et loi du 8 flor. 11.
Ricin. [Semences ovales ou oblongues assez grosses, de couleur livide et tachée en dehors, remplies d'une moelle blanche et tendre.]....................................,....... (9)	Quintal.....	8..16	15 mars 1791.

RENVOIS.

Régule d'antimoine, arsénic, cobalt, étain. *Voyez* chacun de ces Noms.
Résidu de drogues. *Voyez* Grabeau.
Résine élastique. *Voyez* aux Gommes.
Résine de jalap. *Voyez* Jalap.
Résine de sapin. *Voyez* Poix grasse.
Résine de Scammonée. *V*. Scammonée.
Résines. Pour les autres, *voir* aux Gommes ou à leurs noms propres.
Rhodes (bois de). *Voyez* aux Bois.
Rhodium (essence de). *Voyez* aux Essences.
Rhubarbe (sel de). *Voyez* aux Sels.

Entrée. 117.

(5) La réglisse en poudre, comme omise au Tarif, doit 10 pour 100; cependant si elle est simplement en morceaux, quelles que soient leurs dimensions, n'étant pas proprement dénaturée, elle n'acquittera que comme réglisse en bois. (*LA. au Direct. de Clèves du 21 brumaire an 7.*)

(6) Le régule martial tarifé à 16 fr. 32 c., le régule de Vénus tarifé à 40 fr. 80 c., et le régule d'antimoine tarifé à 8 fr. 16 c., plus le régule jovial (non tarifé, à moins qu'on n'ait entendu le faire à 24 fr. 48 c. sous le nom de *régule d'étain*) sont bien constamment la même substance, et il n'y a de différence que dans les agens employés pour les réduire à l'état de métal pur.... Le régule d'antimoine a été purifié à l'aide du tartre et du nitre, le régule jovial à l'aide de l'étain, et le régule martial à l'aide du fer. On auroit tort de croire que le régule de Vénus est l'oxide de cuivre réduit à l'état métallique; car, dans ce cas, il seroit Cuivre rosette soumis seulement au droit de balance: le régule de Vénus est aussi de l'antimoine, mais débarrassé à l'aide du cuivre.... Ainsi ces quatre régules sont le sulfure d'antimoine débarrassé du soufre, son minéralisateur, et réduit à l'état de métal pur au moyen de l'un ou l'autre de ces agens; tous les quatre présentent la même consistance, la même couleur, etc., et il n'y a aucun moyen de les reconnoître; les

Riz. [Sortes de grains blancs qui croissent sur une plante qui ressemble à quelques égards au froment.].................... (10)	Quintal....	5.. 0	DI. 17 pluv. 13 et loi du 30 avr. 1806.
Rocou. [C'est avec la pellicule rougeâtre qui est sur la semence du *roucouyer* qu'on forme le rocou du commerce qu'on importe en tablettes ou en petites boules de couleur de feu, plus vif en dedans qu'au dehors, douces au toucher, et jamais très-dures.].	Quintal.... Idem......	6—12 6.. 0	15 mars 1791. A.C. 3 therm. 10 et loi du 8 flor. 11.
Celui des Colonies françoises......................	Quintal....	4.. 0	A.C. 3 therm. 10 et loi du 8 flor. 11.
Romarin [*Feuilles de*]. [Elles sont étroites, d'un vert brun en dessus, blanches en dessous, peu succulentes, d'une odeur forte, aromatique, agréable et d'un goût âcre.]........ (11)	Quintal....	8..16	15 mars 1791.
Ronas ou Rosnas. [Racine importée d'Arménie en morceaux, de la longueur de la main et de la grosseur de la racine de réglisse : elle donne une teinture rouge très-forte.]..................	Exempt.... Droit de bal.	....	15 mars 1791. 24 nivôse 5.
Roseaux des Indes ou Rotins. [On nomme rotins dans le commerce ces baguettes de jonc avec lesquelles on bat les habits et dont on fait des siéges dits de canne, des meubles, etc.]..... (12)	Quintal....	6..12	15 mars 1791.
Roseaux *ordinaires et à l'usage des toileries*. [Ce sont les tiges et écorces filamenteuses de diverses plantes assez connues.]....	Exempts.... Idem...... Droit de bal.	....	15 mars 1791. 1 août 1792. 24 nivôse 5.
Roses *fines et communes*. [Il s'agit ici des fleurs très-connues du rosier, dont il y a un grand nombre d'espèces.]......... (13)	Quintal....	10..20	15 mars 1791.
Roses (*Marc de*) en *chapeaux* ou en *pains*. [C'est le résidu de la distillation des roses auquel on donne la forme de petits pains, et qu'on a fait sécher au soleil.].........................	Quintal....	0..51	15 mars 1791.

RENVOIS.

Romarin (fleurs de). *Voyez* à Fleurs.
Romarin (essence de). *Voyez* aux Essences.
Rogues de morue. *Voyez* Poissons.
Roses (essence ou huile de). *Voyez* aux Essences ou aux Huiles.
Roseaux (nattes de). *Voyez* à Nattes.

(7) La rhubarbe provenant du commerce françois au-delà du Cap de Bonne-Espérance, ne paiera que moitié des droits du tarif. (15 mars 1791.)
(8) *Voyez* la note aux Eaux-de-vie prohibées.
(9) Le Catapuce ou *Palma Christi*, tarifé à 6 fr. 12 c., est un ricin.... Le Pignon d'Inde, tarifé comme ici à 8 fr. 16 c., est également une espèce de ricin.... Combien de contradictions dans ce Tarif!

(10) Antérieurement au décret du 17 pluviôse an 13, le riz étoit traité comme grains.
(11) Le tarif de 1791, à l'article romarin, cote ainsi... Romarin (fleurs de) 8 fr. 16 cent. C'est probablement par erreur de l'imprimeur que ces fleurs sont cotées là à ce prix, puisqu'à l'article *fleurs de violette*, *de pêcher et de romarin*, elles ne sont taxées qu'à 7 fr. 14 cent.; d'où il m'a paru qu'il s'agissoit ici des feuilles et non des fleurs : c'est ainsi que j'ai tarifé. Je préviens toutefois de cette discordance, et j'invite MM. les Préposés à la rectifier s'il y a lieu.
(12) Les rotins provenant du commerce françois au-delà du Cap de Bonne-Espérance sont exempts. (15 mars 1791.) Ils sont néanmoins soumis au droit de balance, conformément à la loi du 24 nivôse an 5.
(13) Les roses de Provins (ce sont celles d'un rouge foncé) provenant du commerce françois au-delà du Cap de Bonne-Espérance, ne payent que moitié. (15 mars 1791.)

Entrée, 118.

Rosette. [Sorte de craie rougeâtre approchant de la couleur amaranthe. C'est proprement du blanc de Rouen auquel on a donné cette couleur rouge par une teinture réitérée de bois de Brésil.]	Quintal.....	2..4	15 mars 1791.
Rouge *pour femmes*. [Composition faite de talc de Moscovie et de carmin, réduite en poudre et broyée sur le porphyre.]	Kilogr......	8..16	15 mars 1791.
Rubans *anglois*. [Les rubans sont des tissus plats, minces et étroits, faits de différens fils.]	Prohibés....	....	10 brumaire 5.
Rubans *de fil écru* et *d'étoupes*. [Ce sont ceux qui ont été faits avec des fils écrus, et qui n'ont reçu aucun blanchiment.]........ (1)	Quintal.....	61..20	15 mars 1791.
Ceux de fil blanc................................. (1)	Quintal.....	102..0	15 mars 1791.
Ceux de fil teint................................. (2)	Quintal.....	142..80	15 mars 1791.
Ceux de laine et *de fil de chèvre mêlés*, les cordons et tresses de mêmes matières.........................	Quintal.....	122..40	15 mars 1791.
Ceux en poil de chèvre, mêlés de soie et tresses de mêmes matières..	Quintal.....	204..0	15 mars 1791.
Ruches *à miel*. [Espèces de paniers ordinairement en forme de cloche, dans lesquels on loge les abeilles.]........................	Exemptes... Droit de bal.	....	15 mars 1791. 24 nivôse 5.

RENVOIS.

Rotins. *Voyez* Roseaux des Indes.
Rouge brun ou rouge d'Inde. *Voyez* Brun-rouge.
Rubans de soie. *Voyez* Passementerie.
Rubia tinctorum. *Voyez* Garance.

(1) Les cordons et lacets de fil seront traités comme rubans de fil. (1 août 1792.)
(2) Les tissus de laine et de fil teints seront traités comme rubans de fil teints. (1 août 1792.)
Les rubans de fil et de laine importés des manufactures du duché de Berg ne payoient que 10 pour 100 de leur valeur par la loi du 6 fructidor an 4; mais celle du 6 nivôse an 10 en a fixé les droits conformément au tarif.

Rue (*Feuilles de*). [Partagées en plusieurs segmens, elles sont petites, oblongues, charnues, un peu grosses, lisses, d'une couleur de vert de mer, et rangées par paires sur une côte terminée par une seule feuille.]	Quintal.....	2.. 4	15 mars 1791.
Safran. [Ce qu'on appelle safran dans le commerce est le stigmate de la fleur d'une plante dont la racine est un oignon : ce stigmate séché est mollasse, doux au toucher, en longs filets de couleur jaune rougeâtre, fort odorant et d'un goût balsamique agréable.]	Kilogr. net.. Idem......	4—59 9.. 0	15 mars 1791. DI. 17 pluv. 13 et loi du 30 avr. 1806.
Safranum ou *Safran bâtard*. [C'est la fleur du carthame qui est découpée en lanières et de couleur approchant celle du safran : elle sert en teinture.]	Exempt..... Droit de bal. Quintal.....	— — 10.. 0	15 mars 1791. 24 nivôse 5. DI. 17 pluv. 13 et loi du 30 avr. 1806.
Safre ou *Zaphre*. [On donne ce nom à l'oxide de cobalt, qui a la propriété de se convertir au feu en un verre bleu. La couleur du safre est si foncée qu'il paroît presque noir. Fondu avec trois parties de quartz en poudre et une partie de potasse, il donne le smalt ou azur.]	Quintal.....	15..30	15 mars 1791.
Sagu ou *Sagou*. [Nom d'une espèce de pâte végétale et alimentaire, préparée aux Indes avec la moëlle de palmier. Elle arrive en petits grains de couleur roussâtre : elle est inodore et de saveur fade.].. (1)	Quintal.....	20..40	15 mars 1791.
Salep ou *Salop*. [Nom d'une substance végétale et alimentaire préparée avec les racines d'orchis : elle prend la consistance et la dureté de la gomme arabique.]	Quintal.....	61..20	15 mars 1791.
Salpêtre. [Espèce de sel de pierre ou sel minéral. Celui du commerce est sec et en longs cristaux, d'un blanc sale, bien dégraissés.].	Prohibé.. (2) Quintal..... Prohibé.. (3)	— 6—12 —	15 mars 1791. 1 août 1792. 13 fructidor 5.
Salsepareille. [Branches de racines longues de plusieurs aunes, grosses comme des joncs, flexibles, cannelées, et sous l'écorce roussâtre desquelles on voit une substance blanche, farineuse et très-friable.].......................... (4)	Quintal..... Idem......	12—24 100.. 0	15 mars 1791. DI. 17 pluv. 13 et loi du 30 avr. 1806.

RENVOIS.

Sabres montés en or ou en argent. *V.* Bijouterie.
Sabres non enrichis. *V.* Armes blanches.
Sacs ou Nappes de Martre. *V.* Pelleterie.
Sacs à Tabac. *V.* Chicotins.
Safran d'Inde. *Voyez* Curcuma.
Sagapenum (gomme de). *Voyez* aux Gommes.
Sainfoin (graine de). *Voyez* aux Graines.
Salines (sel de). *Voyez* aux Sels.
Salpêtre (beurre de). *Voyez* l'art. Nitre.

(1) Celui provenant du commerce françois au-delà du Cap de Bonne-Espérance ne paye que moitié. (15 mars 1791.)
(2) Le salpêtre provenant du commerce françois au-delà du Cap de Bonne-Espérance, à la charge d'être vendu à la régie des poudres et salpêtres ou du renvoi à l'étranger, étoit admis en exemption de droits par la loi du 15 mars 1791. Celle du 1 août 1792 en fixoit le droit à 3 fr. 6 cent. du quintal décimal ; mais la loi du 3 fructidor an 5 détruisit cette exception.
(3) Un arrêté du 27 pluviôse an 8 autorise les fabricans qui emploient le salpêtre comme matière première, à en tirer par l'Orient, le Havre, Dunkerque, Anvers ou Marseille, en payant le droit imposé par la loi du 1 août 1792 (6 fr. 12 cent. du quintal décimal), et sous la condition d'expédier ce salpêtre par acquit-à-caution du port d'arrivée au lieu de sa destination, et de rapporter dans le mois le certificat de décharge de l'autorité du lieu où est située la fabrique.
(4) Les longs filamens que porte la racine de cette plante, et le corps ou portion de la plante qui porte ces mêmes filamens doivent acquitter le même droit. (*LD. au Direct. d'Anvers du 5 vend. an 11.*)

Désignation	Unité	Droit	Date
SANG DE BOUC ou *Bouquetin*. [C'est le sang de ces animaux qui a été desséché au soleil : il est sec, dur, et difficile à réduire en poudre.]	Quintal....	15..30	15 mars 1791.
SANG DE DRAGON *de toutes sortes*. [Espèces de gommes-résines d'un rouge foncé, en petits pains ou en masses très-dures : il y en a aussi de mollasse.]	Quintal....	18..36	15 mars 1791.
SANGLES *pour meubles*, etc. [Sortes de tissus plats de la largeur de la main, faits de fil de chanvre.] (1)	Quintal....	122..40	15 mars 1791.
SANGUINE *pour crayons*. [Espèce d'hématite. Celle-ci est compacte et en masses solides ; sa couleur est plus ou moins rouge, et présente quelquefois un éclat métallique : elle n'a qu'une dureté moyenne.] (2)	Quintal....	0..51	15 mars 1791.
SARRETTE. [Plante vivace à tige de deux ou trois pieds, cannelée et rougeâtre, feuilles en lyre et dentées toutes dissemblables, de couleur verte obscure, fleurs laciniées, semences garnies d'aigrettes.]	Quintal....	1..2	15 mars 1791.
SASSAFRAS ou *saxafras*. [Nom qu'on donne dans le commerce de l'épicerie au bois de laurier sassafras : il est spongieux et léger, de couleur cendrée, roussâtre en dehors, d'un goût âcre, douceâtre, aromatique et d'odeur pénétrante.]	Quintal....	3..6	15 mars 1791.
SAUGE. [Plante dont il y a plusieurs espèces : celle officinale a ses feuilles lancéolées, ovales, entières, et légèrement crénelées : elle a de grandes fleurs bleues en épi.]	Quintal....	2..4	15 mars 1791.
SAVON BLANC. [Produit de la combinaison de l'huile d'olive avec l'alkali minéral, rendu caustique par la chaux. Il est en pâte dure et sèche, et propre à blanchir le linge.]	Quintal.... Idem......	18—36 24..0	15 mars 1791. AC. 28 pluv. 11 et loi du 8 flor. 11.
SAVON NOIR. [Il est formé par la combinaison d'une huile ou d'une graisse quelconque avec l'alkali végétal : il est en pâte liquide, de couleur noire, verte ou jaunâtre.]	Quintal.... Idem......	12—24 18..0	15 mars 1791. AC. 28 pluv. 11 et loi du 8 flor. 11.

RENVOIS.

SANDARAQUE. *Voyez* Gomme sandaraque.
SANDARAQUE (huile de). *Voyez* aux Huiles.
SANGLES pour chevaux. *V.* Harnois.
SANTAL (bois de). *Voyez* aux Bois.
SAPIN (bourgeons de). *Voyez* Bourgeons.
SARCOLLE (gomme de). *Voyez* aux Gommes.
SARRAZIN. *Voyez* Grains.
SASSAFRAS (huile de). *Voyez* aux Huiles.
SATIN en soie. *V.* Etoffes de soie.
SATIN turc. *Voyez* Draperies.
SATURNE (sel de). *Voyez* aux Sels.
SAUCISSONS. *Voyez* Chairs salées.
SAUGE (huile de). *Voyez* aux Huiles.
SAUMON. *Voyez* Poissons.

(1) Les sangles pour chevaux devoient comme sangles pour meubles par la loi du 15 mars 1791 ; mais celle du 1 août 1792 donnant une nomenclature de ce qui sert à l'équipement des chevaux, y a compris les sangles, et a ordonné que ces équipemens seroient traités comme HARNOIS.

(2) Sous le titre TERRE RUBRIQUE, elle ne doit que le droit de balance ; car ces deux dénominations s'appliquent également à l'hématite compacte.

SAVONETTES. [Ce sont de petits pains ou boules de savon très-épuré et parfumé de différentes odeurs.].....................	*Quintal*.....	81..60	15 mars 1791.
SAXIFRAGE (*Graines ou Semences de*). [On donne ce nom aux tubercules attachés sur les fibres de la racine de la saxifrage blanche : ils sont gros comme des grains de coriandre, et de couleur en partie rougeâtre et en partie blanchâtre.]...................	*Quintal*.....	3..6	15 mars 1791.
SCABIEUSE. [Plante dont il y a plusieurs espèces. Elles ont les feuilles simples ou ailées, les fleurs ordinairement terminales, les corolles extérieures souvent plus grandes et irrégulières, les semences ovales, oblongues, couronnées par le calice propre.].	*Quintal*.....	2..4	15 mars 1791.
SCAMMONÉE. [Racine épaisse, charnue, blanchâtre en dedans, brune en dehors, d'où on retire une résine.]................(1)	*Quintal net*.. Idem......	102—0 300..0	15 mars 1791. DI. 17 pluv. 13 et loi du 30 avr. 1806.
SCAMMONÉE (*Résine de*). [Suc concret et friable : celui d'Alep a une odeur virulente ; brisé il est d'un gris noirâtre et brillant ; manié dans les doigts, il se change en une poussière blanche et cendrée. Celui de Smyrne est noir, plus compacte et plus pesant.]................................(1)	*Quintal net*.. Idem......	306—0 300..0	15 mars 1791. DI. 17 pluv. 13 et loi du 30 avr. 1806.
SCHENAUTE ou *jonc odorant*. [Espèce de jonc qu'on apporte d'Arabie, garni de feuilles et quelquefois de fleurs. Il est sec, roide ; sa tige est arrondie, luisante, genouillée, de la longueur d'un pied, remplie d'une moelle spongieuse, d'un jaune pâle vers sa racine, et d'un vert pourpre vers son sommet quand il est récent, d'une odeur approchant de celle de la rose.].......	*Quintal*.....	18..36	15 mars 1791.
SCHENAUTE (*Paille de*) ou *Squenautes*. [Ce sont les tuyaux de la tige du jonc ci-dessus : ils ont la grosseur, la figure et la couleur de la paille d'orge.]...	*Quintal*.....	20..40	15 mars 1791.
SCILLES ou *squilles marines*. [On appelle ainsi de gros oignons qui croissent naturellement sur les bords de la mer. Ces racines sont grosses comme la tête d'un enfant, et composées de tuniques épaisses et visqueuses, rougeâtres dans une espèce, grisâtres dans l'autre.]...............................	*Quintal*.....	1..53	15 mars 1791.
SEBESTES. [Fruit du sebestier. C'est une espèce de petite prune noirâtre, pointue à son sommet, ridée, à demi-desséchée, renfermant un noyau à quatre loges et à quatre semences.].....	*Quintal*.....	4..8	15 mars 1791.

RENVOIS.

SCHALS. *Voyez* à Gazes.
SCIES. *Voyez* Quincaillerie.
SEICHE (os de). *Voyez* Os de seiche.
SEIGLE. *Voyez* Grains.
SEIGNETTE (sel de). *Voyez* aux Sels.

(1) Par explication donnée, le droit du décret du 17 pluviôse an 13 s'applique également à la résine.

Sel ammoniac. [Celui du commerce est importé en pains de couleur cendrée en dehors, blanchâtres en dedans et demi-transparens. Sa cristallisation est en aiguilles, d'un goût salé, âcre et piquant.]..	Quintal..... Kilogr...... Idem...... Idem......	10—20 0—75 0—75 1..50	15 mars 1791. AC. 4 pluv. 11. 8 floréal 11. 30 avril 1806.
Celui venant directement d'Egypte par vaisseau françois.. (1)	Kilogr...... Idem...... Idem......	0—25 0—25 0..50	AC. 4 pluv. 11. 8 floréal 11. 30 avril 1806.
Sel gemme ou *Sel fossile naturel.* [C'est le plus dur et communément le plus pur des sels fossiles : il a la couleur et presque la transparence des pierres précieuses ; il est souvent en beaux cristaux taillés à huit angles solides et à six faces.]............	Quintal.....	10..20	15 mars 1791.
Sel marin et *Sel de salines.* [C'est le sel de cuisine ; il ne contient ni excès de base, ni excès d'acide ; c'est un sel neutre parfait.].. (2)	Prohibés....		15 mars 1791.
Ceux provenant soit des marais salans, soit des salines et fabriques de l'intérieur, ne pourront être introduits *pour la consommation* soit par mer, soit par terre, qu'en payant.. (3)	Par kilogr... Idem......	0—10 0..20	DI. 16 mars 1806. DI. 27 mars 1806.
Sels pour la médecine. Celui d'*Epsom.* [C'est un sel amer formé d'acide sulfurique et de magnésie qui se trouve naturellement dans les eaux minérales d'Epsom ; il est d'un blanc tirant sur le gris.].. Celui de *Duobus.* [Il est d'un goût médiocrement salé, mais désagréable, quoique ni âcre ni piquant ; il pétille vivement sur le feu.]..	Quintal.....	6..12	15 mars 1791.
Celui de Glauber..	Comme le sel d'Epsom.		1 août 1792.
Celui d'*oseille.* [Il est blanc et a une saveur piquante et acide.]..	Quintal.....	10..20	15 mars 1791.

RENVOIS.

Sel de cerf. *V.* Cerf.
Sel de nitre. *Voyez* Nitre.
Sel (esprit de). *Voyez* Esprit.

(1) Il y a charge de justifier du chargement par connoissemens et chartes parties. (8 *floréal* 11.)

(2) Les sels provenant de prise sont dispensés de la réexportation ; ils pourront être admis dans l'intérieur en payant 5 fr. par quintal. (*Dl.* 11 *prairial an* 12.) La loi du 1 pluviôse an 13 ne les a imposés qu'à un franc par quintal. Ceci pour mémoire jusqu'à ce qu'il en soit autrement ordonné.

(3) En exécution de ces décrets, tous les sels arrivant dans les ports de France doivent acquitter le droit, quand même on justifieroit de l'origine françoise par un acquit-à-caution, à moins que cette expédition ne donnât la preuve du paiement de ce droit.

Les sels provenant des marais salans ou salines jouiront de la faculté d'entrepôt dans les villes d'*Anvers, Gand, Bruges, Ostende, Dunkerque, Calais, Boulogne, Etaples, Saint-Valery-sur-Somme, Abbeville, Dieppe, le Havre, Rouen, Honfleur, Caen, Cherbourg, Granville, Marans, Saint-Malo, le Legué, Morlaix, Brest, l'Orient, Quimper, Vannes, Rhe-ion, Nantes, la Rochelle, les Sables, Rochefort, Charente, Bordeaux, Libourne, Bayonne, Cette, Agde, Narbonne, Toulon, Marseille, Arles et Nice.*

La ville de Gênes pourra jouir de la faculté de l'entrepôt, mais sous la condition expresse que les sels seront entreposés dans les magasins du port franc.

L'entrepôt des sels sera réel et soumis à toutes les conditions et formalités prescrites pour les entrepôts des douanes.

Les sels entreposés dans les ports qui ont cette faculté, pourront être expédiés par mer à destination des autres ports de France, sous la formalité de l'acquit-à-caution.

Si la destination est pour l'un des ports qui ont la faculté de l'entrepôt, lesdits sels pourront y être de nouveau entreposés. Entrée, 123.

Sels pour la médecine. (Suite.) Ceux *de quinquina* et *de rhubarbe*. [C'est comme préparations médicales que sont défendus ces deux sels, très-improprement appelés *sel de quinquina* et *sel de rhubarbe*.]	Prohibés		15 mars 1791.
Celui *de Saturne*. [Combinaison de l'acide du vinaigre et du plomb. Il est en petits cristaux en forme d'aiguilles, de saveur douce un peu sucrée.] Celui *de tartre végétal*. [Il est extrait de la lie de vin et est aussi en aiguilles.] Celui *de seignette*. [Il est d'un blanc mat, de saveur salée médiocrement forte : il devient farineux à l'air sec.] Celui *de lait*. [Sa couleur est quelquefois rousse, alors il a une saveur sucrée ; et d'autres fois blanche, alors il est farineux.]	Quintal	20..40	15 mars 1791.
Sel *volatil de corne de cerf, de vipère et de carabé*. [Ces sels sont en cristaux brillans renfermés ordinairement dans des flacons bouchés avec soin. L'odorat en est affecté d'une manière excessivement vive.]	Quintal net..	122..40	15 mars 1791.
Sel (*Pierre ou crasse de*). [On le fait suppléer à la soude dans la fabrication des verres communs : il vient de Hollande.] *Comme* omis. (*DM.* 7 *vendém.* 5.)	Par 100 fr...	3.. 0	22 août 1791.
Semences froides *et autres médicinales*. [Cet article comprend toutes les semences ou graines médicinales non tarifées. Les semences froides sont celles de la citrouille, de concombre, de courge et de melon, appelées *majeures* : les *mineures* sont celles de laitue, de pourpier, de chicorée et d'endive.]	Quintal	6..12	15 mars 1791.
Semoule. [Pâte faite de la plus fine farine, comme le vermicel, mais divisée en petits grains semblables à ceux de moutarde.]	Quintal	8.. 0	DI. 17 pluv. 13 et loi du 30 avr. 1806.
Séné *en feuilles, follicules ou grabeau*. [Ce sont de petites feuilles sèches en forme de larmes, d'un vert tirant sur le jaune, d'une odeur de drogue et d'une saveur âcre, amère et nauséabonde : elles viennent du Levant en balles. Les *follicules* sont des gousses plates, le plus souvent recourbées, composées de deux membranes oblongues au milieu desquelles sont rangées des graines semblables à celles de raisin.]	Quintal Idem	12—24 50.. 0	15 mars 1791. DI. 17 pluv. 13 et loi du 30 avr. 1806.
Senéka ou *poligata de Virginie*. [Racine ligneuse et odorante, longue de quatre doigts, de la grosseur d'une plume à écrire, tortueuse, rameuse et fibreuse, jaunâtre en dehors, blanchâtre en dedans, d'un goût âcre, un peu amer, et légèrement aromatique.]	Quintal	8..16	15 mars 1791.

RENVOIS.

Selles. *Voyez* Harnois.
Semen cartami. *Voyez* Carthame.
Semen contra. *Voyez* Barbotine.
Semen dauci. *Voyez* Daucus.
Semences de ben. *Voyez* Ben.
Semences. Pour les autres, *voyez* aux noms de leurs plantes.

posés ; dans le cas contraire, ils paieront les droits au moment du débarquement.

Il y aura un entrepôt réel de sels dans les villes de Paris, Lyon, Toulouse et Orléans ; il sera soumis à toutes les formalités prescrites pour les entrepôts des douanes. Les sels destinés pour ces entrepôts seront expédiés par rivière, sous les formalités d'acquit-à-caution des douanes.

L'administration des douanes sera chargée de la surveillance desdits entrepôts, et de la perception du droit sur les sels qui y seront déposés, lorsqu'ils entreront dans la consommation.

Les sels transportés par mer pourront être expédiés sous acquit-à-caution ; le droit sera perçu au moment du débarquement, sur les sels conduits dans les ports qui ne jouiront pas de l'entrepôt.

Si les sels sont transportés dans un des ports où l'entrepôt sera permis, ils pourront être entreposés sous une double clef, dont l'une restera entre les mains du receveur de la douane, et n'acquitter les droits que lorsqu'ils en seront tirés pour la consommation.

Si les sels entrent dans les rivières pour remonter dans l'intérieur, les droits seront perçus au bureau des douanes le plus avancé en rivière, à moins qu'ils ne

Senneué. [Nom vulgaire de la plante *Moutarde*. Ses feuilles sont assez semblables à celles de la rave : elle a de petites fleurs jaunes à quatre feuilles ; il leur succède des siliques anguleuses et pointues, remplies de petites semences arrondies, presque rousses, ou noirâtres, d'un goût âcre et mordant.]	Quintal.....	1.. 2	15 mars 1791.
Serpentine ou *Serpentaire*. [La serpentine est une pierre de couleur verte obscure, tachetée comme la peau d'un serpent : elle est tendre, onctueuse et susceptible d'un poli gras ; dans l'intérieur elle est matte et sa cassure est inégale, à grains fins, quelquefois fibreuse. La *serpentaire* est une plante couverte d'une peau tiquetée comme celle des serpens, et à fleurs de la figure d'une oreille de lièvre. Sa racine est fibreuse, menue, légère, jaunâtre en dedans et d'un gris brun en dehors, d'odeur aromatique agréable.]................................. (1)	Quintal.....	10..20	15 mars 1791.
Seseli. [Racine grosse, simple, blanche et aromatique qui pousse une tige cannelée, velue, se divisant en rameaux tortus : les feuilles ressemblent à celles du fenouil, les fleurs sont disposées en lys ; ses semences sont aplaties et élevées d'une bordure taillée en grains de chapelets.]	Quintal.....	3.. 6	15 mars 1791.
Sirops *non dénommés*. [On donne le nom de sirop à des extraits de fleurs, de fruits, de racines, de grains, etc. tirés par décoction ou par infusion et mêlés avec du sucre.]	Quintal.....	51.. 0	15 mars 1791.
Soies *en cocons* et *bourres de soie de toutes sortes*. [Production filamenteuse du ver à soie. On nomme *bourre* l'étoupe soyeuse qui couvre l'extérieur des cocons, et qu'il faut lever pour découvrir la soie.]	Exemptes... Droit de bal.	 24 nivôse 5.	15 mars 1791.
Soies grèzes *de toutes sortes, excepté celles ci-après*. [Toute soie immédiatement dévidée de dessus le cocon est de la soie grèze : elle vient par pelottes ou en masses.]..................... (2)	Kilogr. net.. Idem...... Idem......	1— 2 0—10 1.. 2	15 mars 1791. 12 pluviôse 3. 9 floréal 7.
Celles grèzes *doubles* ou *doupions*. [C'est l'espèce la plus grossière qui ne sert qu'à la fabrication des tapis.].....	Kilogr. net.. Idem...... Idem......	0—51 0— 5 0..51	15 mars 1791. 12 pluviôse 3. 9 floréal 7.

Sérans. *V*. Quincaillerie en instrum. aratoires.
Séraphicum. *Voyez* aux Gommes.
Séraphique. *Voyez* aux Gommes.
Serges de satin. *Voyez* Draperies.
Serpes et Serpettes. *Voyez* Quincaillerie.
Serrurerie. *Voyez* Fers ouvrés.
Siamoise. *V*. la note à Toile à matelats.
Sifflets en bois. *V*. Bois ouvré.
Sifflets d'os et d'ivoire. *Voyez* Mercerie comm.
Silex. *V*. Pierres à feu.
Simarouba (Ecorces de). *Voyez* aux Ecorces.
Similor. *Voyez* Tombac.
Sirop de kermès. *Voyez* Kermès.
Smalt. *Voyez* Azur.
Snacks. *Voyez* à Cornes, etc.
Socs de charrue. *V*. Quincaillerie.

soient destinés pour l'un des grands entrepôts de l'intérieur qui seront établis par le présent.

Il sera accordé, à tous ceux qui enlèveront des sels des lieux de fabrication, cinq pour cent pour tout déchet.

Les sauniers ou paludiers qui voudront enlever des sels des marais salans pour les transporter à dos de chevaux et de mulets et les vendre dans l'intérieur, ne paieront les droits qu'au retour de chaque voyage, s'ils fournissent caution pour le montant desdits droits : il ne leur sera accordé un second crédit que lorsque le premier aura été acquitté. (*DI*. 11 juin 1806.)

(1) La loi, en s'exprimant ainsi, laisse en doute si c'est la pierre ou la plante qu'elle impose. *Voyez* la note à Pouliot.

(2) Les soies écrues de Nankin et les soies du Bengale, provenant du commerce françois au-delà du Cap de Bonne-Espérance, ne payent que 51 centimes par kilogramme net. (15 mars 1791.)

Soies ouvrées en poil, trame, organsin et à coudre écrues. [C'est de la soie dévidée de dessus les cocons les plus parfaits, qui a reçu toutes les préparations qui la rendent propre à être employée.] .... (1)	Kilogr. net.. Idem...... Idem......	2— 4 0—41 2.. 4	15 mars 1791. 12 pluviôse 3. 3 frimaire 5.
Soies *teintes*, et Fleurets *teints*. [On nomme fleurets les fils faits avec la matière la plus grossière de la soie.] .... (2)	Kilogr. net.. Idem...... Idem......	3— 6 0—61 3.. 6	15 mars 1791. 12 pluviôse 3. 3 frimaire 5.
Soies *cardées* (*Fleurets* et *Filoselle crus* et *Bourre de*). [Les soies cardées sont celles qui ont été peignées avec certain instrument. Celles *crues* ont leur couleur naturelle; elles ont été tirées sans feu et dévidées sans les faire bouillir.]	Kilogr. net.. Idem...... Idem......	0—82 0—- 8 0..82	15 mars 1791. 12 pluviôse 3. 9 floréal 7.
Soldanelle, ou *Chou de mer*. [Plante à racine menue et fibreuse, à tiges grêles, sarmenteuses, rougeâtres et rampantes, à feuilles en cœur arrondi et à fleurs en cloches à bords renversés, de couleur purpurine.]	Quintal.....	3.. 6	15 mars 1791.
Son *de toutes sortes de grains*. [On appelle son l'écorce des graines céréales, lorsqu'elle a été brisée et séparée de la farine qu'elle renfermoit par la mouture et le blutage.]	Exempt..... Droit de bal.	.—.—	15 mars 1791. 24 nivôse 5.
Sorbec. [Pâte turque composée de citron, de musc, d'ambre ou autres parfums, et de sucre candi. On en fait une boisson.]	Quintal.....	36..72	15 mars 1791.
Souchet; ou *Cyperus, de toutes sortes*. [Plante dont il y a plusieurs espèces, et qui se distinguent en ce que la gaîne de leurs feuilles est entière, sans aucune fente, et que leurs tiges sont ordinairement triangulaires, sans articulations et sans corolles : les fleurs sont en épi.] .... (3)	Quintal.....	2.. 4	15 mars 1791.
Soude, *de toutes sortes*. [Substance saline. La plus grande partie des soudes du commerce se fait avec les cendres des plantes qui croissent sur les bords de la mer. On l'importe en pierres d'un gris bleuâtre, poreuse et d'un goût salé.] .... (4)	Exempte..... Droit de bal.	.—.—	15 mars 1791. 24 nivôse 5.

RENVOIS.

Soie (Ouate de). *V.* Ouate de coton.
Soieries. *Voyez* Etoffes de soie.
Soies de porc et de sanglier. *Voyez* Poils.
Soies (Gazes de). *Voyez* aux Gazes.

(1) La soie à coudre crue provenant du commerce françois au-delà du Cap de Bonne-Espérance, ne paye que 1 fr. 2 cent. par kilogram. net. (15 *mars* 1791.)
(2) Les soies teintes provenant du commerce françois au-delà du Cap de Bonne-Espérance, payent 3 fr. 6 cent. du kilogram. net. (15 *mars* 1791.)
(3) Il ne faut pas confondre parmi les souchets, à *cause du droit*, le Calamus ni le Curcuma.
(4) Le natron ou soude blanche est tarifé particulièrement. *Voyez* à Anatron.

Soufre brut ou vif. [C'est une substance simple, grise, grasse, argileuse, légère, friable et très-inflammable. Celui qui a subi une fusion est en morceaux jaunes et luisans.]	Exempt..... Droit de bal.	......—	15 mars 1791. 24 nivôse 5.
Soufre en canons. [C'est le soufre qui a été liquéfié trois fois sur le feu, et auquel on a donné, dans un moule, la forme de bâton. Il est dur, d'un beau jaune, et d'odeur désagréable.]	Quintal..... Idem...... Idem......	2— 4 0—20 2.. 4	15 mars 1791. 12 pluviôse 3. 9 floréal 7.
Soufre (Fleurs de). [Poudre jaune tirée du soufre impur qui reste dans les vaisseaux où s'est formé le soufre en canons.]	Quintal.....	6..12	15 mars 1791.
Spath, ou Spalt. [Substance pierreuse à structure lamelleuse. Le spath adamantin de Chine est une pierre brune; celui du Bengale et ailleurs est gris ou verdâtre. On l'emploie aux mêmes usages que l'émeri.]	Exempt..... Droit de bal.	......—	15 mars 1791. 24 nivôse 5.
Spode. [C'est de l'ivoire brûlé et réduit en une matière poreuse, cassante, légère, blanche, alkaline, et facile à réduire en poudre.]	Quintal.....	4.. 8	15 mars 1791.
Staphisaigre, ou Herbe aux poux ou à la pituite. [Genre de dauphinelles dont la graine nous est apportée sèche : elle est de la grosseur d'un pois, de figure triangulaire, noirâtre en dehors, blanchâtre en dedans, ridée, et d'un goût âcre et brûlant.]	Quintal.....	3.. 6	15 mars 1791.
Stæcas, ou Sticade. [Plante du genre des lavandes, dont les épis, garnis de petites fleurs en gueule, sont apportés desséchés.]	Quintal.....	3.. 6	15 mars 1791.
Stil de grains. [Argile coloré avec la graine d'Avignon; et qu'on importe en trochisques pour la peinture.]	Quintal.....	12..24	15 mars 1791.
Storax calamite. [Résine du liquidambar. Elle est brillante, de couleur rougeâtre, assez solide, un peu grasse, remplie de larmes blanches, de saveur âcre assez agréable, et d'odeur aromatique pénétrante et suave.]	Quintal.....	20..40	15 mars 1791.

Soufflets. *Voyez* Mercerie commune.
Soufre (Esprit de). *Voyez* aux L'esprits.
Soufre (Huile de). *Voyez* aux Huiles.
Soufre en mèches. *Voyez* Mèches soufrées.
Souliers de cuir. *V.* Cordonnerie.
Souliers de cordes. *V.* Alpagates.
Sperma ceti. *Voyez* Baleine.
Sphères. *V.* Instrumens d'astronomie.
Spica. *Voyez* Nard.
Spode des Grecs. *V.* Tutie.
Squenante. *Voyez* Schenante.
Squilles. *Voyez* Scilles.
Squine. *Voyez* Esquine.
Statues. *V.* aux noms de leurs matières et à Ouvrages.
Stercus diaboli. *Voyez* Assa-fœtida.
Stockvisch. *Voyez* Poissons.

STORAX *liquide*. [Résine liquide de couleur rouge-brune, rarement jaune et transparente, d'une saveur médiocrement âcre et d'une odeur aromatique douce.]	Quintal.....	6..12	15 mars 1791.
STORAX *rouge* et *en pains*. [C'est de la sciure de bois rouge mêlée avec du storax liquide et du storax extracté. Il est en masses rougeâtres ou jaunâtres, sans aucune larme blanche.]	Quintal.....	8..16	15 mars 1791.
STUC. [Pierre factice dont le plâtre calciné fait la base.]	*Exempt*..... *Droit de bal.*.......	..—..	15 mars 1791. 24 nivôse 5.
SUBLIMÉ *doux* et *corrosif*. [Préparations chimiques composées de mercure, de cinabre, d'esprit de nitre, de vitriol lessivé en blancheur et de sel marin décrépité. Le *corrosif* est réduit en une masse blanche et brillante par le moyen des vaisseaux sublimatoires. Le *doux* est ordinairement aussi en masse blanche, mais pleine de petites aiguilles dures et brillantes.]	Quintal.....	30..60	15 mars 1791.
SUCRE *brut*. [Le sucre est un jus exprimé d'un roseau des Indes nommé *canne à sucre*. Le premier qu'on en tire est le sucre brut ou mosconade : c'est celui dont tous les autres sont composés. On le met dans des barriques percées de deux ou trois trous : ces trous sont faits pour achever de le purger ; alors il se sèche et devient tel qu'on nous l'apporte en Europe.].. (1)	*Quintal net*.. Idem...... Idem...... Idem...... Idem...... Idem...... Idem......	18—36 3—6 18—36 7—50 45— 0 45— 0 55.. 0	15 mars 1791. 12 pluviôse 3. 3 frimaire 5. 9 floréal 7. AC. 3 therm. 10. 8 floréal 11. DI. 4 mars 1806 et loi du 30 avr. 1806.
Le *même*, venant des *Colonies françoises*.......... (2) Plus, un droit additionnel par	*Par 100 fr.* *Quintal net*. *Mêmes droits*. *Exempt*..... Idem......	3— 0 1—53 ..—.. ..—..	18 mars 1791. *Même loi*. 12 mars 1793. 11 septemb. 1793. 3 frimaire 5.
Pour droit d'entrée........ (1) Pour droit de consommation.. Pour droit d'entrée.......... Pour droit de consommation..	*Quintal net*. Idem...... *Quintal net*. Idem......	3— 0 27— 0 3.. 0 42.. 0	AC. 3 therm. 10 et loi du 8 flor. 11. DI. 4 mars 1806 et loi du 30 avr. 1806.

RENVOIS.

SUCIN. *Voyez* Ambre jaune.
SUCIN (huile de). *Voyez* aux Huiles.
SUCIN carabé. *V.* Ambre jaune.
SUCS. Pour les différens sucs, *voyez* aux noms qui leur sont propres.

ENTRÉE. 148.

(1) C'est le sucre dans sa première consistance ; il est jaune et ressemble à du sable ; il diffère des sucres tête ou terré en ce qu'il conserve toujours de la fraîcheur et même de l'humidité, ainsi qu'une odeur de sirop. (*LA.* au *Direct. de Bruxelles du* 17 *therm. an* 4.)

Les sucres bruts sont compris au nombre des objets sujets à coulage : ils ne sont par conséquent point soumis à la déclaration du poids ou de la contenance.

Les droits d'entrée et de consommation seront perçus au net sur les sucres bruts, tête et terrés ; la tare à déduire sera, pour les sucres bruts en futailles, de 15 pour 100, et pour les sucres tête et terrés aussi en futailles de 12 pour 100. (8 *floréal an* 11.)

La tare pour les sucres bruts et terrés en *sacs* est de 3 pour 100. (*Lett. du* 8 *flor.* 11.)

Voir les notes à l'article *Denrées coloniales* pour les ports d'admission.

Les raffineurs qui tireront des entrepôts des sucres bruts ou terrés, jouiront pour le paiement des droits de consommation, d'un crédit de quatre mois, en fournissant leurs obligations valablement cautionnées. (*AC.* 29 *thermidor an* 11.)

(2) Le droit de 3 pour 100 se percevoit sur la valeur déterminée par cette loi : elle étoit fixée à 61 fr. 20 c. pour un quintal de sucre brut de Cayenne, et à 91 fr. 80 c. pour les sucres bruts des autres colonies.

Sucre *tête et terré*. [On appelle sucre terré la *cassonade* qu'on a blanchie par le moyen de la terre dont on couvre le dessus des formes dans lesquelles on le met pour le purger.] .... (1)	Quintal net..	36—72	15 mars 1791.
	Idem......	7—34	12 pluviôse 3.
	Idem......	36—72	3 frimaire 5.
Cassonade de rafinerie et *sucres terrés*, dénommés première, deuxième et troisième..................	Quintal net..	30— 0	9 floréal 7.
Sucre terré, dénommé *quatrième*, petit sucre ou tête....	Idem......	20— 0	Même loi.
Tout *sucre tête et terré*.............................	Quintal net..	75— 0	A.C. 3 therm. 10.
	Idem......	75— 0	8 floréal 11.
	Quintal net..	100.. 0	DI. 4 mars 1806 et loi du 30 avr. 1806.
Celui venant des *Colonies françoises*.............. (2)	Par 100 fr..	3— 0	18 mars 1791.
Plus, un droit additionnel par	Quintal net...	2—55	Même loi.
Et pour droit de consommation.	Idem......	12—24	Même loi.
	Mêmes droits.	....—..	12 mars 1793.
	Exempt... ▸ ..	......—.	11 septemb. 1793.
	Idem......	......—.	3 frimaire 5.
Pour droit d'entrée...........	Idem......	4—50	A.C. 3 therm. 10 et
Pour droit de consommation..	Idem......	45—50	loi du 8 flor. 11.
Pour droit d'entrée...........	Quintal net..	4.. 50	DI. 4 mars 1806 et
Pour droit de consommation..	Idem......	75.. 50	loi du 30 avr. 1806.
Sucre *rafiné*, *candi* ou *en pains*. [C'est le sucre nettoyé par l'eau; la chaux et les blancs d'œufs et cuit après. Il est en état de solidité sous la forme d'un pain pointu, ayant la consistance de la pierre, quoique facile à casser et à réduire en poudre. Celui *candi* est le plus épuré : on le réduit en congélation.].	Quintal......	51— 0	15 mars 1791.
	Idem......	10— 0	12 pluviôse 3.
	Prohibé.....	......—.	10 brumaire 5.
	Quintal net..	40— 0	9 floréal 7.
	Idem......	50— 0	A.C. 3 therm. 10.
	Prohibé.....	....	A.C. 17 vent. 11 et loi du 8 flor. 11.
Celui rafiné venant des *Colonies françoises*..........	Quintal......	51— 0	18 mars 1791.
	Exempt.....	......—.	11 septemb. 1793.
	Idem......	......—.	3 frimaire 5.
	Quintal......	50— 0	A.C. 3 therm. 10.
	Prohibé.....	....	A.C. 17 vent. 11 et loi du 8 flor. 11.
Suie *de cheminée*. [Matière noirâtre et fuligineuse que la fumée a déposée contre les parois des cheminées.]	Exempte.....	....	15 mars 1791.
	Droit de bal.	....	24 nivôse 5.

RENVOIS.

Sucrion. *Voyez* Grains.
Suif en chandelles. *Voyez* Chandelles.

(1) Le *Sucre tête* conserve une légère odeur de sirop, et on y reconnoît le mélange des matières étrangères qui ont servi à sa première préparation.... Le *Sucre terré* se caractérise par sa sécheresse, sa couleur d'un blanc grisâtre, et l'absence de toute odeur de sirop.... Tous deux se pelotonnent et s'écrasent aisément sous le doigt; ils sont plus ou moins blancs et en consistance de sable. (LA. au Directeur de Bruxelles, du 17 therm. 4.) *Voir* la note 1 de la page précédente.

(2) Le droit de 3 pour 100 se percevoit sur la valeur déterminée par cette loi : elle étoit fixée, pour un quintal, à 110 fr. 16 cent. pour les sucres têtes et terrés de Cayenne, à 122 fr. 40 cent. pour les sucres terrés des Iles-du-Vent, et à 163 fr. 20 c. pour les sucres terrés de Saint-Domingue.

Suif non ouvré. [Espèce de graisse dure fournie par les seuls quadrupèdes ruminans.]	Exempt........ Droit de bal.	——..	15 mars 1791. 24 nivôse 5.
Sumac. [Arbrisseau d'environ 3 mètres de hauteur, à tige forte, divisée en branches irrégulières : l'écorce est recouverte d'un duvet jaunâtre : on coupe ses rejetons qu'on fait sécher pour les réduire en poudre et en former un tan.]	Exempt........ Droit de bal.	——..	15 mars 1791. 24 nivôse 5.
Tabac en feuilles et en côtes (1), venant par navires étrangers. [Le tabac est une plante connue en Europe depuis la découverte de l'Amérique ; mais qui n'a été apportée en France que vers 1560. Il y en a de différentes espèces, les unes à feuilles larges et sans queues, les autres à feuilles étroites, pointues et à queues, d'autres encore à feuilles arrondies et obtuses par le bout. On importe ces feuilles séchées : elles sont alors d'un noir jaunâtre.]	Quintal...(2) Idem...... Idem...... Idem...... Idem...... Idem...... Kilogr. net.. Idem... (3)	51— 0 51— 0 25—50 51— 0 60— 0 60— 0 1— 0 2.. 0	15 mars 1791. 20 mars 1791. 5 septemb. 1792. 22 germinal 5. 22 brumaire 7. 29 floréal 10. 5 ventôse 12. DI. 25 fév. 1806 et loi du 30 avr. 1806.
Celui venant par navires françois............(4)	Quintal..... Idem....... Idem....... Idem....... Idem....... Idem....... Kilogr. net.. Idem.......	38—25 38—25 20—40 38—25 40— 0 40— 0 0—80 1..80	15 mars 1791. 20 mars 1791. 5 septemb. 1792. 22 germinal 5. 22 brumaire 7. 29 floréal 10. 5 ventôse 12. DI. 28 fév. 1806 et loi du 30 avr. 1806.
Celui entrant par terre................. (3 et 4)	Quintal..... Idem....... Idem....... Idem....... Prohibé..... Kilogr. net.. Idem.......	51— 0 25—50 51— 0 60— 0 —— 1— 0 2.. 0	15 mars 1791. 5 septemb. 1792. 22 germinal 5. 22 brumaire 7. 29 floréal 10. 5 ventôse 12. DI. 25 fév. 1806 et loi du 30 avr. 1806.

(1) Les tabacs en côtes doivent les mêmes droits d'entrée que ceux en feuilles. (D. du 12 frimaire an 6.)
(2) Il résultoit de la loi du 15 mars 1791, que le tabac en feuilles qui n'étoit point en boucauts étoit saisissable, ainsi que celui provenant d'ailleurs que des États-Unis d'Amérique, des Colonies espagnoles, de l'Ukraine et du Levant, ou importé par des bâtimens étrangers à ces possessions. (Ces dispositions n'ont plus lieu.)
(3) Les tabacs en feuilles ne peuvent être importés que par les ports d'Ostende, Dunkerque, le Havre, Dieppe, Morlaix, Nantes, St.-Malo, l'Orient, la Rochelle, Bordeaux, Cette et Marseille (loi du 29 floréal an 10), Anvers (AC. 2 thermidor an 10), Bayonne (AC. 21 fructidor an 11, et loi du 22 ventôse an 12), Cherbourg (DI. 9 vendémiaire an 13, et loi du 1 pluviôse an 13), Nice (1 pluviôse an 13), et par les bureaux de Cologne, Mayence et Strasbourg (29 floréal an 10), Coblentz (DI. 9 vendémiaire an 13, et loi du 1 pluviôse an 13), Verceil et Pozzolo, en payant immédiatement les droits (1 pluviôse an 13); Urdingen, pour la fabrique de Crevelt et sans entrepôt (Déc. 26 fructidor an 10); Mook, en payant immédiatement les droits en obligations, et expédition directe pour la fabrique sans entrepôt (DI. 10 prairial an 13, et loi du 30 avril 1806).
Les tabacs en feuilles ne peuvent être introduits par mer que par bâtimens de 100 tonneaux, à l'exception de ceux venant de Hollande à Anvers, qui sont admis par bâtimens de 50 tonneaux par la loi du 1 pluviôse an 13.
Aucune réduction de droits ne sera faite sur les tabacs pour cause d'avarie; lors de la reconnoissance qui en sera faite, les propriétaires auront la faculté d'en extraire les parties avariées, pour être brûlées ou réexportées, sans qu'ils puissent séparer la tige des feuilles. (29 floréal an 10.) Les droits continueront d'être perçus à la sortie de l'entrepôt, sur le poids net et effectif constaté au moment de leur entrée audit entrepôt. (AC. 11 pluviôse an 11.)
Les tabacs en feuilles venus de l'étranger pourront être dix-huit mois en entrepôt sans payer de droit; passé ce délai, il sera exigé.
Entrée. 130.

TABACS *fabriqués*. [Ce sont les feuilles ci-dessus apprêtées soit en carottes pour être rapées, soit filées pour être fumées, soit en cigarres, en poudre, etc., etc.].........................	Prohibés....	....	15 mars 1791.
	Idem......	....	20 mars 1791.
Tabacs en cigarres...........................	Quintal....	51— 0	5 septemb. 1792.
Tabacs du Brésil, et autres, *filés*............	Idem......	51— 0	DM. 12 fructid. 6.
Tous *Tabacs fabriqués*, même ceux *préparés*. (5)..	Prohibés....	....	22 brumaire 7.
TABLEAUX. [On donne ce nom aux ouvrages de peinture, soit sur bois, sur cuivre ou sur toile.] *Ils sont admis sans certificats d'origine*...	Exempts....	....	15 mars 1791.
	Droit de bal.	....	24 nivôse 5.
Ceux à *cadres* ou *bordures* payent sur l'estimation des cadres ou bordures, ainsi que ceux *sous verres*. (*LD*. 24 *fruct*. 13.)..................................	Par 100 fr..	15.. 0	15 mars 1791.
TABLETTERIE (*Ouvrages de*). [On comprend sous cette dénomination ces petits ouvrages faits au tour ou marquetés, qui ne sont pas tarifés particulièrement, tels que damiers, trictracs, échiquiers, tablettes artistement travaillées, etc.]..........	Par 100 fr..	15— 0	15 mars 1791.
	Prohibés....	....	10 brumaire 5.
TALC. [Pierre magnésienne extrêmement onctueuse sous le doigt. Il y en a de blanc, de jaune et de verdâtre.]...............	Exempt.....	....	15 mars 1791.
	Droit de bal.	....	24 nivôse 5.
TAMARIN. [Fruit du Tamarinier. C'est une gousse oblongue un peu comprimée, ayant une double écorce ou enveloppe, l'extérieure sèche et fragile, l'intérieure membraneuse : entre ces écorces se trouve une pulpe acide et à trois semences aplaties, anguleuses et luisantes.]..................... (6)	Quintal....	5—10	15 mars 1791.
	Idem......	20.. 0	DI. 17 pluv. 13 et loi du 30 avr. 1806.
TAMARIN *confit*, ou GOURRE. [Ce sont les fruits ci-dessus édulcorés avec du sucre ou du miel.]............................	Quintal....	30..60	15 mars 1791.
TAMARIS (*Bois de*). [Ce bois, qui provient d'un arbre de moyenne hauteur, est blanc. Il sert principalement à faire des tasses, des gobelets, etc. On en brûle pour en obtenir le sel de tamaris par lixiviation, etc.]..............................	Quintal....	15..30	15 mars 1791.

RENVOIS.

TABATIÈRE. *Voyez* Boîtes.
TACCAMACA. *Voyez* aux Gommes.
TAFIA. *Voyez* Rhum.

gible, soit à la sortie de l'entrepôt, si les tabacs y sont entrés, soit à la sortie de la douane si l'expédition pour l'intérieur a lieu immédiatement. Dans l'un et l'autre cas, il sera perçu par parties égales en traites ou obligations suffisamment cautionnées à 3, 6, 9 et 12 mois de terme. (5 *ventôse an* 12.)

Les tabacs ne sortiront des ports de mer qu'après avoir payé les droits d'entrée au bureau des Douanes. Ils seront expédiés pour les entrepôts de l'intérieur sous plomb et avec acquit-à-caution. (1 *pluviôse an* 13.) L'acquit délivré pour les transports des tabacs aux fabriques ne doit porter que les quantités reconnues à la sortie de l'entrepôt. (*DM*. 20 *frim*. 13.)

Les tabacs arrivant par le Rhin et la Meuse, même sur bâtimens françois, seront traités comme ceux étrangers. (*D*. 2 *germ*. 7.)

Indépendamment des droits de Douanes sur les tabacs, il continuera d'être perçu, conformément à la loi du 29 floréal an 10, un droit de fabrication (il étoit de 40 cent. par kilogram.), tant sur les feuilles étrangères que sur les feuilles indigènes employées à la fabrication du tabac. Ce droit sera acquis au moment de l'entrée de ces feuilles dans les fabriques, et sera payable par parties égales en traites ou obligations suffisamment cautionnées à 3, 6, 9 et 12 mois de terme. (5 *ventôse* 12.) Le droit de fabrication établi par la loi du 5 ventôse an 12 sera perçu sur le poids des feuilles de tabac employées à la fabrication, à raison de 80 cent. par kilogramme. (30 *avril* 1806.)

(4) Les tabacs en feuilles importés par bâtimens françois ne sont admis à la réduction du droit accordé par la loi du 22 brumaire an 7, ENTRÉE. 131.

TAMARIS (*Ecorce de*). [C'est l'écorce de l'arbre ci-dessus : elle est rude, grise au dehors et rougeâtre en dedans. Elle sert en médecine.]	Quintal.....	6..12	15 mars 1791.
TAN. [On nomme *tan* des écorces qui, battues et réduites en poudre grossière, sont propres à préparer les cuirs.]	Exempt..... Droit de bal.	————	15 mars 1791. 24 nivôse 5.
TAPIS. [Les tapis sont des tissus ras ou peluchés, très-fournis de matières, et qui sont travaillés à l'aiguille ou sur des métiers.] (7) Ceux de *fil* et *laine*............................	Quintal.....	102.. 0	15 mars 1791.
Ceux de *laine*................................	Quintal.....	146..88	15 mars 1791.
Ceux de *soie* ou *mêlés de soie*..................	Quintal.....	306.. 0	15 mars 1791.
Ceux dits *Anglois*.............................	Prohibés....	....	10 brumaire 5.
TAPISSERIES, *façon d'Anvers et de Bruxelles*. [Etoffes employées à couvrir les murailles des appartemens : elles sont ordinairement en laine et fil, travaillées au métier et ornées de dessins.]	Quintal.....	81..60	15 mars 1791.
Celles avec *or* et *argent*.......................	Quintal.....	489..60	15 mars 1791.
Celles *peintes*................................	Quintal.....	91..80	15 mars 1791.
Celles autres que celles ci-dessus..................	Quintal.....	244..80	15 mars 1791.

RENVOIS.

TAMBOURS. *Voyez* à Mercerie.
TAMBOURS de Basque et TAMBOURINS. *V.* Instramens de musique.
TAMIS. *Voyez* Mercerie.
TAN (Bois ou Ecorces à). *Voyez* Bois et Ecorces.
TANAISIE. *Voyez* Herbe aux vers.
TAPISSERIES en cuir. *Voyez* Cuirs dorés.

dans cette prohibition. (*LA.* 8 *nivôse* 7.) Il n'y a d'exception qu'en faveur du tabac à fumer du Brésil, dit de traite, pour le commerce du Sénégal. (*AC.* 11 *therm.* 10.) Le tabac en feuilles dépouillé de ses côtes doit être considéré comme ayant reçu une main-d'œuvre quelconque : il est conséquemment prohibé.... On doit refuser le débarquement de tous tabacs ayant reçu une main-d'œuvre quelconque : ils doivent être réexportés immédiatement par le même navire qui les a apportés. (*Lettre au Direct. de Bordeaux du 26 therm. an* 9.) Les tabacs fabriqués provenant soit de prises, soit de saisies, doivent être réexportés. (*DM.* 26 *nivôse* 7.)

(6) Le tamarin provenant du commerce françois au-delà du Cap de Bonne-Espérance, ne paye que moitié. (15 *mars* 1791.)

(7) Les tapis grossiers faits avec du poil de vache peuvent entrer avec certificat d'origine, en payant 10 pour 100 de la valeur, comme omis. (*CD.* 14 *germ. an* 10.)

ENTRÉE. 132.

qu'autant que l'importation en est faite directement par lesdits bâtimens, soit des Etats-Unis d'Amérique, soit des Colonies espagnoles, de l'Ukraine ou du Levant, et qu'il en est justifié. (*A. du* 16 *thermidor* 8.)

Les tabacs en feuilles de prises doivent les droits comme s'ils étoient importés par bâtimens étrangers. (*Décision du* 26 *fructidor* 7.)

(5) Il résulte d'une décision du ministre des Finances, en date du 22 frimaire an 7, que les tabacs en cigarres et ceux filés du Brésil font partie de la prohibition des tabacs fabriqués ou seulement préparés. Les tabacs de santé même, dont l'admission avoit lieu en vertu d'une décision du 3 novembre 1791, sont également compris

TAPSIC *noir* et *blanc*. [Ce sont les racines de la plante de ce nom. Elles sont peu grosses, longues, chevelues vers la tige, empreintes d'un suc laiteux très-âcre, un peu corrosif et amer; de couleur grise ou blanchâtre, et quelquefois noire en dehors.]	Quintal.....	2..4	15 mars 1791.
TARTRE. [Substance saline blanche ou rouge qui s'attache aux parois des tonneaux de vin, sous la forme d'une croûte composée de plusieurs couches où on aperçoit une cristallisation confuse.](1)	Quintal..... Idem...... Idem...... Idem......	1—53 0—15 1—53 6..0	15 mars 1791. 12 pluviôse 3. 9 floréal 7. D.I. 17 pluv. 13 et loi du 30 avr. 1806.
TÉRÉBENTHINE *commune*. [Résine liquide de sapin, plus claire que celle ci-dessous, et dont l'odeur et la saveur ont quelque ressemblance avec celles de l'écorce de citron.]	Quintal.....	3..57	15 mars 1791.
TÉRÉBENTHINE *de Venise*. [Substance résineuse qui découle du mélèze : elle est liquide, visqueuse, plus épaisse que l'huile, plus coulante que le miel, semi-transparente, de couleur jaunâtre, d'odeur aromatique forte assez agréable, de saveur âcre et peu amère.]	Quintal.....	15..30	15 mars 1791.
TERRE *d'ombre, de Lemnos, Rouge* ou *Rouge d'Inde* et *Terre rubrique à faire crayons*. [Matières terreuses, de couleur plus ou mois brune obscure, qu'on emploie principalement en peinture.]	Exemptes.... Droit de bal.	— —	15 mars 1791. 24 nivôse 5.
TERRE *à pipe, de moulard ou cimolée*, et *Terre sigillée*. [La terre à pipe est tendre, liante, légère, douce au toucher; elle blanchit au feu. Le nom de *moulard* ou *cimolée* est donné tantôt à une terre bolaire naturelle, tantôt à la terre qui se trouve au fond de l'auge des couteliers. La terre *sigillée* est une terre bolaire couleur de chair, détrempée, formée en pastilles et marquée d'un cachet.]	Exemptes.... Droit de bal.	— —	15 mars 1791. 24 nivôse 5.
TERRE *verte*. [Substance terreuse qui offre plusieurs jolies nuances de vert. On l'importe en morceaux de différentes grosseurs pour la peinture.]	Quintal.....	2..4	15 mars 1791.
THÉ. [Petites feuilles récoltées sur un arbuste, qui, séchées et frisées, deviennent propres à l'infusion très-connue sous ce nom. Il y a différentes espèces de thé.] Celui dont la valeur étoit au-dessous de 10 fr....... Celui dont la valeur sera au-dessous de 8 fr........ (2)	Quintal net.. Idem...... Kilogr. net. Idem......	153—0 50—0 2—0 3..0	15 mars 1791. 9 floréal 7. D.I. 17 pluv. 13. D.I. 4 mars 1806 et loi du 30 avr. 1806.

RENVOIS.

TARTRE (Crème de). *Voyez* Crème.
TARTRE (Huile de). *Voyez* aux Huiles.
TARTRE végétal (Sel de). *Voyez* aux Sels.
TAUREAUX. *Voyez* Bestiaux.
TÉLESCOPES. *V.* Instrumens d'astronomie.
TERRA MERITA. *Voyez* Curcuma.
TERRE glaise. *Voyez* Argile.
TERRE de Perse. *Voyez* Rouge-brun.
TERRE de Porcelaine. *Voyez* Derle.

(1) Ce droit concerne seulement le tartre de vin et non la gravelle, qui est exempte de droits. (1 août 1792.)
(2) De quelque pays que vienne le thé, il doit ce droit ou celui indiqué à la page suivante. Ainsi, celui provenant du commerce françois au-delà du Cap de Bonne-Espérance, qui ne payoit que 10 fr. 20 cent. du quintal par la loi du 15 mars 1791, est également soumis aux nouveaux droits.
Obs. Le thé *provenant de prises* n'a été assujéti qu'au droit de 5 pour 100 par décret du 6 juillet 1793, de même que les poissons de mer l'avoient été par la loi du 19 mai 1793; mais si le décret impérial du 2 prairial an 11 abroge les dispositions à l'égard des poissons provenant de prises, la loi du 6 juillet concernant les thés de prises doit l'être également. Néanmoins cette opinion mérite d'être approfondie, et même confirmée par l'autorité compétente. *Voir* la note à POISSONS.

Désignation	Unité	Droits	Date
Thé. Le *thé* dont les valeurs surpasseront celles ci-dessus (*primitivement de* 10 *fr. et au-dessus*, actuellement *de* 8 *fr. et au-dessus*), paiera d'abord le droit indiqué à la page précédente, plus un droit additionnel de... (1)	Par 100 *fr.* Idem	5— 0 10.. 0	DI. 17 pluv. 13. DI. 4 mars 1806 et loi du 30 avr. 1806.
Toiles de chanvre et de lin. [Tissu uni fait au métier.] (2)			
Celles *écrues*. [Ce sont celles telles qu'on les retire de dessus les métiers, et qui ont la couleur primitive du fil.]	Quintal.. (3) Idem Idem Idem	142—80 36—72 5—10 51.. 0	15 mars 1791. 19 mai 1793. 12 pluviôse 3. 3 frimaire 5.
Celles *blanches*. [Ce sont celles qui ont reçu cette couleur par l'opération du blanchiment.]	Quintal.. (3) Idem Idem Idem	91—80 45—90 5—10 61..20	15 mars 1791. 19 mai 1793. 12 pluviôse 3. 3 frimaire 5.
Celles à *voiles grosses*. [On reconnoît les toiles à voiles en ce qu'étant très-serrées, l'eau ne les pénètre pas.] (4) *Comme toiles de chanvre et de lin, suivant qu'elles sont écrues ou blanches.*	Quintal Idem	20—40 2— 4	15 mars 1791. 12 pluviôse 3. 3 frimaire 5.
Celles à *voiles fines*. [Ce sont celles dont l'aune ancienne ne pèse pas un demi-kilogramme.] (5) *Comme toiles de chanvre et de lin, suivant qu'elles sont écrues ou blanches.*	Quintal	51— 0	15 mars 1791. 3 frimaire 5.
Celles *teintes* et *peintes*. [Cet article comprend toutes les toiles de chanvre et de lin qui ont reçu quelque couleur, soit par l'impression, soit par la teinture.] Ainsi toutes ces toiles, *à l'exception de celles ci-dessous*, doivent. (6)	Quintal	275..40	15 mars 1791.
Celles à *carreaux*, pour matelas. [Elles sont le plus ordinairement à carreaux bleus et blancs, fortes et peu fines.] (7)	Quintal	81..60	15 mars 1791.
Toiles dites *coutils*. [Cette toile, très-forte et très-serrée, est ordinairement de fil de chanvre.] (8)	Quintal	81..60	15 mars 1791.

RENVOIS.

Théières de cuivre, étamées ou vernies. *Voy.* Cuivre ciselé.
Thériaque. *V.* Confection.
Thermomètres. *V.* Instrumens de physique.
Thimblée. *Voyez* Garou.
Thon mariné. *V.* l'article Poissons.
Thurique (Gomme de). *V.* aux Gommes.
Thurique (Graine). *Voyez* aux Graines.
Tiges de Bottes. *Voyez* Peaux.
Tilleul (Écorces de). *Voyez* aux Écorces.
Tire-bouchons. *Voyez* Mercerie commune.
Tissus de laine et fils teints. *V.* Rubans de fil teints.

(1) *Voyez* la note 2 de la page précédente.
(2) Le linge de table même en pièces n'est pas compris sous la dénomination *Toiles* ; il est tarifé particulièrement. Voir à Linge.
(3) Les toiles écrues importées par les bureaux de Lille, Valenciennes, Givet, la Chapelle et St.-Louis, ne payoient que 73 fr. 44 cent. du quintal décimal par la loi du 15 mars 1791. Les toiles blanches payoient aussi 142 fr. 80 cent. lorsqu'elles étoient importées par d'autres bureaux que ceux ci-dessus.
(4) Les toiles préparées pour peindre seront traitées comme les toiles à voiles grosses. (1 *août* 1792.) Elles doivent donc le droit de 20 fr. 40 c. du quintal, imposé par la loi du 15 mars 1791 sur les toiles à voiles grosses.
(5) Les toiles d'étoupes seront traitées comme toiles à voiles fines. (1 *août* 1792.)
(6) Les toiles fines, quoiqu'à carreaux, imitant l'étoffe de soie qu'on appelle *quinze seize*, qui sont susceptibles d'être employées en rideaux, doivent les droits comme toiles peintes et teintes. Les toiles peintes ou teintes de pur fil ne peuvent entrer par *terre* que par les bureaux de Bourg-Libre, Verrières-de-Joux, Versoix et Vureil; *par le Rhin*, que par Cologne, Coblentz, Mayence et Strasbourg ; *par mer*, que par les ports qui ont un entrepôt fictif ou réel.

Désignation	Unité	Droit	Référence
Toiles gommées, *treillis*, *bougrans* et *autres toiles à chapeaux de toutes couleurs*. [Les premières sont légères: les *treillis* sont ou une toile écrue grosse et forte, ou une toile teinte gommée, calendrée et lustrée: les *bougrans* sont de grosses toiles de chanvre très-gommées, calendrées et teintes: les *toiles à chapeaux* sont glacées et teintes en diverses couleurs.].........(9)	Quintal.....	30..60	15 mars 1791.
Toiles cirées de toutes sortes. [Ce sont des toiles enduites d'une certaine composition faite de cire ou de résine mêlée de quelques autres ingrédiens. Il y en a de communes et de très-belles dont on se sert pour couvrir les tables, etc.]...........................(10)	Quintal.....	40..80	15 mars 1791.
TOILES *de* COTON et TOILES *de* FIL *et de* COTON. [Les toiles de coton ou mêlées de coton, se distinguent facilement des autres en ce qu'elles sont plus douces et plus moelleuses.].........(11)	Quintal.....	153—0	15 mars 1791.
Celles *écrues*..	Idem......	80—0	9 floréal 7.
Celles *blanches*.....................................	Idem......	100—0	*Même loi*.
Toute *Toile de coton* ou *de fil et coton*, d'origine non prohibée, *autant de fois qu'il y aura de mètres carrés au kilogramme*...........................	Mètre carré.. Idem......	0—5 0—5	AC. 6 brum. 12. 22 ventôse 12.
Celles *écrues* ou *blanches* paieront, *indépendamment du droit fixé par la loi du 22 ventôse an 12*, un droit additionnel de...............................	Mètre carré..	0—10	DI. 17 pluv. 13.
Celles *qui auront plus de 12 mètres carrés au kilogramme* paieront.................................. 1°. 2°.	Idem...... Par 100 fr..	0—60 5—0	*Même décret*. *Même décret*.
Les *Toiles de fil et coton* et *Toiles de coton*, paieront autant de fois qu'il y aura de mètres carrés au kilogr...	Mètre carré..	0—10	DI. 1 compl. 13.
Toutes *Toiles de coton blanches* et *Toiles de fil et coton*....	Prohibées...	......	DI. 22 fév. 1806 et loi du 30 avr. 1806.
Celles *teintes* ou *peintes* en une seule couleur............	Quintal.....	275—40	15 mars 1791.
Elles paieront *d'abord le droit imposé sur celles blanches*, plus un droit additionnel de....................	Mètre carré.. Idem...... Idem......	0—50 0—50 0—50	AC. 6 brum. 12. 22 ventôse 12. DI. 1 compl. 13.
	Prohibées...	......	DI. 22 fév. 1806 et loi du 30 avr. 1806.
Celles *teintes* ou *peintes* en plusieurs couleurs............	Quintal.....	275—40	15 mars 1791.
Elles paieront *d'abord le droit imposé sur celles blanches*, plus un droit additionnel de....................	Mètre carré.. Idem...... Idem......	1—0 1—0 1—0	AC. 6 brum. 12. 22 ventôse 12. DI. 1 compl. 13.
	Prohibées...	......	DI. 22 fév. 1806 et loi du 30 avr. 1806.

RENVOIS.

(7) Une décision du 7 pluviôse an 8 assimile aux toiles à matelas celles à carreaux, dont la chaîne est formée de fil de lin ou de chanvre, et la trame de fil de coton. On fabrique en Suisse une toile à carreaux nommée *siamoise*, servant à l'habillement des femmes de campagne et à faire des matelas: c'est cette toile dont il s'agit dans la décision. (*CA.* 11 pluviôse 8.) Cette toile, comme contenant du coton, me paroit devoir suivre actuellement la prohibition ordonnée par la loi du 30 avril 1806 sur les toiles de coton ou de fil et coton.

(8) Les coutils rayés points ou teints en telle partie que ce soit, payent comme toiles teintes et peintes. (*Décision du 2 ventôse 12*.) Ceux en coton sont prohibés.

(9) Les toiles ajamis bleues du Levant payent comme toiles à chapeaux. (*D. 2 messidor an 5.*)

(10) Les toiles cirées peintes pour tapisseries doivent comme tapisseries peintes.

(11) Avant la prohibition, elles n'étoient admissibles même que par certains bureaux.

Les toiles de coton brochées, brodées ou rayées sont traitées comme mousselines brodées.

Toiles de nankin. [Elles sont d'un jaune écru foncé et fort étroites.]..	La pièce.. (1) Par mètre... Prohibées (2) Par mètre...	0—75 0—25 ...... 0..50	15 mars 1791. 9 floréal 7. DI. 26 vend. 13. DI. 17 pluv. 13 et loi du 30 avr. 1806.
Toiles dites nankinets. [Ce sont les nankins d'Europe.].. (3)	Prohibées........	......	10 brumaire 5.
TOILES de crin, ou Rapatelle. [Espèce de toile plus ou moins claire faite de crin de cheval.]................................	Quintal.....	20..40	15 mars 1791.
TOMBAC, Similor ou Métal de prince et de Manheim. [C'est un alliage de cuivre et de zinc formé par la fusion directe et simultanée des deux métaux. Il est cassant, de couleur d'or, et susceptible d'un beau poli.]............................	Quintal.....	15..30	15 mars 1791.
Celui ouvragé ; en feuilles ; en calottes de boutons, gratté ou non..	Quintal..... Prohibé.....	36—72	15 mars 1791. 10 brumaire 5.
TORMENTILLE. [Racines de deux plantes de ce nom ; qui ne diffèrent que par la grosseur et le foncé de leurs couleurs : elles sont en tubercules raboteux, peu fibreux, plus ou moins droits, de couleur obscure en dehors, rougeâtres en dedans, et d'un goût astringent.]..	Quintal.....	2.. 4	15 mars 1791.
TOURBES. [Mottes d'un brun noirâtre ; propres au chauffage ; faites de terreau altéré dans l'eau.]................................	Exemptes... Droit de bal.	....	15 mars 1791. 24 nivôse 5.
TOURNESOL ou Maurelle en drapeaux. [Ce sont des morceaux de toile imbibés et empreints d'une teinture rouge préparée avec le suc du croton teignant et un peu de liqueur urineuse. Celui de Constantinople est du crépon ou toile teinte en rouge avec la cochenille.]..	Exempt..... Droit de bal.	....	15 mars 1791. 24 nivôse 5.
TOURNESOL en pâte. [C'est une pâte ou laque sèche préparée avec le lichen parelle, l'urine, la craie et la potasse : sa couleur est bleue ; elle vient en pains ou en morceaux.]............	Quintal.....	10.. 0	DI. 14 fév. 1806 et loi du 30 avr. 1806.

RENVOIS.

TOILES de batiste. *V.* Batiste.
TOILES ouvrées. *V.* Linge.
TÔLE. *Voyez* Fer et Ouvrages en tôle.
TORTUE (Ecailles de). *Voyez* Ecailles.

(1) La pièce de Nankin étoit indiquée être de 5 aunes ou 5 mètres 75 centimètres.
(2) Ce décret du 26 vendémiaire an 13 n'exceptoit que ceux provenant des prises faites sur les ennemis de l'État, lesquels pouvoient entrer en payant les droits.
(3) Les nankins d'Europe n'étant autre chose que des nankinets dont l'importation fut prohibée par la loi du 10 brumaire an 5, il a été décidé le 7 messidor an 12 que les nankins des Indes seroient seuls admis à l'entrée.

Tours et Étaux d'horlogers. [Ce sont des machines composées dont l'une a été décrite à *étaux*. Les tours servent à façonner en rond différentes fournitures d'horlogerie.].................. *Comme* omis. (*DM.* 22 nivôse 7.)	Par 100 *fr.*.	10..0	22 août 1791.
Truffes *fraîches*. [Sorte de champignons dont la couleur est noirâtre et la surface couverte de tubercules prismatiques : de forme globuleuse irrégulière et d'odeur pénétrante et succulente.].........	*Quintal*.....	36..72	15 mars 1791.
Celles *sèches*. [Ce sont les plantes ci-dessus coupées par tranches et ainsi desséchées.]...................	*Quintal*.....	20..40	15 mars 1791.
Turbith. [C'est une racine communément séparée de sa moelle, ligneuse, desséchée, coupée en morceaux oblongs, compactes, de la grosseur du doigt, résineux, bruns ou gris en dehors, blanchâtres en dedans, d'une saveur âcre et nauséabonde.].............	*Quintal*.....	10..20	15 mars 1791.
Tussilage, ou *Pas-d'âne*. [Plante dont les fleurs jaunes ressemblent à celles du pissenlit ; elles croissent avant les feuilles, qui sont grandes, larges, anguleuses, presque rondes, vertes en dessus, blanchâtres et cotonneuses en dessous.].........	*Quintal*.....	2..4	15 mars 1791.
Tutie. [Espèce de suie métallique comme la calamine. Celle-ci est en écailles voûtées ; dure, grise et chagrinée en dessus.]....	*Quintal*.....	2..4	15 mars 1791.
Usnée. [Sorte de lichen ou mousse d'arbre à tiges filamenteuses ramassées en touffes ou pendantes. Sa substance est spongieuse, molle et souple lorsqu'elle est humide : elle est cassante lorsqu'elle est sèche.].............	*Quintal*.....	2..4	15 mars 1791.
Vanille, ou *Badille*. [Fruit du vanillier qu'on apporte du Mexique et du Pérou. Ces fruits, tels qu'on les voit dans le commerce, sont des espèces de siliques ayant six à sept pouces de longueur, d'un roux brun, un peu aplaties d'un côté, larges de près de quatre lignes, et se divisant en deux valves dans leur longueur. La pulpe qu'elles renferment est roussâtre, remplie d'une infinité de petits grains noirs, luisans. Elle est un peu âcre, grasse et a une odeur suave.]............	*Kilogramme*. *Kilogr. net*..	12—24 12..24	15 mars 1791. AC. 9 nivôse 11 et loi du 8 floréal 11.
Vélin. [Il est plus uni, plus lisse et plus fin que le parchemin. Il est fait de peaux d'agnelins morts-nés qu'on ne passe pas à la chaux.].......	*Quintal*.....	12..24	15 mars 1791.

Tourteaux de navette, etc. *V.* Pains de navette.
Toutenague. *Voyez* Zinc.
Trèfle (Graine de). *Voyez* aux Graines.
Tresses. *Voyez* Rubans et Passementerie.
Tricots. *Voyez* Draperies.
Tripes de morue. *V.* aux Poissons de mer.
Tripoli. *Voyez* Craie.
Trompes, Trompettes et Tympanons. *V.* Instrumens de musique.
Tuiles. *Voyez* Briques.
Tuiles. *Comme* Marchandises angloises. (*CD.* 1 *juillet* 1806.)
Turquoises. *Voyez* Draperies.
Vaches. *Voyez* Bestiaux.
Veaux. *Voyez* Bestiaux.
Velanède. *Voyez* Avelanède.
Velours de coton. *Voyez* Draps.
Velours de soie. *V.* Etoffes de soie.

Entrée. 137.

VENDANGES et *le Moût*. [On nomme *vendanges* les raisins tels qu'on les recueille pour faire le vin. Le *moût* est le jus exprimé du raisin ; en un mot, du vin doux et nouvellement fait.] .... (1)	Comme *fruits crads*. *Les deux tiers du droit sur le vin*.	....	L. 25 fructidor 6. DM. 4 vend. 12 et loi du 22 vent. 12.
VERJUS. [Liquide extrait d'une variété de raisins qui est très-acide.]..	*Les 268 litres*.	6.. 0	15 mars 1791.
VERMEIL. [Composition de gomme gutte, de vermillon et d'autres ingrédiens. Le *vermeil doré* se fait avec de l'or amalgammé avec le mercure. Ces couleurs servent aux orfévres et aux peintres.]	*Quintal*.....	20..40	15 mars 1791.
VERMILLON. [C'est du cinabre artificiel réduit en une poudre très-fine. Il y a aussi du vermillon natif : tous deux sont d'un rouge vif.]	*Quintal*..... Idem......	20—40 100.. 0	15 mars 1791. DI. 17 pluv. 13 et loi du 30 avr. 1806.
VERNIS *de toutes sortes*. [On donne ce nom dans les arts à toute matière liquide dont la propriété, après sa dessication, est de garantir les métaux, bois, papiers, etc., des influences de l'air et de l'eau. Ils sont en général composés d'esprit-de-vin et de gommes ou résines.]	*Quintal*.....	40..80	15 mars 1791.
VERRE *de Moscovie*. [On a donné ce nom au *Mica* à grandes lames. C'est une substance minérale qu'on emploie au lieu de verres pour les fenêtres des vaisseaux.]	*Exempt*..... *Droit de bal*.		15 mars 1791. 24 nivôse 5.
VERRES *cassés* ou *Groisil*. [On nomme *groisil*, dans la verrerie, le verre cassé et les morceaux de glace.]	*Exempts*.... *Droit de bal*.		15 mars 1791. 24 nivôse 5.
VERRES *en bouteilles*. [Ce qui s'entendoit d'abord des bouteilles de verre noir pleines ou vides ; depuis le 17 pluviôse an 13 l'entrée n'est permise qu'aux bouteilles pleines.] .... (2)	*Le 100 en N*. *Prohibés*..... *Le 100 en N*.	4— 0 12.. 0	15 mars 1791. 10 brumaire 5. DI. 17 pluv. 13 et loi du 30 avr. 1806.

RENVOIS.

VÉNUS (Régule de). *Voyez* à Régule.
VERGETTES. *V*. Brosserie.
VERMICEL. *Voyez* Pâtes.
VÉRONIQUE. *V*. Vulnéraires.

(1) Excepté quand ils proviennent de vignes possédées par les François sur territoire étranger voisin des départemens de la rive du Rhin et de ceux de Marengo, de la Sésia, de la Doire, du Tanaro et de la Stura. (22 *ventôse* 12.) Ils ne payent alors que le droit de balance.

Pour faciliter la perception, il sera pris trois tonneaux de vendange ou moût pour un tonneau de vin. (*DM*. 4 vendém. an 12.)

(2) Les bouteilles vides restent prohibées et ne peuvent même être admises sous prétexte qu'on veut les remplir de vin destiné pour l'étranger ; car en faisant usage de ces bouteilles sur le territoire françois, on éluderoit les dispositions de la loi, qui a voulu favoriser les verreries nationales. (*DM*. 22 germinal 5.) Une lettre du ministre des Finances à celui de l'Intérieur, du 2 messidor an 5, confirme cette décision.

Pour les bouteilles françoises revenant de l'étranger, *voyez* la note à Marchandises de retour.

Verres *en vases* servant à la chimie. [Ces verres sont de formes très-variées, mais peu usités; ils sont, par cela seul, très-faciles à distinguer des autres.]	Par 100 *fr.* *Prohibés*	5— 0	15 mars 1791. 10 brumaire 5.
Verreries et Cristaux *de toutes espèces*, à l'exception de ceux tarifés et des verres servant à la Lunetterie et à l'Horlogerie.].. (1)	*Prohibés* Idem	....	15 mars 1791. 10 brumaire 5.
Vert-de-gris *sec et en poudre*. [Combinaison de l'oxide de cuivre avec l'acide du vinaigre. La rouille verte qui s'engendre sur le cuivre est du vert-de-gris : on la racle et on l'envoie en poudre ou en pains dans des sacs de peaux ou en tonneaux.]	Quintal	15..30	15 mars 1791.
Celui cristallisé. [Il est clair, transparent, et à-peu-près comme le sucre candi ; c'est la substance ci-dessus mise en cristallisation.]	Quintal	20..40	15 mars 1791.
Celui humide. [C'est du vert-de-gris étendu dans de l'eau pour servir à la peinture.]	Quintal	6..12	15 mars 1791.
Vert *de montagne.* [Carbonate de cuivre vert, tantôt compacte et tantôt pulvérulent : il est ordinairement mêlé de parties terreuses.]	Quintal	15..30	15 mars 1791.
Vert *de vessie.* [Ce sont des baies de nerprun réduites en pâte dure qu'on enveloppe dans des vessies : elles donnent un beau vert dont se servent les peintres et les teinturiers.]	Quintal	20..40	15 mars 1791.
Vez-cabouli. [Racine médicinale des Indes. On la tire de Surate ; elle s'emploie aussi en teinture.]	Quintal	6..12	15 mars 1791.
Viande *fraiche.* [On désigne sous ce nom la chair des animaux que les hommes ont reconnu propre à leur servir de nourriture.]	......	......	......

RENVOIS.

Verre d'antimoine. *Voyez* Antimoine préparé.
Verre (Grains de). *Voyez* la note à Mercerie.
Verroux en fer. *V.* la note 2 de la page 97.
Vers à soie (Graine de). *Voyez* aux Graines.
Vestes de peaux. *Voyez* Ouvrages en peaux.
Viandes salées. *Voyez* Chairs salées.
Vielles. *V.* Instrumens de musique.
Vieux linges. *Voyez* Drilles.
Vif-argent. *Voyez* Mercure.
Vin (Lie de). *Voyez* Lie.

(1) Les glaces et miroirs sont tarifés particulièrement. *Voyez* Glaces.
Les verres servant à la lunetterie payent, dans certains bureaux, comme instrumens d'astronomie, d'optique, etc. ; et dans d'autres on perçoit 10 pour 100 de leur valeur comme omis : c'est à l'autorité à décider lequel de ces deux droits est le plus applicable.

Vinaigre. [Liqueur aigrie. On fait du vinaigre de vin, de cidre, de bière, et généralement de tous les sucs des végétaux qui ont subi d'abord la fermentation spiritueuse.]................	Les 268 litres. Le litre.....	3— 0 0..10	15 mars 1791. DI. 17 pluv. 13 et loi du 30 avr. 1806.
Vins. [Liqueur tirée par expression du fruit de la vigne. Les vins sont ou rouges ou blancs et servent de boisson.] (1) Ceux *ordinaires*, en *bouteilles*................. (2)	268 litres. Le litre.....	60— 0 0..25	15 mars 1791. DI. 17 pluv. 17 et loi du 30 avr. 1806.
Ceux *ordinaires*, en *futailles*................. (3)	268 litres. Le litre.....	25— 0 0..25	15 mars 1791. DI. 17 pluv. 13 et loi du 30 avr. 1806.
Ceux *de liqueur*, tels que de Malaga, Pakaret, Kérès, Rota, Alicante, Constance, du Cap, de Madère, de Tokay et autres, soit qu'ils entrent en futailles ou en bouteilles................................. (4)	Le litre..	1.. 0	DI. 17 pluv. 13 et loi du 30 avr. 1806.
Viorne ou *Hardeau* (*Feuilles et baies de*). [Elles croissent sur un arbrisseau ; les feuilles, semblables à celles de l'Orme, sont velues, crénelées ; les baies sont molles, presqu'ovales, noires, et contiennent une semence fort aplatie, large, cannelée et presqu'osseuse.]...................................	Quintal....	2.. 4	15 mars 1791.
Vipères *vivantes et sèches*. [Genre de reptiles dont le caractère consiste à avoir des plaques transversales sous le ventre, deux rangs de demi-plaques sous la queue, et des crochets à venin à l'extrémité antérieure de la mâchoire supérieure.]......	Le 100 en N.	5.. 0	15 mars 1791.
Visnage (*Taille de bisnague* ou). [Sortes de cure-dents faits des petites branches de l'arbre de ce nom taillées par les deux bouts : ils sont en général d'une couleur blonde.]................	Quintal.....	12..24	15 mars 1791.
Vitriol *blanc*. [Sulfate de zinc. C'est la même chose que la couperose blanche.].................................	Quintal... Idem...... Idem......	15—30 1—53 15..30	15 mars 1791. 12 pluviôse 3. 3 frimaire 5.

RENVOIS.

Vincetoxicum. *Voyez* Contrayerva blanc.
Violette. *Voyez* Fleurs de violette.
Violons. *V.* Instrumens de musique.
Vipère (Sel de). *Voyez* aux Sels.
Vis à bois. *V.* la note 2 de la page 97.
Vitriol bleu. *Voyez* Couperose.

(1) Les habitans de la rive gauche du Rhin, possesseurs de vignes sur la rive droite avant le 1 vendémiaire an 13, pourront y faire leur vin et importer chaque année, jusqu'au 1 nivôse, le produit de leur récolte; ils en préviendront le directeur des Douanes. (*DI. 9 vendémiaire an 13*, *et Loi du 1 pluviôse an 13*.)
(2) Indépendamment de ce droit, celui sur les bouteilles est aussi perceptible.
(3) Les vins importés en futailles sans emballage ni doubles fonds, depuis Port-Louis jusqu'à la pointe septentrionale du département du Bas-Rhin, et ceux par les bureaux de terre frontière d'Espagne, depuis Mont-Louis inclusivement, jusqu'à St.-Jean-Pied-de-Port aussi inclusivement, ne payoient que 12 fr. par muid de 268 litres. (1 *août* 1792, *et Arrêté du 5 fructidor an 6.*) Ces dispositions locales sont annullées par suite du décret du 17 pluviôse an 13.
(4) Le vin de Pedro est passible du droit d'un franc par litre, fondé sur ce que ce vin a été reconnu et de l'espèce de Ximenès, et que quoique travaillé avec du sucre de la Havane, qui lui donne un goût sirupeux, il n'en conserve pas moins sa qualité de vin d'Espagne fin. Cependant il ne paiera que comme vin ordinaire à la douane d'Anvers. (*DM. 5 frim. an. 14.*)
Les vins qui proviennent des vignobles que l'hospice de Genève possède à Celi-

Vitriol *de Chypre*. [Sulfate de cuivre. C'est une couperose bleue.]....	*Quintal*.....	7—65	15 mars 1791.
Sera traité comme Couperose bleue..........			1 août 1792.
Vitriol *rubifié* ou *Calcantum*, ou *Colcotar*. [C'est le vitriol naturel qui vient d'Allemagne et de Suède en pierres d'un rouge brun.].............................	*Quintal*.....	4..59	15 mars 1791.
Voitures *vieilles ou neuves*, excepté celles servant aux voyageurs, sous la condition du retour............................ (1)	*Par* 100 fr... *Prohibées*...	12— 0	15 mars 1791. 10 brumaire 5.
Volaille. [Dénomination générique sous laquelle on comprend les oiseaux domestiques que l'on nourrit dans les basses-cours.]..	*Exempte*.... *Droit de bal.*	——	15 mars 1791. 24 nivôse 5.
Vulnéraire. [On donne ce nom à un mélange d'herbes aromatiques sèches, telles que véronique, pervenche, sanicle, bugle, etc. On les appelle aussi *faltranck*.].........................	*Quintal*.....	4.. 8	15 mars 1791.
Yeux d'écrevisses ou *Oculi cancri*. [On appelle ainsi deux petits demi-hémisphères crétacés qu'on trouve sous le corcelet des écrevisses à l'époque où elles vont changer de test. Ils sont de couleur blanche.]............................	*Quintal*.....	8..16	15 mars 1791.
Zédoaire. [Racine médicinale dont il y a deux espèces : celle nommée *longue* est tuberculeuse, dense et solide, d'un goût âcre, amer et aromatique ; elle a une légère odeur de gingembre ou de camphre mêlée de celle de laurier. La *ronde* ne diffère de celle-ci que par sa forme sphérique ; elle est un peu raboteuse, et se termine quelquefois en pointe.].......................	*Quintal*.....	18..36	15 mars 1791.
Zinc ou *Toutenague*. [Il ne se présente jamais sous la forme de métal vierge ou natif ; il est toujours à l'état d'oxide, soit simplement combiné avec l'oxigène, comme dans la *calamine* ; soit avec le soufre, comme dans la *blende* ; soit enfin avec les acides sulfurique ou carbonique ; mais il est rare de le trouver dans ces deux derniers états. Le *zinc*, qu'on obtient par le moyen de l'art à l'état de régule ou métal pur, est de couleur gris de plomb clair, tirant au bleuâtre. Sa contexture est lamelleuse, et sa cassure présente de larges facettes. Celui en petits lingots se nomme *Toutenague* dans le commerce.].................	*Exempt*..... *Droit de bal.*	——	15 mars 1791. 24 nivôse 5.

FIN DU TARIF D'ENTRÉE.

RENVOIS.

Vivres. *Voyez* la note à Munitions.
Volans. *Voyez* à Mercerie.
Vrilles. *Voyez* à Quincaillerie.
Vues d'optique. *V.* Instrumens d'optique.
Xilo-balsamum. *V.* Aloès et Carpobalsamum.
Zaphre. *Voyez* Safre.

gny, peuvent arriver à Genève en exemption de droits. (*Déc.* 22 *vend. an* 8.)
(1) Pour concilier les besoins des voyageurs avec cette prohibition, il a été arrêté que ceux-ci consigneroient à la Douane de leur passage le tiers de la valeur de leur voiture. Lors de la sortie, le quart de cette valeur sera immédiatement remboursé, et la somme restante sera portée en recette définitive comme droit acquis. La condition du retour des voitures à l'étranger ne peut excéder trois années, ou si la somme consignée n'est pas redemandée dans les deux premières années, il n'y a lieu à aucun remboursement. (*CD.* 7 *fructidor* 10.)

TARIF DES DOUANES

A L'EXPORTATION.

Il sera perçu 15 centimes par 100 francs de valeur, sur les objets dont la sortie est permise, et qui ne sont pas assujétis à des droits (*Loi du 24 nivôse an* 5). Ainsi toutes les marchandises non-comprises dans l'État ci-après, doivent ce droit de balance du commerce.

Le droit additionnel de 10 centimes par franc, sur les perceptions de douanes et de navigation, établi par la loi du 6 prairial an 7, et prorogé depuis, doit également être perçu à l'exportation, tant sur les marchandises tarifées que sur celles qui ne sont sujètes qu'au droit de balance.

Les Décrets qui établissent des prohibitions à la sortie, ne sont point applicables aux expéditions pour les Colonies françaises d'Amérique, ni pour les Iles de France et de la Réunion, à la charge d'en assurer la destination par acquit-à-caution. (*Loi du 3 sept. 1793.*)

MARCHANDISES.		QUOTITÉ des DROITS.	DATES DES LOIS.
		fr. c.	
ACIER *non ouvré*, ou simplement *fondu*. [Composé de fer et de charbons purs, plus blanc et d'un grain plus fin que le fer. Celui *fondu* est produit par la fonte de l'acier de *cémentation*: c'est le plus parfait ; il se reconnoît en ce qu'il est si bien martelé, qu'on le croiroit laminé.]	Prohibé.... Idem..... Quintal.... Idem.....	.... 5—10 0..50	15 août 1793. 19 thermidor 4. 24 nivôse 5. 9 floréal 7.
ACIER *ouvré* (1), non compris dans la *Mercerie* et la *Quincaillerie*... Celui en menus ouvrages............................ Toute espèce d'acier ouvré	Prohibé.... Quintal.... Idem.....	.... 2—55 0..50	12 pluviôse 3. 19 thermidor 4. 9 floréal 7.

RENVOIS.	OBSERVATIONS.
ABLETTE. *Voyez* Écaille d'Ablette.	(1) On entend par Acier ouvré, celui qui a reçu quelque main-d'œuvre particulière.

AGNEAUX. [Sont réputés Agneaux, les Moutons qui ont moins d'un an.]	Pièce......	0—15	15 mars 1791.
Comme bestiaux dont l'autorisation de sortie n'est pas nominativement désignée par les lois............ (1)	Prohibés.... Idem...... Idem......	— .. — .. — ..	1 mars 1793. 12 pluviôse 3. 19 thermidor 4.
ALUN. [Espèce de sel fossile et minéral, cristallisé par la fabrication. Ceux de *Rome* et du *Levant* sont rougeâtres; les autres sont blancs.]	Prohibé.... Idem...... Quintal....	— .. — .. 2.. 4	12 pluviôse 3. 19 thermidor 4. 24 nivôse 5.
Celui des fabriques du département de l'*Ourthe*..... (2) Exporté par le départem. de la *Roër*. (*DM. 8 fruct. 8.*)..	Quintal.... Idem......	10—20 1.. 2	19 thermidor 4. 24 nivôse 5.
AMIDON. [Pâte sèche, blanche et friable, fabriquée avec de la farine, et dont on fait de la colle, de l'empois, de la poudre à poudrer, etc.]	Quintal.... Prohibé....	2— 4 — ..	24 nivôse 5. LM. 15 floréal 8.
Peut sortir depuis *Clèves* jusqu'à *Genève*............ Par les *frontières de terre*, à destination des *États neutres* ou *amis*................................. (3)	Quintal.... Idem......	2— 4 2.. 4	DM. 2 brum. 12. LM. 14 mars 1806.
AMURCA. [C'est le marc de l'huile d'olives.]..............	Quintal....	1.. 2	15 mars 1791.
ANES et ANESSES...	Pièce......	0..25	15 mars 1791.
ARDOISES. [Pierre bleuâtre très-mince, propre à couvrir les maisons.] Par les départemens correspondant à ceux du *Nord* et des *Ardennes*...	Le mille en N.	1.. 0	1 août 1792.

RENVOIS.

AGRÈS et APPARAUX. *Voyez* Mats et Munitions navales.
ALISARI. *Voyez* Garance.
ALPISTE. *Voyez* Graines de mil et millet.
ARCANSON. *Voyez* Brai sec.

(1) Dans quelques Directions, entre autres dans celle de Clèves, la permission de sortie accordée aux moutons et brebis est étendue aux agneaux et aux béliers, en vertu, dit-on, d'une réponse verbale du ministre. Dans le doute, nous en avons laissé exister la prohibition déterminée par les lois citées ci-dessus, attendu que le décret du 17 pluviôse an 13, ne nommant que les *moutons* et *brebis*, nous n'avons pas cru pouvoir nous autoriser à appliquer cette sortie à ce qu'il ne dénommoit pas positivement. Le devoir que nous nous sommes imposé de ne tarifer qu'en vertu de dispositions légales, fait que nous ne nous permettons aucune assimilation; nous nous bornons à indiquer, *par notes*, les différens régimes, lorsqu'il y a discordance dans les Directions sur une même marchandise.

(2) Il doit être accompagné d'un certificat d'origine, signé d'un officier municipal. Depuis que le département de la *Roër* couvre celui de l'*Ourthe*, c'est par ce premier département que peut sortir l'alun des fabriques du département de l'Ourthe.

(3) Les Amidons et Poudres à poudrer, qui, pour aller à leurs destinations, doivent descendre le *Rhin*, seront accompagnés d'un acquit-à-caution qui devra être déchargé par les magistrats du pays neutre ou ami de la France que le déclarant indique. Dans les autres cas, la sortie étant immédiate, la formalité de l'acquit-à-caution est sans objet.

ARGENT et OR (toute espèce de matières d'). [L'*or* est le plus parfait, le plus pesant et le plus ductile de tous les métaux. L'*argent* est le métal le plus précieux après l'or.]	*Prohibées*...	———	15 septemb. 1792.
	Idem......	———	19 thermidor 4.
	Droit de bal.	———	AC. 17 prairial 10.
Non travaillées.............................	*Prohibées*...	———	AC. 23 ventôse 11.
ARGENT et OR MONNOYÉS, soit au type de *France*, soit au type étranger (piastres comprises)............ (1)	*Prohibés*...	———	5 septemb. 1792.
	Idem......	———	19 thermidor 4.
	Droit de bal.	———	AC. 17 prairial 10.
	Prohibés...	———	AC. 21 ventôse 11.
ARMES DE CALIBRE et ARMES A FEU de guerre............ (2)	*Prohibées*...	———	22 août 1792.
	Idem......	———	12 pluviôse 3.
	Idem......	———	19 thermidor 4.
	Idem......	———	LM. 23 ventôse 12.
ARMES DE LUXE, comme Pistolets, Fusils de chasse, Épées et Couteaux de chasse................... (3)	*Par 100 fr.*.	5— 0	19 thermidor 4.
	Idem......	0—50	24 nivôse 5.
	Prohibés...	———	DM. 5 therm. 12.
N. B. Les Armes de luxe de la fabrique de *Liége* dont le calibre n'excède pas 22 à la livre, peuvent s'exporter par les bureaux d'*Anvers*, *Venloo* et *Cologne* en payant...	*par 100 fr.*.	0—50	DI. 9 vendém. 13.
Elles seront marquées d'*EX* à la culasse, et sortiront aussi par *Verceil*...............	Idem......	0—50	1 pluviôse 13.
Celles ci-dessus et autres dont l'exportation seroit permise.	Idem......	5.. 0	DI. 17 pluv. 13, et loi du 30 avr. 1806.
AVIRONS DE BATEAUX. [Longues pièces de bois dont une partie est plate et l'autre ronde]............	*Exempts*...	———	1 août 1792.
	Droit de bal.	———	24 nivôse 5.

RENVOIS.

ARGENT et OR TRAVAILLÉS. *Voyez* Ouvrages d'Orfèvrerie ou de Bijouterie.
ASPHALTE. *Voyez* Graisse.
AVELANÈDE. *Voyez* la note à TAN.

(1) Les prisonniers de guerre étrangers, retournant dans leur patrie, peuvent sortir avec une somme qui n'excédera pas trois mois de leur solde. (*A.* 16 *fruct.* 3.)
Mais les voituriers et tous les autres particuliers, ne peuvent exporter de plus fortes sommes en numéraire que celles qu'ils ont importées de l'étranger, et dont ils ont fait constater la quotité par une déclaration au premier bureau d'entrée. (*D.* 2 *germ.* 4.)
Il ne doit être exporté aucune somme en numéraire que sur des permissions du Gouvernement; néanmoins les voyageurs sont admis à présenter des soumissions duement cautionnées de faire rentrer, dans un délai qui ne doit pas excéder trois mois, les sommes en numéraire nécessaires à leurs besoins. (*DM.* 22 *prairial* 4.)
Les capitaines étrangers qui apportent des denrées et marchandises à la foire de Beaucaire, peuvent exporter en numéraire le prix de leur fret, et non de leurs marchandises, qu'ils ont la faculté d'échanger contre nos productions. (*L.* 2 *therm.* 4.)
L'exportation des piastres par transit et pour compte du gouvernement espagnol, a été autorisée par arrêté consulaire du 4 prairial an 11. Il y a aussi exception à la prohibition pour les monnoies, servant de subdivision aux écus au type d'Allemagne qui circulent d'un bord du Rhin à l'autre: elles peuvent sortir en payant le droit de balance. Mais une lettre du Ministre des finances, en date du 27 messidor an 13, à M. le Directeur général, prescrit de s'opposer à la sortie des couronnes impériales dites de Brabant, et des ducatons.
(2) Une décision du Ministre des finances, du 12 prairial an 7, déclare que les armures anciennes sont exceptées, comme objets d'arts, de la prohibition de sortie. — Les canons de fusil sont compris dans la prohibition. (*LM.* 23 *vent.* 12.) Les fusils dits *de traite*,

SORTIE. 3.

Béliers... (4)	Pièce.....	0—50	15 mars 1791.
	Prohibés...	...—...	1 mars 1793.
Comme bestiaux dont l'autorisation de sortie n'est pas nominativement désignée par les lois...............	Idem......	...—...	12 pluviôse 3.
	Idem......	...—...	19 thermidor 4.
Bestiaux. [Comme Taureaux, Boucs, Béliers, etc.].............	Prohibés...	...—...	1 mars 1793.
	Idem......	...—...	12 pluviôse 3.
Sauf les exceptions portées à leurs lettres.............	Idem......	...—...	19 thermidor 4.
Beurre. [Crème épaissie à force d'être battue, servant à la cuisine.].	Prohibé....	...—...	1 mars 1793.
	Idem......	...—...	12 pluviôse 3.
	Idem......	...—...	19 thermidor 4.
Excepté celui des dép. réunis, du *Mont-Blanc* et de l'*Ain*.	Quintal....	5—10	Même loi.
des mêmes départemens..................	Idem......	1— 2	24 nivôse 5.
de tous autres départemens.............	Idem......	5—10	Même loi.
Par tous les départemens.....................	Prohibé....	...—...	AC. 5 frimaire 9.
Idem.................................	Quintal....	5—10	AC. 13 germin. 9.
Par mer.......................................	Prohibé....	...—...	AC. 8 pluviôse 10.
Par tous les départemens.....................	Quintal....	5—10	LD. 1 germin. 10.
Par les départemens maritimes...............	Idem......	5— 0	8 floréal 11.
Par tous les départemens.....................	Prohibé....	...—...	AC. 25 fruct. 11.
Par toutes les frontières.....................	Idem......	...—...	22 ventôse 12.
Bœufs...	Pièce.....	1— 0	15 mars 1791.
	Prohibés...	...—...	1 mars 1793.
Comme bestiaux dont la sortie n'est pas nominativement autorisée par toutes les frontières................	Idem......	...—...	12 pluviôse 3.
	Idem......	...—...	19 thermidor 4.
Peuvent sortir pour l'*Espagne*.......................	Pièce.....	1—50	24 nivôse 5.
Egalement pour le *Piémont* et l'*Helvétie*, par les bureaux du *Mont-Terrible*............	Idem......	1—50	9 floréal 7.
Aussi par les départ. de la *Doire*, de la *Sésia*, du *Pô*, du *Tanaro*, de la *Stura* et de *Marengo*; mais paieront, ainsi que ceux pour les pays ci-dessus............ (5)	Idem......	12.. 0	DI. 17 pluv. 13 et loi du 30 avr. 1806.

Sortie: 4.

RENVOIS.

Barbues. *Voyez* la note à Vins en bouteilles.
Bateaux. *Voyez* la note à Navires.
Batimens de mer. *Voyez* Navires.
Batiste. *Comme* Toile.
Bijouterie. *Voyez* Ouvrages de Bijouterie.
Biscuit de mer. *Voyez* Pain.
Bitume minéral. *Voyez* Graisse d'asphalte.
Boîtes de montres. *Voyez* la note à Ouvrages d'horlogerie.

ne pourront être exportés, jusqu'à la paix générale, qu'après une permission du Ministre de la guerre. (30 avril 1806.)
(3) Cette dénomination n'est applicable qu'aux armes enrichies et damasquinées. (*Lett. du Min. de la guerre du 23 ventôse 12.*) Elle ne s'étend pas aux armes de calibre, qui, de quelque espèce qu'elles soient, sont prohibées. (*D. 14 therm. 12.*)
Toutes portions d'armes sont également prohibées. (*D. 8 vendém. 14.*)
Les armes d'honneur que le Gouvernement accorde aux guerriers qui se sont distingués, peuvent sortir sur présentation, par les courriers, du certificat du Ministre de la guerre indiquant leur destination. (*Lett. du Min. du 26 floréal 8.*)
Les fusils et pistolets à vent sont déclarés compris dans les armes offensives dangereuses, cachées et secrètes, dont la fabrication, l'usage et le port sont interdits par les lois. (*DI. 2 nivôse 14.*)
Les armes blanches, enrichies ou non, suivent la prohibition qui frappe les autres armes. (*DM.... mars 1806.*)
(4) *Voyez* la note 1 à la page 2.
(5) Les dispositions énoncées dans la note des Mules et Mulets sont communes aux Bœufs et Vaches.

Bois à *brûler* et de *construction* navale ou civile................		Prohibé.....	15 mars 1791.
		Idem.......	12 pluviôse 3.
		Idem.......	19 thermidor 4.
		Idem.......	AC. 2 therm. 11.
	(1)	Prohibé.....	22 ventôse 12.
Bois des rives du *Rhin*, de la *Lys* et de l'*Escaut*, pour la *Hollande*. (2 et 4)	Par 100 *fr*..	5— 0	AD. 25 brum. 7.
Bois de Pin et de Sapin ; des frontières d'*Espagne*.			
Pour les Planches de 10 pieds et au-dessous.... (3 et 4)	Le mille en N.	25— 0	19 thermidor 4.
	Idem......	6—25	24 nivôse 5.
Pour les Poutres, *idem*..........................	Pièce.......	0—50	19 thermidor 4.
(5)	Idem......	0—12½	24 nivôse 5.
Pour les Solives, *idem*..........................	Pièce.......	0—10	19 thermidor 4.
(5)	Idem......	0— 2½	24 nivôse 5.
Bois en *Planches* ou autrement *ouvrés* (*ne pouvant servir à la construction navale*), sortant des départemens des *Vosges*, des *Deux-Nèthes*, de la *Meuse-Inférieure*, de l'*Ourthe*, des *Forêts* et de la *Moselle*, de la vallée de *Lucelle*, du canton de *Gex* et du *Mont-Blanc*..................................	Par 100 *fr*..	5— 0	19 thermidor 4.
	Idem......	5.. 0	24 nivôse 5.
Bois à la *Poignée*, depuis *Saint-Gingolf* jusqu'à *Thonon* inclusiv.. (6)	Par 100 *fr*..	5.. 0	24 nivôse 5.

(1) La loi du 22 ventôse an 12 ne faisant d'exception que celle ci-dessous indiquée à la note 4, l'osier se trouve dans la prohibition. (*Décis. du DG. du 26 ventôse* 12.)

Un décret impérial, du 8 juillet 1806, permet cependant la sortie des Osiers pour la Hollande par le seul port d'*Anvers* moyennant un droit de 5 pour 100 de la valeur.

(2) Ces bois doivent être accompagnés d'un certificat des agens de la marine, attestant qu'ils ne proviennent pas de ceux marqués et réservés pour la marine française. (*DM. 6 messid. 7.*) Ainsi tous les bois en planches ou autrement ouvrés, qui pourroient faire naître des doutes sur leur véritable usage, ne doivent sortir qu'accompagnés de ce certificat. (*Circul. de l'Adm. du 9 messid. 7.*)

Les bois de toute espèce pourront être expédiés sous acquit-à-caution par le *Rhin*, et transiter en Hollande, à la destination du territoire français. (1 *pluv.* 13.)

Les bois de toutes sortes nécessaires à la défense de l'île de Valcheren, peuvent sortir par *Anvers*, sur l'état qui, visé par le chef du génie à Flessingue, sera présenté au receveur d'Anvers par l'entrepreneur des travaux. (*D.* 9 *brumaire* 13.) Le droit est de 5 pour 100 de la valeur; ils seront expédiés par acquit-à-caution, qui sera déchargé par le chef des Douanes à Flessingue.

(3) Ils devoient être accompagnés du certificat ci-dessus, et soumission de rapporter certificat d'arrivée du Consul français en Espagne; mais il a été transmis, par circulaire du 29 thermidor an 13, que ces mesures n'auroient plus lieu.

(4) La loi du 22 ventôse an 12, en prohibant la sortie des bois, a excepté les bois de pin et de sapin des départemens frontières d'Espagne et ceux des rives du Rhin, de la Lys et de l'Escaut.

SORTIE. 5.

Désignation	Unité	Droit	Date
Bois *Merrain*. [Planches de chêne pour douves de tonneaux.]... (7)	*Prohibé*.....	..—..	15 mars 1791.
	Idem......	..—..	12 pluviôse 3.
	Idem......	..—..	19 thermidor 4.
	Idem......		DM. 12 floréal 7.
Bois d'*Éclisse*. [Planches fendues pour tamis, seaux, cribles, etc.]...	*Par 100 fr*..	4— 0	15 mars 1791.
	Prohibé.....	..—..	12 pluviôse 3.
	Par 100 fr..	4.. 0	19 thermidor 4.
Bois *Feuillard*. [Ce sont des lattes à faire cercles et cerceaux.]......	*Quintal*.....	3— 6	15 mars 1791.
	Le mille en N.	1—50	1 août 1792.
	Par 100 fr..	4.. 0	19 thermidor 4.
Bois de *Marqueterie*, de *Tabletterie* et de *Buis*................	*Quintal*.....	4— 8	15 mars 1791.
	Par 100 fr..	4.. 0	19 thermidor 4.
Bois d'*Acajou* et d'*Ébène*. [Le bois d'acajou est rougeâtre ; celui d'ébène est noir.]................	*Par 100 fr*..	1— 0	1 août 1792.
Comme Bois de Marqueterie..................	Idem......	4.. 0	19 thermidor 4.
Bois de *Teinture*. [Ce sont le Fustet, l'Inde, le Fustok ; le Brésil et autres dont on tire des couleurs propres pour les étoffes, etc.] En bûches ou éclisses..................	*Exempts*.....	..—..	1 août 1792.
	Par 100 fr..	4.. 0	24 nivôse 5.
Bois de *Teinture* moulus......................	*Exempts*.....	..—..	1 août 1792.
	Par 100 fr..	4.. 0	24 nivôse 5.
	Droit de bal.	..—..	DI. 9 vendém. 13.
	Idem......		1 pluviôse 13.

---

(5) Le dernier tarif a coté les Poutres de sapin à 15 centimes, et les Solives à 5 centimes; mais la loi du 24 nivôse an 5 ne les imposant qu'au quart du droit fixé par celle du 19 thermidor an 4, il en résulte que le quart de cinquante n'étant que de douze et demi, et celui de dix, de deux et demi, nous avons cru devoir suivre ponctuellement le texte de la loi, ne connoissant aucune disposition qui y déroge.

(6) Pendant la durée de la guerre maritime, les planches, bûches et rameaux provenant des bois de l'île de Corse, qui ne sont pas propres aux constructions navales, pourront être expédiés pour l'Italie. (1 *pluviôse* 13.)

(7) Celui en planchettes de la dimension de quatre à dix pouces de large, sur un à deux pieds et demi de long (ancienne mesure), qui se fabriquent à Aersen, département de la Roër, peut sortir en payant 5 pour 100 de sa valeur. (DM. 12 *fruct.* 7.)

Bois de *Parfumerie*. [Ce sont les bois à odeur ; tels que ceux de *Rhodès*, de *Santal*, etc.]	Exempts.... *Droit de bal.*	— 24	1 août 1792. nivôse 5.
Bonneterie. [Ce qui comprend les Bonnets, les Bas et même les Gants tricotés ou au métier, de fil et laine.]	*Prohibée*.... Idem...... Quintal..... Idem... (1)	— — 20..40 1.. 2	15 août 1793. 12 pluviôse 3. 19 thermidor 4. 24 nivôse 5.
Boucs......	Pièce......	0..40	15 mars 1791.
Comme bestiaux dont l'autorisation de sortie n'est pas nominativement désignée par les lois.............	*Prohibés*.... Idem...... Idem......	— — —	1 mars 1793. 12 pluviôse 3. 19 thermidor 4.
Bourdaine. [Arbrisseau dont le bois réduit en charbons entre dans la composition de la poudre à canon.] *Sera traitée comme* Bois ou Charbon (B).	*Prohibée*....	—	15 mars 1791. 19 thermidor 4.
Bourre et Ploc de *Bœuf*, de *Vache*, de *Cerf* et autres communes...	Quintal.....	4.. 8	15 mars 1791.
Bourre de *Chèvre* et Bourre de *Laine*.................. (2)	Quintal.....	12..24	15 mars 1791.
Bourre *lanice* et Bourre *rouge*. [La bourre lanice est la partie la plus grossière qui provient de la laine. Celle *rouge* est le poil de chèvre le plus court.].................. (2)	Quintal.....	6..12	15 mars 1791.

RENVOIS.

Boissons. *Voyez* la note à Cidre.
Boîtes de Montres. *Voyez* Ouvrages d'Orfévrerie.
Bonneterie de Coton. *Voyez* Toiles de Coton.
Bourre de Soie. *Voyez* Soies.

(1) Ces dispositions étoient communes à la Bonneterie en coton ; mais un décret impérial, du 22 février 1806, accordant à cette Bonneterie la même *prime* qu'aux ouvrages en coton, *voyez à* Toiles de coton pour le régime à suivre.

(2) Aucune loi subséquente ne s'étant expliquée, depuis celle du 15 mars 1791, sur ces trois derniers articles de Bourres, et les tarifs Bailleul ayant cessé de les coter, il s'étoit élevé des doutes sur la faculté de leur sortie ou sur la quotité de leur perception ; la question en a été soumise au Ministre de l'Intérieur, qui a décidé, le 14 février 1806, que ces objets ne devoient point être compris dans la classe de ceux frappés de prohibition ; ils doivent en conséquence le droit ci-dessus.

(B) C'est en vertu des articles 2 et 3 de la loi du 19 thermidor an 4, que je fais cette application. La Bourdaine qui sort en bois doit suivre le régime des Bois ; mais lorsqu'elle est réduite en charbon, elle doit être traitée comme Charbon de bois ; c'est ce qui résulte de l'explication donnée par l'Administration. (*Voyez* la note A, page 18.)

Bourre *tontisse*. [C'est la laine qui tombe des draps lorsqu'on les tond.]... (1)	Quintal.....	8..16	15 mars 1791.
Brais *gras et secs*. [Le gras, autrement *Goudron*, est la poix liquide retirée du pin et du sapin par la combustion ; le sec, ou *Arcanson*, est la résine de ces arbres dont on a retiré l'huile essentielle.]...	Prohibés..... Idem...... Idem......	..—... ..—... ..—...	3 septemb. 1793. 12 pluviôse 3. 19 thermidor 4.
Pour l'*Espagne*.................................	Quintal.....	1— 2	*Même loi.*
Egalement pour l'*Espagne*........................	Idem......	0—51	24 nivôse 5.
Encore pour l'*Espagne* seulement..................	Idem......	0—51	9 floréal 7.
Par les ports de la *Méditerranée*..................	Prohibés.....	..—...	AC. 14 fruct. 10.
Par navires français et par *terre*.................	Quintal.....	0—50	*Même arrêté.*
Par navires étrangers.............................	Idem......	1— 0	*Même arrêté.*
Ces trois dernières dispositions avoient été consacrées par la loi du		..—...	8 floréal 11.
Par toutes les fron- { par navires français et par *terre*..	Quintal.....	1.. 0	DI. 17 pluv. 13 et
tières, sortant..... { par navires étrangers...........	Idem......	2.. 0	loi du 30 avr. 1806.
Brou. [Ecorce verte qui environne les noix.]...................	Quintal.....	3.. 6	15 mars 1791.
Cables. [Grosses cordes d'usage dans la marine.]................	Prohibés..... Idem. (2)..	..—... ..—...	12 pluviôse 3. 19 thermidor 4.
Cabris et Chevreaux. [Ce sont les petits des chèvres.].........	Pièce......	0..15	15 mars 1791.
Comme bestiaux dont l'autorisation de sortie n'est pas { nominativement désignée par les lois...............	Prohibés..... Idem...... Idem......	..—... ..—... ..—...	1 mars 1793. 12 pluviôse 3. 19 thermidor 4.
Cacao. [Sorte d'amande brunâtre et odoriférante dont on fait le chocolat.]...	Prohibé..... Quintal.....	..—... 10—20	12 pluviôse 3. 19 thermidor 4.
Étranger, réexporté dans l'année................ (3)	Idem......	1— 2	24 nivôse 5.

RENVOIS.

Bouteilles, mêmes pleines. *Voyez* la note à Vins en bouteilles.
Brebis. *Voyez* Moutons.
Bronze ouvré. *Voyez* Ouvrages en bronze.

(1) *Voyez* la note (2) à la page précédente.
(2) On exceptoit de la prohibition ceux mis sur navires étrangers en remplacement de vieux, ou pour sûreté de la traversée. Ils payoient 5 fr. 10 cent. du quintal, par décision du 17 nivôse an 8.
Depuis la loi du 8 floréal an 11, les cables sont traités comme cordages ; ainsi ceux usés restent sous la prohibition comme matières propres à la fabrication du papier, et ceux neufs, goudronnés ou non, ne doivent que le droit de balance. (*Voyez* l'art. Cordages.)
(3) La loi du 24 nivôse an 5 taxoit le Café et le Cacao aux droits cités ci-dessus : les Denrées coloniales étoient aussi imposées à différens droits par la même loi. Quoiqu'en principe ce qui a été ordonné par une loi ne devroit être révoqué que par une autre, le Directeur général a décidé, par lettres au Directeur de Genève, des 5 et 15 germinal an 11, que dans le système des perceptions actuellement existantes sur les Denrées coloniales *à l'entrée*, elles cessoient d'être possibles des droits *à la sortie*. La loi du 8 floréal an 11 s'est depuis expliquée sur ces Denrées : il faut donc voir l'article Denrées coloniales pour être au courant du régime à suivre.

Sortie. 8.

CAFÉ. [Fruit en forme de féve, dont on fait une boisson.]..........	Prohibé....	....	12 pluviôse 3.
	Idem.....	....	19 thermidor 4.
Étranger, réexporté dans les deux mois de séjour en France.	Quintal....	10—20	Même loi.
réexporté dans l'année................. (1)	Idem.....	1— 2	24 nivôse 5.
CAILLOU à Faïence ou Porcelaine. [Sorte de pierre blanche et sablonneuse.].....}	Moitié du droit imposé sur la Derle.	....	1 août 1792.
CARACTÈRES d'Imprimerie. [Petits parallélipipèdes de fonte de plomb et de régule, à l'extrémité desquels se trouve une lettre en relief.]................}	Quintal.....	4.. 8	DM. 12 germin. 7.
CARTES à jouer, non timbrées. [Ce sont de petits cartons fins en carré long, marqués de différentes figures.]................ (2) }	Prohibées...	....	AD. 3 pluviôse 6.
CARTONS gris, ou PATES de papier............................	Prohibés....	....	15 mars 1791.
	Idem......	....	19 thermidor 4.
CARTONS en feuilles. [Composition compacte et pesante de mauvais papier, qui a beaucoup de surface et seulement une épaisseur de huit à dix cartes à jouer.]................}	Prohibés....	....	12 pluviôse 3.
	Idem......	....	19 thermidor 4.
CARTONS fins, à presser les draps. [Ils sont fermes et élastiques, d'un gris cendré très-luisant et d'une épaisseur de trois cartes à jouer au plus.]................}	par 100 fr...	1— 0	AC. 8 vendém. 12.
	Idem......	1.. 0	22 ventôse 12.
CENDRES de toute sorte, excepté celles ci-après. [C'est la poudre qui reste des matières brûlées et consumées.]................}	Prohibées...	....	15 mars 1791.
	Idem......	....	12 pluviôse 3.
	Idem......	....	19 thermidor 4.

RENVOIS.

CALAMINE. *Voyez* la note à Mines métalliques.

(1) *Voyez* la note 5, à la page précédente.
(2) On excepte de cette prohibition celles non timbrées qui, n'étant pas dans la forme usitée en France, sont uniquement destinées pour l'étranger.
Celles timbrées peuvent sortir en payant le droit de balance, et même les droits de timbre sur les Cartes à jouer et la Musique gravée, seront remboursés sur les quantités exportées à l'étranger. A cet effet, les expéditeurs en feront la déclaration au Directeur des droits réunis, qui ordonnera le plombage des ballots et délivrera le permis d'exportation. Ce permis, revêtu du certificat de sortie, sera rapporté dans les deux mois au Directeur de la Régie, qui ordonnancera le remboursement. (*DI.* 30 *therm.* 12.)

CENDRES d'Orfèvre (Boues de), nommées aussi *Regrets*............	*Quintal*.....	0—51	1 août 1792.
	Prohibées...	...—...	1 mars 1793.
Comme sorte de cendres........................ (C)	*Idem*......	....	19 thermidor 4.
CENDRES *lessivées*, provenant des fabriques de savon des départemens du Mont-Tonnerre et de Rhin-et-Moselle, à destination de la rive droite du *Rhin*............................... (1)	*Droit de bal.*	....	1 pluviôse 13.
CHAIRS *salées* et SAUCISSONS............................... (2)	*Prohibés*....	—...	A.C. 5 frimaire 9.
CHANDELLES. [Mèche entourée de suif, qu'on allume le soir pour éclairer les appartemens.]..............................	*Prohibées*...	....	12 pluviôse 3.
	Prohibées...	....	19 thermidor 4.
	Quintal.....	2..55	24 nivôse 5.
CHANVRE *en masse*, crud et en filasse. [Ecorce filamenteuse de la plante qui porte le chènevis.]..............................	*Prohibé*....	....	26 février 1792.
	Idem......	...—...	19 mai 1793.
	Idem......	....	12 pluviôse 3.
	Idem...(3)	....	19 thermidor 4.
Jusqu'au 1er vendémiaire an 12........................	*Idem*......	....	A.C. 26 messid. 11.
Pendant la guerre..................................	*Idem*......	....	A.C. 30 fruct. 11.
	Prohibé....	....	22 ventôse 12.
CHANVRE *peigné* ou *apprêté*. [C'est celui qui a reçu la dernière main-d'œuvre avant de devenir propre à la corderie ou à la filature.]	*Prohibé*....	....	26 février 1792.
	Quintal.....	2— 4	1 août 1792.
Reprohibé par les mêmes dispositions que celles pour le *Chanvre*.	...—...		
Et encore..	*Prohibé*....	....	22 ventôse 12.
CHANVRE (Étoupes de). Rebut du peignage du chanvre. } Par les départ. qui bordent le *Rhin*.	*Quintal*.....	6— 0	A.C. 11 pluv. 11.
	Idem......	6— 0	8 floréal 11.
Jusqu'au 1er vendémiaire an 12........................	*Prohibées*...	....	A.C. 26 messid. 11.
Pendant la guerre...................................	*Idem*......	....	A.C. 30 fruct. 11.
	Comme Chanvre.	....	C.D. 23 germ. 12.

RENVOIS.

CHAÎNES DE FER. *Voyez* Ouvrages en fer.

(C) *Voyez* la note A, à la page 18.
(1) Les fabricans de savon, de Mayence, pouvoient déjà exporter leurs cendres lessivées, en vertu du décret impérial du 9 vendémiaire an 13.
(2) Les chairs salées peuvent sortir pour d'Espagne. Les saucissons peuvent aussi sortir. (*Voyez* l'art. VIANDES, et sa note.)
(3) La loi du 19 thermidor an 4 avoit autorisé la sortie des Chanvres gris, longs-peignés, mi-fins, fins et superfins du département du Bas-Rhin par Bourg-Libre, en payant 6 fr. 12 cent. par quintal. Celle du 24 germinal an 6 a maintenu cette exception, en y ajoutant celle pour le Chanvre blanc peigné. Cette sortie fut étendue à tous les bureaux établis sur le Rhin par la loi du 9 floréal an 7 ; mais les arrêtés des Consuls des 26 messidor et 30 fructidor an 11 avoient suspendu ces exceptions, et la loi du 22 ventôse an 12 en a définitivement consolidé la prohibition.

CHAPEAUX. [Coiffures de laine et de poil foulés.]... D'une valeur au-dessous de 18 l. pièce.		Prohibés....	—.	12 pluviôse 3.
D'une valeur { au-dessous de 5 l. pièce.............		Prohibés....	—.	19 thermidor 4.
{ de 5 à 12 l........................		Pièce.......	0—25	Même loi.
{ de 12 l. et au-dessus.................		Idem.......	0— 5	Même loi.
De tous prix................................... (1)		Pièce.......	0.. 5	24 nivôse 5.
CHARBONS de Bois et de Chénevottes. [Corps noirs, friables et légers, préparés par la combustion de ces matières.].................. Sauf ceux ci-après...............................		Prohibés.... Idem...... Idem......	—. —. —.	15 mars 1791. 12 pluviôse 3. 19 thermidor 4.
Les mêmes ; par les départemens des *Deux-Nèthes*, la *Meuse-Inférieure*, la *Vallée de Lucelle*, et le *Pays de Gex*...		Par 100 fr..	5— 0	19 thermidor 4.
de Bois, par les départemens qui avoisinent le *Rhin*.. (2)		Par 100 fr...	20.. 0	DI. 23 fruct. 13 et loi du 30 avr. 1806.
CHARBON de terre, ou HOUILLE. [Sorte de fossile dur ; noir et inflammable.]................................		Prohibé:.... Idem......	—. —.	15 août 1793. 12 pluviôse 3.
Par les départemens réunis seulement.............. (3)		Quintal.....	1— 2	19 thermidor 4.
Par les autres départemens.......................		Prohibé.....	—.	Même loi.
A toutes les sorties. { Par terre................. (4)		Le millier...	1.. 2	24 nivôse 5.
{ Par l'Escaut et par mer.........		Tonn. de mer.	0..75	Même loi.
CHARDONS à Drapiers et Bonnetiers. [Plantes dont la tête est armée de petits crochets.]................................		Quintal.....	6..12	15 mars 1791.
CHAUX. [Pierre calcinée par le feu, dont on fait du mortier.]..... (3)		1565 kilogr.. Quintal....	1— 0 0..15	19 thermidor 4. DI. 17 pluv. 13 et loi du 30 avr. 1806.

RENVOIS.

CHATAIGNES. *Voyez* Marrons.

(1) Ceux de paille ne pouvant être compris parmi ceux de poil et laine, ne doivent que le droit de balance. (*Circul. du 22 messid. 8.*)

(2) Les communes de *Sarre*, d'*Urugues* et de *Briaton*, continueront à jouir de la faculté qui leur avoit été accordée, par arrêté du 18 floréal an 4 et 15 frimaire an 6, d'exporter les charbons provenant des bois des coupes réglées de leurs territoires et des arbres situés sur les montagnes des Pyrénées, savoir : les communes de Sarre et d'*Hurugues* jusqu'à concurrence de 400 quintaux par an, et celle de Briaton de 200 quintaux; en acquittant, pour le droit de sortie, 2 fr. par char, et 1 fr. 50 cent. *par charrette*. (*Loi du 30 avril 1806.*)

(3) L'arrêté du Directoire du 9 prairial an 4 avoit déjà autorisé la sortie du charbon de terre et de la chaux par les départemens réunis.

(4) Charbons de terre provenant des mines du pays de Nassau, 10 centimes par millier pesant. (*Lettres du Directeur de Cologne, des 29 frim. et 8 vent. an 7.*)

Les tourbes ont été assimilées au charbon de terre pour les droits de sortie. (*Décis. de l'Admin., transmise par circul. du Direct. d'Anvers, du 27 vend. 7.*)

Chevaux, y compris *Jumens* et *Poulains*........................	Pièce......	6— 0	15 mars 1791.
Ceux dont la valeur excède 300 liv...................	Idem......	30— 0	*Même loi.*
	Prohibés....	......—.	1 mars 1793.
	Idem......	......—.	12 pluviôse 3.
	Idem......	......—.	19 thermidor 4.
	Idem... (1)	......—.	9 floréal 7.
Chèvres	Pièce......	0—40	15 mars 1791.
	Prohibées....	......—.	1 mars 1793.
	Idem......	......—.	12 pluviôse 3.
	Idem......	......—.	19 thermidor 4.
Celles des *Pyrénées*. Pour l'*Espagne*, pendant six mois...	Pièce......	0—35	A.C. 18 brum. 11.
Idem...	Idem......	0—35	8 floréal 11.
Pendant un an................................ (2)	Idem......	1— 0	1 pluviôse 13.
Chiffons de *toile de coton* et de *laine*. Assimilés à ceux de *toile* ou *drilles*, etc.. (3) }	Prohibés....	......—.	1 pluviôse 13.
Chocolat. [Composition de cacao et de sucre, réduite en pâte brunâtre.] .... }	Quintal.....	0..51	24 nivôse 5.
Cidre. [Boisson faite de jus de pommes pressurées.]	Prohibé....	......—.	15 août 1793.
	Exempt..(4)	......—.	19 thermidor 4.
	Droit de bal.	......—.	24 nivôse 5.
Cire *jaune*. [Matière molle provenant du travail des abeilles.].....	Quintal.....	10—20	15 mars 1791.
	Prohibée....	......—.	12 pluviôse 3.
	Quintal.....	20—40	19 thermidor 4.
	Idem......	10..20	24 nivôse 5.

(1) Pour assurer le maintien de cette prohibition, le conducteur d'un cheval monté ou attelé, qui ira à l'étranger, fournira soumission cautionnée de ramener ledit cheval dans un délai qui ne pourra excéder deux mois, à peine d'en payer la valeur. (9 *flor.* 7.)
On ne doit pas appliquer ces dispositions aux conducteurs de voitures publiques, dont la marche est toujours régulière, et qui sortent et reviennent avec le même nombre de chevaux. (*Lettre du Direct. de Clèves à l'Inspect. à Venraye, du 15 prair.* 7.)
L'étranger qui arrive en France avec un cheval, doit avoir la facilité de retourner chez lui avec un cheval, sauf à lui à en faire la déclaration portant signalement au premier bureau d'entrée; autrement il ne pourroit le réexporter. L'article 6 du titre 2 de la loi du 9 floréal an 7 semble indiquer cette mesure. (*Lettre précitée.*)
Les chevaux ne peuvent être reconnus à la rentrée qu'au bureau où ils auront été signalés.
Les marchands du Cantal qui vont en Espagne, présenteront, pour leurs chevaux, un certificat du sous-préfet de leur domicile, sur lequel sera délivré l'acquit à-caution; ainsi ils ne seront tenus ni à la caution ni à la consignation de la valeur. (*Décis.* 28 *niv.* 9.)
(2) L'année étant expirée, et l'autorisation de sortie n'ayant pas été renouvelée, il s'ensuit que l'exportation des chèvres par les Pyrénées ne doit plus jouir de cette faculté.
(3) Les chiffons provenant de prises avoient joui de la faculté de la réexportation; mais nos papeteries éprouvant le plus grand besoin de cette matière première, le Ministre de l'intérieur a décidé, le 4 août 1806, que la réexportation des chiffons provenant de prises seroit défendue.
(4) Comme non compris dans l'état de prohibition de la loi du 19 thermidor an 4 (*art.* 2 *et* 5 *de ladite loi*), et ne pouvant

Sortie. 12.

Cire *blanche*. [C'est celle qui a subi l'opération du blanchiment.] (1)	Prohibée....	...—...	12 pluviôse 3.
	Quintal....	10—20	19 thermidor 4.
	Idem......	1..2	24 nivôse 5.
Clouterie. [Ce qui comprend toute espèce de Clous en fer et acier.]	Prohibée....	...—...	19 thermidor 4.
Par le *Doubs*, le *Jura* et les *Basses-Pyrénées*....... (2)	Quintal....	2—4	*Même loi.*
Par toutes les frontières............................	Idem......	0..50	9 floréal 7.
Cochenille. [Insecte séché, propre à la teinture de l'écarlate; qui arrive du *Mexique* en petits grains rougeâtres, convexes et cannelés d'un côté et concaves de l'autre.]............	Quintal....	1..2	24 nivôse 5.
Cochons...	Pièce......	0—50	15 mars 1791.
	Prohibés....	...—...	1 mars 1793.
Pour l'*Espagne* et la *Suisse* seulement..............	Pièce......	1—25	19 thermidor 4.
	Pièce......	0—50	24 nivôse 5.
Par mer..	Prohibés....	...—...	AC. 8 pluv. 10.
Par toutes les frontières............................	Pièce......	3..0	DI. 17 pluv. 13 et loi du 30 avr. 1806.
Cordages. [Ce qui s'entend de toutes les sortes de cordes.] Ceux *usés*. (D)	Prohibés....	...—...	15 mars 1791.
	Idem......	...—...	19 thermidor 4.
Cordages *neufs*, blancs, sans tannage, ni goudronnés, ni en fil de caret.	Prohibés....	...—...	12 pluviôse 3.
	Idem......	...—...	19 thermidor 4.
	Quintal....	5—10	24 nivôse 5.
De fabrique française, goudronnés et non goudronnés...	Droit de bal.	...—...	AC. 14 fruct. 10.
	Idem......	...—...	8 floréal 11.

RENVOIS.

Clapons. *Voyez* Matières propres à l'engrais.
Cloches (métal de). *Voyez* Métal de cloches.
Cloches, Clochettes. *Comme* Ouvrages en bronze. (L. 15 nivôse 9.)
Clouterie en Cuivre. *Voyez* Cuivre laminé.
Cocons de soie. *Voyez* aux Soies.
Colombine. *Voyez* Matières propres à l'engrais.
Cordonnerie. *Voyez* Ouvrages en cuir.

être assimilé à aucune prohibition.

Les boissons ne peuvent s'embarquer sans permis des Droits réunis; à défaut, les préposés aux douanes peuvent saisir. (*Lettre du Directeur de Marseille, du 27 mai 1806.*)

(1) La bougie, n'étant pas comprise au tarif, ne doit que le droit de balance. (*Lettre du Directeur de Rouen, du 9 frimaire an 8.*)

(2) Cette sortie étoit aussi autorisée par les départemens réunis. (*AD. 9 prair. 4.*)

(D) La loi du 19 thermidor an 4 prohiboit l'exportation de tous les cordages: des lois postérieures ont autorisé la sortie de ceux *neufs;* mais ceux *usés* restent sous la prohibition. *Voyez* la note A, à la page 18.

Cornes. [Parties dures qui sortent de la tête de certains animaux.] Celles de bœufs, vaches, cerfs, snaks, moutons, béliers, et autres communes...	Quintal.....	1.. 2	15 mars 1791.
Coton en laine. [Sorte de duvet qui vient sur un arbuste. Il est blanc et propre à la filature.]..............................	Quintal.....	24—48	15 mars 1791.
	Prohibé.....	..—..	24 février 1792.
	Quintal.....	102— 0	20 avril 1792.
	Prohibé.....	..—..	19 mai 1793.
	Idem......	..—..	12 pluviôse 3.
	Idem......	..—..	19 thermidor 4.
	Quintal.....	1— 0	AC. 6 brum. 12.
	Idem......	1.. 0	22 ventôse 12.
Coton filé...	Prohibé.....	..—..	19 mai 1793.
	Idem......	..—..	12 pluviôse 3.
	Quintal.....	40—80	19 thermidor 4.
	Idem......	10—20	24 nivôse 5.
	Droit de bal.	..—..	DI. 3 vend. 13.
	Idem......	..—..	1 pluviôse 13.
Couperose. [Sel qui devient propre à la teinture en noir par la purification. Il y en a de blanche, de verdâtre, et d'un bleu céleste.]...	Prohibé.....	..—..	12 pluviôse 3.
	Quintal.....	4.. 8	19 thermidor 4.
Couvertures de laine. [Pièce d'étoffe de laine qu'on étend sur les lits pour se garantir du froid.]....................	Comme Étoffes.	....	CA. 22 messid. 8.
Cuirs secs en poils. [Ce sont les peaux de bœufs, vaches, buffles, etc. qu'on a fait sécher sans en ôter le poil ou bourre......... (1)	Prohibés....	..—..	26 février 1792.
	Idem......	..—..	1 mars 1793.
	Idem......	..—..	12 pluviôse 3.
	Idem......	..—..	19 thermidor 4.

RENVOIS.

(1) Voir aussi à Peaux, pour plus de détail.

Cornes. *Voyez aussi* Matières propres à l'engrais.
Côtes de feuilles de Tabac. *Voyez* Tabac.
Coton (Ouate de). *Voyez* Ouate.

Désignation		Droits		Date
Cuirs *secs* en poil. Ceux venus de l'étranger peuvent être réexportés dans les six mois de l'arrivée, en payant...............	Par cuir....	0..10		24 nivôse 5.
Cuirs *en vert*. [Ce sont ceux qui n'ont reçu aucune préparation ; tels enfin qu'ils ont été levés de dessus l'animal.]..............		Prohibés.... Idem...... Idem...... Idem......	—. —. —. —.	26 février 1792. 1 mars 1793. 12 pluviôse 3. 19 thermidor 4.
Cuirs *tannés*. [Ce sont ceux dont on a fait tomber le poil, et qui ont ensuite été mis dans la fosse au tan.]................ Excepté ceux ci-après........................... (1)	Par 100 *fr*..	Prohibés.... Prohibés.... Idem......	—. 1— 0 —.	19 thermidor 4. 24 nivôse 5. AC. 2 therm. 11. 22 ventôse 12.
Cuirs pour *semelles*. [Ce sont ceux de bœufs et de vaches *tannés* et séchés.].................................... (1)		Droit de bal.	......	DM. 5 fructid. 11.
Cuirs destinés à la *reliure des livres*. [Ils sont préparés par le corroyeur avec l'eau saturée d'alun, et sont secs et roides au toucher.].		Droit de bal.	......	LM. 7 messid. 12.
Cuirs *corroyés* et *fabriqués*. [Ce sont les cuirs tannés, réparés et adoucis au gras ou au sec par un dernier apprêt.	Par les départem. réunis. Par toutes les frontières.	Exempts.... Par 100 *fr*.. Droit de bal. Idem......	—. 1— 0 —.	19 thermidor 4. 24 nivôse 5. AC. 26 vend. 11. 8 floréal 11.
Cuivre et Laiton *non ouvrés*. [Le cuivre est un métal imparfait, d'un rouge éclatant, sonore, dur, ductile et malléable. Le laiton, nommé communément *cuivre jaune*, est composé de trois parties de cuivre et d'un quart de pierre calaminaire ou mine de zinc.]................................. (2)		Prohibé.... Idem......	—.	19 mai 1793. 19 thermidor 4.

RENVOIS.

(1) Les cuirs de bœufs forts, auxquels la tannerie imprime toute la main-d'œuvre qui leur convient, et qui pèsent communément 15 kilogr. pièce, sont exceptés de la prohibition. (*DM. 5 fructid.* 11.) Ceux de vaches, qui pèsent en général 10 kilogr. et demi pièce, n'ayant pas besoin de corroyage, peuvent aussi sortir, quoique simplement tannés. (*DM. 5 pluviôse* 13.)

(2) Cette prohibition n'étoit pas relative au *cuivre en planches* employé dans nos ports pour radouber les vaisseaux étrangers. (*DM. 17 ventôse* 6.) Il n'étoit pas même susceptible des droits. (*Déc. 12 brumaire* 8.)

Le vieux cuivre est également prohibé.

Cuivre et Laiton *ouvrés*, autrement qu'en planches et en mercerie.	Prohibés....	...—...	12 pluviôse 3.
	Quintal.....	30—60	19 thermidor 4.
	Idem.......	4.. 8	24 nivôse 5.
Cuivre *laminé*, pour doublage de vaisseaux et à fonds de chaudières, les barres à chevilles, les clous de cuivre rouge durcis au gros marteau, les clous de cuivre allié pour doublage, et les pentures de gouvernail...........	Droit de bal.	...—...	A.C. 5 brum. 11.
	Idem.......		8 floréal 11.
Denrées *coloniales*...............................	Prohibées..	...—...	19 thermidor 4.
Faculté de réexporter le 5e de celles importées des îles françaises. Ce 5e sortant par navires *français*........	Par 100 fr..	0—50	Même loi.
Par navires *étrangers*..............................	Idem.......	2—50	Même loi.
Toutes celles des îles françaises........ } par navires *français* et par *terre*.	Idem.......	1—50	24 nivôse 5.
Par navires *étrangers* { sur les *Sucres bruts*........	Idem.......	10— 0	Même loi.
{ sur les *Cacaos*, *Cafés*, *Indigos*, *Sucres têtes et terrés*.......	Idem.......	5— 0	Même loi.
Les *Sucres têtes et terrés*, les *Cafés*, *Cacaos* des Colonies *françaises*, et les *Poivres*, pourront, pendant leur année d'entrepôt, être envoyés *par terre* à l'étranger (*en transit*)..........................(1)	Droit de bal.	...—...	8 floréal 11.
Les mêmes sortant de l'Entrepôt pour passer *par mer* à l'étranger, paieront, savoir.......(1 et 2) { Sucres bruts.......	Quintal.....	9.. 0	8 floréal 11.
{ Sucres têtes et terrés.	Idem.......	15.. 0	Même loi.
{ Cafés...............	Idem.......	12.. 0	Même loi.
{ Cacaos.............	Idem.......	14.. 0	Même loi.
Celles *étrangères* sortant de l'Entrepôt pour la réexportation......................................(1)	Exempt*es*...		Même loi.

(1) La première section du titre 4 de la loi du 8 floréal an 11 a imposé sur les Denrées coloniales trois différens droits, l'un perceptible à l'arrivée, l'autre à la consommation, et le troisième à la sortie par mer des Sucres bruts et terrés, des Cafés et Cacaos. La deuxième section, en élevant proportionnellement les droits sur les denrées des colonies étrangères, leur accorde, dans nos ports, la faculté d'entrepôt, et les exempte de tous droits d'exportation.

Ce régime a nécessairement changé celui qu'avoit établi la loi du 24 nivôse an 5, en grevant de droits de sortie les Cacaos et Cafés étrangers, ainsi que les Sucres, Cacaos, Cafés et Indigo de nos colonies, comme je l'ai indiqué à chacun de ces articles. Ces anciens droits ne sont exigibles dans aucun cas; les Cacaos et Cafés étrangers, expressément affranchis à la réexportation par mer, ne pourroient sortir par la voie de terre qu'après avoir acquitté les droits considérables dont ils sont grevés. Ces mêmes Denrées, ainsi que les Sucres et Indigo provenant de nos îles, expédiés en transit par les bureaux de terre, doivent jouir de l'immunité que ce genre d'expédition comporte avec d'autant plus de raison qu'ils ont subi à l'arrivée un droit d'entrée.

En conséquence les dispositions de la loi du 8 floréal an 11 sont, dans l'espèce, substituées à celles de la loi du 24 nivôse an 5, qu'elles abrogent par leur incompatibilité. Ainsi les Denrées coloniales étrangères ne doivent à la sortie que le droit de balance du commerce, soit que la réexportation en soit effectuée par mer ou par terre, après avoir acquitté les droits d'entrée. Celles de nos colonies sortant par mer sont passibles des droits ci-dessus; mais si l'expédition s'en fait par transit de terre, elles ne doivent, comme celles étrangères, que le droit de balance. (LD. 19 *mai* 1806.)

(2) Ces droits perceptibles à la sortie sont indépendans de ceux dus à l'entrée. (8 *floréal* 11.) Voir aussi à leurs lettres, Cacao, Sortie. 16.

Désignation	Unité	Droit	Date
DERLE. [Sorte de terre qu'on emploie dans la fabrication de la Porcelaine.]	Quintal	1..2	15 mars 1791.
DIAMANS et PIERRERIES (montures des)............ (1)	Par 100 fr.	0..50	DM. 12 brum. 6.
DRILLES. [Chiffons de toile qui servent à la fabrication du Papier.].	Prohibés	—..	15 mars 1791.
	Idem	—..	3 avril 1793.
Comme matière propre à la fabrication du papier...... {	Idem	—..	12 pluviôse 3.
	Idem... (2)	—..	19 thermidor 4.
EAU-DE-VIE. [Liqueur spiritueuse et inflammable qui se tire du vin par la distillation.] .... (3)	Prohibée	—..	15 août 1793.
	268 litres	0..25	19 thermidor 4.
EAU-DE-VIE de grains, de fabrique française.......... (4)	Prime	......	DI. 9 vendém. 13.
ECAILLES d'Ablette. [L'ablette est un petit poisson de rivière dont les écailles argentées servent à colorer les fausses perles.]...	Quintal	4..8	15 mars 1791.
ÉCORCES de Chêne, et autres à faire tan. [Le tan sert à préparer les cuirs.]	Prohibées	—..	15 mars 1791.
	Idem	—..	19 thermidor 4.
Celles du canton de Lure, avec restriction de n'en sortir que 25 mille quintaux (anciens) par année........	Quintal net.	1..2	24 nivôse 5.

CAFÉ, SUCRE, INDIGO. Les Sucres têtes et terrés, les Cafés, Cacaos des Colonies françaises et les Poivres qui seront tirés de l'entrepôt d'Anvers *pour l'étranger*, pourront y être envoyés en transit par terre, en passant par le bureau de Coblentz. (*DI.* 9 *vendém.* 13, et *loi du* 1 *pluviôse* 13.) Les Cafés de prise pourront, comme ceux des Colonies françaises, être expédiés des ports où ils auront été entreposés, sous plomb et par acquit-à-caution, *pour l'étranger*, en sortant par les ports désignés par les lois. (*DM.* 10 *messidor* 12.)

(1) Les diamans et pierreries, vrais ou faux, n'étant point tarifés, ne doivent que le droit de balance : donc, celui de demi pour cent imposé sur la bijouterie, ne doit être perçu que sur la valeur de leur monture. (*D.* 12 *brum.* 6.)

(2) Quoique les drilles n'ayent pas été comprises nominativement dans l'état annexé à la loi du 19 thermidor an 4, qui restreignoit les prohibitions de sortie aux articles y dénommés, j'ai néanmoins indiqué leur continuation de prohibition comme ordonnée par cette même loi, parce que, prohibant les matières propres à la fabrication du papier, il est incontestable que les drilles, qui n'ont pas d'autre usage, y sont comprises. D'ailleurs, s'il restoit le moindre doute sur leur prohibition à cause de l'article 2 de ladite loi, il seroit complètement levé par la loi du 1 pluviôse an 13, qui, en prohibant les chiffons de toile de coton et de laine, les assimile à ceux de toile ou drilles. (*Voyez* aussi la note à l'art. CHIFFONS.)

(3) Les eaux-de-vie sortant du port de Cette, soit pour la France, soit pour l'étranger, paieront, pendant cinq années, un droit extraordinaire de 3 francs par muid de 268 litres. (*Loi du* 13 *floréal* 11.)

(4) Il est fait remise de 2 fr. par hectolitre d'eaux-de-vie de grains fabriquées en France qui sont exportées à l'étranger. Elles ne peuvent sortir que par *Mayence, Coblentz, Cologne, Ostende, Dunkerque et le Havre* (*DI.* 9 *vent.* 13.); et par *Urdengen* (30 *avril* 1806).

Écorces *de Tilleul*. [Elles sont propres à faire des cordages.]......	*Quintal*.....	8..16	15 mars 1791.
Écorces *de Grenadier*. [C'est l'écorce du fruit qui vient sur cet arbre.]	*Quintal*.....	2..55	15 mars 1791.
Essandolles. [Petites planches de bois.].... *Seront traitées comme* Bois d'éclisses.	....		1 août 1792.
Essence *de Térébenthine* et Térébenthine *en pâte*. [L'essence est une distillation de la résine nommée *galipot*. La térébenthine en *pâte* est un suc résineux qui coule du *térébinthe*.]........	} *Quintal*.....	0..51	24 nivôse 5.
Étain *non ouvré*. [C'est un métal blanc, très-léger, qui crie lorsqu'on le plie.]........	} Prohibé..... Idem...... Idem......	——— ——— ———	19 mai 1793. 12 pluviôse 3. 19 thermidor 4.
Étain *ouvré*............	Prohibé..... *Quintal*.....	——— 5..10	19 thermidor 4. 24 nivôse 5.
Étoffes et Draps. [Ce qui s'entend de toute espèce d'ouvrages en laine, en soie, etc., pour faire des habits, des meubles, etc.]....	} Prohibés.... Exempts.... *Quintal*.....	——— ——— 1.. 2	15 août 1793. 19 thermidor 4. 24 nivôse 5.
Étoffes avec *Or* et *Argent faux*.................... (A)	Prohibées... Exemptes... *Quintal*.....	——— ——— 1.. 2	15 mars 1791. 19 thermidor 4. 24 nivôse 5.

RENVOIS.

Écorces de Noix. *Voyez* Brou.
Engrais. *Voyez* Matières propres à l'engrais.
Espèces d'Or et d'Argent. *Voyez* Argent monnoyé.
Étoupes de Chanvre. *Voyez* Chanvre.

(A) La faculté d'exporter toutes les marchandises non reprises dans l'état de prohibition annexé à la loi du 19 thermidor an 4, sembloit résulter des articles II et III de cette loi, ainsi conçus :

Art. II. « Les prohibitions à la sortie seront restreintes aux objets compris dans » l'état annexé sous le numéro 2. »

Art. III. « Les marchandises non dénommées dans cet état (ni dans celui nu- » méro 1), ou qui n'étoient pas précédemment assujéties à des droits à la sortie par » le tarif du 15 mars 1791, les lois du 1 août 1792 et du 12 pluviôse an 3, con- » tinueront d'être exportées en exemption de droits. »

Mais cet état annexé sous le numéro 2 ne comprenoit-il pas, sous des dénominations génériques, diverses marchandises qui, prohibées antérieurement à la loi du 19 thermidor an 4, devoient encore suivre ce régime, malgré les articles II et III de cette loi, et quoique ces marchandises ne fussent pas désignées nominativement dans l'état de prohibition? Telles étoient les questions que j'avois élevées dans la première édition de ce Tarif, questions nées du silence des lois, que je ne m'étois pas permis de décider, mais sur lesquelles j'avois appelé l'avis de MM. les Préposés des Douanes. Depuis, une lettre administrative, qui m'a été communiquée, a détruit tous ces

Marchandise	Unité	Droits	Date
Farines. [Grain moulu et réduit en poudre.]............(1)	Prohibées...	—.—	12 pluviôse 3.
	Idem......	—.—	19 thermidor 4.
	Idem......	—.—	26 ventôse 5.
Fer-Blanc. [C'est du fer en lames très-minces, recouvertes d'étain.]	Prohibé.....	—.—	12 pluviôse 3.
	Quintal.....	6—12	19 thermidor 4.
	Idem......	2..55	24 nivôse 5.
Fer en gueuse et en saumons. [Métal d'un gris noir, clair et brillant à l'intérieur. Le fer qui est dans le premier état de fusion, en gros lingots, et qui n'a point été martelé, s'appelle gueuse...]	Quintal.....	2— 4	19 thermidor 4.
	Idem......	5..10	24 nivôse 5.
Fer en barres, en loupes, et autres qui n'ont reçu qu'une première main-d'œuvre.........................(2)	Quintal.....	6—12	19 thermidor 4.
	Idem......	2—55	24 nivôse 5.
	Idem......	0..50	9 floréal 7.
Fer en verges, feuillards, carillons, rondins ou en plaques.......(2)	Prohibé.....	—.—	19 mars 1793.
	Idem......	—.—	12 pluviôse 3.
	Quintal.....	4— 8	19 thermidor 4.
	Idem......	1— 2	24 nivôse 5.
	Idem......	0..50	9 floréal 7.
Féraille et Vieux Fer..................................	Prohibés...	—.—	15 mars 1791.
	Idem......	—.—	19 thermidor 4.

RENVOIS.

Fer ouvré. Voyez Ouvrages en fer.

doutes, et donne par conséquent aux régimes que j'indique un titre positif. Voici comment s'exprime cette lettre :

« Les étoffes avec or et argent faux, et l'or-faux filé sur fil, peuvent
» sortir, ainsi que les feuilles de houx et les rogues, coques, rares et hé-
» sures de morue.
» La prohibition qui affecte les écorces a tan s'applique au tan et aux subs-
» tances qui, comme le rodon, peuvent être employées au même usage.
» Les bourdaines comme bois ou charbons, les retailles de peau et de parche-
» min faisant partie des matières propres à la fabrication de la colle, les cordages
» vieux; le pain et le biscuit, la soude et les regrets d'orfèvre, comme cendres,
» sont également prohibés. » (LD. 25 mars 1806.)

(1) Les farines suivent le même régime que les grains dont elles sont extraites. Ainsi, lorsqu'il y a lieu à l'exportation, elles payent les mêmes droits et peuvent sortir par les mêmes ports. (DM. 26 messid. 12.) Voyez l'article Grains et sa note.

(2) Voyez la description des différens fers au Tarif d'Entrée.

Feuilles de Houx. [Le houx est un arbre toujours vert dont les feuilles sont armées de pointes.]................	Prohibées.....	....	15 mars 1791.
(E)	Faculté de sortir.	....	19 thermidor 4.
—— De Myrte, et autres propres à la teinture et aux tanneries.....(1)	Quintal.....	20..40	15 mars 1791.
Fil-de-fer et d'acier. [C'est du fer passé et tiré en long, d'une manière très-déliée............	Quintal.....	1—2	24 nivôse 5.
	Idem.....	0..50	9 floréal 7.
Fil de mulquinerie et de linon. [Est un fil de lin très-fin.]........	Kilogramme.	244—80	15 mars 1791.
	Prohibé.....	....	19 thermidor 4.
Fil de lin et de chanvre retors........................	Quintal.....	2..55	19 thermidor 4.
Fils simples. [Ce sont ceux qui n'ont pas été retordus.]...........	Quintal.....	20..40	15 mars 1791.
Foins et Fourrages. [Ce qui s'entend de toute herbe fauchée et séchée pour la nourriture des bestiaux.]................	Prohibés.....	....	1 mars 1793.
	Idem.....	....	12 pluviôse 3.
	Idem.....	....	19 thermidor 4.
Le Foin peut sortir par le pays de Gex, en payant par.....	Charriot....	6..50	24 nivôse 5.
	Charrette...	0..25	Même loi.

RENVOIS.

Feuilles de Fustet. *Voyez* Fustet.
Feuilles de Redoul. *Voyez* Redoul.
Féverolles. *Voyez* aux Graines.
Fil de poil de chien. *Voyez* Poil de chien.
Filets vieux. Comme Matières propres au papier. (C. 20 *floréal* 10.)
Filoselle. *Voyez* Soies.
Fleurets. *Voyez* Soies.

(E) D'après l'explication donnée par la lettre administrative citée à la note A de la page 18, les feuilles de houx peuvent sortir en vertu des articles II et III de la loi du 19 thermidor an 4 ; mais quel est le droit perceptible ? Doivent-elles comme feuilles propres à la teinture, ou comme feuilles médicinales ? Telle est la question que j'avois posée dans la seconde édition de ce Tarif de sortie. Il y a été répondu que les feuilles de houx payant à l'entrée comme feuilles propres à la teinture, elles devoient être traitées comme telles à la sortie, par conséquent soumises à 20 fr. 40 c. jusqu'à ce qu'il survienne une décision contraire.

(1) Celles récoltées en Corse, et nommées *Mortina*, ne paieront, à leur sortie de Corse seulement, que 2 francs du quintal décimal. (*Arrêté du 27 ventôse 11.*)

Forces à *tondre les draps*. [Sorte de grands ciseaux.]............	Pièce......		3.. 0	19 thermidor 4.
Fromages. [Laitage caillé et égoutté, de différentes sortes et formes.] Par les dép. réunis, le *Mont-Blanc*, l'*Ain* et le *Jura*.. Par les autres départemens........................... Par tous les départemens............................	Prohibés.... Quintal..... Prohibés.... Quintal..... Idem......		5—10 0—51 1.. 0	12 pluviôse 3. 19 thermidor 4. Même loi. 24 nivôse 5. DI. 17 pluv. 13 et loi du 30 avr. 1806.
Fruits. [Production des arbres servant à la nourriture.]...........	Prohibés.... Exempts..... Idem... (1) Droit de bal..			15 août 1793. 12 pluviôse 3. 19 thermidor 4. 24 nivôse 5.
Fustet (*feuilles* et *branches* de). [Arbrisseau dont le bois est jaune, propre à la teinture et au corroyage des cuirs.]............	Quintal.....		2.. 4	15 mars 1791.
Futailles *vides* ou *en bottes*. [Tonneaux de bois propres à mettre les liquides.]..................................	Prohibées... Idem....... Idem... (2)			15 mars 1791. 12 pluviôse 3. 19 thermidor 4.
Garance (*racine* de). [Propre à la teinture rouge. Cette racine réduite en poudre, est d'un rouge jaune et d'une odeur très-forte.]..................................	Exempte.... Droit de bal..			1 août 1792. 24 nivôse 5.
Gaude. [Plante à fleurs d'un jaune verdâtre, propre à la teinture.].	Exempte.... Droit de bal.. Prohibée.... Prohibée.... Quintal..... Quintal.....		10— 0 10.. 0	1 août 1792. 24 nivôse 5. AC. 2 vend. 11. 8 floréal 11. AC. 3 therm. 11. 22 ventôse 12.

RENVOIS.

Fouets. *Voyez* Harnois.
Fourrages. *Voyez* Foin.
Frai de Poisson. *Voyez* la note à Rogues de Morue.
Fumiers. *Voyez* Matières propres à l'engrais.
Fusils de traite, de calibre, à vent, damasquinés. *Voyez* l'art. Armes et sa note.
Gants de Peaux. *Voyez* Ouvrages.

(1) C'est en vertu des articles 2 et 3 de la loi du 19 thermidor an 4° que nous avons conservé l'exemption aux fruits.
(2) Les Tonneliers de Mayence peuvent exporter un nombre de futailles proportionné à la quantité de *bois merrain* qu'ils tirent de l'étranger. Le bois merrain importé, et les futailles exportées, paieront le droit de balance. (1 *pluviôse* 13.)
Les futailles peuvent sortir vides pour la pêche de la baleine, moyennant soumission de les faire rentrer pleines.
Celles destinées à rapporter de Hollande différentes marchandises, et notamment des vinaigres médicinaux nécessaires aux habitans du département de l'Escaut, à cause de l'air mal sain qui règne dans cette partie de la Belgique, peuvent être réexportées en Hollande, à charge par l'expéditeur de se soumettre au retour desdites futailles en France dans un délai fixé. (*DM.* 1 *messid.* 10.)

SORTIE. 21.

GOMMES. [Sucs qui découlent des arbres, durcissent ensuite, et sont solubles dans l'eau.]	Prohibées... Quintal....	— 10..20	12 pluviôse 3. 19 thermidor 4.
GRAINE d'Avignon, ou GRAINE jaune. [Cette graine, production d'un arbrisseau, est de la grosseur d'un grain de froment, et est d'usage en teinture.]	Quintal....	10..20	1 mars 1791.
—— dites Féveroles et Haricots........................ Y compris le Maïs ou Blé de Turquie............	Prohibées... Quintal.... Prohib...(1)	— 0—31 —	14 pluviôse 3. 22 thermidor 5. 3 complém. 5.
—— de Jardin. [Sous cette dénomination on doit comprendre toutes semences de légumes et de fleurs. (LA. au Directeur de Genève, du 27 brum. 8.)]	Quintal....	3..6	1 août 1792.
—— de Mil et Millet. [Petit grain très-fin, propre à la nourriture des oiseaux.]	Quintal....	3..6	DM. 27 vend. 7.
—— de Trèfle. [Semences d'une herbe à trois feuilles, propre à la nourriture des bestiaux.] Cette dénomination comprend génériquement toutes les graines ou semences de pâturage. (LA. au Directeur de Genève, du 27 brum. 8.)...........	Quintal.... Prohib...(2) Quintal..(3) Idem...(4) Idem......	3—6 — 3—6 5—0 8..0	1 août 1792. 14 pluviôse 3. 19 thermidor 4. 9 floréal 7. DI. 17 pluv. 13 et loi du 30 avr. 1806.
—— de Vesce, nommées aussi jarosses. [Espèce de grain rond et noirâtre, servant à la nourriture des chevaux et des pigeons.]	Prohibées... Idem......	— —	14 pluviôse 3. DM. 2 compl. 7.

RENVOIS.

GIBIER. Voyez la note à Viandes fraîches.
GOUDRON. Voyez brai gras.
GRÉMENT de Navires. Voyez Mâts.

(1) Le Maïs et les Haricots peuvent sortir pour l'*Espagne*, le *Portugal*, l'*Allemagne* et la *Hollande*, aux mêmes conditions que les *Grains*. (Voir cet article et sa note.)
(2) Cette loi prohiboit en même temps les Graines de luzerne et de sainfoin.
(3) C'est en vertu des articles 2 et 5 de la loi du 19 thermidor an 4 que ce droit de 3 fr. 6 cent. étoit redevenu celui à percevoir.
(4) La graine de spergule, par lettre de l'administration au directeur de Clèves, en date du 16 thermidor an 4, a été assimilée, pour la sortie, à la graine de trèfle. Cette graine est petite, noire, d'une forme presque ovale · l'herbe qui en provient est de la hauteur de six à huit pouces et sert à la nourriture des vaches dont elle augmente beaucoup le lait.
Les graines de prairies sont assimilées aux graines de trèfle. (CA. 7 prair. 8.)

Marchandises	Unité	Droits	Date
GRAINES grasses. [Ce qui s'entend de celles propres à faire huile, telles que celles de colzat, d'oliette, de lin, rabette, navette, etc.].	Quintal... Prohibées... Idem... Idem...	1—2	1 août 1792. 3 septemb. 1793. 12 pluviôse 3. 19 thermidor 4.
GRAINS. [Ce qui s'entend de toutes les semences qui viennent dans des épis, tels que Blés, Seigles, Avoines, etc.].	Prohibés... Idem... Idem... Idem...		1 mars 1793. 12 pluviôse 3. 19 thermidor 4. 26 ventôse 5.
Pour { l'Espagne, le Portugal, l'Allemagne, la Hollande, } peuvent sortir en payant (1) { pour les blés, pour les seigles, maïs et autres grains. }	Quintal... Idem...	2..0 1..0	DI. 25 prairial, 12 et 13 brum. 13. Mêmes décrets.
GRAISSE d'Asphalte. [Sorte d'oing noir, nommé aussi huile bitume minérale, provenant de l'exploitation de la mine d'Asphalte du département du Bas-Rhin].	Par 100 fr.	0..15	DM. 6 vent. 5.
GRAISSES de toute autre sorte. [Ce qui s'entend de toutes les substances onctueuses provenant des animaux.].	Quintal... Prohibées... Idem... Idem...	6—12	15 mars 1791. 12 pluviôse 3. 19 thermidor 4.
GRAVELLE et TARTRE DE VIN. [Ce dernier est une espèce de sel qui s'élève des vins fumeux et qui prend la consistance de la pierre. Il est cassant et brillant. La gravelle est le résultat de la calcination de la lie de vin.].	Quintal...	7..14	15 mars 1791.
GRIGNON. [Sorte de mottes à brûler faites avec du marc d'olives vieillies.].	Sera traité comme l'Amurca.		1 août 1792.

RENVOIS.

GRENADIER (Ecorces de). Voyez Ecorces de grenadier.

SORTIE. 23.

(1) Les bureaux indiqués pour ces exportations sont ceux d'Agde, Lanouville, Baïonne, Bordeaux, Nantes, Saint-Vallery, Saint-Gilles, les Sables, Marans, la Rochelle, Rochefort, le Sas de Gand, Anvers, Coblentz, Mayence et Cologne. (DI. 25 prairial 12.) Et ceux des départemens frontières d'Espagne, dès ports de Baïonne et du Saint-Esprit, de Marans, des Sables d'Olonne et de Bordeaux. (DI. 13 brumaire 13.) Toute exportation cessera du moment que le prix du bled de première qualité sera, pendant trois marchés successifs, monté à 16 francs l'hectolitre pour les ports de Marans et les Sables d'Olonne, et à 20 francs l'hectolitre pour les ports de Baïonne, du Saint-Esprit et de Bordeaux. La prohibition sera ordonnée provisoirement par le Préfet. (Même Décret.) L'exportation du maïs ne cessera que lorsqu'il aura atteint le prix de 16 fr. l'hectolitre. (LM. 22 floréal 13.) Cette liberté de sortie n'est pas applicable aux légumes secs, aux pommes-de-terre, châtaignes, marrons, et autres semblables. (Excepté haricots. DI. 13 brum. 13.) Elle n'affranchit point des formalités prescrites à la circulation et au cabotage, qui restent dans le même état jusqu'à nouvel ordre.

Les grains, farines et légumes venus de l'étranger, peuvent toujours être réexportés sans payer de droits, en justifiant de l'entrée. (1 pluv. 13.)

GROISIL. [Nom donné, dans les verreries, aux morceaux de glace et de verre cassés.]..	*Prohibé*...... Idem...... Idem......	...—... ...—... ...—...	15 mars 1791. 12 pluviôse 3. 19 thermidor 4.
HABILLEMENS *supportés*, à l'usage des voyageurs ; et n'excédant pas le nombre de six... (1)	*Exempts*......	...—...	DM. 27 nivôse 8.
HARNOIS *de luxe*, pour voitures et chevaux: [Ce qui comprend les Selles, les Fouets, etc., et tout ce qui sert à atteler les chevaux]...	*Par 100 fr*... Idem......	5— 0 0..50	19 thermidor 4. 24 nivôse 5.
HERBE *de maroquin*. [Espèce d'herbe dont les maroquiniers se servent à la place du sumac.]...................................	*Quintal*.....	3.. 6	15 mars 1791.
HERBES propres à la teinture, non dénommées à l'*entrée* ni à la *sortie*.	*Quintal*.....	10..20	15 mars 1791.
HOUBLON. [Plante dont la fleur séchée entre dans la composition de la bière.]..	*Quintal*..... *Prohibé*......	5—10 ...—...	15 mars 1791. AC. 9 frimaire 9.
HUILES *d'olive* et *d'amande*. [Les Huiles sont des liqueurs grasses et onctueuses. Celle d'olive est d'usage pour la nourriture des hommes ; celle d'amande est une droguerie.].................	*Prohibées*...... *Quintal*......	...—... 10..20	15 août 1793. 19 thermidor 4.

RENVOIS.

GYPSE. *Voyez* Matières servant à l'engrais.
HARICOTS. *Voyez* aux Graines.
HERBE A JAUNIR. *Voyez* Gaude.
HORLOGERIE. *Voyez* à Ouvrages.
HOUILLE. *Voyez* Charbon de terre.
HOUX (Feuilles de). *Voyez* Feuilles de houx.

(1) Les habits de théâtre qui accompagnent les acteurs dans leurs déplacemens, ne sont sujets à aucun droit. (*LD.* du 5 germ. 15.)

SORTIE. 24.

Huiles de graines, de noix et de faines..................	Prohibées... Quintal......	—.— 6..12	12 pluviôse 3, 19 thermidor 4.
Celles de *graines* sortant par les départemens réunis, les frontières de terre et les départemens qui bordent le *Rhin*. (DM. 16 *fruct.* 7.)................................	Quintal......	2..55	24 nivôse 5.
Huile *de poisson*. [Elle est d'un jaune noir, et sert principalement au corroyage des cuirs.]...................,	Prohibée.... Idem...... Quintal...... Idem......	—.— —.— 2—50 2..50	12 pluviôse 3. 19 thermidor 4. AC. 1 pluv. 11. 8 floréal 11.
Huîtres *fraîches*. [Coquillages de mer.].....................	Le mille en N.	0..50	15 mars 1791.
Indigo. [Suc épaissi et séché d'une plante : il est d'un bleu foncé, en petits pains carrés ou en grains.]................... (1)	Prohibé... Idem......	—.— —.—	12 pluviôse 3. 19 thermidor 4.
Ceux *étrangers*, réexportés dans les deux mois de l'arrivée, en justifiant de l'acquit des droits d'entrée.... (1)	Exempts...	—.—	19 thermidor 4.
Indique. [Pâte bleue, assez semblable à l'indigo, qui se fabrique dans le département du *Doubs*.]........................	Prohibée...		DM. 7 ventôse 5.
Laines *non filées*. [On nomme ainsi le poil des agneaux, brebis, moutons et béliers.]........................ (2)	Quintal..... Prohibées... Idem...... Idem...... Idem......	76—50 —.— —.— —.— —.—	15 mars 1791. 26 février 1792. 19 mai 1793. 12 pluviôse 3. 19 thermidor 4.

RENVOIS.

Jardinage. *Voyez* Légumes verts.
Jarosses. *Voyez* Graines de Vesce.

(1) A moins qu'il ne soit justifié provenir des Colonies françaises, ou avoir été importé de l'étranger dans les deux mois qui précèdent sa réexportation. (*Voir*, pour le régime à suivre, la circulaire du directeur général, citée dans la note 1 de l'art. Denrées coloniales.)

(2) Les laines de toute espèce non filées sont comprises dans cette prohibition, même celles à matelas pouvant servir aux fabriques. (*Même loi.*)

LAINES. Celles non filées étrangères, réexportées dans l'année de l'arrivée.................................... (1)	Quintal.....	2— 4	24 nivôse 5.

LAINES filées, propres à la tapisserie. [Ce sont celles qui ont été retordues.]..................................	Quintal.....	18—36	15 mars 1791.
	Prohibées...		26 février 1792.
	Idem......		19 mai 1793.
	Idem......		12 pluviôse 3.
	Quintal.....	20..40	19 thermidor 4.

LAINES filées, d'autre sorte. [Ce sont celles filées et non retorses.]...	Quintal.....	18—36	15 mars 1791.
	Prohibées...		26 février 1792.
	Idem......		19 mai 1793.
	Idem......		12 pluviôse 3.
	Quintal.....	51..0	19 thermidor 4.

LÉGUMES secs, de toute sorte; tels que Pois, Lentilles, Pommes-de-terre, Marrons, etc............................	Prohibés...		1 mars 1793.
	Idem......		12 pluviôse 3.
	Idem......		19 thermidor 4.

LÉGUMES verts et JARDINAGE. [Ce qui s'entend de toutes les Herbes, Plantes et Racines potagères.]..................	Prohibés...		12 pluviôse 3.
	Idem......		19 thermidor 4.
	Quintal.....	0..20	24 nivôse 5.

LIE DE VIN. [C'est la partie la plus grossière du vin, qui se dépose au fond du tonneau.]..........................	Quintal.....	2..4	15 mars 1791.

LIÈGE non ouvré. [Ecorce spongieuse et légère d'une espèce de chêne vert.].......................................	Prohibé.....		1 mars 1793.
	Idem......		12 pluviôse 3.
	Quintal.....	2..4	24 nivôse 5.

RENVOIS.

LAITON. Voyez Cuivre.

(1) Les laines non filées, venues de l'étranger, ne pourront être réexportées qu'autant qu'elles auront été mises dans l'entrepôt réel du port d'arrivée, et qu'elles en seront expédiées directement pour l'étranger. (DI. 25 février 1806, et loi du 30 avril 1806.)

Il résulte de cette disposition une prohibition absolue à la sortie par terre des laines non filées, quelles que soient leur espèce et leur origine.

A leur réexportation par mer des ports d'arrivée, le droit de 2 fr. 4 cent. imposé par la loi du 24 nivôse an 5, paroît ne plus devoir être perçu, attendu que cette matière ne peut être traitée plus défavorablement que les marchandises de toutes espèces qui jouissent de la faculté d'entrepôt.

SORTIE. 26.

Liège *en planches*. [Est celui choisi qui a reçu une première main-d'œuvre.]	Quintal.... Idem..... Idem.....	3— 6 3— 6 4.. o	1 août 1792. 19 thermidor 4. DI. 17 pluv. 13 et loi du 30 avr. 1806.
Lin *crud*, *tayé* ou *apprêté*. [Écorce filamenteuse d'une plante à une seule tige. On appelle *crud* celui qui n'a reçu qu'une première main-d'œuvre. C'est avec le lin qu'on fait le fil, la toile, etc.] Même *peigné*........	Prohibé..... Idem..... Idem..... Idem.....		15 mars 1791. 19 mai 1793. 12 pluviôse 3. 19 thermidor 4.
Linon. [Tissu de fil de lin très-fin et clair.]........	Quintal.....	1.. 2	24 nivôse 5.
Malherbe. [Herbe d'une odeur très-forte, propre à la teinture.]...	Quintal.....	2.. 4	15 mars 1791.
Marchandises admises en entrepôt, prohibées à l'entrée, ou dont le droit excède dix pour cent de leur valeur, ne peuvent être réexportées que sur des bâtimens de cent tonneaux et plus. (1)	....		8 floréal 11.
Marchandises non comprises au Tarif, celles omises, à l'exception des herbes non dénommées propres à la teinture..........	Droit de bal.		24 nivôse 5.
Marrons et Chataignes. [Fruits ronds, bruns à l'extérieur, blancs en dedans]...................... (2)	Prohibés..... Idem..... Idem.....		1 mars 1793. 12 pluviôse 3. LM. 16 vend. 9.
Matelas. [Étui de toile rembourré de laine, de coton, de crin, etc.] (3)	*Comme les matières dont ils sont composés.*		1 août 1792.

RENVOIS.

Langes vieux. *Voyez* Drilles.
Maïs. *Voyez* aux Graines.
Manganèse. *V.* la note à Mines métalliques.
Marc d'olives. *Voyez* Amurca.

(1) Elles doivent en outre s'accompagner d'acquits-à-caution, qui seront déchargés par les agens du Gouvernement français dans les ports étrangers où les marchandises seront conduites. (8 *floréal* 11.)
Il y a exception pour les marchandises retirées de l'entrepôt d'Anvers pour aller en Hollande, qui peuvent être exportées par bâtimens de 60 tonneaux en faisant convoyer les bâtimens jusqu'aux limites du territoire françois. (*Lettre du DG. au directeur d'Anvers*, du 15 *messidor* 11.)
(2) Les *marrons et châtaignes*, par lettre du Ministre des finances, du 16 vendémiaire an 9, ont été classés dans les *légumes secs*, en conséquence prohibés comme eux. Ils peuvent sortir par le Doubs, le Jura et la Sésia.
(3) Le passager qui s'embarque sur navire étranger peut emporter deux matelas pour son usage dans la traversée, pourvu qu'ils soient composés de *laine vieille* et hors d'état de fournir aux fabriques. (*DM.* 17 *fructidor* 4.)
Ceux à l'usage des voyageurs, et ne contenant que de vieilles laines, peuvent aussi sortir. (*Décis.* du 18 *flor.* et 8 *prair.* 9.)

Sortie. 27.

Matières servant à l'engrais des terres; telles que *Fumier*, *Colombine*, *Chapons*, *Cornes rapées*, et autres............ (1)	*Prohibées*... Idem....... Idem.......	....	1 août 1792. 12 pluviôse 3. 19 thermidor 4.
Matières propres à la fabrication du *Papier* (2) et de la *Colle*.... (3)	*Prohibées*... Idem.......	....	12 pluviôse 3. 19 thermidor 4.
Mats et Pièces de rechange. [Objets propres à l'équipement d'un vaisseau.]... (4)	*Par* 100 *fr*...	5.. 0	DM. 7 nivôse 11.
Mélasses. [Résidu des sucres raffinés.]........................	*Prohibées*... *Quintal*.. (5)	...... 2..55	19 thermidor 4. 24 nivôse 5.
Mercerie. (*Voir de quoi elle se compose au Tarif d'Entrée.*).....	*Quintal*.....	1.. 2	24 nivôse 5.
Celle uniquement composée de fer et d'acier............	*Quintal*.....	0..50	9 floréal 7.
Métal de *Cloches*, comme composé de cuivre et d'étain............	*Prohibé*....	......	DM. 27 vend. 6.
Métiers pour les fabriques..	*Quintal*..... *Par* 100 *fr*... *Prohibés*... Idem... (6)	61—20 1—50	15 mars 1791. 1 août 1792. 12 pluviôse 3. 19 thermidor 4.

RENVOIS.

Matières d'Or et d'Argent. *Voyez* Argent.
Maurelle *Voyez* Tournesol.

(1) On en excepte la Chaux, le Plâtre et la Terre de Marne, qui sont tarifés, et le Gypse, espèce de pierre à plâtre, dont la sortie est tolérée par le département du Doubs.

(2) Les vieux papiers sont compris dans la prohibition. (*L*. du 26 *thermid*. 13.) Une décision ministérielle, du 17 brumaire an 5, en avoit excepté les rognures de papier, comme n'étant propres qu'à faire le carton.

(3) L'amidon peut aussi sortir. (*Voyez* ce mot.)

(4) Pour prévenir les abus, les capitaines étrangers ne seront admis à se pourvoir de *mats de rechange* que lorsqu'il sera constaté que c'est par quelque événement de force majeure, ou par quelque autre cause qu'ils n'ont pu prévoir, qu'ils s'en trouvent dépourvus. (*CD*. 16 *nivôse* 11.)

(5) Les mélasses provenant de sucres raffinés en France, ne doivent que le droit de balance, lorsqu'elles sont accompagnées d'un certificat de fabrique visé par le Maire. (*DM*. 28 *fructidor* 8.)

Le droit de 2 fr. 55 cent. cité ci-dessus ne concerneroit donc que les mélasses des colonies françoises; cependant il nous paroît, d'après le système actuel des droits d'entrée sur les productions de ces colonies, qu'il n'y a également lieu qu'à la perception du droit de balance à la Sortie. Mais nous avons laissé exister la taxe de la loi du 24 nivôse an 5, comme étant au courant, parce qu'effectivement rien n'abroge cette disposition relativement aux mélasses des colonies françoises. (*V*. cependant la note à Denrées coloniales.)

Meubles et Effets à usage............................(7)		Exempts........	....	DM. 17 oct. 1791.
		Droit de bal.......		24 nivôse 5.
Meules de Moulin (8) { Au-dessus d'un mètre 949 millimètres....		Pièce.......	30..0	8 floréal 11.
{ Au-dessous, jusqu'à un mètre 297 millim....		Pièce.......	20..0	Même loi.
{ Au-dessous d'un mètre 297 millimètres....		Pièce.......	10..0	Même loi.
—— d'*Andernach* ; par le *Rhin*. { Celles d'un mètre 297 millimètres et au-dessus................		Par 100 *fr*...	10..0	DI. 9 vend. 13 et loi du 1 pluv. 13.
{ Celles au-dessous.................		Idem......	5..0	
Miel. [Suc doux produit par les abeilles.]........................		Prohibé......	....	15 août 1793.
		Idem......		12 pluviôse 3.
		Quintal.....	2..55	19 thermidor 4.
		Idem......	5..0	DI. 17 pluv. 13 et loi du 30 avr. 1806.
Mine de Fer, *brute et lavée*. [Les mines de fer varient pour la figure et la forme ; il y en a de blanche, de noire, d'un gris de cendre, de bleue, etc.].................. (9)		Prohibée.......	....	15 mars 1791.
		Idem......		19 thermidor 4.
Mine de Plomb. [Pierre minérale d'un noir argenté et luisant.] (10)		Prohibée.....	....	19 thermidor 4.
Mines *métalliques* de toute autre sorte. [Ce qui comprend non-seulement les métaux épurés et non tarifés, mais même ceux encore mêlés avec la terre.]................ (11)		Prohibées.....	....	19 thermidor 4.

RENVOIS.

Millet ou Mil. *Voyez* aux Graines.
Minium. *Voyez* la note à Mine de plomb.
Montres. *Voyez* Ouvrages d'horlogerie.
Moresques. *Voyez* Soies.

(6) Ce qui doit s'entendre des métiers composés, tels que ceux à faire des bas, et non des instrumens simples, tels que *laminoirs*, etc. (*DM.* 22 *prairial* 11.)
(7) Cette sortie en exemption de droits n'est tolérée qu'à charge de justifier d'une propriété à trois ou quatre lieues des frontières, de l'identité et du rapport des effets par une soumission cautionnée, le tout par la formalité d'un acquit-à-caution.
(8) Les meules sont des pierres rondes et plates qui servent à broyer les grains.
(9) La mine de fer provenant des mines possédées en France par les Espagnols, peut sortir comme précédemment. (*Lettre du Ministre de l'intérieur, du 5 messid. 4.*)
(10) Il ne faut pas lui assimiler le *Minium*, qui n'est point un minéral naturel ; c'est une composition rouge faite avec de l'*alquifoux* calciné au feu. Les potiers de terre en font le plus grand usage : on s'en sert aussi pour la médecine et la peinture, mais rarement.
(11) Une décision du Ministre des finances, du 2 fructidor an 4, porte que l'on ne peut comprendre sous la dénomination de *mines métalliques* le *Manganèse*, minéral assez semblable à l'Antimoine qu'emploient les émailleurs, les potiers de terre et les vitriers ; le *Manganèse* peut donc sortir. La *Calamine*, sorte de minerai à l'usage des fondeurs, doit, sous ce rapport, être considérée comme matière première ; mais n'étant comprise ni directement ni indirectement dans la classe des objets prohibés à la sortie, elle peut être exportée en payant le droit de balance. (*CA. du ... pluviôse an 4.*)

Mousselines [Tissu fort fin et fort clair fait avec du coton.].......	Quintal.....	1.. 2	24 nivôse 5.
Moutons et Brebis..	Pièce......	0—25	15 mars 1791.
	Prohibés..		1 mars 1793.
Pour l'*Espagne*...	Pièce.......	0—75	19 thermidor 4.
Idem..	Idem.......	0—35	24 nivôse 5.
Par toutes les frontières,......................... (1)	Idem.......	1.. 0	DI. 17 pluv. 13 et loi du 30 avr. 1806.
Mules et Mulets...	Pièce......	3— 0	15 mars 1791.
	Prohibés..		1 mars 1793.
	Idem.......		12 pluviôse 3.
	Idem.......		19 thermidor 4.
Au-dessous d'un an, pour l'Espagne................	Pièce......	5— 0	*Même loi.*
Pour le *Piémont* et l'*Helvétie*.......................	Idem.......	5— 0	9 floréal 7.
Sans distinction d'âge, et par toutes les frontières... (2)	Pièce......	10.. 0	DI. 17 pluv. 13 et loi du 30 avr. 1806.
Munitions *de guerre*. [Ce qui comprend toutes les provisions nécessaires à une armée, les *Boulets, Canons, Cuirasses, Selles de chevaux de cavalerie*, etc. etc.].................. (3)	Prohibées...		22 août 1792.
	Idem.......		12 pluviôse 3.
	Idem.......		19 thermidor 4.
Munitions *navales*. [C'est tout ce qui tient à l'armement et à l'équipement des vaisseaux.]................................ (4)	Prohibées...		12 pluviôse 3.
	Idem.......		19 thermidor 4.
Navires. [Bâtimens propres à aller sur mer.] Même ceux de *prise*. (5)	Prohibés,...		19 thermidor 4.

RENVOIS.

Mout. *Voyez* Vendanges.
Musique. *V.* les observ. sur les Cartes à jouer.
Myrte. *Voyez* Feuilles de Myrte.
Navets. *Comme* Légumes verts. (*CA.* 22 *mess.* 8.)

(1) La toison doit en être enlevée si elle a plus de cinq mois. (*D.* 19 *vent.* 13.) La faculté d'exporter les moutons ne s'applique pas aux brebis et moutons mérinos ou métis. (*DI.* 21 *frimaire* 14, et loi du 30 *avril* 1806.) On reconnoît ces derniers à la finesse de leur laine.
(2) Ce droit est perceptible lors même qu'ils seroient montés ou attelés, à l'exception de ceux venus de l'étranger, et sauf le remboursement des droits sur ceux qui rentreroient dans le délai de deux mois.
(3) Le salpêtre est compris sous cette dénomination.
S. M. I., sur la demande du Chargé d'affaires du Roi d'Espagne, a approuvé que les bâtimens de guerre espagnols ou les corsaires armés sous pavillon de cette nation, qui relâcheroient dans les ports de l'empire, pussent y acheter la poudre, les boulets et munitions de guerre dont ils auroient besoin. (*CD.* 30 *pluv.* 13.) Pour prévenir toute fraude ou abus, l'exportation ne pourra être effectuée que sur l'ordre des directeurs, d'après l'autorisation de sortie détaillée, délivrée par les administrateurs de la marine.
(4) On en excepte les brais, goudrons, planches de pin, cordages, cables, mâts et pièces de rechange, sous certaines conditions, et les toiles à voiles. (*Voyez* chacun de ces articles à sa lettre.)
(5) Le Ministre des finances a décidé, le 17 messidor an 6, qu'on ne doit pas comprendre dans la prohibition des navires, à la sortie, les *Bateaux*, qu'on ne peut leur assimiler, et dont la sortie est permise.
Sortie. 30.

NAVIRES *marchands*, construits en *France* pour le compte espagnol. (1)	Par tonneau. Idem......	15— 15..	0 0	AC. 20 vend. 11. 8 floréal 11.
NERFS *de Bœuf, et autres animaux.* [Membres génitaux des animaux, arrachés et desséchés.].................. }	Quintal.....	9.	18	15 mars 1791.
ŒUFS. [La ponte de la poule et d'autres oiseaux] Par *mer*......... c	Prohibés....			AC. 8 pluv. 10.
OR *faux*, filé sur soie. [Fil de faux or, tourné sur des fils de soie. (F)	Prohibé....			15 mars 1791.
OREILLONS. [On donne ce nom aux rognures de peaux.]........ Comme matière propre à la fabrication de la colle. (G) {	Prohibés.... Idem........ Idem........			15 mars 1791. 12 pluviôse 3. 19 thermidor 4.
ORGE *perlé.* [Sorte de grains petits, ronds, durs et blancs.]..... (H)	Exempt...... Droit de bal.			1 août 1792. L.D. 13 mai 1806.
Os *de Bœufs, Vaches*, et autres animaux. [Parties dures, solides et compactes des animaux, dont on se sert à divers usages.]... }	Quintal.....	1..	2	15 mars 1791.
OUATE. [Partie la plus soyeuse du coton, de la laine, etc.]..} .....*Comme les* matières *dont elle est composée.*				1 août 1792.

RENVOIS.

NUMÉRAIRE. *Voyez* Argent monnoyé.
OIGNONS. *Voyez* Légumes verts.
OR. *Voyez* Argent.
ORFÉVRERIE. *Voyez* Ouvrages d'orfèvrerie.
OSIER. *Voyez* la note à Bois.

(1) L'autorisation du Ministre de la marine doit précéder. (*Circul. 7 prairial* 11.)
(F) La lettre administrative citée à la note A de la page 18, dit que l'OR FAUX filé sur *fil* peut s'exporter; d'où il paroîtroit que, par assimilation, l'or faux filé sur *soie* devroit d'autant plus suivre le même régime, que la soie ouvrée, sa matière première, jouit elle-même de la faculté de sortir. Je n'ai point cru cependant devoir lui appliquer les articles II et III de la loi du 19 thermidor an 4, par la raison que là où il y a la moindre incertitude, je me suis fait une loi de laisser plutôt le régime en blanc que de risquer une fausse application. Ainsi le *moins* (.......) placé ci-dessus, dans la colonne des droits, indique, là comme dans les autres articles où il ne se trouve pas tous points (......), que ce n'est plus la loi y citée qui ordonne le régime au courant, ce régime fût-il même celui à suivre.
(G) Je me suis permis de classer les *oreillons* dans les matières propres à la fabrication de la colle, parce que tous les bureaux suivent cette classification, et qu'il n'y a aucun doute sur leur prohibition.
(H) Lors des premières impressions de ce Tarif de sortie, j'avois annoncé que le régime de cette orge me paroissoit douteux à cause de la possibilité de son assimilation aux grains; depuis il a été adressé, par le Directeur de Clèves, la lettre suivante, en date du 25 mai 1806. « L'*orge perlé* et *mondé*, ainsi que le *gruau d'avoine*, n'ont jamais fait partie de la classe des grains, parce qu'ils sont » plutôt alimens salutaires que substances ordinaires et de première nécessité. Cependant, dans plusieurs bureaux, l'on a assimilé

Désignation	Unité	Droits	Date
OUATE de Coton. [Est plus fine et plus soyeuse que le coton ordinaire.]	Quintal	40—80	19 thermidor 4.
	Droit de bal.	—	DI. 3 vendém. 13.
	Idem	—	1 pluviôse 13.
OUVRAGES en Acier et Fer. [Les pompes à incendie sont comprises sous cette dénomination. Lettre au Directeur de Besançon, du 23 pluv. 5]	Quintal	1— 2	24 nivôse 5.
	Idem	0..50	9 floréal 7.
OUVRAGES (menus) en Fer et Acier. [Tels que coutellerie, chaînes de montres, mouchettes, serrurerie, taillanderie, fil de fer.]	Quintal	2—55	19 thermidor 4.
	Idem	0..50	9 floréal 7.
OUVRAGES en Fer coulé ou en Fonte. [Tels que batterie de cuisine, poêles et contre-cœurs, poids à peser.]	Quintal	1— 2	19 thermidor 4.
	Idem	0..50	9 floréal 7.
OUVRAGES en Bronze	Quintal	1.. 2	24 nivôse 5.
OUVRAGES de Bijouterie........(1)	Par 100 fr.	5— 0	19 thermidor 4.
	Idem	0..50	24 nivôse 5.
OUVRAGES d'Orfévrerie, dont les deux tiers de la valeur seroient en main-d'œuvre.........(2)	Par 100 fr.	5— 0	19 thermidor 4.
	Idem	1.. 0	24 nivôse 5.
— Gros Ouvrages d'Orfévrerie, en vaisselle d'or et d'argent, et en vases d'or et d'argent servant au culte	Prohibés	—	15 septemb. 1792.
	Idem	—1..	19 thermidor 4.
	Par 100 fr.	1.. 0	AC. 17 prairial 10.

RENVOIS.

OUVRAGES EN COTON. *Voyez* Toiles de Coton.

» l'orge perlé et mondé aux grains, et l'on a refusé d'en permettre l'exportation. J'ai
» cru devoir en référer à M. le Directeur général, qui, par sa lettre du 15 de ce mois,
» m'a fait connoître que l'on ne devoit pas s'opposer à l'exportation de l'orge mondé
» et perlé, sous l'acquittement du simple droit de balance. »

(1) Par ouvrages de bijouterie, on ne doit comprendre que ceux dans lesquels les métaux précieux entrent comme matières principales. Ainsi les candélabres, vases et ornemens de cheminée, composés de bronze, cuivre doré, etc., ni les piédestaux dorés qui ornent les pendules, n'appartiennent pas à cette classe. Les brontes ne doivent que 1 fr. 2 cent. du quintal, et les autres objets que le droit de balance. (*Lettre au Directeur de Rouen, du 2 compl. 5.*)

Voyez aussi ce qui a été dit à la note de l'article *Diamans*.

(2) Les ouvrages d'or et d'argent reconnus par les préposés des douanes sans la marque de garantie, doivent être saisis. (*Décis. 8 therm. 8.*) On en excepte les fabrications de Genève, que l'article 8 du traité de réunion dispense du régime de garantie.

Lorsque les ouvrages neufs d'or et d'argent de fabrique nationale, ayant acquitté les droits de garantie, sortiront de France, les deux tiers des droits de garantie

Ouvrages d'*Horlogerie*, de fabrique françoise............... (1)		Exempts........ Droit de bal.......	—	7 messidor 3. 24 nivôse 5.
Ouvrages en cuir, maroquin, peaux maroquinées, et en souliers de femme en étoffe...		Quintal...... Par 100 fr..	20—40 0.. 50	19 thermidor 4. 24 nivôse 5.
Ouvrages en *Peaux*, consistant en culottes, vestes, gilets et gants..		Quintal....... Idem......	20—40 1.. 2	19 thermidor 4. 24 nivôse 5.
Pain et Biscuit. [Composés de farine pétrie et cuite. Le biscuit est du pain qui a reçu deux cuissons]................... Comme substance *essentiellement* alimentaire............ (I)		Prohibés...... Idem......	— —	15 août 1793. OM. 3 frimaire 5.
Pains ou Tourteaux de navette, lin et colzat.................. Ceux d'*oliette*, de *rabette* et de chènevis............ Pendant l'an 11... Jusqu'à nouvel ordre..	seront traités comme pains de navette.	Quintal...... Quintal...... Idem...... Idem...... Idem......	1— 2 — 4— 0 4— 0 4— 0 4.. 0	15 mars 1791. 1 août 1792. AC. 1 pluv. 11. 8 floréal 11. AC. 8 frim. 12. 22 ventôse 12.
Papier. [Composition faite de vieux linges broyés à l'eau, et ensuite étendue par feuilles.] Celui ordinaire, blanc et gris, soit pour l'écriture ou l'impression.................... (2)		Prohibé....... Idem...... Par 100 fr.. Idem......	— — 15— 0 1.. 0	15 août 1793. 12 pluviôse 3. 19 thermidor 4. 24 nivôse 5.

RENVOIS.

seront restitués au fabricant. Cette restitution sera faite par le bureau de garantie, sur certificat de l'administration des douanes constatant la sortie.

Les bureaux ouverts à l'exportation des ouvrages d'or et d'argent sont, *par mer*, Baïonne, Bordeaux, la Rochelle, Nantes, Port-Malo, Rouen, le Havre, Vallery-sur-Somme, Boulogne, Calais, Dunkerque, Ostende, Anvers, Nice, Toulon, Marseille, Cette, Port-Vendre et Agde; *par terre*, Pas-de-Behobie, Anhiou, Turnhout, Cologne, Coblentz, Mayence, Strasbourg, Bourg-Libre, Pontarlier, Versoix, le Bouson et....

(1) Les montres, même avec leurs mouvemens, ne doivent que le droit de balance; mais si les boîtes de montre sont exportées isolément, elles doivent comme ouvrages d'orfèvrerie. (*Lettre du* 11 *avril* 1806.)

(2) N'étoient pas compris dans la prohibition des papiers, par la loi du 15 août 1793, ceux marbrés, peints ou veloutés servant à la tenture.

(I) Malgré les articles II et III de la loi du 19 thermidor an 4, le pain et le biscuit sont restés prohibés à l'exportation. S'il y avoit le moindre doute sur cet objet, il seroit levé par la lettre administrative rapportée à la note A de la page 18. Aucune loi cependant n'a nominativement continué cette prohibition; mais celles sur les

SORTIE. 33.

Papier fin, et Papier mousse, à cartier et aux trois lunes............	Prohibés..... Par 100 fr... Idem......	.... 5— 0 0..50	15 août 1793. 19 thermidor 4. 24 nivôse 5.
Parchemin brut. [Peaux de mouton, de chèvre ou de veau de lait, préparées par la mégisserie. Il est reconnoissable par la fleur blanche qu'on voit sur toute sa superficie.]...............	Quintal..... Prohibé......	12—24	15 mars 1791. LM. 11 floréal 12.
Parchemin neuf. [Est celui raturé et poncé qui a subi une seconde préparation par le parcheminier.]................. (1)	Quintal.....	12..24	15 mars 1791.
——— Travaillé, quoique neuf. [Ce qui ne doit s'entendre que du parchemin ouvré, ou autrement ouvrages en parchemin.].	Exempt..... Droit de bal.	....	1 août 1792. 24 nivôse 5.
Passementerie. [Tissus de différens fils et de différentes formes.] Voir de quoi elle se compose au Tarif d'Entrée...........	Quintal.....	1.. 2	24 nivôse 5.
Peaux passées en blanc ou mégie, bronzées ou chamoisées........	Quintal..... Par 100 fr...	51— 0 1.. 0	19 thermidor 4. 24 nivôse 5.
Peaux de Loutre, et Pelleteries sauvagines non apprêtées...... (2)	Exemptes.... Par 100 fr... Idem...... Idem......	.... 10— 0 5— 0 2..50	1 août 1792. 20 thermidor 3. 19 thermidor 4. 24 nivôse 5.

RENVOIS.

Papiers vieux. *Comme* Matières propres, etc.
Pâte d'Italie. *Voyez* Vermicel.
Pâte de Papier. *Voyez* Cartons gris.

grains et farines leur ont toujours été applicables depuis la loi du 19 thermidor an 4: c'étoit au moins le régime suivi par les bureaux des douanes avant l'ordre plus positif du ministre des finances, en date du 3 frimaire an 9, qui a défendu la sortie de toute substance *essentiellement* alimentaire : c'est cet ordre que je cite, parce qu'il concerne plus directement le pain et le biscuit.

Cependant le biscuit du mer pour la marine espagnole peut sortir en payant 2 fr. du quintal métrique. (*D.* 13 *brumaire* 13.)

(1) Les bandes de parchemin ne sont point sujettes à ce droit, quoique le parchemin soit neuf. (*D.* 1 *décemb.* 1791.)

(2) Les peaux de chats n'étant propres qu'à faire fourrure, peuvent être exportées, quel que soit le degré de préparation qu'elles aient reçu, et sont ainsi rangées dans la classe des pelleteries sauvagines. (*LD.* 29 *germinal* 11.)

Peaux de Chien de mer, quoique non ouvrées.............................	Droit de bal.		DM. 9 therm. 5.
Peaux non ouvrées, appartenant à la mégisserie et à la chamoiserie, et qui ne sont pas propres à faire fourrures...............	Prohibées...		DM. 7 nivôse 11.
Peaux de Lièvres et de Lapins, crues........................... Et Peaux de Castor.............................	Prohibées... Idem......		15 mars 1791. 19 thermidor 4.
Peaux de Chevreuils	Prohibées...		DM. 7 nivôse 11.
Peaux en poils et autres, excepté les pelleteries........... (1)	Prohibées...		19 thermidor 4.
Peaux de Bœufs et de Vaches, salées et en vert............ (2)	Quintal...... Prohibées... Idem...... Idem......	12—24	15 mars 1791. 26 février 1792. 12 pluviôse 3. 19 thermidor 4.
Peaux de Cheval et d'Ane, en vert......................... (2)	Quintal...... Prohibées... Idem...... Idem......	12—24	15 mars 1791. 26 février 1792. 12 pluviôse 3. 19 thermidor 4.
Peaux de Moutons, Brebis et Agneaux, en vert............. (2)	Quintal...... Prohibées... Idem...... Idem......	30—60	15 mars 1791. 26 février 1792. 12 pluviôse 3. 19 thermidor 4.

RENVOIS.

(1) Les pelleteries ouvrées ou apprêtées qui sont distraites de la prohibition portée par la loi du 12 pluviôse an 3, et celles sans aucune distinction également exceptées de la prohibition portée sur les peaux en poil, peuvent sortir en payant les droits de balance. (CD. 21 nivôse 11.)

(2) Voyez aussi à Cuirs. On appelle cuir *vert*, *crud* ou *frais*, celui qui a été levé sur le corps de l'animal. Cuir *salé* est celui qu'on a salé avec du sel marin et de l'alun ou avec du natron, pour empêcher qu'il ne se corrompe. Cuirs *secs en poil* sont ceux séchés sans en avoir ôté le poil ou bourre. Cuir *tanné* est celui dont on a ôté le poil dans le plain, et qui a été ensuite mis dans la fosse au tan. Cuir *plaqué* est un cuir fort qui, après avoir été tanné, a été séché à l'air et nettoyé de son tan. Cuirs *forts*, sont ainsi nommés pour les distinguer des plus foibles. Cuir *coudré* est celui qu'on a étendu dans une cuve où l'on a jeté de l'eau chaude et du tan par-dessus, pour le rougir et lui donner le grain. Cuir *en croûte* est celui qui a été plamé, coudré et tanné, et qu'on a fait sécher après l'avoir tiré de la fosse au tan. Cuir *corroyé* est celui tanné qui a été apprêté par le foulage et l'huile, en gras ou en sec.

Peaux de *Veaux*, salées et en vert............... (1)	Quintal.....	30—60	15 mars 1791.
	Prohibées....		26 février 1792.
	Idem........		12 pluviôse 3.
	Idem........		19 thermidor 4.
Peaux non dénommées, salées et en vert........... (1)	Quintal.....	12—24	15 mars 1791.
	Prohibées....		26 février 1792.
	Idem........		12 pluviôse 5.
	Idem........		19 thermidor 4.
Pennes ou Paines de laine et de fil. [Ce sont les bouts qui restent sur les métiers après que les étoffes ont été fabriquées.]	Prohibées....		15 mars 1791.
	Idem........		19 thermidor 4.
Les Pennes de coton.......................... (2)	Par 100 fr.	1.. 0	LM. 21 mars 1806.
Pierres à *feu*. [Sorte de pierres de différentes couleurs qui, battues contre du fer, jettent des étincelles.] Celles de fusil......	Prohibées....		19 thermidor 4.
A briquet et à fusil de chasse..................	Par 100 fr.	1— 0	24 nivôse 5.
	Prohibées....		AD. 25 vendém. 7.
	Idem........		19 brumaire 8.
	Par 100 fr.	1— 0	AC. 6 prairial 10.
	Idem........	1— 0	8 floréal 11.
Taillées ou brutes...........................	Prohibées....		LD. 23 vend. 14.
	Par 100 fr.	1.. 0	LD. 21 juill. 1806.
Plâtre. [Calcination de pierres gypseuses, très-blanches, propre à la maçonnerie.].............	1565 kilogr.	1.. 0	19 thermidor 4.
Plomb *non ouvré*. [Métal grisâtre, mou, pesant et livide.]......	Prohibé......		19 mai 1793.
	Idem........		12 pluviôse 3.
	Idem. (3)...		19 thermidor 4.

RENVOIS.

Peaux de chats. *Voyez* Peaux de Loutre.
Peaux ouvrées. *Voyez* Ouvrages en peaux.
Peaux tannées, corroyées, pour reliures, etc. *Voyez* Cuirs.
Pelleteries ouvrées et apprêtées. *Voyez* la note à Peaux en poils.
Pelleteries sauvagines. *V.* Peaux de Loutre.
Piastres. *Voyez* Argent.
Pièces de rechange. *Voyez* Mâts.
Pierreries. *Voyez* Diamant.
Planches de Pin et de Sapin. *Voyez* Bois.
Plocs. *Voyez* Bourres.

Sortie. 36.

(1) Voir la note 2 à la page précédente.
(2) Avant cette disposition, les pennes de coton suivoient le régime de ceux de laine et fil.
(3) On en excepte celui des mines de Poullaouen, qui peut sortir par Morlaix en payant le droit de balance. (*A.* 9 *therm.* 10.)

Plomb ouvré. [C'est celui qui a reçu quelque main-d'œuvre.]	Quintal	5..10	24 nivôse 5.
Poil en masse et non filé, de Castor, Chameau, Chèvre, Chevreau, Lapin, Lièvre et Loutre.	Prohibé Idem Idem. (1)	—	15 mars 1791. 12 pluviôse 3. 19 thermidor 4.
Poil de Chien, même filé.	Prohibé Idem	—	12 pluviôse 3. 19 thermidor 4.
Poissons frais. [Animaux de différentes espèces qui vivent dans l'eau.]	Prohibés Idem Par 100 fr. Exempts	— — 2—50 —	15 août 1793. 12 pluviôse 3. 19 thermidor 4. 24 nivôse 5.
Poissons de toute autre sorte, salés, secs, fumés et marinés. Par terre. Par toutes les frontières.	Prohibés Idem Idem Quintal Quintal	— — — 1— 2 1. 2	15 août 1793. 12 pluviôse 3. 19 thermidor 4. 24 nivôse 5. 2 nivôse 7.
Pommes-de-terre. [Légume sec propre à la nourriture.]	Prohibées Idem Idem	— — —	12 pluviôse 3. 19 thermidor 4. DM. 7 pluviôse 8.
Potasse. [Espèce de cendre gravelée servant à la teinture, de la consistance de la chaux, et de couleur noirâtre.]	Prohibée Exempte Prohibée	— — —	15 mars 1791. 1 août 1792. 19 thermidor 4.

RENVOIS.

(1). La loi du 24 nivôse an 5 avoit autorisé la sortie, pendant trois mois seulement, du poil de lapin, en payant 15 centimes par hectogramme. Une loi du 5 pluviôse an 5 a prohibé cette sortie.

Poissons (Frai de). *Voyez* la note à Rogues.
Poivres. *Voyez* Denrées coloniales.
Poix blanche. *Voyez* la note à Résines.
Pompes à incendie. *Voyez* Ouvrages en fer.
Porcs. *Voyez* Cochons.

Poudre à feu. [Composition très-inflammable faite de charbon, de salpêtre et de soufre.]........ Comme munition de guerre.	Prohibée... Idem. (1)..	....		12 pluviôse 3. 19 thermidor 4.
Poudre à poudrer. [Composition d'amidon et d'os de bœufs brûlés jusqu'à blancheur.]...............................	Quintal.... Prohibée. (2)	2—4		24 nivôse 5. DM. 27 pluv. 10.
Peut sortir depuis *Clèves* jusqu'à *Genève*............... Par les *frontières de terre*, à destination des États neutres ou amis.. (3)	Quintal.... Idem.....	2—4 2...4		DM. 2 brum. 12. DM. 14 mars 1806.
Quincaillerie. [Voir de quoi elle se compose au *Tarif d'Entrée*.]	Quintal.....	1..2		24 nivôse 5.
Celle uniquement composée de *Fer* et d'*Acier*...... (4)	Quintal.....	0..50		9 floréal 7.
Raisins. [Fruit à grappes qui croit sur la vigne.] Dans son état de *fruit propre à manger*.....................................	Droit de bal.	....		LD. 29 messid. 12.
Récoltes ; faites par les *Étrangers* sur les terres qu'ils possèdent en *France*...	Exemptes..... Prohibées..... Idem. (5)..	....		DM. 17 nov. 1791. AD. 7 fructidor 4. LM. 8 therm. 9.
Redoul ou Roudon (feuilles de). [Espèce de sumac propre à la teinture.]	Quintal.....	1..53		15 mars 1791.

RENVOIS.

Poutres de Pin et de Sapin. *Voyez* Bois.
Raisins, comme Vendanges. *V*. Vendanges.

(1) Celle de chasse, accompagnée du passeport des administrateurs des poudres et salpêtres, peut sortir. (*Avis du Ministre de la guerre transmis par celui des finances, du 18 brum. 11.*)
(2) Celle parfumée est comprise dans la prohibition (*DM*. 12 germ. 10.).
(3) *Voyez* la note à Amidon.
(4) Une circulaire administrative, du 5 thermidor an 7, ordonne l'application de la loi du 9 floréal an 7 à tous les ouvrages dans lesquels il n'entre pas d'autre matière que du fer et de l'acier; par conséquent la *quincaillerie*, uniquement composée de ces métaux, doit être réduite, ainsi que la mercerie de même nature, au droit de 50 centimes.
(5) Les habitans de la partie batave de Putte, possesseurs de terres avant la publication de la loi du 1 pluviôse an 13, peuvent exporter les grains et gerbes desdites terres, à la charge de déclarer au bureau la quantité de gerbes, et d'y souscrire une soumission cautionnée d'importer dans six mois une quantité de grains et de fumier, calculée sur le nombre de gerbes exportées. (1 *pluv.* 13.)
Les habitans d'Hemnon (territoire batave), qui possèdent des terres situées dans l'étendue de la commune de Mook, jouiront du même avantage. (30 *avril* 1806.)

REDON ou RODON. [Sorte de plante dont on se sert à la place du tan, et qui en a la propriété.]	Prohibé......	....	15 mars 1791.	
Comme Écorces à tan .... (K)	Idem......	....	19 thermidor 4.	
RÉSINES. [Liquide épais, gras, ténace et très-inflammable, qui coule de certains arbres.] Du cru françois........................	Prohibées...	....	3 septemb. 1793.	
	Idem......	....	12 pluviôse 3.	
	Idem......	....	19 thermidor 4.	
Pour l'Espagne...	Quintal.....	1— 2	Même loi.	
Idem...	Idem......	0—51	24 nivôse 5.	
Par toutes les frontières, { par navires étrangers..........	Quintal.....	1— 0	A.C. 14 fruct. 10, et	
{ par navires françois et par terre.	Idem......	0—50	loi du 8 flor. 11.	
(1)				
RETAILLES de Peaux et de Parchemin. [Ce sont les morceaux qu'on abat des peaux lors de leur fabrication.].....................	Prohibées...	....	26 février 1792.	
Comme matières propres à la fabrication de la colle. (L)	Idem......	....	19 thermidor 4.	
RIZ. [Sorte de grains blancs.] Par la 27ᵉ division militaire..... (2)	Quintal.....	3.. 0	DI. 9 pluv. 13 et loi du 30 avril 1806.	
ROGUES, COQUES, RARES ou RESURES de Morue. [Ce sont les œufs, et différentes parties délicates de la morue.]............	Prohibées...	....	15 mars 1791.	
(M) Faculté de sortir.		....	19 thermidor 4.	
RUBANS. [Tissu plat, mince et étroit de différens fils.]............	Quintal.....	1.. 2	24 nivôse 5.	
SALINS. [Potasse non calcinée, ordinairement noire jaunâtre et salée. Les sels alkalis sont aussi des salins.]................	Prohibés...	....	19 thermidor 4.	

RENVOIS.

REGRETS D'ORFÉVRE. *Voyez* Cendres.

(1) Le décret du 17 pluviôse 13 et la loi du 30 avril 1806 ayant, à l'importation, assimilé les Résines aux Brais, et les différens régimes à la sortie ayant toujours été les mêmes pour ces deux objets, il s'en suit qu'il faut les traiter comme Brais. *Voyez* ce mot.

Il ne faut pas traiter ainsi la *poix blanche grasse* ou de *Bourgogne*, composée de résine de térébenthine; elle peut sortir en payant le droit de balance. (DM. 19 brumaire an 10.)

(2) Riz, par les autres divisions, suit le régime des grains.

(K) Il n'y a pas le moindre doute sur cette assimilation : la prohibition qui affecte les écorces à tan s'applique aux substances qui peuvent être employées au même usage. *Voyez* la note A de la page 18.

(L) Les retailles de peaux et de parchemin font partie des matières propres à la fabrication de la colle, prohibées par la loi du 19 thermidor an 4. *Voir* la note A à la page 18.

(M) La sortie des rogues, coques, rares et resures de morue, ne peut souffrir de difficulté; mais comment doit-on les traiter? Voilà le doute, et la lettre citée à la note A de la page 18 ne le lève pas. Plusieurs receveurs, consultés sur le régime

Marchandises			
SALPÊTRES. [Sorte de sels qui se tire des plantes et des vieilles murailles, qui entre dans la composition de la poudre à canon, et sert à la teinture, aux verreries, aux eaux-fortes, et à la fonte des métaux.]	Prohibés.......	....	13 fructidor 5.
SAVONS. [Composition pâteuse d'huile et de sel alkali, propre à blanchir le linge. Il y en a de dure et sèche et d'autre molle et liquide.]	Prohibés.... Exempts (N) Droit de bal. Prime. (1)	....	15 août 1793. 19 thermidor 4. 24 nivôse 5. 8 floréal 11.
SEL. Celui de cuisine. [Substance dure, sèche, friable, soluble dans l'eau, et composée de petites parties blanches ou grises.]	Prohibé..... Exempt. (N) Droit de bal.	....	15 août 1793. 19 thermidor 4. 24 nivôse 5.
SOIES à coudre, grenadine, rondelette et mi-perlée, des Départemens inférieurs de la République, assimilées au fil à coudre, le poids de chaque écheveau n'excédant pas 3 décagrammes. (2)	Kilogr. net...	0..10	8 floréal 11.
SOIES Cuites, propres à faire de la tapisserie. [Ce sont celles qu'on a fait bouillir pour en faciliter le filage et le dévidage.]	Kilogr. net...	1.. 2	19 thermidor 4.
SOIES teintes et plates, propres à faire de la tapisserie. [Ce sont celles non torses.]	Prohibées...	....	DI. 23 germin. 13.

SOIES teintes et FLEURETS teints, propres à la fabrication des étoffes.
   Par Lyon.............
   Par Nice.............
   Par Lyon.............
   Par Nice.............
   Par toutes les frontières.........
	Kilogr. net...
	 Idem......
	 Kilogr. net...
	 Idem......
	 Prohibés....
		0—20
		 0—30
		 4— 0
		 6— 0
		 ....
			AC. 18 pluv. 11.
			 Même arrêté.
			 AC. 19 ventôse 11.
			 Même arrêté.
			 AC. 5 germ. 11, et loi du 8 flor. 11.

RENVOIS.

SAUCISSONS. *Voyez* Chairs salées.
SELLES. *Voyez* Harnois.
SIROP DE MÉLASSE. *Voyez* Mélasse.
SOIERIES. *Voyez* Etoffes.

suivi, ont répondu qu'on les traitoit comme FRAI DE POISSONS, soumis au droit de balance à la sortie, par circulaire du 16 messidor an 10.

(N) Comme non compris dans l'état de prohibition de la loi du 19 thermidor an 4 (*articles 2 et 3 de ladite loi.*)

(1) La prime consiste dans le remboursement des trois quarts des droits payés dans l'année sur les huiles entrées pour leur fabrication, en justifiant de ce paiement. (*Art.* 50.) La quantité d'huile jugée nécessaire à la fabrication d'un quintal de savon blanc, rouge ou marbré, est fixée à 75 kilogr. pesant. (*D.* 25 *brum.* 11.)

Quand on ne justifie point du paiement des droits d'entrée sur les huiles ayant servi à leur fabrication, les savons ne peuvent jouir de cette prime; ils acquittent en conséquence le droit de balance à leur sortie.

(2) Voir plus loin la note sur les SOIES.

Soies grèges de toute sorte. [C'est la soie telle qu'elle a été tirée de dessus les cocons.]	Prohibées... Idem...... Idem......	— — —	15 mars 1791. 12 pluviôse 3. 19 thermidor 4.
Soies (cocons de). [C'est la coque qui enferme le ver à soie quand il a achevé de filer.	Prohibés... Idem...... Idem...... Idem......	— — — —	15 mars 1791. 12 pluviôse 3. 19 thermidor 4. DI. 4 therm. 13 et loi du 30 avr. 1806.
Soies provenant des départemens du *Pô*, de la *Sésia*, de la *Stura*, de la *Doire*, de *Maringo*, et des arrondissemens qui en ont été détachés (1), paieront comme suit :			
— *Ouvrées en poil, trame, organsin et à coudre écrues.* [Ce sont celles moulinées et propres à mettre en teinture] A *Lyon*.	Kilogr. net... Idem...... Idem......	3— 0 6— 0 3.. 0	AC. 18 pluv. 11. 8 floréal 11. DI. 4 termid. 13 et loi du 30 avr. 1806.
A *Turin*.	Kilogr. net... Idem...... Idem......	4— 0 8— 0 4.. 0	AC. 18 pluv. 11. 8 floréal 11. DI. 4 therm. 13 et loi du 30 avr. 1806.
— *Rondelettes, ou trames de doupion écrues.* [Ce sont les moindres de toutes les soies.] A *Lyon*.	Kilogr. net... Idem...... Idem......	1—50 2— 0 1.. 0	AC. 18 pluv. 11. 8 floréal 11. DI. 4 therm. 13 et loi du 30 avr. 1806.
A *Turin*.	Kilogr. net... Idem...... Idem......	2— 0 4— 0 1..50	AC. 18 pluv. 11. 8 floréal 11. DI. 4 therm. 13 et loi du 30 avr. 1806.
— *A coudre teintes.* A *Lyon*.	Kilogr. net... Idem...... Idem......	0— 5 0—10 0..10	AC. 18 pluv. 11. 8 floréal 11. DI. 4 therm. 13 et loi du 30 avr. 1806.

RENVOIS.

(1) Elles ne pourront être exportées que par les bureaux de *Lyon*, *Nice*, *Gênes*, *Saint-Remi*, *Verceil* et l'entrepôt d'*Alexandrie*. Ces soies seront conduites et vérifiées à la douane de *Turin*. Celles qui devront sortir par *Nice*, *Gênes*, *Saint-Rémy* et *Verceil* acquitteront les droits à *Turin*. Celles qui devront passer à *Lyon* seront expédiées sous plombs et acquits-à-caution pour la douane de cette ville, où, après avoir acquitté ces droits, elles recevront leur destination ultérieure, et ne pourront sortir de France que par les bureaux de *Cologne*, *Mayence*, *Strasbourg* et *Versoix*. (DI. 4 therm. 13, et loi du 30 avril 1806.)

Sur la réclamation de la chambre de commerce de *Turin*, il est intervenu des ordres en vertu desquels il est défendu aux Préposés des Douanes, d'introduire dans les ballots de soie la sonde de fer, qui détériore les matériaux d'organsin ; il leur est enjoint de procéder à la vérification des marchandises par l'ouverture des ballots.

Le tarif de 1791 prohiboit les soies ici dénommées, celles ouvrées en trame, poil, organsin et à coudre écrues, les fleurets et filoselles crues, les fleurets teints, les bourres de soie de toute sorte, celles cardées, les cocons et soies grèges de toute sorte. La loi du 12 pluviôse an 3 a prohibé toutes les soies, même filées. La loi du 19 thermidor an 4 a maintenu ces prohibitions, excepté pour les soies cuites propres

Soies.		Kilogr. net...	0—10	AC. 18 pluv. 11.
	À Turin............................	Idem.....	0—20	8 floréal 11.
		Idem.....	0..15	DI. 4 therm. 13 et loi du 30 avr. 1806.
— Fleurets et Filoselles, ou Bourre de soie cardée.		Kilogr. net...	0—15	AC. 18 pluv. 11.
	À Lyon............................	Idem.....	0—30	8 floréal 11.
		Idem.....	0..15	DI. 4 therm. 13 et loi du 30 avr. 1806.
		Kilogr. net...	0—20	AC. 18 pluv. 11.
	À Turin............................	Idem.....	0—40	8 floréal 11.
		Idem.....	0..20	DI. 4 therm. 13 et loi du 30 avr. 1806.
— Bourre de soie non cardée.		Kilogr. net...	1—50	AC. 18 pluv. 11.
	À Lyon............................	Idem.....	2—20	8 floréal 11.
		Idem.....	1..0	DI. 4 therm. 13 et loi du 30 avr. 1806.
		Kilogr. net...	1—75	AC. 18 pluv. 11.
	À Turin............................	Idem.....	3—50	8 floréal 11.
		Idem.....	1..50	DI. 4 therm. 13 et loi du 30 avr. 1806.
— Moresques, ou Restes de soie.		Kilogr. net...	0—20	AC. 18 pluv. 11.
	À Lyon............................	Idem.....	0—40	8 floréal 11.
		Idem.....	0..20	DI. 4 therm. 13 et loi du 30 avr. 1806.
		Kilogr. net...	0—30	AC. 18 pluv. 11.
	À Turin............................	Idem.....	0—60	8 floréal 11.
		Idem.....	0..25	DI. 4 therm. 13 et loi du 30 avr. 1806.

RENVOIS. à faire de la tapisserie. Depuis lors, jusqu'aux dates citées aux différens articles Soies, il n'y a point eu de dispositions.

Soies. *Côtes de Douplon.* [Espèce grossière dite *Costa di Doppiene* (1), propre à la fabrication des tapis.] A *Lyon*............	*Kilogr. net...*	0..10	DI. 4 therm. 13 et loi du 30 avr. 1806.
A *Turin*....................................	*Kilogr. net...*	0..15	DI. 4 therm. 13 et loi du 30 avr. 1806.
Soude. [Cendre d'herbe ou sel gris artificiel, propre à la verrerie, à la savonnerie et au blanchiment.]............	*Prohibée*....	...—	15 août 1793.
Comme *Salins*................................(O)	Idem......	...—	19 thermidor 4.
Soufre. [Suc minéral jaune ou gris, coagulé, sec, friable, très-inflammable.].........................	*Prohibé*.....	...—	12 pluviôse 3.
	Idem......	...—	19 thermidor 4.
	Quintal.....	1..2	24 nivôse 5.
Sucre *raffiné* et *candi*. [Jus du roseau nommé *canne à sucre*, nettoyé par l'eau, la chaux et des blancs d'œufs, et cuit après. Celui *candi* est le plus épuré: on le réduit en congélation.].	*Prohibé*.....	...—	15 août 1793.
	Idem......	...—	12 pluviôse 3.
	Idem......	...—	19 thermidor 4.
	Quintal.....	1..2	24 nivôse 5.
	Prime.... (2)	......	AC. 3 therm. 10, et loi du 8 flor. 11.
Sucres *tappés en petits pains*, pour le *Levant*..... Jouissent de la même *Prime*. (2)		......	LM. 22 prair. 11.
Suifs. [Graisse d'animaux fondue et épurée.].................	*Quintal*......	3—6	15 mars 1791.
	Prohibés....	...—	19 mai 1793.
	Idem......	...—	12 pluviôse 3.
	Idem......	...—	19 thermidor 4.

RENVOIS.

Solives de Pin et de Sapin. *Voyez* Bois.
Spergule. *Voyez* la note à Graines de trèfle.
Sucre brut, tête et terré. *V.* Denrées coloniales.

(1) Une lettre du Ministre de l'intérieur, en date du 5 fructidor an 11, avoit déclaré que cette espèce de soie devoit continuer à rester sous la prohibition dont celles non dénommées étoient frappées à la sortie; cette disposition se trouve changée par le décret du 4 thermidor an 13.

(2) Accompagnés de l'acquit de paiement des nouveaux droits et du certificat du raffineur duement légalisé, ils jouissent d'une prime de 25 francs par 5 myriagrammes. L'exportation ne pourra être faite que par les ports qui ont un entrepôt fictif, savoir: *Nice, Toulon, Marseille, Cette, Bayonne, Bordeaux, Rochefort, la Rochelle, Nantes, l'Orient, Brest, Morlaix, Saint-Malo, Granville, Cherbourg, Rouen, le Havre, Onfleur, Fécamp, Dieppe, Saint-Vallery-sur-Somme, Boulogne, Calais, Dunkerque, Ostende, Bruges, Anvers et Gand*, ou par les passages de *Versoix, Bourg-Libre, Strasbourg, Mayence, Cologne, le Sas-de-Gand, Verceil* et *Pozzolo*.

Quand on ne peut justifier du paiement des droits d'entrée, les Sucres raffinés sont passibles des droits à leur sortie.

(O) Si on n'appliquoit pas à la *soude* la prohibition ordonnée sur les salins par la loi du 19 thermidor an 4, on devroit la considérer comme *cendres*, et elle se trouveroit également prohibée par ladite loi; il ne peut plus y avoir de doute sur ce

Sumac. [Feuilles, branches et fleurs d'un arbrisseau, pilées, propres à la teinture verte et aux maroquiniers.]	Prohibé...... Quintal.....	...... 10..20	12 pluviôse 3. 19 thermidor 4.
Tabacs. [Plante à longues feuilles qui, séchées, sont d'un noir jaunâtre.] Ceux étrangers en feuilles (1), sortant de l'entrepôt pour être réexportés..........	Exempts...	»	5 ventôse 12.
Tabacs *indigènes* en feuilles. { Par *Bourg-Libre*........... Par les départemens du *Rhin*...... Par les autres départemens......... Par toutes les frontières..........	Quintal..... Idem...... Idem...... Idem......	4— 8 1—53 0—51 7— 0	19 thermidor 4. 24 nivôse 5. *Même loi*. 5 ventôse 12.
Tabacs en *côtes*, ou *Côtes de Feuilles de Tabac*............ (2)	Quintal....	1..50	DI. 7 ventôse 13 et loi du 30 avr. 1806.
Tabacs *fabriqués*,.. (3)	Quintal...	0..51	24 nivôse 5.
Tan. [Ecorces de chêne battues et réduites en grosse poudre.]..... (P)	Prohibé.... Idem......	....	15 mars 1791. 19 thermidor 4.
Terre *de Marne*. [Terre grasse et calcaire, de couleur blanche ou rousse.]..	Les 2000 *kil*.	0..15	19 thermidor 4.
Terre *des Monnoies*. [Substance analogue aux cendres d'orfévres.]	Prohibées.... Idem......	....	AC. 12 brum. 11. 8 floréal 11.

RENVOIS.

Tartre de Vin. *Voyez* Gravelle.
Térébenthine en pate. *Voyez* Essence de térébenthine.
Terre de Porcelaine. *Voyez* Derle.

régime, qui d'ailleurs est indiqué par la lettre administrative citée à la note A de la page 18.

(1) Ils ne pourront sortir de l'entrepôt ou de la douane, pour entrer dans l'intérieur, qu'accompagnés d'acquits-à-caution et destinés pour une fabrique dénommée. (5 vent. 12.) Ils jouissent, comme par le passé, de la faculté d'être réexportés à l'étranger, en sortant de l'entrepôt, sans payer de droits. (*Même loi*, *art*. 28.)

(2) Avant ce décret, les *côtes de tabac* devoient les mêmes droits que les tabacs en feuilles. (*LM*. 19 prairial 5.)

(3) Il sera fait restitution, par le bureau de la régie des droits-réunis qui aura perçu, du droit de fabrication aux tabacs de fabrique nationale, tant en poudre qu'en carotte, qui seront exportés à l'étranger, moyennant déclaration aux préposés de cette régie, qui délivreront un acquit-à-caution, lequel devra être déchargé par la douane d'exportation. (5 ventôse 12.) Même remise de deux tiers du droit de fabrication est faite pour les tabacs à fumer et en rôle.

(P) Le *tan* n'étant autre chose que des écorces moulues propres à cet usage, suit le régime qui affecte les écorces à tan, prohibées par la loi du 19 thermidor an 4. Cependant les cosses du gland, nommées *Avelanèdes*, dont on peut se servir pour

TERRE de Pipe. [Sorte de terre glaise d'un gris verdâtre, douce au toucher.] (1)	Les 1000 kil.	10..20	19 thermidor 4.
TOILES. [Tissu de fils entrelacés.] Celles à *Voiles*...............	Prohibées....	——	12 pluviôse 3.
	Idem........	——	19 thermidor 4.
	Quintal. (2)	1..2	24 nivôse 5.
TOILES de Coton............ (3)	Prime........	——	DI. 22 fév. 1806 et loi du 30 avr. 1806.
TOILES de toute sorte................ (4)	Quintal......	1..2	24 nivôse 5.
TOURNESOL, ou *Maurelle en drapeau*. [Ce sont des chiffons de toile imbibés et empreints d'une teinture rouge préparée avec le suc du *croton teignant* et un peu de liqueur urineuse.]	Quintal......	2..55	15 mars 1791.
VACHES...............................	Pièce........	0—75	15 mars 1791.
	Prohibées....	——	1 mars 1793.
Comme bestiaux dont l'autorisation de sortie n'est pas nominativement désignée par les lois............	Idem........	——	12 pluviôse 3.
	Idem........	——	19 thermidor 4.
Seulement pour l'*Espagne*............	Pièce........	0—75	24 nivôse 5.
Aussi pour le *Piémont* et l'*Helvétie*...... (5)	Idem........	0—75	9 floréal 7.
Par toutes les frontières............ (5)	Idem........	5..0	DI. 17 pluv. 13 et loi du 30 avr. 1806.
VEAUX..............................	Pièce........	0—30	15 mars 1791.
	Prohibés.....	——	1 mars 1793.
	Idem........	——	19 thermidor 4.
Ceux au-dessus de six mois............	Pièce........	0—50	Même loi.
De six mois et au-dessous............	Prohibés.....	——	AC. 8 pluv. 10.
Par *mer*..............................			
Sans distinction d'âge ni de frontières......	Pièce........	1..0	DI. 17 pluv. 13 et loi du 30 avr. 1806.

RENVOIS.

TILLEUL. *Voyez* Écorce de tilleul.
TOURBES. *Voyez* la note à Charbon de terre.
TOURTEAUX DE NAVETTE. *Voyez* Pains de navette, olivette, etc.
TOUTENAGUE. *Voyez* Zinc.

passer les cuirs, et qui sous ce rapport devroient être prohibées, jouissent néanmoins de la faculté de sortir, parce qu'il n'est pas encore déterminé si on peut en faire usage dans nos manufactures. (*Décis.* du 28 pluv. 8).
Voyez la note A de la page 18.
(1) La sortie par les départemens réunis en avoit déjà été autorisée par un arrêté du Directoire en date du 9 prairial an 4.
(2) Les toiles à voiles conservent la faculté de sortir, nonobstant la guerre maritime. (DM. 9 brumaire 12.)

(3) Il est accordé, pour l'exportation à l'étranger des toiles, bonneteries et autres ouvrages en coton, une prime de 50 fr. par quintal décimal, en justifiant qu'ils proviennent de fabrique française, et que le coton en laine qui a servi à leur fabrication a payé le droit d'entrée de 60 fr. par quintal. (1 avril 1806.)
Le droit perçu à l'entrée des toiles blanches pour impression sera restitué lorsque ces mêmes toiles sortiront de France après avoir été imprimées. (AC. 6 brum. an 12, et loi du 22 ventôse an 12.)
(4) Les toiles blanches du Levant jouissent, comme celles de l'Inde, de la faculté de la réexportation en exemption de droits pour le commerce d'Afrique. (19 mai 1793.) Le droit de balance est néanmoins perceptible.
(5) Mêmes conditions que pour les *mules* et *mulets*. (Voir la note.)

SORTIE. 45.

VENDANGES et le *Moût*, par les frontières des départemens du *Pô*, de la *Doire*, de la *Sésia*, de la *Stura* et du *Tanaro*. (1)	*Quintal*...... Idem......	1—80 1.. 0	22 ventôse 12. DI. 7 ventôse 13 et loi du 30 avr. 1806.
VERMICELLI. [Espèce de pâte de farine de riz assez semblable à de petits vers blanchâtres.]	*Prohibé*...... Idem...... *Quintal*......	..—.. ..—.. 2..55	12 pluviôse 3. 19 thermidor 4. 24 nivôse 5.
VIANDES. [Chair des animaux.] Celles *fraîches*, *salées* et *fumées*...	*Prohibées*.... Idem...... Idem...... *Quintal*......	..—.. ..—.. ..—.. 1— 2	15 août 1793. 12 pluviôse 3. 19 thermidor 4. 24 nivôse 5.
Celles SALÉES, sauf pour l'*Espagne*............(2)	*Prohibées*....	......	AC. 5 frimaire 9.
Sortant pour l'*Espagne*............	*Quintal*......	4 ..0	DI. 17 pluv. 13 et loi du 30 avr. 1806.
Celles FRAÎCHES, par *mer*................... Les mêmes, par *mer* et par *terre*............(3)	*Prohibées*.. *Quintal*....	..—.. 3.. 0	AC. 8 pluv. 10. DI. 17 pluv. 13 et loi du 30 avr. 1806.
VINAIGRE. [Liqueur aigre.] Celui de *Bière*, par les départemens du *Nord*..............................	268 litres....	2.. 0	1 août 1792.
VINAIGRE de *Vin*..................................	*Paiera comme le* Vin. (4)	......	15 mars 1791.

RENVOIS.

VERRE CASSÉ. *Voyez* Groisil.
VESSE. *Voyez aux* Graines.
VIEUX LINGE. *Voyez* Drilles et Chiffons.

(1) Par les autres départemens, les vendanges et le moût doivent les deux tiers des droits sur le vin, ensuite des explications données par le directeur général, le 29 messidor an 12, au directeur d'Auvers.
(2) La prohibition des viandes salées n'affecte pas celles de prises. (*Décis. du* 18 niv. an 9.)
On en excepte aussi les Saucissons, dont la sortie est permise par décision du 8 prairial an 9.
(3) Les volailles sont comprises sous la dénomination de *viande fraîche*. (LD. 23 ventôse 13.)
Le gibier a toujours suivi le régime de la volaille à la sortie.
(4) Cette taxe se perçoit d'après les distinctions admises pour les ports et bureaux d'exportation.

VINS. [Liqueur propre à boire, qu'on tire du raisin.] Par Mer. (2) Depuis Baïonne jusqu'à *Saint-Jean-de-Luz*............	268 litres....	1.. 0	19 thermidor 4.
Par la *Garonne* et la *Dordogne*, la valeur du tonneau excédant 200 fr. Le *rouge*........................	268 litres....	7.. 0	19 thermidor 4.
Le *blanc*..................................	Idem......	4.. 0	19 thermidor 4.
Par les mêmes rivières, le tonneau valant moins de 200 fr.	Idem......	2..50	24 nivôse 5.
Par la *Charente inférieure* et la *Vendée*. Le *rouge*......	Idem......	1.. 0	19 thermidor 4.
Par les mêmes rivières. Le *blanc*....................	Idem......	0..50	19 thermidor 4.
Par la *Loire inférieure*. Le *blanc* du cru du département.	Idem......	0..50	19 thermidor 4.
Par la même rivière. *Autre* que du cru du département.	Idem......	2.. 0	19 thermidor 4.
Par l'*Océan*, depuis la rivière de *Villaine* jusqu'à *Anvers*.	Idem......	7.. 0	19 thermidor 4.
Par les *Bouches-du-Rhône*, le *Var* et les *Alpes maritimes*.	Idem......	1..50	19 thermidor 4.
Par l'*Hérault* et les *Pyrénées orientales*............ (1)	Idem......	2.. 0	19 thermidor 4.
VINS par *Terre*. De *Lillo* à la ligne du *Rhin*.......................	268 litres....	7.. 0	19 thermidor 4.
Par le *haut* et *bas Rhin*, et les départemens qui ont le *Rhin* pour limites.............................	Idem......	1..25	A.D. 5 fructid. 6.

RENVOIS. (1) Les Vins exportés par le département de l'*Aude* payent le même droit.
(2) Toute espèce de vins et de vinaigres avoit été frappée de prohibition à la sortie par décret du 15 août 1793; celui du 5 septembre 1795 a déclaré ne pas comprendre dans la prohibition les vins en bouteilles et les vinaigres cosmétiques. La loi du 19 pluviôse an 3 a permis l'exportation des vins en payant 5 sous par pinte. Celle du 19 thermidor an 4 a rétabli les droits fixés par le tarif du 15 mars 1791, excepté pour les vins du département du *Lot*, qui paieront 2 fr. 50 cent. par muid, moyennant certificat d'origine; ceux sortant par le département du *Mont-Blanc*, les mêmes droits que ceux par l'*Isère*; ceux exportés par le département du *Mont-Terrible*, les mêmes droits que ceux par les départemens du *Rhin*; ceux sortant par le département des *Alpes-Maritimes*, les mêmes droits que ceux par le département du *Var*. La loi du 24 nivôse an 5 a taxifé à 2 fr. 50 cent. par muid les vins exportés par la *Garonne* et la *Dordogne*, dont le tonneau ne vaudroit que 200 fr. Un arrêté du 5 fructidor an 6 a imposé les mêmes droits sur les vins sortant par les ports de la rive gauche du *Rhin* que sur ceux sortant par les départemens des *Haut* et *Bas-Rhin*. Un autre arrêté avoit primitivement fixé le droit de sortie des vins de la vingt-septième division militaire à 5 fr. les 268 litres; mais le décret impérial du 7 ventôse

Vins.	Par la haute Saône, le Doubs et le Jura............	268 litres...	0..50	19 thermidor 4.
	Par l'*Ain*, le *Léman* et le *Mont-Blanc*............	Idem.....	1.. 0	19 thermidor 4.
	Par les départemens de la 27e Division militaire........	Idem.....	1..50	DI. 7 ventôse 13 et loi du 30 avr. 1806.
	Par l'*Arriège* et les frontières d'*Espagne*........... (1)	Idem.....	1..50	19 thermidor 4.
Vins de Corse........		Idem.....	1..50	AC. 20 vend. 11 et loi du 8 flor. 11.
— Muscats et de *liqueur* de toute sorte. Par toutes les frontières....		Idem.....	6.. 0	19 thermidor 4.
Vins en *bouteilles*, ou en doubles *futailles*, ou dans des *futailles* emballées ou à double fond.................... (2)		Idem.....	7.. 0	1 août 1792.
Vitriol. [Sel formé par l'union d'un métal et d'un acide : il y en a de blanc, de bleu et de vert.].................		Prohibé.... Quintal..	4.. 8	12 pluviôse 3. 19 thermidor 4.
Zinc. [Métal qui est toujours à l'état d'oxide. Celui réduit à l'état de régule ou *métal pur* est d'un blanc tirant sur le bleu.].......		Prohibé.....		DM. 8 pluviôse 9.

FIN DU TARIF DE SORTIE.

RENVOIS.

Volailles. *Voyez* la note à Viandes fraîches.

an 13 a annullé cette perception. Ainsi, à l'exception des changemens cités dans cette note, les droits cotés plus haut comme fixés par la loi du 19 thermidor an 4, sont les mêmes que ceux établis par le tarif du 15 mars 1791.

(1) Les vins sortant du port de *Cette*, soit pour la France, soit pour l'étranger, paieront, pendant cinq ans, un droit extraordinaire d'un franc par muid de 268 litres. (*Loi du* 15 *floréal an* 11.)

(2) Les *bouteilles* ou *barbues* sont sujettes au droit de balance, quoique pleines de vin ou de liqueur. (*C. du* 3 *complément. an* 5.)

DISPOSITIONS
COMMUNES A L'ENTRÉE ET A LA SORTIE.

Droit de magasinage.

Les propriétaires des marchandises qui, à défaut de déclaration détaillée, ont été déposées dans le magasin de la douane, sont tenus d'un droit particulier de magasinage d'un pour cent de la valeur. (*Décret du 4 germinal an 2, titre 2, art. 9.*)

Il n'est que de demi pour cent sur les objets déchargés par suite d'une relâche forcée, et rechargés faute de vente. (*Art. 6.*)

Celui d'un pour cent est dû, après trois mois d'entrepôt, sur les marchandises provenant de confiscation. (*Lettre du ministre du 28 floréal an 8.*)

Le droit n'est pas perçu sur les marchandises mises en dépôt par suite de relâche forcée à l'étranger.

Marchandises avariées.

Les avaries ne donnent lieu à réduction de droits que dans le cas d'échouement ou autres accidens de mer constatés suivant les formes prescrites, et qui emportent recours contre les assureurs. (*Loi du 8 floréal an 11, art. 79.*)

Les experts, pour faire l'estimation de ces avaries, seront nommés par le directeur ou le receveur des douanes; ils y procéderont dans les vingt-quatre heures de la déclaration d'avaries; ils établiront, par leur rapport, la valeur primitive des marchandises au cours du jour et la perte résultant de l'avarie. (*Même loi, art. 80.*)

Ledit rapport sera communiqué aux parties intéressées ou à leurs représentans, qui, dans le délai de vingt-quatre heures, pourront donner eux-mêmes aux marchandises une estimation supérieure à celle des experts. Les préposés des douanes ne pourront user du droit de préemption qu'à l'expiration de ce délai, et seulement d'après la nouvelle valeur, s'il en a été donné une par les parties intéressées ou leurs représentans; sinon, que d'après la valeur résultant du rapport des experts. (*Même loi, art. 81.*)

Si les préposés des douanes reconnoissent que les experts ont donné aux marchandises dont les droits se payent au poids, une estimation supérieure à leur valeur primitive avant qu'elles eussent été avariées, le paiement des droits et la remise des marchandises entre les mains du propriétaire ou consignataire seront suspendus. Des échantillons seront levés, mis sous le cachet des experts, et adressés au directeur-général des douanes, qui les soumettra à l'examen du Ministre de l'intérieur. Cependant, si le propriétaire ou consignataire desire avoir la libre disposition des marchandises, elles pourront lui être remises, sous soumission valablement cautionnée de payer les droits conformément à la décision du Ministre de l'intérieur. (*Même loi, art. 82.*)

La réduction n'a pas lieu pour le tabac en feuilles. Lors de la reconnoissance qui en est faite, les particuliers ont la faculté d'en distraire les parties avariées pour être brûlées ou réexportées, sans qu'ils puissent séparer la tige des feuilles. (*Loi du 29 floréal an 10, art. 7.*)

Elle ne peut également être demandée sous prétexte d'avarie survenue dans le transport des marchandises par mutation d'entrepôt. (*Décision du 28 nivôse an 11.*)

Si celui à qui une marchandise avariée est adressée en fait l'abandon par écrit, il est dispensé d'en payer les droits. (*Loi du 22 août 1791, tit. 1, art. 4.*)

Marchandises qui ont été mésestimées.

Quand un droit est imposé à la valeur, le préposé doit percevoir le droit sur la valeur déclarée, ou retenir la marchandise, en annonçant qu'il paiera la valeur déclarée et le dixième en sus, dans les quinze jours qui suivront la notification du procès-verbal de retenue. (*Loi du 4 floréal an 4, art. 1.*)

La retenue n'est soumise à d'autre formalité que celle de l'offre souscrite par le receveur du bureau, et signifiée au propriétaire ou à son fondé de pouvoir. (*Art. 2.*)

ISLES FRANÇAISES EN EUROPE
Qui ont pour les douanes un régime particulier.

Iles d'Ouessant, Molène, Hædic, de Sain et île Dieu.

Ces îles ne sont point sujettes aux droits du tarif.

Leurs habitans peuvent introduire, en exemption de droits, les sels et les produits de leur pêche, et recevoir les bois nécessaires à leur consommation. (*Loi du 10 juillet 1791.*)

Pour les sels, voir la note 2 de cet article au tarif.

L'article 5 du titre 1er de la loi du 4 germinal an 2 exempte les autres denrées et productions du sol; il porte encore qu'il ne pourra être importé desdites îles aucun objet manufacturé, tant qu'il ne sera pas justifié qu'il est le produit de manufacture y existante et reconnue par le gouvernement.

Iles de Croix, de Bouin et de la Crosnière.

La perception des droits de douane a lieu à l'entrée et à la sortie des îles de Croix, Bouin et la Crosnière; et cependant, pour empêcher qu'elles servent d'entrepôt à des productions étrangères, les habitans desdites îles peuvent seulement apporter, en exemption de droits, les produits de leur culture et de leur pêche. Tout autre importation est traitée comme étrangère, si elle n'est accompagnée d'un acquit des droits payés à l'entrée desdites îles. (*Loi du 10 juillet 1791, art. 1.*)

Ils peuvent encore importer, en exemption, les autres denrées et productions de leur sol, mais non des objets manufacturés. (*Loi du 4 germinal, tit. 1, art. 5.*)

L'article 4 du titre 1er du décret du 4 germinal an 2, défendoit l'admission dans les îles ci-dessus, hors le cas de relâche forcée des bâtimens étrangers et des bâtimens français venant de l'étranger. Il y a été dérogé pour l'île de Noirmoutiers, par arrêté du 2 thermidor an 10, qui rétablit les relations commerciales entre cette île et l'étranger, ainsi qu'elles existoient avant le décret du 4 germinal.

Ile de Corse.

Les lois de la république française, relatives aux importations et exportations, sont exécutées dans cette île. (*Loi du 8 floréal an 11, art. 64.*)

Les marchandises et denrées expédiées du continent français pour cette île ne sont soumises à aucun droit de sortie et d'entrée. (*Art. 65.*)

Les marchandises et denrées du crû et des fabriques de cette île sont également exemptes des droits de sortie et d'entrée, lorsqu'elles sont envoyées sur le continent français, et qu'elles sont accompagnées d'un certificat d'origine et d'une expédition de la douane du port d'embarquement. (*Art. 66.*)

Les objets dont l'exportation à l'étranger est prohibée ne peuvent être expédiés du Continent pour cette île, que sur des permissions particulières du gouvernement. (*Art. 67.*)

Les marchandises étrangères dont l'importation n'est pas défendue, qui, après avoir été introduites en Corse, sont expédiées pour le Continent, n'y sont admises, en exemption de droits, qu'en représentant les acquits de paiement de ceux qui ont été perçus à leur entrée dans cette île, et une expédition de la douane du port d'embarquement. (*Art. 69.*)

Les marchandises manufacturées en Corse, et de l'espèce de celles dont l'importation est défendue, qui sont expédiées de cette île pour les ports du Continent, n'y sont admises qu'en justifiant, par des certificats authentiques, qu'elles ont été fabriquées en Corse. (*Art. 70.*)

Ile de Capraja.

Quoique réunie au département du Golo, par décret du 9 messidor an 13, elle continue d'être traitée comme étrangère, relativement au régime des douanes. Seulement le bureau qui y étoit établi pour la navigation est maintenu. (*Décret du 2 complémentaire an 13.*)

Belle-Ile et Noirmoutiers.

Les dispositions des art. 65, 66, 67, 69 et 70 de la loi du 8 floréal an 11, relatives au régime de l'île de Corse, sont communes à Belle-Ile et Noirmoutiers. (*Art. 72.*)

Ile d'Elbe.

Ses ports et son territoire sont francs des droits de douane. (*Loi du 8 floréal an 11, art. 73.*)

Les droits de navigation y ont été établis.

ENTREPOTS.

On nomme ainsi l'asile donné à une marchandise en attendant sa destination ultérieure.

Il y a deux sortes d'entrepôt, celui réel et celui fictif.

On entend par ENTREPÔT RÉEL, le dépôt des marchandises dans un magasin affecté à cet usage, lequel est fourni par le commerce.

L'ENTREPÔT FICTIF, au contraire, est l'avantage accordé à certaines marchandises de rester chez le négociant propriétaire, sous la soumission cautionnée de les réexporter ou d'en payer les droits au moment où elles sortiront de l'entrepôt pour la consommation.

Les villes auxquelles l'entrepôt est accordé, n'en jouiront qu'à la charge de fournir sur le port des magasins convenables, sûrs et réunis en un seul corps de bâtiment, pour y établir ledit entrepôt ; à l'effet de quoi le plan du local sera présenté au Gouvernement, qui, après avoir fait examiner s'il est propre à sa destination, l'y affectera, s'il y a lieu, par un arrêté spécial. (*Loi du 8 floréal an 11, art. 25.*)

Tous les magasins servant d'entrepôt seront fermés à deux clefs, dont l'une restera entre les mains des préposés des douanes, et l'autre entre les mains du commerce, qui fournira et entretiendra lesdits magasins. (*art. 26.*)

La faculté de l'entrepôt est accordée aux commerces du Levant, de l'Inde, d'Afrique et des colonies françoises.

COMMERCE DU LEVANT. Un entrepôt de *dix-huit mois* est accordé dans le port d'arrivée, aux marchandises provenant du commerce françois au Levant. (*Loi du 11 nivôse an 5.*)

COMMERCE DE L'INDE. L'entrepôt est de *cinq années* pour les toiles rayées ou à carreaux, et les guinées bleues du commerce françois au-delà du Cap de Bonne-Espérance, et de *deux années* pour les autres marchandises de ce commerce. (*Loi du 6 juillet 1791.*)

COMMERCE D'AFRIQUE. Les commerces du Sénégal et autres comptoirs de la côte d'Afrique jouissent d'une année d'entrepôt.

Il pourra être reçu, dans l'entrepôt réel, des marchandises prohibées, dites de *traite*, ci-après désignées ; savoir :

Couteaux de traite. — Flacons de verre. — Rassades et autres verroteries. — Grosse quincaillerie. — Tabac du Brésil à fumer. — Toiles dites guinées. — Des bajulapaux, neganepaux et autres toiles à carreaux des Indes. — Cauris. — Fers de Suède. — Pipes de Hollande. — Platilles de Breslau. — Vases de cuisine venant de Saxe. — Barbues. — Moques de faïence bariolées. — Poteries d'étain. — Rhum et tafia des colonies françoises ou de l'étranger. — Féveroles de Hollande. — Neptunes. — Bassins. — Chaudrons. — Baguettes. — Manilles. — Trompettes. — Cuivre rouge. — Clous de cuivre. — Verges tournées ou barres plates. — Plomb de deux points. — Gros cartons bruns de 45 à 49 centimètres sur 119 à 130 centimètres. — Les bonnets de laine. — Grelots. — Clochettes en métal. — Les bayettes. (*Loi du 8 floréal 11, art. 24.*)

COMMERCE DES COLONIES FRANÇOISES. Les productions de ces colonies jouissent d'un entrepôt d'une année. (*Loi du 8 floréal 11.*)

Les bœufs, beurres, lards, saumons salés et chandelles importés de l'étranger, pour ces colonies, pourront être remis en Entrepôt réel.

Les chaudières de cuivre, cuivre et clous à doublage venant de l'étranger, et destinés pour ces Colonies, jouiront du même avantage, à la charge du paiement de 12 fr. par quintal décimal au moment de l'expédition pour ces Colonies. (*Loi du 8 floréal* 11, *art.* 27.)

Pour les productions de ces Colonies et celles des Colonies étrangères. (Voyez DENRÉES COLONIALES au tarif.)

Les dispositions relatives aux entrepôts des eaux-de-vie de genièvre, des rhums et tafias, sont rapportées au tarif, titre EAUX-DE-VIE autres que de vin.

Celles qui concernent les TABACS, les SELS, etc., sont également rapportées au tarif à chacun de ces articles. Voyez-y donc ces mots.

Des villes qui ont un entrepôt.

Il y aura un ENTREPÔT RÉEL de marchandises et denrées étrangères, coloniales et autres dans les ports suivans. (8 *floréal*, 11, *art.* 23.)

Anvers,	La Rochelle.
Baïonne,	Le Havre.
Bordeaux,	L'Orient.
Bruges,	Marseille.
Cette,	Nantes.
Cherbourg,	Ostende.
Dunkerque,	Rouen.
Honfleur,	Saint-Malo.

Ces ports jouissent aussi de l'*Entrepôt fictif*.

L'entrepôt a aussi été accordé aux villes suivantes :

Alexandrie. (*Loi du* 30 *avril* 1806, *art.* 60.)
Cologne. (*Loi du* 1er *pluviôse* 13, *art.* 31.)
Gênes. (*Loi du* 30 *avril* 1806, *art.* 42.)
Lyon. (*Loi du* 30 *avril* 1806, *art.* 29.)
Mayence. (*Loi du* 1er *pluviôse* 13, *art.* 48.)
Strasbourg. (*Loi du 8 floréal*, 11, *art.* 40.)

Les autres ports auxquels il a été accordé un ENTREPÔT FICTIF par la loi du 8 floréal 11, sont, outre ceux qui ont un Entrepôt réel,

Boulogne,	Morlaix.
Brest,	Nice.
Calais,	Rochefort.
Dieppe,	Saint-Valery-sur-Somme.
Fécamp,	Toulon.
Granville,	Gand. (22 *ventôse*, 12.)

Entrepôts dans l'intérieur. Il sera établi à *Toulouse*, *Paris*, et dans quatre autres villes, un entrepôt de feuilles de tabac étranger.

Dispositions particulières à quelques entrepôts.

ENTREPÔT D'ALEXANDRIE. Il y aura dans cette ville un entrepôt réel de marchandises étrangères prohibées et non prohibées, à l'exception de celles venant des fabriques ou du commerce anglois. (*Loi du* 30 *avril* 1806, *art.* 60.)

Cet entrepôt est une continuation de celui de Gênes; celles expédiées de ce dernier entrepôt à destination de l'Italie et de la Suisse, ainsi que celles venant de l'Italie, de la Suisse ou d'autres pays étrangers, par la navigation du Pô, à destination de Gênes, devront arriver à l'entrepôt d'Alexandrie, sauf quelques exceptions. (*Art.* 61.)

La durée de l'entrepôt est d'un an. Avant l'expiration de l'année, les marchandises doivent être déclarées pour la consommation, ou expédiées pour l'étranger. (*Art.* 71.)

ENTREPÔT DE BRUGES. L'entrepôt de Bruges fait partie de celui d'*Ostende* : en conséquence les capitaines des bâtimens chargés de marchandises destinées à l'entrepôt de Bruges, seront tenus de s'arrêter à Ostende, et de présenter à la douane le manifeste contenant la déclaration en détail des quantités et qualités de marchandises qui composeront leurs cargaisons. Cette formalité remplie, les écoutilles seront plombées, et les bâtimens expédiés sous acquit-à-caution seront montés par deux préposés des douanes qui les accompagneront jusqu'à Bruges, et à chacun desquels, il sera payé par les propriétaires des cargaisons, 2 fr. par jour pour leurs frais de route.

A l'arrivée des navires dans le bassin de Bruges, les marchandises seront déchargées, vérifiées et mises en entrepôt. Il y aura fraude dans tous les cas où les quantités desdites marchandises ne seront pas conformes à la déclaration faite à la douane d'Ostende. (*Loi du 8 floréal* 12, *art.* 38.)

Les marchandises qui sortiront de l'entrepôt de Bruges pour être réexportées, seront expédiées sous plomb, acquit-à-caution, et convoi de deux préposés des douanes qui resteront à bord des bâtimens jusqu'à leur arrivée à Ostende, où la vérification sera faite. Il y aura fraude si les quantités et qualités des marchandises ne seront pas conformes à celles portées sur l'acquit-à-caution délivré par la douane de Bruges. (*Même loi*, *art.* 39.)

ENTREPÔT DE COLOGNE. Il y a sur le port de Cologne un entrepôt réel de marchandises et denrées étrangères prohibées et non prohibées. (1er *pluviôse* 13, *art.* 31.)

Cet entrepôt est établi dans les enceintes dont les maisons et magasins ne peuvent être employés qu'à recevoir les marchandises pour lesquelles on usera de la faculté d'entrepôt.

Un bureau succursal de douanes est placé sur la partie du quai servant à l'abordage du pont volant. (*Art.* 42.)

Les marchandises arrivant par le pont volant ne pourront entrer que par la porte pratiquée dans le mur d'enceinte, et les clefs de cette porte resteront entre les mains des préposés des douanes.

Les marchandises destinées pour l'intérieur de la ville, ne sortiront de la partie franche que par la porte du bureau des douanes. (*Art.* 43.)

ENTREPÔT DE GÊNES. Il y a à Gênes un port franc, ou entrepôt réel de marchandises étrangères prohibées et non prohibées, à l'exception de celles venant de fabriques ou du commerce de l'Angleterre, lesquelles en sont formellement exclues. (*Loi du* 30 *avril* 1806, *art.* 42.)

Les navires chargés de marchandises destinées pour l'entrepôt, doivent aborder sur la partie du quai appelée *Ponte de marcanti*. Ils peuvent aussi aborder près de la partie de l'entrepôt qui a une communication directe avec la mer : les portes de ces passages qui conduisent dans le local franc, sont gardées par des préposés des douanes, et tous les soirs les clefs sont remises entre les mains du receveur de la douane. (*Art.* 44.)

Dans les vingt-quatre heures de l'arrivée, les capitaines ou patrons des bâtimens sont tenus de remettre au bureau de la douane le manifeste de leur chargement, avec indication des marques, nos des caisses, ballots, barils, boucauts, etc. qui les composent. (*Art.* 45.)

Dans les trois jours de l'arrivée des bâtimens, les propriétaires ou consignataires doivent déclarer à la douane, les marchandises, en désignant les marques, le nombre et le contenu des caisses, balles, etc., ainsi que les quantités et espèces. (*Art.* 46.)

Immédiatement après le débarquement, qui ne pourra s'effectuer que sur les deux points désignés, en présence des préposés des douanes, les marchandises sont vérifiées, pesées et portées sur deux registres, dont l'un est tenu par un receveur aux déclarations, et l'autre par un contrôleur aux entrepôts; les propriétaires ou consignataires sont tenus de faire, au bas de chacun des enregistremens qui les concernent, leur soumission de représenter lesdites marchandises dans les délais déterminés. (*Art.* 47.)

Les marchandises sont ensuite transportées à l'entrepôt, sous la surveillance des préposés des douanes, qui les accompagnent jusqu'à la porte intérieure du local franc. (*Art.* 48.)

Lorsque les marchandises seront tirées de l'entrepôt, déclaration préalable devra en être faite à la douane, où elles seront immédiatement conduites et vérifiées. Celles arrivées par mer, et qui seront réexportées par la même voie, ne paieront que le droit de balance; celles qui seront envoyées par terre à l'étranger, acquitteront les droits de transit fixés par le tarif joint à la loi du 30 avril 1806. (*Art.* 50.)

Les marchandises qui seront expédiées de l'étranger, en transit par terre, à la destination de l'entrepôt de Gênes, (celles venant du royaume d'Italie ou de la république helvétique) seront vérifiées, enregistrées et soumissionnées, conformément aux dispositions de l'article. 47, et mises dans l'entrepôt. (*Même article* 50.)

Celles desdites marchandises qui seront envoyées à l'étranger, soit par terre, soit par mer, paieront le droit de transit. (*Même article*.)

Les marchandises venant du royaume d'Italie ou de la république helvétique, à la destination de l'entrepôt de Gênes, et celles qui seront expédiées de Gênes pour transiter sur le territoire françois, et se rendre soit en Italie, soit en Suisse, devront passer à l'entrepôt d'Alexandrie. (*Art.* 51.)

Les marchandises permises qui seront tirées du local franc pour la consommation de la France ou du duché de Parme, acquitteront les droits fixés par le tarif de l'Empire françois. (*Art.* 52.)

La durée de l'entrepôt est de deux années : elle pourra être prorogée lorsque les circonstances l'exigeront ; mais à l'expiration de chaque semestre, les contrôleurs aux entrepôts se transporteront dans les différens magasins du local franc, et se feront représenter les marchandises par chaque propriétaire ou consignataire. S'il y a déficit, les propriétaires ou consignataires seront tenus de payer le double des droits pour les marchandises permises, et le double de la valeur pour celles prohibées. (*Art.* 55.)

Aucun individu ne pourra entrer dans l'entrepôt ou port franc de Gênes, s'il n'est porteur de sa patente de négociant, ou d'une carte délivrée par le directeur des douanes. (*Art.* 56.)

Tout individu qui sera surpris sortant du port franc avec des marchandises prohibées ou en fraude des droits, sera, indépendamment de la confiscation des marchandises et de l'amende prononcée par les lois, condamné, pour la première fois, à six mois de prison, et pour la seconde à un an, conformément à l'article 26 de la loi du 22 ventôse an 12. (*Art.* 58.)

Les négocians qui ont des magasins dans l'entrepôt, ne pourront vendre ni laisser sortir desdits magasins aucunes marchandises, qu'après en avoir fait la déclaration à la douane : ceux qui seront convaincus d'avoir contrevenu à cette disposition, ou d'avoir eux-mêmes confié desdites marchandises à des hommes salariés pour les introduire dans la ville, seront, indépendamment des peines portées par les lois, privés de la faculté de l'entrepôt, du transit et de tout crédit de droits, conformément à l'art. 83, section 4, de la loi du 8 floréal an 11. (*Art.* 59.)

ENTREPÔT DE LYON. Il y aura à Lyon un dépôt pour les marchandises étrangères non prohibées et denrées coloniales mises à leur débarquement dans l'entrepôt réel de Marseille. (*Loi du* 30 *Avril* 1806, *art.* 29.)

Toutes les marchandises fabriquées sont formellement exclues de la faculté du dépôt. (*Art.* 30.)

Les droits d'entrée seront acquis au trésor public au moment où les marchandises seront tirées de l'entrepôt de Marseille pour le dépôt de Lyon ; mais la perception en sera suspendue jusqu'à celui de leur sortie dudit dépôt pour la consommation. (*Art.* 31.)

Elles doivent arriver à Lyon dans le délai d'un mois, si elles sont transportées par terre, et dans celui de deux mois, si elles sont embarquées sur le Rhône. (*Art.* 32.)

Après le délai d'une année, à compter du jour de l'entrée des marchandises de l'entrepôt de Marseille, elles devront acquitter ces droits et sortir du dépôt. Celles qui en seront tirées avant l'expiration du délai, paieront immédiatement les droits. (*Art.* 36.)

Les sucres têtes et terrés, les cafés, cacao des colonies françoises et les poivres qui jouissent du transit en exécution de la loi du 8 floréal an 11, auront la même faculté en sortant du dépôt de Lyon : le transit ne pourra s'effectuer que par les bureaux de Versoix, Verrières-de-Joux, Bourg-Libre et Strasbourg. (*Art.* 57.)

ENTREPÔT DE MARSEILLE. Il y aura un entrepôt de marchandises étrangères dans le port de Marseille. (8 *floréal*, 11, *art.* 28.)

L'entrepôt sera *réel*, 1°. pour toutes les marchandises et denrées dont l'entrée est ou sera prohibée, ainsi que pour celles qui sont ou seront soumises au certificat d'origine; 2°. pour les marchandises manufacturées de toute espèce (les savons compris), les tabacs en feuilles, poissons salés, vins, eaux-de-vie, liqueurs, huiles, sucres, cafés, indigo, cacao et toutes denrées coloniales venant de l'étranger. (*Art.* 29.)

L'entrepôt sera *fictif*, sur la demande des négocians, pour toutes les marchandises et denrées dont l'entrée est permise, et qui ne sont pas désignées ci-dessus. (*Art.* 31.)

Les marchandises et denrées destinées pour l'entrepôt réel ou fictif seront, après vérification, portées sur deux registres particuliers, tenus par le receveur des douanes. Les consignataires remettront entre les mains de ce receveur, une soumission valablement cautionnée de réexporter *dans l'année* les marchandises et denrées mises en entrepôt fictif, ou d'en payer les droits. (*Art.* 32.)

La durée de l'entrepôt réel ne pourra excéder le terme de *deux ans*; les marchandises et denrées dont l'entrée est ou sera prohibée devront être réexportées dans ce délai; les marchandises et denrées permises seront soumises à la même condition, ou acquitteront les droits. (*Art.* 33.)

Le directeur des douanes indiquera la partie du port pour les débarquemens et la réexportation. (*Art.* 34 *et* 35.)

ENTREPÔT DE MAYENCE. Il y aura à Mayence un entrepôt réel de marchandises et denrées étrangères prohibées et non prohibées. (1er *pluviôse an* 13, *art.* 48.)

Les bâtimens ne pourront aborder et décharger que sur le quai du port franc. (*Art.* 50.)

Les marchandises venant de l'étranger par le pont du Rhin seront conduites immédiatement à l'entrepôt, et ne pourront, pour y arriver, suivre d'autre chemin que celui pratiqué entre le fleuve et le parapet. (*Art.* 51.)

Lorsque les débordemens du Rhin ne permettront pas aux

voitures de se rendre à l'entrepôt par le chemin désigné ci-dessus, elles pourront suivre la chaussée pavée qui est au-delà du parapet, et entreront dans l'entrepôt par la porte pratiquée dans le mur d'enceinte en face de la chaussée pavée; elles seront accompagnées par des préposés jusqu'à leur entrée en entrepôt. (*Art.* 52.)

Les clefs des portes d'entrée et de sortie du port franc et de la cour de l'entrepôt resteront entre les mains des préposés des douanes. (*Art.* 53.)

Deux patachcs stationnaires, montées par des préposés des douanes, seront placées sur le Rhin aux deux extrémités de l'enceinte du port franc, afin d'empêcher toute communication, par le fleuve, entre la partie franche et les autres parties du port. (*Art.* 60.)

ENTREPÔT DE ROUEN. L'entrepôt de Rouen, pour les marchandises et denrées étrangères, non prohibées, coloniales ou autres, fera partie de celui du Havre. En conséquence, tout bâtiment chargé de marchandises destinées à l'entrepôt de Rouen, se présentera au Havre pour y faire sa déclaration des quantités et qualités des marchandises qu'il se propose de verser dans l'entrepôt de Rouen, et le principal préposé des douanes du Havre donnera acte de cette déclaration.

Lorsque le principal employé des douanes n'aura pas de raison de suspecter la contrebande, il pourra exempter le bâtiment de l'entrée au Havre.

Les bâtimens venant du Havre à Rouen seront tenus de présenter l'acte de déclaration précité aux préposés qui voudront les visiter, tant sur l'une que sur l'autre rive. Il y aura fraude dans tous les cas où l'état et l'existence des marchandises ne seront pas trouvés conformes à la déclaration. Les mêmes marchandises seront vérifiées, à leur entrée dans l'entrepôt de Rouen, sur l'acte de déclaration délivré au Havre, et la fraude sera constatée si la quantité des marchandises est supérieure ou inférieure à la déclaration. (8 *floréal* 11, *art.* 36.)

Toute marchandise sortant de l'entrepôt de Rouen, pour être réexportée, sera spécifiée, pour les poids et qualités, sur un manifeste délivré par le directeur des douanes de Rouen. Le manifeste suivra le bâtiment, et sera présenté au principal préposé des douanes du Havre, pour qu'il soit fait vérification de la marchandise, et la fraude sera constatée s'il y a plus ou moins de marchandises que celles portées sur le manifeste. (*Art.* 37.)

ENTREPÔT DE STRASBOURG. Les marchandises étrangères, autres que celles dont l'entrée est prohibée en France, importées par le pont du Rhin à la destination de Strasbourg, pourront y être entreposées. (8 *floréal* 11, *art.* 40.)

Les marchandises destinées pour lesdits entrepôts ne seront point vérifiées à leur passage au bureau du pont du Rhin; mais les conducteurs seront tenus de représenter des lettres de voiture indicatives des espèces, poids, quantités et marques de chaque Colis, aux préposés dudit bureau, qui les visiteront, plomberont les voitures par capacité, et les expédieront sous la conduite d'un employé et sous la formalité d'un acquit-à-caution, portant lesdites espèces, poids, quantités et marques, pour la douane de Strasbourg, où les déclarations en détail fournies par les propriétaires ou consignataires seront aussitôt transcrites.

Les objets déclarés, après vérification immédiatement faite par les visiteurs et autres préposés, seront portés sur un registre qui sera tenu par le receveur de l'entrepôt, et sur lequel chaque propriétaire ou consignataire signera pour les objets qui le concerneront.

Les marchandises étrangères arrivant à Strasbourg par le Rhin ou la rivière d'Ill seront dispensées de la visite au bureau de la Wentzenau; mais les bateliers seront tenus, avant l'abordage, d'en prévenir les préposés de la régie des douanes, et de représenter des connoissemens ou manifestes qui indiqueront les espèces, poids et quantités des marchandises, ainsi que la marque de chaque colis. Ces connoissemens ou manifestes seront visés par les préposés de la Ventzenau, et les marchandises seront conduites par l'un d'eux, avec acquit-à-caution spécifiant les espèces, poids, quantités et marques, à la douane de Strasbourg, où les déclarations détaillées, vérifications et enregistremens se feront dans la forme indiquée par l'article précédent. (*Art.* 41.)

Pour empêcher les abus auxquels les facilités accordées par les articles précédens peuvent donner lieu, s'il y a déficit de colis, ou s'il est constaté qu'une marchandise a été substituée à celle qui aura été déclarée, le voiturier ou le batelier sera condamné à deux mille francs d'amende par chaque colis manquant, ou dans lequel on aura mis une marchandise autre que celle déclarée; pour sûreté de laquelle amende les voitures, chevaux et bateaux seront saisis; s'il s'agit de colis qu'on aura vu décharger dans le transport de la douane et à l'entrepôt, ou lors de la réexportation dans le trajet de l'entrepôt à l'étranger, le colis sera saisi, et le voiturier ou batelier condamné à l'amende de cinq cents francs; si c'est un colis qu'on a voulu échanger, le colis qui aura été vu déchargé et celui qui lui aura été substitué, seront saisis avec pareille amende de cinq cents francs : le tout conformément à l'art. 14 de la loi du 7 septembre 1792. (*Art.* 42.)

La durée de l'entrepôt sera de six mois, pendant lesquels les marchandises entreposées pourront être expédiées pour l'étranger, par les bureaux du pont du Rhin et de la Wentzenau.

Chaque colis réexporté sera plombé, et les acquits-à-caution délivrés pour assurer le passage des marchandises à l'étranger, seront déchargés par les préposés desdits bureaux, après reconnoissance du nombre des colis, et d'un état des cordes et plombs, sous les peines portées par l'article 42. Les objets qui, pendant le même délai, seront tirés de l'entrepôt pour la consommation de la France, ainsi que ceux qui s'y trouveront à l'expiration des trois mois, seront passibles des droits d'entrée.

Le receveur de l'entrepôt tiendra un registre sur lequel il sera fait mention de la sortie de l'entrepôt, tant pour les marchandises envoyées à l'étranger que pour celles qui auront dû acquitter les droits. (*Art.* 43.)

TABLE pour faciliter la recherche des différentes contraventions développées dans le Tableau analytique suivant.

Acquits-a-caution. Défaut d'identité dans l'espèce. . . . . Numéro 17
Excédent dans le poids ou le nombre. 18
Substitution ou marchandises prohibées. 19
Marchandises angloises. 20
Certificats de décharge. Non rapportés dans les délais fixés pour marchandises prohibées à la sortie par terre. 13
Pour marchandises prohibées à la sortie par mer. . . 14
Pour marchandises soumises aux droits de sortie. . . 16
Pour marchandises angloises de prises ou de saisies. . . . . au nota du n° 20
Pour grains, farines, etc. 15
Pour ouvrages d'or et d'argent. . . . au nota du n° 16
Chargemens ou déchargemens. Faits sans permis. . . . 5
Nocturnes ou hors l'enceinte du port. 35
De bord à bord sans permis. 57
Courriers et conducteurs. Courriers des postes qui introduisent des marchandises. 12
Conducteurs de messageries. 11
Cartes à jouer. Sans filigrane ni timbres ordonnés. . . 44
Contravention. Quiconque y participe en achetant ou cachant des objets saisissables. 59
Contrebande. Quelles sont les marchandises de contrebande. 60
Contrebande sans attroupement ni port d'armes. . 61
Celle avec attroupement et port d'armes. 62
Dépôt, transport ou introduction de marchandises angloises. 26
Déclaration ou manifeste. Ne pas présenter le manifeste au bureau, et ne pas faire la déclaration sommaire au bureau de passage ou de relâche. 3
Présenter un manifeste inexact au bureau de la destination. 4
Ne pas faire de déclaration dans une relâche forcée. . . . . 30 et 31
Déclaration fausse. Par excédent dans le poids, nombre ou la mesure. 6
Par excédent dans le nombre des ballots et tonneaux. 7
Par déficit dans le nombre des ballots et tonneaux. 9
Dans la quantité ou l'espèce. 8
Dans la valeur au-dessous de celle réelle. 21
Du tonnage d'un bâtiment. 64
Drilles ou chiffes. Drilles ou chiffes en entrepôt, ou circulant sans acquit-à-caution dans les trois lieues frontières, soit de terre, soit de mer. 45
Si l'on tente de les exporter. 46
Entrepôt de marchandises. Dans les deux myriamètres ou quatre lieues frontières. 42
Si ces marchandises sont angloises. 26
Ou seulement comprises dans les prohibitions générales. 27
De drilles ou chiffes dans les trois lieues frontières. 45
De grains, farines, légumes secs, ou pommes-de-terre, dans la demi-lieue frontière de mer, ou dans la lieue frontière de terre. 24
Exportations de marchandises. Prohibées. 27
De munitions de guerre. 29

De marchandises par des bureaux non permis. . . . 25
De grains, farines, légumes ou pommes-de-terre. . 24
De pierres à feu. 48
Frontières. Pour toute circulation sans passavans dans les quatre lieues frontières. 47
Pour toute circulation nocturne dans les quatre lieues frontières, même avec passavant hors les heures fixées ou en s'écartant de la route. 23
Fausse déclaration pour marchandises destinées à circuler dans les quatre lieues frontières. 22
Ne pouvoir, à l'enlèvement, représenter les marchandises déclarées devoir circuler dans les quatre lieues frontières. 43
Dépôt ou entrepôt de marchandises dans les quatre lieues frontières. . . . . 26, 27 et 41
Dépôt, circulation sans passavant, ou de nuit même avec passavant, de grains, farines, légumes secs ou pommes-de-terre dans la lieue frontière de terre, ou dans la demi-lieue frontière de mer. 24
Drilles, chiffes en entrepôt ou circulant dans les trois lieues frontières sans acquit-à-caution. 45
Navires au-dessous de 100 tonneaux chargés de marchandises prohibées, louvoyant dans les quatre lieues des côtes. 33
Introduction. Par des bureaux non permis. 25
En fraude des droits. 1
De marchandises prohibées. 27
De marchandises angloises. 26
De celles prohibées et naufragées. 52
De poudres et salpêtres. 28
Lettres ou journaux. Leur transport par toute autre voie que celle de la poste. 49
Navigation. Sur le Rhin entre les deux Soleils. 50
Poids et mesures. Défense de leur introduction. . . . 52
Poudres et Salpêtres. Défense de leur introduction. . . 28
Prévarication. Des préposés aux douanes. 41
Ceux convaincus d'avoir favorisé la contrebande. . 63
Rebellion. Contre les préposés des douanes en fonction. 38
Attroupement et dévastation des bureaux. 39
Refus. De visite par les capitaines entrant dans les ports. 54
De commandans de marine et autres officiers d'accompagner aux visites. 36
Responsabilité des propriétaires et des maîtres. . . . 40
Retard d'enlèvement ou transport rétrograde. . 10 et 51
Salaisons. Abordant dans un port sans acquit-à-caution. 53
Celles rencontrées en mer. 54
Celles non proportionnelles au sel consommé. . . . 55
Sels. Transportés dans les trois lieues frontières pendant la nuit. 58
Ceux reçus en magasin sans acquit des droits. . . . 57
Ceux trouvés à bord sans déclaration. 56
Vol d'effets naufragés. 52
Voituriers ou conducteurs. Voiturier qui n'a pas conduit directement les marchandises au 1er bureau d'entrée ou de sortie. 1
Voiturier qui a dépassé les bureaux, pris des chemins obliques, ou déposé les marchandises ailleurs qu'au bureau avant la déclaration. 2

TABLEAU ANALYTIQUE

De toutes les fraudes et contraventions qui donnent lieu à la rédaction d'un procès-verbal;

Avec les peines et amendes que la loi détermine pour chaque circonstance.

CONTRAVENTIONS.	PEINES.
1. N'avoir pas conduit les marchandises directement au premier bureau de la ligne extérieure pour l'*Entrée*, et la ligne intérieure pour la *Sortie*. Nota. On entend par bureau de la ligne extérieure, celui qu'on trouve le premier en arrivant de l'étranger; et on nomme bureau de la ligne intérieure, celui qu'on rencontre en venant de l'intérieur de la France pour passer à l'étranger.	Confiscation des marchandises, avec amende de 200 fr. (Art. 4 et 5, tit. 3, loi du 4 germinal an 2, par extension des art. 1 et 3 tit. 2, loi du 22 août 1791.) Observation. Cette peine de 200 francs n'auroit pas lieu si les marchandises, ayant déjà franchi une lieue de terrein de l'extrême frontière, étoient rencontrées avant ou après avoir dépassé les bureaux de la deuxième ligne; ce seroit alors une saisie de circulation qui n'emporteroit que la peine de 100 francs, à moins que ces marchandises ne soient de l'espèce de celles saisissables comme angloises. (*Voyez au tarif la note à* Marchandises Angloises.) Nota. *L'exception portée à la fin de l'art. 1, loi de 1791, n'a plus d'effet d'après l'art. 4 de celle de germinal; il en résulte que même les bestiaux, grains et habillemens des voyageurs, qui jouissent d'une exemption absolue, doivent être déclarés à l'entrée.*
2. Avoir dépassé les bureaux de l'une ou l'autre ligne. — Avoir pris des chemins obliques. — Avoir déposé les voitures ou marchandises, avant la déclaration, dans d'autres lieux que les hangards des bureaux.	Confiscation des marchandises, avec amende de 200 fr. (Art. 4 et 5, tit. 3, loi du 4 germinal an 2, par extension de l'art. 2, tit. 2, loi du 22 août 1791.)
3. N'avoir pas, en arrivant dans un port de passage ou de relâche, présenté l'état général du chargement ou manifeste aux préposés qui se seroient présentés à bord. — N'avoir pas, dans les vingt-quatre heures (*les jours de repos exceptés*) fait au bureau de la Douane déclaration sommaire et double des ballots, caisses, tonneaux, etc. et présenté les connoissemens ou actes d'affrétemens. — N'avoir pas déclaré le port de la destination ultérieure. — N'avoir pas pris un certificat qui constate que toutes les formalités ont été remplies.	Amende de 500 fr., jusqu'au paiement de laquelle seront retenus les vaisseaux ou voitures. (Art. 4, tit. 2; art. 1, tit. 6, loi du 22 août 1791.) Nota. *Une décision du 11 mai 1791 porte que «quand le conducteur d'une marchandise en connoît la qualité, et qu'il n'en ignore que le poids, il peut la faire peser avant d'en donner sa déclaration.»*
4. N'avoir pas, au port de la destination, présenté au bureau de la Douane, dans les vingt-quatre heures, le manifeste, ou en avoir présenté un inexact ou incomplet.	Amende de 1000 fr., outre celle additionnelle de la valeur des marchandises omises ou différentes. (Art. 2, tit. 2, loi du 4 germinal an 2, en exécution de l'art. 5, tit. 2, loi du 22 août 1791.) Nota. *Les mêmes dispositions que celles énoncées en l'art. 3 ci-dessus, sont applicables aux vaisseaux de guerre ou autres employés pour le service du gouvernement, avec la réserve qu'ils ne peuvent être retenus pour défaut de paiement de l'amende, ni sous aucun autre prétexte.*

CONTRAVENTIONS.	PEINES.
5. Avoir chargé ou déchargé des marchandises sans un permis et en l'absence des préposés. — S'être mis en marche sur mer ou sur les rivières sans un acquit de paiement ou autres expéditions des Douanes.	Confiscation des marchandises, avec amende de 100 fr. (Art. 15, tit. 2, loi du 22 août 1791, et art. 1, tit. 6, loi du 4 germinal an 2.)
6. Pour tout excédent dans le poids, la mesure et le nombre des marchandises, sauf le vingtième pour les métaux et un dixième pour les autres objets ; sauf aussi les liquides et sucres bruts qu'on ne peut déclarer que par espèce et par nombre de tonneaux.	Double droit pour l'excédent. (Article 18 du titre 2 de la loi du 22 août 1791.) Nota pour *les liquides et sucres bruts*. Ces marchandises ne sont pas soumises à la déclaration du poids et de la mesure, on doit en présenter les manifestes et connoissemens qui les énoncent au port du chargement ; mais si la déclaration en est faite, et qu'il y ait déficit, on y a égard comme étant l'effet du coulage. Si au contraire il se trouve un excédent, la peine du double droit est encourue, puisqu'on ne peut attribuer cet excédent qu'à l'intention de fraude. (LD du 18 prairial 10, renouvelée à Anvers le 22 frimaire 13.)
7. Pour excédent dans le nombre de balles, ballots, caisses, tonneaux et futailles ; ce qu'il ne faut pas confondre avec excédent de marchandises.	Confiscation de l'excédent, avec amende de 100 fr. (Art. 20, tit. 2, loi du 22 août 1791.)
8. Pour fausse déclaration dans la qualité ou dans l'espèce, sauf les trois cas prononcés par les lois prohibitives.	Confiscation, avec amende de 100 fr. (Art. 21, tit. 2, loi du 22 août 1791.) Cependant si le droit fraudé n'est que de 12 fr., il y aura seulement lieu à l'amende sans confiscation, sauf à retenir les marchandises jusqu'au paiement d'icelle : c'est le résultat des dispositions dudit art. 21. Mais lesdites peines n'auront pas lieu en cas de vol ou de substitution juridiquement prouvée.
9. Déficit dans le nombre des balles, ballots, caisses, etc., sauf le cas où il seroit justifié de naufrage ou de vol de ces marchandises.	Amende de 300 fr. pour chaque ballot ou tonneau manquant, pour sûreté de laquelle les bâtimens de mer, bateaux, voitures et chevaux ayant servi au transport seront retenus. (Art. 22, tit. 2, loi du 22 août 1791.)
10. Pour retard d'enlèvement ou d'expédition pour l'étranger, ou transport rétrograde de marchandises qui ont acquitté les droits de sortie.	Confiscation des marchandises, avec amende de 100 fr. (Art. 26, tit. 2, loi du 22 août 1791, confirmé par les art. 2 et 4 du tit. 3 de la loi du 4 germinal an 2.)
11. Contre les conducteurs de messagerie pour marchandises non portées sur leurs feuilles de voyage et non déclarées.	Confiscation des marchandises, voitures, chevaux, avec amende de 300 fr., solidaire et contre les conducteurs et contre les entrepreneurs de ces messageries. (Art. 8, tit. 3, loi du 4 germinal an 2, par extension des art. 28 et 29 de la loi du 22 août 1791.) (*Voir pour exception une décision du 12 ventôse an 7.*)
12. Contre les courriers des postes qui introduiroient des marchandises.	Confiscation des marchandises, avec amende de 300 fr., exclus de tout emploi dans ces postes. (Art. 7, tit. 3, loi du 4 germinal an 2.) (*Voir une décision du 12 prairial an 5.*)

CONTRAVENTIONS.	PEINES.
13. N'avoir point rapporté, dans le délai fixé, certificat de décharge d'un acquit-à-caution pour marchandises prohibées à la sortie et expédiées par terre.	Amende de 500 fr. et paiement de la valeur de la marchandise, à poursuivre contre les expéditionnaires et leur caution, par voie de contrainte. (Art. 4, tit. 5, loi du 22 août 1791.) Voir le nota du n° 20.
14. N'avoir point rapporté, dans le délai fixé, certificat de décharge d'un acquit-à-caution pour marchandises prohibées à la sortie et expédiées par mer.	Amende de 600 fr. et paiement de la valeur de la marchandise, à poursuivre contre les expéditionnaires et leur caution, par voie de contrainte. (Art. 1, tit. 7, loi du 4 germinal an 2.) Voir le nota du n° 20.
15. Si les marchandises pour lesquelles l'acquit-à-caution n'a pas été rapporté déchargé sont des grains, farines, ou autres similaires expédiés par mer ou par emprunt de territoire étranger.	Amende de 10 fr. par 5 myriagr. de grains, et de 12 fr. par 5 myriagr. de farines. (Loi du 26 ventôse 5, art. 1 et 6.)
16. Si la marchandise pour laquelle l'acquit-à-caution n'a point été rapporté déchargé n'est pas prohibée à la sortie.	Double droit à exiger, par contrainte de l'expéditionnaire et de sa caution. (Art. 7 et 12, tit. 5, loi du 22 août 1791.) NOTA. Même peine pour les ouvrages d'or et d'argent expédiés pour un bureau de garantie. (DM. 12 germinal 7.)
17. Si la marchandise pour laquelle l'acquit-à-caution aura été délivré, quoiqu'admissible, n'est pas identique avec celle énoncée par cette expédition, et que le déficit excède le vingtième de la marchandise déclarée.	Estimation de la valeur des quantités manquantes suivant le prix courant du commerce au moment de l'expédition, et le déclarant obligé de payer, à titre de confiscation, la somme ainsi réglée, et, de plus, une amende de 500 francs. (Loi du 8 floréal an 11, art. 74.) NOTA. Si les marchandises se trouvent être d'espèces différentes de celles déclarées, elles seront saisies et confisquées, et le déclarant condamné à payer, à titre de confiscation, une somme égale à la valeur des objets portés dans la déclaration, suivant le prix courant du commerce et une amende de 500 francs. (Même loi, art. 75.) Ces deux paragraphes concernent les expéditions par cabotage. Si les marchandises non identiques sont expédiées par terre, il y a confiscation avec amende de 100 fr. (Art. 9, tit. 5, loi du 22 août 1791.)
18. S'il y a excédent de marchandises portées par l'acquit-à-caution, quoique de même nature.	Confiscation de l'excédent, et une amende de 500 fr. pour les marchandises expédiées par mer. (8 floréal 11, art. 76.) NOTA. Si l'excédent n'étoit que du vingtième de la quantité portée sur l'expédition, il n'y aura lieu qu'à la perception des droits imposés sur les marchandises ou denrées de même nature, venant de l'étranger. S'il s'agit de marchandises expédiées par terre et par emprunt du territoire étranger, il n'y a que double droit d'entrée. (Art. 9, tit. 5, loi du 22 août 1791.)
19. Si, outre le défaut d'identité, les marchandises sont prohibées à l'entrée, autres toutefois que celles que prohibe la loi du 10 brumaire an 5.	Confiscation de la marchandise, avec amende de 100 fr. (Art. 9, tit. 5, loi du 22 août 1791.)

CONTRAVENTIONS.	PEINES.
20. Si les marchandises substituées sont de l'espèce de celles que désigne l'article 5 de la loi du 10 brumaire an 5.	Arrestation des prévenus; leur traduction au tribunal de première instance; amende triple de la valeur des marchandises, outre leur confiscation et celle des bâtimens, voitures, etc. (Art. 15, loi du 10 brumaire an 5.) NOTA. Les peines appliquées au bureau de destination, dans les quatre cas mentionnés sous les numéros 17, 18, 19 et 20 ci-dessus, ne dispensent pas les soumissionnaires des acquits-à-caution (les certificats n'étant point rapportés), des peines et de l'effet de leur soumission au bureau du départ. S'il s'agissoit de marchandises angloises de prises ou provenant de saisies, pour lesquelles on auroit délivré un acquit-à-caution pour en assurer la réexportation, et dont le certificat de décharge ne seroit pas rapporté dans les délais, on devroit, d'après les dispositions de la loi du 10 brumaire an 5, poursuivre le paiement de la valeur des marchandises et la triple amende.
21. Si les marchandises dont les droits sont perceptibles à la valeur sont portées dans la déclaration à une valeur au-dessous de celle réelle.	Retenue de la marchandise en payant le dixième en sus de la valeur déclarée. (Art. 1, loi du 4 floréal an 4.) NOTA. Les préposés qui font la retenue des marchandises ont quinze jours pour effectuer ce paiement.
22. Pour fausse déclaration dans la quantité ou l'espèce de marchandises destinées à circuler dans les deux myriamètres frontières.	Amende de 500 fr. (Art. 2, loi du 19 vendémiaire an 6, et par extension art. 3 de l'arrêté du 22 thermidor an 10.) Voir la nomenclature des marchandises exemptes des formalités d'inscription et de représentation aux art. 5 et 9 de l'arrêté du 22 thermidor an 10. Dans ce cas, les passavans sont délivrés sans la moindre difficulté.
23. Pour toute circulation nocturne dans les deux myriamètres frontières, même avec passavant, hors les heures fixées, en s'écartant de la route prescrite.	Confiscation. (Art. 3, loi du 19 vendémiaire an 6.) Voir l'art. 8 de l'arrêté du 22 thermidor an 10, qui confirme cette disposition, à moins que le passavant n'en porte la permission. Outre la confiscation, il y a amende de 100 francs par suite de l'art. 13, titre 3 de la loi du 22 août 1791. NOTA. Si les marchandises circuloient de jour sans passavant ou autre expédition de douanes, ce seroit la même peine. (Voir le n° 47.)
24. Pour l'exportation; circulation nocturne ou sans passavant, entrepôt dans les deux myriamètres frontières des grains et farines, légumes secs, pommes-de-terre, pain, fourrages, châtaignes, marrons, etc.	Amende de 10 fr. par 5 myriagrammes de grains, 12 fr. par 5 myriagr. de farine; confiscation des bâtimens, chevaux, voitures ayant servi à leur transport; arrestation des prévenus, leur traduction au tribunal de première instance. (Art. 1, 2 et 6, loi du 26 ventôse an 5; art. 1, arrêté du 17 prairial an 7; art. 2, arrêté du 28 germinal an 8; arrêté du préfet des Deux-Nèthes, du 6 frimaire an 9.) NOTA. Les comestibles sont assujétis aux mêmes formalités et aux mêmes peines. (Arrêté des Consuls du 5 frimaire an 9.) Voir l'art. 9 de l'arrêté du 22 thermidor an 10.
25. Marchandises qu'on importeroit ou exporteroit par un autre port ou bureau que celui fixé pour leur entrée ou sortie.	Confiscation, avec amende de 100 fr. (Art. 8, tit. 4, loi du 22 août 1791.)

CONTRAVENTIONS.	PEINES.

26. Dépôt, transport ou introduction de marchandises prohibées par la loi du 10 brumaire an 5.

Arrestation des prévenus, leur traduction au tribunal de première instance; amende triple de la valeur des marchandises, outre leur confiscation, celle des bâtimens, voitures et chevaux. (Art. 15, loi du 10 brumaire an 5.) *Voir plus loin les numéros 60 à 63.*

27. Marchandises prohibées autres que celles dénommées par la loi du 10 brumaire an 5, introduites ou exportées par mer ou par terre.

Confiscation des marchandises, bâtimens, voitures, chevaux, etc. avec amende de 500 fr. (Art. 1 et 3, tit. 3 de la loi du 22 août 1791, et art. 10, tit. 2 de celle du 4 germinal an 2.)
NOTA. *L'on peut offrir main-levée sous caution des marchandises dont la consommation n'est pas absolument défendue.*

28. Pour introduction de poudres et salpêtres.

Dépôt au magasin national; amende de 10 fr. par livre ancienne ou 20 fr. 40 cent. par kilogramme; amende double si l'importation est faite par mer, ou outre la confiscation de la poudre et du salpêtre. (Art. 21 et 22, loi du 13 fructidor an 5.)

29. Pour exportation de munitions de guerre pendant la durée de la guerre.

Peine du crime de trahison. (Art. 5, loi du 22 août 1792.)

30. N'avoir pas, dans une relâche forcée qui exige des réparations, fait conduire, après la déclaration, les marchandises prohibées dans un magasin sous la clef des préposés des Douanes.

Confiscation, avec amende de 500 fr. (Art. 1, 2 et 5, tit. 6, loi du 22 août 1791.)

31. Si les marchandises sont de la classe de celles dénommées par la loi du 10 brumaire an 5.

Confiscation des marchandises, bâtimens, etc.; amende triple de leur valeur. (Art. 15, loi du 10 brumaire an 5.)
NOTA. *Les navires au-dessous de 100 tonneaux, chargés de marchandises anglaises, sont inadmissibles au bénéfice de relâche.* (Loi du 10 brumaire an 5.)

32. Pour enlèvement de marchandises naufragées fait sans autorisation générale.

Même peine que pour le vol. (Article 7 du titre 7 de la loi du 22 août 1791.)
NOTA. *Les communes sont responsables des délits commis lors de l'échouement, lorsqu'elles ne justifieront pas avoir pris les mesures convenables pour les réprimer.* (Lettre du 21 pluviôse 7.)

33. Tout bâtiment au-dessous de 100 tonneaux étant soumis à la visite dans les deux myriamètres des côtes : marchandises prohibées trouvées à son bord.

Confiscation des marchandises, vaisseaux, etc., avec amende de 500 fr. (Art. 7, tit. 2, loi du 4 germinal an 2.) L'amende est triple de la valeur, si les marchandises sont anglaises.

34. Contre les capitaines de vaisseaux entrant dans les

Amende de 500 fr., en outre la déchéance et les condamnations

CONTRAVENTIONS.	PEINES.
ports, rades ou embouchures des rivières, ou sortant et qui se refusent à la visite des préposés.	qui dérivent de la prohibition. (Article 8, titre 13 de la loi du 22 août 1791.)
35. Pour chargement ou déchargement faits, même avec un permis des préposés, autrement qu'en plein jour, entre le lever et le coucher du soleil, ou ailleurs que dans l'enceinte des ports,	Confiscation des marchandises. (Article 9, titre 13 de la loi du 22 août 1791; art. 1 et 3, tit. 6, loi du 4 germinal an 2.) NOTA. *En outre de la confiscation, l'amende de 100 francs infligée par l'art. 13 du titre 2 de la loi du 22 août 1791, paroîtroit aussi être applicable à cette contravention.*
36. Contre les commandans, capitaines et autres officiers de marine, pour refus d'accompagner les préposés dans leurs visites entre le lever et le coucher du soleil sur les bâtimens de guerre.	Amende de 500 fr. contre les commandans, capitaines et autres officiers, sauf les autres peines, s'il y a lieu à la contravention. (Art. 10, tit. 13, loi du 22 août 1791.)
37. Pour défaut de permis en versant des marchandises d'un bâtiment dans un allège, ou défaut d'acquit-à-caution pour verser et transporter des marchandises dans un allège d'un bateau à un autre (*si leur sortie est défendue ou sujette aux droits*), comme aussi pour n'avoir pas requis la présence des préposés lors de ces versemens.	Confiscation des marchandises, avec amende de 100 fr. (Art. 11, tit. 13, loi du 22 août 1791.)
38. Voies de fait, injures et mauvais traitemens contre les préposés.	Amende de 500 fr. (Art. 14, titre 13, loi du 22 août 1791; art. 2, tit. 4, loi du 4 germinal an 2.)
39. Si par suite d'attroupement les préposés étoient maltraités ou même les bureaux dévastés.	Poursuite extraordinaire à exercer; indemnité à réclamer contre la commune du lieu. (Loi du 3 prairial an 3; 10 vendémiaire an 4; arrêté du directoire exécutif, du 8 nivôse an 6, art. 1; extrait de la loi du 10 vendémiaire an 4, pour la police intérieure des communes.)
40. Droits, confiscations, amendes et dépens encourus par le fait des facteurs comme agens et domestiques.	Responsabilité des maîtres et propriétaires. (Art. 20, tit. 13, loi du 22 août 1791.)
41. Les préposés prévenus d'avoir reçu directement ou indirectement quelque récompense, gratification ou présent, et de s'être laissé corrompre.	Poursuite extraordinaire, comme prévarication dans les fonctions publiques. (Art. 3 et 4, tit. 4, loi du 4 germinal an 2.) Voir plus loin au n.º 65.
42. Pour entrepôt de marchandises autres que du cru du pays dans une commune au-dessous de 2,000 habitans, située dans les deux myriamètres frontières. NOTA. *Dans les bureaux au-dessous de 2000 habitans,*	Confiscation des marchandises, avec amende de 100 fr. (Art. 39, tit. 13, loi du 22 août 1791.) OBS. La loi du premier vendémiaire an 4 porte que la population des hameaux ou écarts ne concourt point à former le nombre

CONTRAVENTIONS.	PEINES.
situés dans la *demi-lieue frontière*, depuis *Versoix* jusqu'à *Anvers*; *l'origine des marchandises est justifiée par leur inscription sur un registre à ce destiné. Cette inscription doit avoir lieu au moment de leur arrivée dans la commune, en représentant l'acquit de paiement des droits d'entrée ou le passavant d'un bureau de douane.* (AC. 22 therm. 10.) *Dans le reste de l'étendue du rayon des douanes il n'y a point de registre; mais on ne peut délivrer de permis de circulation que sur la représentation de l'acquit du droit d'entrée pour les objets importés, ou de l'expédition du premier bureau de la ligne pour ceux provenant de l'intérieur.* (Même arrêté.)	de 2000 ames; que ce nombre doit se trouver au moins dans l'enceinte où l'on veut établir des entrepôts. Cet article relativement aux vérifications est subordonné au chapitre suivant, puisque les visites ont pour but de s'assurer, 1°. que les marchandises inscrites existent dans les dépôts (si elles ne s'y trouvoient pas il en seroit rédigé rapport, et l'inscription seroit annulée); 2°. que les objets pour lesquels on demande un passavant sont des mêmes espèces et quantités que ceux énoncés dans les inscriptions, ainsi que dans les acquits d'entrée, et autres expéditions. S'il y avoit déficit, les passavans ne seroient délivrés que pour les quantités existantes. En cas d'excédent ou de substitution, il seroit procédé à la saisie de l'excédent ou des marchandises différentes en quantité. Si les marchandises étoient saisissables comme angloises. *Voyez plus bas.*
43. Si les propriétaires ou conducteurs de marchandises et denrées déclarées être en dépôt dans l'étendue des quatre lieues frontières, pour y circuler ou être transportées dans l'intérieur, refusoient ou ne pouvoient faire la représentation desdites marchandises aux préposés qui en demanderoient la vérification au moment de l'enlèvement.	L'application de la peine de cette contravention indiquée par l'art. 2 de la loi du 19 vendémiaire an 6, paroît dépendre actuellement de l'espèce des marchandises. Ainsi, si la marchandise est de celles désignées par l'art. 1 et 2 de l'arrêté du 22 thermidor an 10, on doit, immédiatement après la déclaration, en exiger la représentation et la justification de l'origine avant la délivrance de l'expédition des douanes; dans le cas de refus ou d'ignorance, le déclarant devra être poursuivi pour l'amende de 500 fr., outre la saisie, en conformité de l'art. 2 de la loi du 19 vendémiaire 6. S'il s'agissoit de marchandises saisissables comme angloises (voir la note du tarif au titre des MARCHANDISES ANGLOISES), il y auroit amende triple de leur valeur. (Loi du 10 brumaire 5 et AC. du 9 vendémiaire 6.) Lorsque ce sont d'autres marchandises que celles ci-dessus, elles restent en magasin si la commune a plus de 2000 habitans; dans un autre lieu, la marchandise est saisissable avec amende de 100 fr. (Voir aussi le n° 42.) NOTA. *On conçoit que ce chapitre n'ayant rapport qu'à l'enlèvement des marchandises dans le rayon des douanes, on ne peut appliquer ici les peines relatives aux importations ou exportations frauduleuses.*
44. Pour saisie de cartes à jouer sans le filigrane ni le timbre ordonné.	Confiscation et amende de 1000 francs, sans préjudice des poursuites extraordinaires, et punition comme pour crime de faux, (DI. 4 prairial 13.)
45. DRILLES ou chiffes en entrepôt, ou circulant dans les trois lieues frontières, soit de terre ou de mer, sans acquit-à-caution.	Confiscation des drilles et de leurs moyens de transports, avec amende de 500 fr. (Lois des 3 avril 1793. art. 2 et 3; et 15 août même année, art. 3; et loi du 4 germinal 2, art. 10, tit. 2.) NOTA. *Si les drilles circuloient dans la quatrième lieue sans passavant, ce seroit simplement la confiscation et l'amende de 100 francs.* Et si l'entrepôt des drilles est saisi dans les 5 kilomètres (la quatrième lieue ancienne vers l'intérieur), on rentre dans la question générale de l'entrepôt frauduleux.
46. DRILLES ou chiffes que l'on tenteroit d'exporter.	Confiscation des objets, celle des bâtimens, des voitures, chevaux, etc., et amende de 500 fr. (Art. 1, tit. 5, loi du 22 août 1791, et art. 5 de la loi du 15 août 1793.) Aussi *pour les bâtimens de tout tonnage*, loi du 4 germinal 2, art. 10, tit. 2.

CONTRAVENTIONS.	PEINES.
47. Pour tous objets qui n'ont pas un régime particulier circulant dans les deux myriamètres frontières sans le passavant prescrit par l'article 7 de l'arrêté des Consuls du 22 thermidor an 10.	Confiscation des marchandises, avec amende de 100 fr. (Art. 15, tit. 5, loi du 22 août 1791.)
48. Pour exportation de pierres à feu de quelque espèce ou qualité qu'elles soient.	Confiscation des pierres à feu, avec amende de 300 fr. (Loi du 19 brumaire an 8.) NOTA. Un arrêté du 6 prairial an 10, confirmé par la loi du 8 floréal an 11, en avait permis la sortie, elles ont été prohibées ensuite ; mais une DM communiquée par le directeur-général le 21 juillet 1806, en a encore autorisé la sortie. Ainsi cet article n'est en vigueur qu'autant que les pierres à feu sont prohibées; il faut donc en voir le régime au tarif.
49. Pour tout transport de lettres ou journaux du poids d'un kilogramme et au-dessous, par autre voie que celle de la poste.	Amende de 300 fr.; remise des lettres et paquets saisis au bureau de la poste pour être envoyés à leur destination. (Arrêté du 7 fructidor an 6.) Point de modération à l'amende. (DI. 2 messidor 12.)
50. Tout bateau chargé de marchandises prohibées ou sujettes à des droits d'entrée, naviguant entre les deux soleils, en abordant le sol des quatre départemens du Rhin.	Confiscation des marchandises. (Arrêté du commissaire du Gouvernement du 20 thermidor an 6.) NOTA. Il s'en suit la saisie du bateau d'après les dispositions des lois sur cette partie, comme introduisant des marchandises en fraude. (Expressions dudit arrêté.)
51. Si les marchandises, après l'acquittement des droits, ne sont pas conduites directement à l'étranger. — Si, hors le cas d'avarie, elles rentrent dans les magasins des marchands, ou si elles sont entreposées dans d'autres maisons.	Confiscation des marchandises avec amende de 100 fr. (Art. 26, tit. 2, loi du 22 août 1791; art. 2 et 4, tit. 5, loi du 4 germinal an 2.)
52. Poids et mesures destinés à peser ou mesurer suivant l'ancien usage.	Confiscation et amende du double de la valeur desdits objets. (Art. 24, loi du 18 germinal an 5.)
53. Salaisons abordées dans un port sans être munies d'un acquit-à-caution pour justifier que le sel qui a été employé à des salaisons a été levé aux marais salans de France, et que les droits en ont été assurés.	Confiscation des sels et salaisons, avec amende de 100 fr. (Décret du 11 juin 1806, art. 50.)
54. Salaisons rencontrées en mer par une embarcation de douanes, sans être munies d'expédition qui justifie l'origine du sel, et que les droits en ont été cautionnés.	Confiscation des sels et salaisons, avec amende de 100 fr. (Même décret, art. 51.)

CONTRAVENTIONS.	PEINES.
55. Salaisons dont la quantité ne seroit pas proportionnée à celle du sel consommé.	Amende de 100 fr. et le triple du droit dont le sel non représenté auroit été susceptible. (Même décret, art. 53.) Le bâtiment peut être retenu pour sûreté de l'amende. (Art. 54.)
56. Sel neuf trouvé à bord d'un bâtiment chargé de salaisons dont la déclaration n'auroit pas été faite.	Confiscation du sel seulement, triple droit et amende de 100 fr. (Même décret, art. 54.) Le bâtiment peut être retenu pour sûreté de l'amende. (Idem.)
57. Sels reçus en magasins ou ateliers de salaisons dont les droits n'auroient pas été acquittés ou soumissionnés.	Amende de 100 fr. et le triple des droits fraudés. En cas de récidive, privation de la franchise accordée pour les salaisons, outre les peines ci-dessus. (DI. 11 juin 1806, art. 45.) NOTA. Les peines ci-dessus seront prononcées contre ceux qui, pour masquer la fraude, supposeront des salaisons qu'ils n'ont pas faites, ou substitueront, dans des barriques ou barils, à des poissons pressés, toute autre matière. (Même décret.)
58. Sels transportés dans l'étendue des trois lieues soumises à la surveillance des préposés sans acquit-à-caution, et ceux qui circuleroient dans la même étendue avant le lever ou après le coucher du soleil, sans permission expresse de transport pendant la nuit.	Saisie et confiscation. (DI. 11 juin 1806, art. 7.) NOTA. Toutes les saisies qui donneront lieu à la confiscation des sels, emporteront aussi celle des chevaux, ânes, mulets, voitures, bateaux, et autres embarcations employées au transport. (Même décret, art. 16.)
59. Quiconque cache ou achète des objets saisissables, participe à une contravention aux lois des Douanes.	Amende de dix fois la valeur des objets cachés ou achetés en fraude. (Art. 2, tit. 6, loi du 4 germinal an 2.) Voyez aussi les numéros 42 et 43.
60. Sont marchandises de contrebande, celles dont l'exportation ou l'importation est prohibée, ou celles qui, étant assujéties aux droits et ne pouvant circuler dans l'étendue du territoire soumis à la police des douanes sans quittances, acquits-à-caution ou passavant, y sont transportées et saisies sans ces expéditions.	Art. 2 de la loi du 15 floréal an 11.
61. Contre tout individu surpris au moment où il introduiroit des marchandises de contrebande.	Arrestation pour être celui qui en sera convaincu, condamné pour la première fois à six mois de prison, et pour la seconde à un an. (Art. 26 de la loi du 22 ventôse 12.) Ainsi, sans préjudice aux peines pécuniaires et de confiscation, toute saisie faite au moment de l'importation étant de la compétence du tribunal correctionnel, le prévenu doit être arrêté.
62. Pour contrebande avec attroupement et port d'armes. La contrebande est avec attroupement et port d'armes lorsqu'elle est faite par trois personnes, ou plus, et que dans le nombre, un ou plusieurs sont porteurs d'armes en évidence ou cachées, tels que fusils, pistolets, et	Arrestation des prévenus et de leurs complices, leur traduction au tribunal spécial; peine de mort. Sont complices et punis comme les contrebandiers, les assureurs de la contrebande, et tous ceux qui sciemment auroient favorisé ou protégé les coupables dans les faits qui ont préparé ou suivi la contrebande. S'ils ignoroient qu'elle étoit faite avec attroupement et port

CONTRAVENTIONS.	PEINES.
autres armes à feu; sabres, épées, poignards; massues; et généralement de tous instrumens tranchans, perçans ou contondans. Ni les cannes ordinaires sans dards ni ferremens, ni les couteaux fermans et servant aux usages ordinaires, ne sont réputés armes.	d'armes, ils ne seront condamnés qu'à la peine des fers, pour 15 ans au plus et 10 ans au moins, suivant la gravité des circonstances. (Art. 4 de la loi du 13 floréal 11.) Pourront les tribunaux, lorsque les contrebandiers n'auront point fait usage de leurs armes, ne prononcer contr'eux que la peine des fers ci-dessus. (Art. 5.)
63. Les préposés des douanes et toutes personnes chargées de leur prêter main-forte qui seroient convaincus d'avoir favorisé la contrebande, même sans attroupement et port d'armes.	Punition de la peine des fers qui ne pourra être prononcée pour moins de 5 ans ni pour plus de 15. Ils seroient punis de la peine de mort si la contrebande qu'ils auroient favorisée avoit été faite avec attroupement et port d'armes. (Loi du 13 floréal 11, art. 6.)
64. Pour fausse déclaration de tonnage d'un bâtiment.	Double droit de l'excédent au-dessus du dixième. (Décision du 6 germinal an 8, conformément à l'art. 18, titre 2 de la loi du 22 août 1791.

TARIF

DES DROITS DE NAVIGATION,

ET

DISPOSITIONS RELATIVES A CETTE PERCEPTION;

Conformément à l'acte de navigation du 21 septembre 1793, à un décret de la Convention en date du même jour, et à la loi du 27 vendémiaire an 2.

Ce Tarif ayant pour but de favoriser la construction et la navigation françoises, on a dû prendre des mesures pour empêcher les constructions et navigations étrangères de jouir des mêmes avantages.

Ainsi un bâtiment, quoique de construction françoise, n'en a les privilèges qu'autant que ses officiers et les trois quarts de l'équipage sont françois. (*Loi du 21 sept.* 1793, *art.* 2.)

Les bâtimens appartenant aux îles de la Martinique, de Sainte-Lucie et Tabago, pour être reconnus nationaux, doivent produire un certificat des préfets coloniaux, qui atteste cette nationalité. (*Lettre du ministre de la marine du 10 thermid. an* 10.)

DE LA FRANCISATION.

Navires étrangers.

Quoique la loi du 19 mai 1793 ait permis l'entrée des navires étrangers, la francisation doit en être refusée.

Navire échoué, ou devenu propriété françoise.

Le navire étranger échoué, ou devenu propriété françoise, pouvant être francisé quand il a reçu des réparations dont le montant a été du quadruple du prix de la vente, il a fallu empêcher qu'il ne fût abusé de cette disposition.

La valeur doit être constatée par l'estimation de trois experts nommés d'office; un par la douane, un par la marine, le troisième par le tribunal de commerce. Cette estimation pourra avoir lieu devant les officiers du port, et le procès-verbal en sera dressé par triple expédition, ainsi convenu entre les Ministres des finances et de la marine, le 29 thermidor an 10.

On ne doit délivrer d'acte de francisation à ces bâtimens que sur la représentation du contrat de propriété françoise et du procès-verbal en due forme des réparations faites au quadruple. L'acte expédié doit relater l'un et l'autre. (*Circulaire du 7 fructidor an* 10.)

Acte de francisation.

D'après l'art. 26 de la loi du 27 vendémiaire an 2, il sera perçu pour l'acte de navigation :

Par bâtim. de 100 tonneaux et au-dessous . . . . . . 9 fr.
  de 100 tonneaux jusque et y compris 200 . 18 fr.
  de 200 tonneaux et au-dessous de 300 . . 24 fr.
  de 300 tonneaux et au-dessus, 6 fr. *par chaque cent tonneaux de plus.* (1).

Formalités pour obtenir l'acte de francisation.

1°. Rapporter au bureau de la douane les anciens congés, si le bâtiment a déjà voyagé. (*Loi du 21 sept.* 1793, *art.* 2.)

2°. Y déposer les titres de propriété. (*Même art. et autre loi du même jour.*)

3°. Justifier, par acte délivré par le juge-de-paix, qu'on a passé la déclaration et prêté le serment prescrit par l'article 2 du même décret, et par l'article 13 de celui du 27 vendémiaire an 2. (*Art.* 2 *de la loi du 21 sept.* 1793.) (2)

4°. Signer cette même déclaration sur les registres des bâtimens françois, au bureau de la douane. (*Art.* 2 *de la loi du 21 sept.* 1793.)

5°. Représenter le certificat d'un mesureur-vérificateur constatant la nature, les dimensions et la contenance du bâtiment. (*Art.* 2 *de la loi du 21 sept.* 1793.)

---

(1) On doit ajouter à ces droits, ainsi qu'à tous ceux de Navigation, le décime par franc établi en l'an 7.

Les droits de navigation ne sont perceptibles que du jour où les préposés ont connoissance que la loi qui les fixe a été reçue par le préfet du département.

Ils doivent être perçus d'après les lois existantes à l'époque de la déclaration précédée de l'arrivée.

Ils sont dus de l'époque de la déclaration, quoique la jauge qui peut opérer des changemens dans la perception ait été différée.

Si un bâtiment forcé d'entrer dans un port de France autre que celui de sa destination, y est retenu par un embargo qui empêche d'arriver avant une augmentation de droits qu'il n'auroit pas éprouvée sans l'embargo, on ne peut exiger, sur son chargement, que les droits existans à l'époque où il seroit arrivé à sa destination sans l'embargo. (*Décis. conforme à ce principe du 7 vent. an* 5.)

(2) Cette déclaration doit être passée devant un juge-de-paix, ou tout autre officier public. (*Lettre au direct. de Nice du 21 frim. an* 6.)

6°. Passer sa soumission , et fournir la caution exigée par les articles 11 et 16 de la loi du 27 vendémiaire. (*Décis. du ministre du 7 fruct. an 3.*)

7°. Se soumettre en outre à justifier, dans un délai déterminé suivant la longueur du voyage , du retour du bâtiment dans un port de France. (*Même décis. que dessus.*)

Bâtimens non assujétis à l'acte de francisation.

Ne sont point assujétis à l'acte de francisation ,

1°. Les bâtimens françois frétés pour le compte du Gouvernement. (*Loi du 27 vend. an 2 , art. 5.*) (1) .

2°. Les navires de prise voyageant sous pavillon neutre avec autorisation du Gouvernement. (*Let. du 5 pluv. an 2.*)

3°. Les bâtimens qui ne font que la navigation des rivières, sans aller du côté de la mer, au-delà du premier bureau intérieur des douanes , quand ces bâtimens sont non pontés, et au-dessous de 50 tonneaux. *Voyez* CONGÉS. (*Lettre du 5 pluv. an 2.*)

4°. Les bâtimens armés en courses, lesquels reçoivent leurs expéditions de la marine seulement. (*Décis. du 22 vend. an 6.*)

Un bâtiment désarmé ne peut y être assujéti tant qu'il ne met point en mer. (*Décis. du 21 niv. an 2.*)

Bâtiment navigant sans l'acte de francisation traité comme étranger.

Aucun autre bâtiment ne peut être exempt de l'acte de francisation et naviguer sans lui, sous peine d'être traité comme étranger. (*Lettre du ministre du 21 niv. an 2.*)

Chaloupes et canots comment traités.

Les chaloupes et canots d'un bâtiment ne sont pas assujétis à l'acte de francisation ; mais il doit leur en être délivré un particulier, ainsi qu'un congé, s'ils sont employés à d'autres usages que ceux qui leur sont propres, et que pour le service des bâtimens dont ils dépendent. (*Lettre au direct. de Brest du 25 fruct. an 7.*)

Acte de francisation perdu , retrouvé, tombé au pouvoir de l'ennemi.

Si l'acte de francisation est perdu, le propriétaire, en affirmant la sincérité de cette perte , en obtiendra un nouveau, en observant les mêmes formalités que pour l'obtention du premier. (*Loi du 27 vend. an 2 , art. 20.*) Si le premier se retrouve , on annulle le deuxième, et mention en est faite en marge de la soumission...... Dans le cas où un acte de francisation seroit tombé au pouvoir de l'ennemi, cette mention porteroit que l'acte devient nul et de nul effet , et qu'en conséquence les soumissionnaires sont déchargés de leur cautionnement. Dans les deux cas il n'y a pas lieu à la restitution des droits.

___

(1) Dans plusieurs ports on a dispensé du paiement des droits de navigation indistinctement tous bâtimens frétés extraordinairement pour le Gouvernement, comme ceux de la marine nationale. Il est essentiel de distinguer les bâtimens en trois classes.

1°. Les bâtimens appartenant à la république ou mis en réquisition par elle, et dont les équipages sont à sa solde.... Ceux-là sont exempts de tous droits de navigation.

2°. Ceux frétés pour la république à tant par tonneau, et dont les équipages ne sont pas à sa solde...... Ceux-là sont assujétis aux droits de navigation , mais exempts de francisation et congés.

3°. Les bâtimens qui ne sont ni frétés ni salariés par la république. Ceux-là sont bâtimens de commerce, et comme tels assujétis à tous les droits de navigation. (*Lettre de la commiss. des revenus nation. à l'inspect. de Rouen.*)

Acte de francisation ne pouvant plus servir par vétusté.

L'acte de francisation dure autant que le bâtiment ; son état de vétusté nécessitant la délivrance d'un nouvel acte , ne donne pas ouverture à la perception du droit fixé par l'article 26 de la loi du 27 vendémiaire an 2 : il n'y a lieu qu'au remboursement du timbre, et l'on doit énoncer sur le nouvel acte que l'original a été déposé pour cause de vétusté. (*Lettre du direct. gén. du 7 frim. an 13.*)

Acte de francisation ne présentant plus de blanc.

On doit ajouter une feuille de papier blanc à l'acte de francisation qui ne présente plus de blanc. (*Lettre de l'administration au direct. de Rouen du 14 brum. an 10.*)

Jauge inexacte rectifiée sur l'acte de francisation.

Si la jauge avoit été prise d'une manière inexacte , il n'y auroit pas lieu à délivrer un nouvel acte de francisation , expédition qui donneroit lieu à un droit que les capitaines ne doivent pas , puisque l'erreur ne peut leur être imputée ; on se borne donc à rectifier cette jauge sur l'acte dont ils sont déjà munis. (*Lettre au direct. de Marseille du 28 frim. an 5.*)

Soumissions.

Les soumissions se rapportant à l'acte de francisation, ne peuvent pas être renouvelées avec les congés qui se délivrent chaque voyage, puisque leur effet coexiste avec celui de l'acte primitif. (*Lettre au direct. de l'Orient du 28 therm. an 5.*) (1)

Changement de Nom permis, en prenant un nouvel acte.

Un armateur peut changer le nom de son navire, en prenant un nouvel acte de francisation , et remplissant les formalités d'usage près du commissaire de la marine. (*Lettre au direct. de Rouen du 29 niv. an 5.*)

VENTE DES BATIMENS.

Le droit pour l'inscription au dos de l'acte de francisation de la vente , en tout ou en partie, d'un bâtiment, est de 6 fr. (*Loi du 27 vend. an 2 , art. 17.*)

Vente partielle.

Si on le vendoit en quatre portions distinctes, il y auroit quatre endossemens ; il seroit dû autant de six francs.

Propriété par héritage.

Celui qu'un héritage rend propriétaire d'un bâtiment , doit le droit, parce qu'il y a mutation de propriété à inscrire. (*Décis. du 2 germ. an 7.*)

Droit non acquitté, perçu lors d'une seconde vente.

Si, lors d'une seconde vente ou transmission , on reconnoissoit que celle antérieure n'auroit point été inscrite , il faudroit faire payer , avec le second droit, le premier non acquitté.

Courtiers peuvent faire les ventes.

Les ventes de navires peuvent être reçues par les courtiers. (*Lettre du min. du 15 vent. an 12.*)

___

(1) Cependant un administrateur très-instruit pense que l'on doit exiger une soumission pour chaque nouveau congé, autrement les soumissionnaires du premier prétendroient, avec raison, qu'ils n'ont souscrit aucune obligation relativement au second.

Inscription d'une vente au dos de l'acte autorisée relativement aux lois de l'enregistrement.

L'inscription d'une vente au dos de l'acte de francisation n'étant point un contrat nouveau, n'est point comprise dans la défense portée par l'article 23 de la loi du 15 brumaire an 7 relativement à l'enregistrement, qui défend la transcription de plusieurs actes sur la même feuille. (*Lettre au direct. de S.-Valery du 19 messid. an 7.*)

Inscription d'une vente partielle faite au port auquel le navire appartient.

L'inscription de la vente partielle doit être faite au port auquel le navire appartient, attendu que les soumissions et cautionnemens prescrits par les articles 11 et 16 de la loi du 27 vendémiaire an 2 ne peuvent se subdiviser en plusieurs bureaux. (*Lettre du 16 fruct. an 8.*)

Bâtiment appartenant à un port et passant à un autre.

L'acquéreur d'un bâtiment appartenant à un port, et qui veut l'attacher à un autre, doit déposer son contrat d'acquot au bureau de navigation, déclarer l'attacher à son port, et passer la soumission cautionnée voulue par la loi. En conséquence mention de cette vente doit être inscrite au dos de l'acte de francisation, et un certificat énonçant toutes ces formalités remplies sera délivré pour que le vendeur fasse annuller la soumission relative à l'acte de francisation. (*Lettre du direct. génér. au direct. de Rouen du 10 vend. an 11.*)

Si dans le cas ci-dessus, l'ancien acte de francisation se trouve égaré, les vendeurs déclareront à la douane du port où l'acte de francisation a été délivré, qu'ils ont adressé l'acte de francisation au nouvel acquéreur, qui, pour se conformer à l'article 20 de la loi du 27 vendémiaire an 2, devra déclarer à la douane de son port qu'il ne lui est parvenu. Ces deux déclarations remises constatent la perte, et un nouvel acte doit être délivré, en remplissant les formalités des articles 11 et 16 de la même loi.

CONGÉS.

Formalités.

Avant de délivrer un congé, le préposé doit s'assurer que les formalités relatives à la marque et aux inscriptions des noms ont été remplies conformément à l'article 19 de la loi du 27 vendémiaire an 2.

Mention du changement de Nom.

Y faire mention du changement de nom, s'il y en a. (*Circul. du 12 vend. an 3.*)

Droits.

Pour un bâtiment non ponté. (*Art. 6*). . . . . . . 1 fr.
Un bâtiment ponté, au-dessous de 30 tonneaux. (*Même art. 6.*) 3
Un bâtiment ponté, de 30 tonneaux et au-dessus. (*Art. 26.*) 6

Quoique ces derniers congés ne soient valables que pour un voyage, les bâtimens expédiés pour un port étranger peuvent y prendre des chargemens à toute destination; mais ils sont tenus de revenir dans un port de France, à l'effet d'y renouveler leurs congés, au moins dans le cours de l'année. (*Décision du 5 pluviôse an 11.*)

Souvent un navire expédié d'un port pour un autre de France, ne revient pas directement dans le port du départ; si dans celui de sa destination, il prend un chargement pour l'étranger ou pour un autre port de France, il fait un second voyage, dès-lors il doit renouveler son congé. (*Même décision.*) (1).

Les bâtimens employés dans le Levant, qui ne seront pas revenus en France une année après la date du congé qui leur aura été délivré lors de leur départ, paieront double le droit du premier congé qui leur sera expédié à leur retour. Les armateurs et capitaines seront même tenus de justifier, par des certificats des commissaires des relations commerciales, des causes qui auront empêché les bâtimens de revenir en France dans le délai d'une année.

A l'égard de ceux qui ne seroient pas revenus en France dans l'espace de deux années, la soumission qu'ils auront souscrite, conformément à l'article 11 de la loi du 27 vendémiaire an 2, sera exécutée. (*Même décision.*)

Congés déposés.

Les congés doivent être déposés dans le port d'arrivée. (*Art. 28, loi du 27 vendémiaire an 2.*) (2)

Perte des Congés.

En cas de perte de congé, on en délivre un second sur le rapport certifié de l'équipage constatant cette perte.

Abus des Congés.

La loi ne présentant aucun moyen de prévenir l'abus que l'on fait des congés, il faut se borner à de simples invitations aux capitaines d'en prendre de nouveaux, lorsque le voyage pour lequel ils ont été accordés est consommé. (*Lettre de la régie du 27 vendémiaire an 8, à l'inspecteur de Caen.*)

Bâtimens exempts d'un nouveau Congé.

Un bâtiment parti de Rouen pour le Havre en lest, ayant relâché à Honfleur, où il a chargé pour Rouen, n'est point soumis à un nouveau congé; le retour étant consommé, conformément aux dispositions supplétives de la circulaire du 13 ventôse an 11, laquelle déclare, pour le cas de cabotage, passibles d'un nouveau congé, les seuls bâtimens qui ne font point leur retour au port dont ils dépendent. (*Lettre du directeur général, du 7 frimaire an 12, au directeur de Rouen.*)

Défaut d'imprimés.

Lorsqu'à défaut d'imprimés pour les congés ou passavans, les préposés sont obligés d'y suppléer par visa, le droit doit être également perçu. (*Lettre au directeur de Toulon, du 24 nivôse an 5.*)

PASSEPORTS.

Le passeport est un permis de mettre en mer, dont l'objet est de faire connoître que le bâtiment étranger sort d'un port de France, et y a présenté les pièces justificatives de son origine.

Aucun bâtiment étranger ne peut sortir d'un port françois sans cette expédition; il doit en être délivré même aux capitaines des bâtimens en relâche, pourvu que, pour

---

(1) Ce nouveau congé relatera les précédens, afin de conserver la trace de celui délivré au port duquel le navire dépend.
(2) Les patentes que les capitaines étrangers présentent pour justifier de quelle nature est le bâtiment, doivent être retenues, comme les congés, jusqu'au départ.

le même voyage, ils n'en aient pas pris déjà dans un port de France, auquel cas on devra se borner à viser ce dernier. Les passeports se délivrent sans cautionnement.

Lors de leur délivrance, le préposé expédie un acquit de paiement, et fait mention, sur la souche restante, de cette délivrance et des droits perçus.

La perception du droit de passeport ne donne pas ouverture à celui de quittance. (*Lettre au direct. à Toulon du 5 pluv. an 5.*)

Droits.

Passeport nécessaire à un bâtiment étranger, par assimilation à un certificat (*art.* 37) . . . . 1 fr.

DROITS DE TONNAGE.

Sa quotité par tonneau (1).

Les droits de tonnage concernent le bâtiment et non la cargaison.

Ils sont perçus sur les bâtimens étrangers et françois, entrant dans un port de la République.

Un bâtiment françois, au-dessous de 30 tonneaux, venant d'un port françois sur l'Océan dans un autre port sur l'Océan, ou d'un port françois sur la Méditerranée dans un autre sur la Méditerranée, doit (*art.* 30). . . . . . 15 cent.

Venant d'un port françois sur l'Océan dans un sur la Méditerranée, et réversiblement (*même article*). . . 20 cent.

Venant des colonies et comptoirs des François en Asie, en Afrique, en Amérique, dans un port de France (*art.* 31.) . . . . 30 cent.

Tout bâtiment étranger (2) venant dans un port de France (*art.* 33). . . . . 2 fr. 50 cent.

Droit de tonnage, relativement aux chargemens et déchargemens dans différens ports.

Un bâtiment qui, après avoir déchargé sa cargaison dans un port se rend dans un autre port pour y prendre un chargement, doit dans ce dernier port, un nouveau droit de tonnage. (*Décision du Ministre, du 11 ventôse an 5.*)

Un bâtiment étranger qui charge dans un port de France des barriques vides pour aller les remplir dans un autre port françois, ne doit point de droit de tonnage dans ce second port; ce transport ne devant être regardé que comme un chargement commencé dans un port, et consommé dans un autre. (*Lettre de la régie du 1er ventôse an 5, au directeur de Toulon.*) (3)

Un bâtiment étranger qui, après avoir chargé des productions nationales dans un port de France, va compléter sa cargaison en marchandises aussi nationales dans un autre port où il ne fait pas de déchargement et ne reçoit point de réparation, n'est assujéti qu'à un seul droit de tonnage. (*Décision du 8 frimaire an 10.*)

Cette faveur n'auroit point lieu si une partie de la cargaison étoit composée de productions provenant de nos entrepôts de marchandises étrangères. (*Circulaire du 11 frimaire, même année.*)

___

(1) Ce droit étant imposé sur la contenance et non le volume du navire, les dimensions pour la jauge doivent toutes être intérieures. (*Circul. du 8 therm, an 10.*) Il n'est exigible que vingt jours après l'arrivée du bâtiment; mais il doit être acquitté avant le départ, et on peut prendre des sûretés pour en assurer le paiement.

(2) Quand même le bâtiment ne porteroit que des passagers. (*Décis. du 5 prair. an 5.*)

(3) Les droits de navigation ne devront être perçus au Havre, sur les bâtimens venant à Rouen, que lorsqu'une partie du chargement sera destinée pour le premier port. (*Direct. génér. 1er flor. an 11.*)

Il ne seroit également dû qu'un droit de tonnage sur un bâtiment dont la majeure partie du chargement consisteroit en comestibles, quoique le déchargement s'en fît dans plusieurs ports, et que, même après, ce navire allât sur son lest dans un autre port pour y prendre un chargement de retour. (1)

Droit de tonnage relativement aux relâches forcées.

Le droit de tonnage est essentiellement droit d'abord perceptible par le seul fait de l'entrée d'un navire dans nos ports; aussi est-il dû, même dans le cas de relâche forcée (*loi du 4 germinal an 2, tit. 2, art. 6*), et quand même le bâtiment ne resteroit pas vingt-quatre heures dans le port.

Il est dû par un bâtiment échoué, conduit dans un port pour y être radoubé.

Mais on a excepté les bâtimens étrangers à destination d'un port de France, entrant par détresse dans un autre port, lorsqu'ils n'y font aucune opération de commerce ou n'y reçoivent pas de réparations; (2)

Ceux qui, chargés dans un de nos ports, sont forcés de relâcher dans un autre en retournant à l'étranger;

Les bâtimens françois expédiés d'un port de France à un autre, lorsque, dans ceux de relâche, ils ne déchargent pas de marchandises. (*Décision du 7 nivôse an 11.*)

Les lettres des Ministres des finances et de la marine exigent même que, pour donner lieu dans ce cas à la perception, il soit déchargé ou chargé une partie essentielle de la cargaison.

Bâtimens exempts du droit de tonnage.

— François de 30 tonneaux et au-dessous. (*Art. 30.*)
— François, même au-dessus de 30 tonneaux, venant de la pêche, de la course ou d'un port étranger. (*Art. 32.*)

(*Les premiers ne doivent avoir à bord que le produit de leur pêche; les seconds que les marchandises composant la cargaison du navire pris.*)

Bâtiment naviguant seulement dans l'intérieur des rivières, sans emprunt de la mer. (*Décis. du 11 fructidor an 5.*) (3)

Bâtiment de la marine impériale et ceux françois ou étrangers frétés pour le compte de l'Etat. (*Art. 5.*)

Voyez la note 1 à la seconde page de ce tarif de navigation, cotée 208.

Bâtiment parlementaire à l'usage unique du Gouverne-

___

(1) Le rechargement partiel d'un bâtiment qui étoit chargé de comestibles, ne le rend pas plus passible du droit de tonnage à chacune de ses opérations que le déchargement. (*Lettre au direct. de Toulon du 12 pluv. an 5.*)

On n'entend par comestibles que les grains, farines, légumes, et toutes substances exemptes du droit d'entrée. Les huiles et le poisson salé n'étant point objets de première nécessité, et ayant été taxés à des droits assez forts, ne doivent pas être rangés dans cette classe. (*Lettre au direct. de Marseille du 13 therm. an 8.*)

(2) Cette exemption ayant pour objet unique de favoriser nos exportations, n'est point applicable aux bâtimens étrangers sur leur lest. (*Décis. de la régie du 5 pluv. an 5.*)

La relâche pour remplacement d'un mât ne donne pas ouverture au droit, la régie ayant décidé que cette opération n'est pas une véritable réparation. (*Lettre au direct. de Marseille du 4 flor. an 8.*)

(3) LA NAVIGATION INTÉRIEURE DES RIVIÈRES assujettit les bâtimens aux congés, s'entend de celle qui se fait depuis la mer jusqu'au port en rivière, où se trouve le dernier bureau des douanes; *par exemple*, du Havre à Rouen, de Paimbœuf à Nantes : celle qui se fait en-deçà de ce bureau, comme de Rouen à Paris, de Nantes à Ingrande, ne donne point ouverture au congé.

Les bâtimens françois qui ne naviguent que dans les rivières, *sans emprunt de la mer*, sont exempts, conformément à l'article 30 de la loi du 17 vendémiaire an 2, qui n'assujettit au droit de tonnage que les bâtimens venant d'un port sur l'Océan dans un autre port sur l'Océan, etc.; mais

ment, encore bien qu'à son retour, il prenne des marchandises ou des passagers. (*Lettre du 5 nivôse an 5.*) (1)

Bâtiment pris sur les ennemis de l'État.

Bâtiment qui, forcé d'entrer dans un port et d'y décharger sa cargaison, est condamné comme ne pouvant plus tenir la mer. (*Décision du 7 brumaire an 6.*)

Bâtiment échoué, dont le capitaine fait l'abandon, encore que la cargaison soit sauvée. (*Décision du 7 frimaire an 5.*)

Bâtiment trouvé abandonné, et appartenant en conséquence à l'État, comme épave de mer.

Bâtimens de commerce françois ou neutres navigant sous l'escorte des vaisseaux de la nation : le déchargement ou la réparation desdits bâtimens ne donnent pas même ouverture à la perception du droit de tonnage, à moins qu'il n'y eût vente en tout ou en partie. (*Lettre de la régie au directeur de Dunkerque, 9 pluviôse an 8.*)

Sont aussi exempts du droit de tonnage les bâtimens en relâche dans les golfes, anses, baies où il n'y a pas de bureaux ; ceux ancrés sur rade, ou posés devant un port ; mais dans ce cas, les capitaines ne peuvent faire aucuns versemens sans s'exposer à la saisie. (*Décisions des 27 brumaire et 29 pluviôse an 5.*)

Les navires venant de Hollande, chargés de fascines, madriers, etc. pour la réparation des digues, des polders du département de l'Escaut et des Deux-Nèthes, sont exempts des droits de navigation. (*Décisions des 2 thermidor an 4, 25 thermidor an 5, et 12 prairial an 6. Circulaires des 28 thermidor et 5 brumaire an 13.*)

Droits d'expédition (1) ; leur quotité.

Le droit d'expédition, d'entrée et de sortie d'un bâtiment étranger de 200 tonneaux et au-dessous, etc. (*Art. 35.*) . . . . 18 fr.
Au-dessus de 200 tonneaux. (*Même article.*) . . 36
Bâtiment françois de 30 à 150 tonneaux. (Il n'est rien dû jusqu'à 50 inclusivement.) (*Article 36.*) . 2
De 150 à 300. (*Même article.*) 6
Au-dessus de 300 tonneaux. (*Même article.*) . . 15

Droits d'acquits (2), Permis (3) et Certificats.

Pour tout acquit, permis et certificat relatifs à une cargaison étrangère. (*Art. 37.*) . . . . 1 fr.
Pour cargaison françoise. (*Même article.*) . . . . 50 c.

Bâtimens pour la pêche.

Les bâtimens françois venant de la pêche ne paient aucun droit de tonnage. (*Art. 22.*)

L'immunité accordée à ces bâtimens est étendue à ceux qui les suppléent, en transportant les produits de la pêche aux lieux les plus avantageux de la vente. (*Décision du 28 pluviôse an 10.*)

Les congés délivrés pour ces bâtimens valent pendant un mois, quel que soit le nombre d'expéditions faites pendant ce temps. (*Décision du 27 nivôse an 8.*)

Mais ils sont sujets au droit de permis pour le déchargement du produit de leur pêche. (*Décis. du 25 pluv. 5.*)

---

la navigation d'un port en rivière à un autre port en rivière par emprunt de la mer, par exemple, de Rouen à Caen, y donneroit ouverture. (*Décis. du 11 fruct. an 5.*)

La loi du 27 vendémiaire an 2 n'ayant point dérogé au règlement de 1701, qui n'assujettissoit qu'à un seul droit de fret les vaisseaux entrant dans les rivières, quoique leur chargement eût lieu dans plusieurs ports desdites rivières, il ne doit être perçu dans ce cas qu'un seul droit de tonnage.

L'intérêt du commerce a fait réputer ports de mer quelques ports situés dans l'intérieur des rivières ; mais il n'en faut pas conclure que les parties de rivières qui se trouvent entre ces ports et la mer, soient réputées Mer, ni que les bâtimens qui viennent d'un de ces ports dans un autre de la même rivière, soient assujetis aux droits de navigation. (*Décis. du Ministre, du 7 prairial an 4.*)

La loi sur la navigation n'est exécutoire, quant à ce qui est confié aux douanes, que sur les côtes et à l'embouchure des rivières ; il seroit contraire au vœu de la loi de vouloir traiter comme frontières maritimes les deux bords de la rivière depuis Rouen jusqu'au Havre.

Si Rouen est classé parmi les ports de mer, c'est uniquement pour l'avantage du commerce ; en conséquence, pour lever toutes les difficultés, il a été décidé que les lois sur la navigation s'exécuteroient envers tous les bâtimens de Rouen à la Bouille, et autres ports de rivières qui vont à la mer, soit qu'ils s'y tiennent habituellement, soit qu'ils y naviguent momentanément ; et quant aux autres barques et bateaux qui ne font que les transports en rivière de Paris jusqu'à la Bouille, ils n'ont pas paru devoir être astreints à la loi ; il est à observer que le Havre et Honfleur sont réellement ports de mer, aussi tout bateau qui y entre est sujet à l'acte de navigation. (*Lettre de la Régie, du 7 frimaire an 4, au directeur de Rouen.*)

(1) Cependant, quoiqu'exempts des droits de tonnage, ils deviennent passibles de ceux d'expédition lorsqu'ils chargent en retour des marchandises ou des voyageurs. (*Décis. du 3 nivôse an 5.*)

Le sauf-conduit délivré par le commissaire du Gouvernement françois à Londres, à des bâtimens qui ont transporté des prisonniers à Boulogne, eut pour objet seulement de les garantir contre les corsaires françois, et ne donne pas à ces bâtimens le caractère de parlementaires. Ainsi n'étant pas frétés au compte de la République, ils ne peuvent être exempts des droits de navigation. Dans le cas où les parlementaires chargent des marchandises, ou prennent des voyageurs, ils doivent acquitter le droit entier d'expédition, ceux d'Acquits, Permis, etc. (*Lettre du Ministre des Finances à celui de la Marine, du 2 floréal an 7.*)

Cependant les bâtimens affrétés par les prisonniers de guerre françois, pour effectuer leur retour dans leur patrie, jouiront des mêmes indemnités que les parlementaires, s'ils ne sont chargés que de prisonniers, et munis de sauf-conduit du commissaire françois à Londres, ou de tout autre caractère authentique de reconnoissance que pourra indiquer le Ministre de la Marine. (*Décis. du 28 nivôse an 9.*)

Les navires qui transportent des troupes et des prisonniers de guerre d'une rive à l'autre de l'Escaut, ne peuvent être assimilés aux parlementaires. (*Lettre à l'inspecteur d'Anvers, du 3 nivôse an 8.*)

(2) Le bâtiment exempt du droit de tonnage l'est aussi de ceux d'expédition. (*Décis. du 23 pluv. an 5.*)

On a également affranchi du droit d'expédition les barques espagnoles de quatre à cinq tonneaux qui, en retournant de France en Espagne, cherchent, pendant la nuit, un abri dans un port de la Méditerranée. Ils ne doivent dans leurs diverses relâches, soit volontaires ou forcées, que le droit de tonnage, suivant les circonstances. (*Décis. du 19 brum. an 10, et circul. du 22.*)

Mais ce droit est dû par un bâtiment parlementaire qui charge au retour des marchandises ou des voyageurs. (*Lettre du 3 niv. an 5.*)

Par le navire sortant du port pour la première fois.

(2) Il doit être perçu un droit particulier d'après chaque expédition. (*Décis. du 17 floréal an 5.*)

Ce droit n'étant qu'accessoire, n'est dû qu'autant qu'il y a lieu au paiement d'un droit principal de navigation.

(3) Le droit de permis est dû sur chaque déclaration de chargement ou de déchargement. (*Décis. du 17 flor. an 6.*) Mais il n'en est délivré qu'un seul pour la même partie de marchandises, quelle que soit la durée de son chargement et déchargement. (*Opin. de la régie du 16 vent. an 4.*)

Ce droit est dû sur les bâtimens navigant en rivière dès qu'ils ont trente tonneaux. (*Décis. du 17 flor. an 5.*)

Les habitans de l'île de Brehat ne payent qu'un seul droit de permis pour le chargement et déchargement lorsqu'ils font venir de la Terre-Ferme sur des barques de quatre à cinq tonneaux. (*Arr. du 25 brum. an 6.*)

Les provisions de beurre et de tabac à l'usage des équipages en sont dispensées. (*Décis. du 17 flor. an 5.*)

On délivrera désormais des quittances distinctes pour les droits d'acquits et de permis ; ils seront aussi portés sur des registres de perception de droits de navigation. (*Lettre du direct. génér. du 25 vendém. an 13.*)

Le simple permis ne donne pas ouverture au droit d'acquit. (*Lettre au direct. de Nice du 9 vend. an 7, à Bruxelles, 18 nivôse an 6.*)

Nantes. Les navires d'une trop forte contenance pour remonter la Loire, restent au Daro, où ils reçoivent leur cargaison des gabares expédiés de Nantes. Ce transbordement ne donne point ouverture au droit de permis. (*Lettre au direct. de Nantes du 18 prair. an 7.*)

SMOGLEURS *dont la contenance n'excède pas 50 tonneaux.*

Ils ne payent que 1 fr. 25 cent. par tonneau de droit de tonnage à l'entrée des ports de la Manche, lorsqu'ils sont seulement chargés de laines brutes et autres matières premières qui n'acquittent à l'entrée que le droit de balance, et ils sont affranchis du droit d'expédition.

Il en est de même de ceux qui, venus sur leur lest, chargent en retour des thés, vins, eaux-de-vie et autres productions de notre sol, de notre industrie, exemptes de droit de sortie, ou qui n'en paient que de modiques. (*Arrêtés des 21 frimaire an 10 et 10 frimaire an 11.*)

La fixation du droit à 1 fr. 25 cent. par tonneau étant positive et absolue, le demi-droit additionnel n'est pas dû. (*Décision du 26 pluviôse an 11.*)

PAQUEBOTS.

Les paquebots françois doivent être francisés dans les formes et avec les formalités ordinaires. (*Lettre du Ministre des finances au Commissaire central près l'Administration des postes, du 28 pluviôse an 10.*)

Exploités par cette administration, ils sont considérés comme bâtimens de l'État lorsqu'ils ne transportent que les dépêches et les passagers. (*Décision du 15 floréal an 10.*)

NAVIRES NEUTRES *autorisés à faire le cabotage.*

Toutes les permissions accordées ont été révoquées. (*Décision du Ministre de l'intérieur, du 20 vendém. an 11.*)

Les préfets maritimes ont seulement été autorisés à permettre aux fournisseurs de bois pour la marine, de fréter des navires étrangers, lorsqu'il sera constaté qu'il n'en existe pas de nationaux propres à ce genre de cabotage. L'expédition ne s'en effectuera que sur la demande par écrit du chef d'administration du port au directeur des douanes. (*Lettre du Ministre de la marine du 1er brumaire an 11.*)

Ces navires n'ont à payer jusqu'à présent d'autres droits de navigation que ceux imposés sur bâtimens françois. (*Suite de l'arrêté du 17 thermidor an 3.*)

Mais les Ministres de la marine et de l'intérieur, qui se trouvent dans la nécessité d'accorder ces autorisations pour des munitions navales ou des subsistances, peuvent subordonner cette faveur à tel droit de tonnage ou autres qu'ils jugent convenables. (*Renvoyé à l'arrêté des Consuls du 13 prairial an 11.*)

DEMI-DROIT DE TONNAGE.

Il sera perçu sur les navires françois et étrangers une contribution égale à la moitié du droit de tonnage. (*Loi du 14 floréal an 10.*)

Le produit de ce nouveau droit qui, suivant une lettre du Ministre du 23 du même mois, est passible du décime par franc, et dont les receveurs des douanes seront dépositaires, est uniquement destiné aux frais de réparation et d'entretien des ports où le recouvrement s'en effectue.

C'est par ce motif que la perception doit être effectuée sur les bâtimens qui naviguent pour le compte des agens de la marine. (*Décision du 28 nivôse an 11.*)

Les bâtimens françois de 30 tonneaux et au-dessous étant exempts du droit de tonnage, ne sont point passibles de ce demi-droit. (*Décision du 29 thermidor an 10.*)

Les smogleurs, dans les cas prévus par les arrêtés énoncés sous ce mot, n'y sont également point assujétis. (*Décision du 26 pluviôse an 11.*)

Dispositions particulières à Différens ports.

PORT DE CETTE.

Pendant cinq ans, à dater de ladite loi, établissement d'une taxe sur les vins et eaux-de-vie expédiés soit pour l'étranger, soit pour les ports de France.

Un muid de vin de 268 litres. . . . . 1 fr.
Un *idem* d'eau-de-vie. 3

Le montant de cette perception sera versé avec celui du demi-droit de tonnage dans la caisse du Receveur principal des Douanes, pour réparation du port. (*Loi du 13 flor. 11.*)

HAVRE, OSTENDE ET BRUGES.

Taxe sur les navires admis à entrer et à séjourner dans les Bassins à flot desdits ports.

Par tonneau pour chacun des deux premiers mois de séjour.
Bâtimens étrangers. . . . . 75 cent.
  Idem françois. 30
  Idem de petit cabotage. 15

Moitié pour le troisième et quatrième mois, le quart pour les suivans.

Le moindre séjour compte pour demi-mois; droit modéré à un dixième de la taxe pour les bâtimens françois seulement, qui trois mois après avoir désarmé séjourneroient dans lesdits bassins. En cas de réarmement, ils seroient de nouveau soumis au droit imposé dans les proportions établies ci-dessus.

Montant versé et employé comme pour le port de Cette. (*Loi du 12 floréal an 11.*)

Il sera aussi perçu dans les bassins non à flot desdits ports du Havre, Ostende et Bruges, sur les navires admis à y entrer et à séjourner, une taxe d'entretien égale à la moitié de celle établie pour les bassins à flot dans lesdits ports par la loi du 12 floréal an 11.

Les navires du port de 40 tonneaux et au-dessous, employés au petit cabotage, les bateaux passagers et les bateaux pêcheurs, ne seront pas assujétis à ce droit.

Montant versé et employé comme pour les droits de même nature marqués ci-dessus. (*Décret impérial du 25 mars 1806.*)

PORT D'ANVERS.

Perception d'un droit de Bassin sur tous les bâtimens de mer qui y entreront, soit qu'ils fassent usage ou non des bassins.

Ce droit est réglé ainsi qu'il suit:
Navires de 50 à 100 tonneaux. . . 25 cent. par tonneau.
  Idem de 100 à 250. . . . . . 50 *Idem.*
  Au-dessus de 250. . . . . . . 75 *Idem.*

Les navires qui resteront plus de deux mois dans le port paieront, par chaque mois suivant, le quart des droits ci-dessus énoncés.

Les navires au-dessous de 50 tonneaux, et ceux exclusivement employés à la pêche, seront exempts desdits droits.

Il sera également perçu dans ledit port, à dater de la publication de la présente loi, et conformément au tableau ci-annexé, un droit de colis sur toutes les marchandises qui arriveront par l'Escaut, soit sur navires de mer, soit sur tout autre bateau venant de la Hollande ou de Flessingue.

Le droit sera payé indistinctement sur toutes les marchandises même déchargées de bord à bord ou passant en transit.

Il sera dû sur les déclarations faites en Douane. (*Loi du 24 ventôse an 12.*)

Le décime par franc, établi par la loi du 9 prairial an 7, n'est pas perceptible sur ce droit de colis. (*Lettre du directeur-général du 30 messidor an 12.*)

La perception des diverses taxes du port d'Anvers sera faite par les préposés des Douanes.

Obs. *La loi portant les droits de colis ci-dessous en poids de marc, on n'en a pas fait la réduction en poids métriques, en conséquence, on observera qu'il s'agit de cet ancien poids dans le tarif ci-dessous.*

ANVERS. Tarif des droits de colis. *Loi du 24 ventôse an 12.*

Marchandise	fr.	c.
Alun, autre qu'en caisses. Les 2,000 livres poids de marc.	0	50
Bois de teinture en bloc, autres qu'en caisses. Les 2,000 livres.		50
— de construction, planches, poutres et mâts. Le tonneau de 2,000 livres.		25
— d'acajou, d'ébène, etc. Les 2,000 livres.	1	
Cacao. Barrique de 800 à 1,000 livres.	1	
— de 400 à 500 livres.		75
— Balle.		15
Café. Barrique de 800 à 1,000 livres.	1	
— de 400 à 500 livres.		50
— de 200 à 300 livres.		30
— Balle de 200 à 300 livres.		30
— de 80 à 180 livres.		10
Chanvre. Les 2,000 livres.		75
Charbon. *Idem.*		15
Cire. Les 100 livres.	1	
Cochenille. Suron et caisse.	1	50
— Balle.	1	
Colle de poisson. Barrique. (*Décr. du 29 fruct. an 12.*)		50
— Suron.		50
Cordages. Les 2,000 livres.	1	
Coton en laine. Les 250 livres et au-dessus.		50
— Les 150 livres et au-dessous.		30
— En canastres.		30
Coton filé, comme mousseline. Balle.	2	
Cuirs secs, de bœufs, vaches. La pièce. (*Décret du 29 fruct. an 12.*)		3
— verts. La pièce.		5
Cuivre, autre qu'en caisses. Les 2,000 livres.		50
Eaux-de-vie. Les 27 veltes.		75
Fers, autres qu'en caisses. Les 2,000 livres.		50
Garance. Barrique.	1	
Gommes. Barrique.		50
— Suron.		50
Grains, graines, semences, fèves, etc. Le tonneau de 2,000 livres.	1	
Huiles de Gallipoli, d'Aix ou de toute autre espèce. Les 18 veltes.		50
Indigo. Baril, caisse ou suron.	1	50
— Demi-suron.	1	
Laines du Nord, de Portugal, d'Espagne ou d'Italie. La balle de 250 à 300 livres.	1	
— de 100 à 200 livres.		75
Pelleterie. Peaux de lièvres, d'ours, de chevreuils. La barrique ou balle.	2 fr.	00 c.
Plombs, autres qu'en caisses. Les 2,000 livres.	0	50
Poils de chèvres ou de lapins. Balle.		75
Poivre. La balle de 250 livres et au-dessus.		25
— de 150 et au-dessous.		15
Potasse du Nord, en grosses barriques.	1	
— en barrique de 300 à 500 liv.		50
Riz. Baril.		35
— Balles du Piémont.		15
Soude, en grenier. Les 2,000 livres.		25
Sucre brut, terré et raffiné. Barrique.	1	
Dito, caisse du Brésil.	1	25
— tierçon.		60
— tierçon de la Havanne.		40
— sac ou canastre.		10
Sucre candi. Caisse ou demi-caisse.		10
Tabacs en feuilles, en boucauds.	1	
— en paniers d'Amersford.	1	
— en canastres du Brésil.		75
— en rouleaux de Vazinas, Portorico, etc. Par paquet de 10 à 50 livres.		15
— en toute autre espèce d'emballage non dénommée. Par chaque 100 livres.		15
— Les 250 livres pesant et au-dessus.		50
Thé. Caisses entières.		50
— Demi-caisse ou quart.		25
Toiles de coton, blanche ou imprimée, à carreaux bleus, mouchoirs des Indes, nankins, mousselines, etc. La balle.	2	
— à voiles, de Russie, de Pologne, pour emballage. La balle.		50
— de Silésie, de Harlem et d'Aberfelt, et généralement toute espèce de toile de ce genre. La balle.	2	
Vins, de toute espèce. Les 27 veltes.		50
Marchandises non dénommées. Le quintal métrique. (*Décr. du 29 fruct. an 12.*)		10
Fumiers et Engrais de toute sorte, servant à l'agriculture, ainsi que les Légumes verts et secs, sont exempts. (*Décret du 29 fruct. an 12.*)		

RAPPORTS DE MER.

Les rapports et déclarations des capitaines arrivant de la mer, et de ceux qui éprouvent des avaries dans les ports et canaux, sont reçus par les préposés des Douanes. (*Décision des ministres de la marine et des finances, de germinal an 5.*)

Les rapports de mer n'étant qu'un objet de police maritime n'ont aucune analogie avec les certificats relatifs aux cargaisons; ainsi on peut d'autant moins le soumettre au droit imposé sur ces certificats, que toute perception doit être fondée sur un titre positif et précis. (*Lettre au direct. de Rouen, du 4 messidor an 7.*)

JAUGE.

Bâtimens à deux ponts. Ajouter la longueur du pont, prise de tête en tête, à celle de l'étrave à l'étambot ; déduire la moitié du produit ; multiplier le reste par la plus grande largeur du navire au maître-bau ; multiplier encore le produit par la hauteur de la cale et de l'entre-pont, et diviser par 94.

Si le bâtiment n'a qu'un pont, prendre la plus grande longueur du bâtiment ; multiplier par la plus grande largeur du navire ou maître-bau, et le produit par la plus grande hauteur, puis diviser par 94.

De même pour les navires non pontés.

La longueur de l'étrave à l'étambot doit être prise sur la quille. (*Décis. de la commission des revenus nation., du 19 flor. an 2.*)

L'étrave ou établure d'un bâtiment est le nom de la pièce de bois courbe qui forme sa proue. (*Partie de l'avant.*)

L'étambot est le nom de la pièce qui sert à soutenir le château de poupe (la partie de derrière), et sur-tout le gouvernail.

La quille est la pièce de bois qui sert de fondement au bâtiment pour affermir les bordages et soutenir les tillacs.

Les longueur et largeur se prennent de dedans en dedans.

La hauteur se prend de planches sous planches, sans avoir égard à la carlingue ni aux barrots.

La carlingue est la pièce de bois sur laquelle porte le mât.

La méthode expliquée ci-dessus n'exigeant que la connaissance de deux ou trois dimensions, il est toujours aisé de les obtenir ; cependant, dans le cas d'impossibilité par le chargement du bâtiment, ou pour toute autre cause, les droits seroient perçus d'après la contenance déclarée. (*Décision du 13 pluviôse an 3.*)

On ne doit négliger aucune fraction résultant de l'opération, lorsqu'elle est d'un 94ᵉ ou au-dessus.

On ne peut, à raison de ce qu'une fraction seroit au-dessus de 47 94ᵉ, percevoir le droit d'un tonneau entier : ce seroit un forcement de perception.

La vérification du tonnage peut être faite dans les différens ports d'arrivée, afin de s'assurer que le bâtiment est véritablement celui pour lequel on a délivré le congé.

Le tonneau de mer correspond au mètre cube : sa capacité est à-peu-près d'un kilolitre, et son poids de 98 myriagrammes.

Exemple de l'opération de l'aujeage d'un navire à deux ponts, ayant

    95 pieds de tête en tête.
    80 de l'étrave à l'étambot.
    25 de largeur au maître-bau.
    16 de hauteur sous planches.

Réunir les deux longueurs . . . . . . 95 pieds
                                   80
                                   175

Les réduire à moitié 86½
Multiplier par la largeur 25
                                 430
                                 172.
                                 12   6 pouces.
                         2162 pieds 6 pouces.

Multiplier par la hauteur 16
                               12972
                               2162
                                 8
                               34600

Diviser par . . . . 34600 | 94
                                 640 | 368
                                 760
                                 8

Le produit est 368 tonneaux $\frac{8}{94}$.

NAVIRES DE PRISE.

Lorsque le capitaine d'un navire armé en course aura conduit une PRISE dans un port de France, il sera tenu d'en faire la déclaration au bureau de la douane.

Les prises ne peuvent rester dans les rades ni aux approches des ports au-delà du temps nécessaire pour leur entrée dans ces ports. (*A C. 2 prairial* 11, *art.* 67.)

Les scellés seront apposés et ne pourront être levés sur la prise qu'en présence d'un préposé des douanes. (*Art.* 69.)

Le préposé des douanes prendra à bord un état détaillé des balles, ballots, futailles et autres objets, qui seront mis à terre ou chargés dans les chalans ou chaloupes : un double de cet état sera envoyé à terre et signé par le garde-magasin, pour valoir réception des objets y portés.

A mesure du déchargement des objets, et au moment de leur entrée en magasin, il en sera dressé inventaire en présence d'un visiteur des douanes qui en tiendra état et le signera à chaque séance (*Art.* 70.)

L'officier d'administration de la marine sera assisté, dans tous les actes relatifs aux prises, du principal préposé des douanes.

En cas d'avaries ou de détérioration de la cargaison, la vente pourra en être ordonnée après affiche et avoir appelé le principal préposé des douanes, etc..... *Cette vente ne peut avoir lieu que sous la condition du paiement des droits, ou de la réexportation suivant le cas.*

Après que la procédure de l'instruction relative à la prise sera terminée, il sera procédé sans délai au déchargement des marchandises qui seront inventoriées et mises en magasin, lequel sera fermé de trois clefs différentes, dont l'une demeurera entre les mains du receveur des douanes, etc... *Ce magasin est fourni par les parties intéressées à la prise.*

Les décisions du conseil des prises ne pourront être exécutées à la diligence des parties intéressées qu'avec le concours du principal préposé des douanes. (*Art.* 84.)

Les dispositions prescrites par les lois pour les déclarations à l'entrée et à la sortie, ainsi que pour les visites et paiemens de droits, seront observées relativement aux armemens en course et aux navires pris sur les ennemis de l'état, dans tous les cas où il n'y est pas dérogé par les dispositions de l'arrêté consulaire du 2 prairial 11.

Les directeurs, inspecteurs et receveurs des douanes prendront les mesures nécessaires pour prévenir toutes fraudes et soustractions, à peine d'en demeurer personnellement responsables.

Les droits sur les objets de prise sont à la charge des acquéreurs, et seront toujours acquittés avant la livraison, entre les mains du receveur des douanes avec lequel l'officier supérieur de l'administration de la marine se concertera pour indiquer l'heure de la livraison.

Les marchandises dont l'entrée est prohibée, ne pourront être vendues qu'à charge de réexportation. (*A C. 2 prairial an* 11, *art.* 87.)

Obs. Les livraisons de marchandises vendues doivent donc être précédées de déclarations et de visites pour établir la perception des droits. Ils sont acquittés par les acquéreurs au moment même où ils retirent les lots adjugés.

Les marchandises prohibées, si elles ne sont réexportées à la suite de l'adjudication, sont mises en entrepôt réel dans les magasins de la douane ; où les inscrit sur un registre particulier en indiquant leur espèce, nombre, poids, les noms de la prise, du capteur et de l'adjudicataire, ainsi que la date de l'adjudication et le numéro du procès-verbal de la vente (*CD 26 prairial* 11.)

FIN.

Décisions survenues pendant l'impression.

GRAINS. D'après une décision du Ministre de l'Intérieur, l'exportation des grains, tant que la sortie en sera permise, pourra avoir lieu pour quelque destination que ce soit. Comme il n'y a plus de destination privilégiée, l'acquit-à-caution est inutile, et l'expédition aura lieu par simple acquit de paiement.

MÉTIERS. La prohibition prononcée par la loi du 19 thermidor an 4, *de la sortie des Métiers*, s'étend, d'après la décision du Ministre de l'Intérieur du 8 août 1806, aux Outils et à toutes les parties accessoires des métiers, quoique détachées et présentées à la sortie sous le nom de *Quincaillerie*, *Mercerie*, etc.

OUVRAGES DE BIJOUTERIE ET D'HORLOGERIE. Il est accordé à la Fabrique d'Horlogerie et de Bijouterie du département du Léman une exemption du droit de garantie sur tous les ouvrages d'or et d'argent destinés pour l'étranger : ces ouvrages seront soumis au seul droit d'essai..... L'exemption du droit de garantie accordée à l'Horlogerie des départemens du Doubs et du Mont-Terrible est restreinte aux seuls objets destinés pour l'étranger. (*DI.* 21 *août* 1806.)

AVARIES. Sur la question de savoir si la déclaration d'avaries que l'article 80 de la loi du 8 floréal an 11 prescrit de faire dans les vingt-quatre heures consistoit dans le rapport de mer du capitaine, ou une déclaration particulière de la part des propriétaires ou consignataires des marchandises, il a été répondu, le 12 du mois d'août 1806, que la déclaration d'avaries doit être faite le même jour ou le lendemain du rapport de mer, à moins que des circonstances extraordinaires n'y mettent obstacle; mais que dans ce cas même on ne doit s'écarter que le moins possible du délai fixé, ces sortes d'opérations exigeant autant de célérité que d'exactitude.

N. B. *Ces changemens seront consignés dans les premiers feuillets de remplacement; c'est pour ne pas retarder la publication de l'ouvrage que je n'en fais pas imprimer cette fois : on aura en conséquence le soin d'ajouter, à chacun de ces articles, une note écrite contenant ces mots :* Voyez, pour le nouveau régime, la dernière page de l'ouvrage.

www.ingramcontent.com/pod-product-compliance
Lightning Source LLC
Chambersburg PA
CBHW051905160426
43198CB00012B/1760